Wirkungsvolle Live-Kommunikation

Lizenz zum Wissen.

Sichern Sie sich umfassendes Wirtschaftswissen mit Sofortzugriff auf tausende Fachbücher und Fachzeitschriften aus den Bereichen: Management, Finance & Controlling, Business IT, Marketing, Public Relations, Vertrieb und Banking.

Exklusiv für Leser von Springer-Fachbüchern: Testen Sie Springer für Professionals 30 Tage unverbindlich. Nutzen Sie dazu im Bestellverlauf Ihren persönlichen Aktionscode C0005407 auf *www.springerprofessional.de/buchkunden/*

Springer für Professionals.
Digitale Fachbibliothek. Themen-Scout. Knowledge-Manager.

- Zugriff auf tausende von Fachbüchern und Fachzeitschriften
- Selektion, Komprimierung und Verknüpfung relevanter Themen durch Fachredaktionen
- Tools zur persönlichen Wissensorganisation und Vernetzung

www.entschieden-intelligenter.de

Jetzt 30 Tage testen!

Springer für Professionals

Axel Gundlach

Wirkungsvolle Live-Kommunikation

Liebe Deine Helden: Dramaturgie
und Inszenierung erfolgreicher Events

Axel Gundlach
Frankfurt a. M.
Deutschland

ISBN 978-3-658-02548-9   ISBN 978-3-658-02549-6 (eBook)
DOI 10.1007/978-3-658-02549-6

Die Deutsche Nationalbibliothek verzeichnet diese Publikation in der Deutschen Nationalbibliografie; detaillierte bibliografische Daten sind im Internet über http://dnb.d-nb.de abrufbar.

Springer Gabler
© Springer Fachmedien Wiesbaden 2013
Das Werk einschließlich aller seiner Teile ist urheberrechtlich geschützt. Jede Verwertung, die nicht ausdrücklich vom Urheberrechtsgesetz zugelassen ist, bedarf der vorherigen Zustimmung des Verlags. Das gilt insbesondere für Vervielfältigungen, Bearbeitungen, Übersetzungen, Mikroverfilmungen und die Einspeicherung und Verarbeitung in elektronischen Systemen.

Die Wiedergabe von Gebrauchsnamen, Handelsnamen, Warenbezeichnungen usw. in diesem Werk berechtigt auch ohne besondere Kennzeichnung nicht zu der Annahme, dass solche Namen im Sinne der Warenzeichen- und Markenschutz-Gesetzgebung als frei zu betrachten wären und daher von jedermann benutzt werden dürften.

Lektorat: Manuela Eckstein, Imke Sander
Illustration auf dem Cover: © Louis Wiegand/Kaleidomania

Gedruckt auf säurefreiem und chlorfrei gebleichtem Papier

Springer Gabler ist eine Marke von Springer DE. Springer DE ist Teil der Fachverlagsgruppe
Springer Science+Business Media
www.springer-gabler.de

Stimmen zum Buch

„Große Geschichten kann man auf der kleinsten Bühne erzählen. Präzision in der Planung ist oft wichtiger als riesige Budgets. Axel Gundlach bietet mit diesem Buch einen gelungenen Einblick in die vielfältige Welt der Event-Dramaturgie. Ein perfekter Leitfaden für alle Planer, Eventmanager und nicht zuletzt Auftraggeber. Wenn alle am gleichen Strang ziehen, kann Live-Kommunikation ein echter Marketing-Renner werden. Wohltuend umfassend, aber dennoch kurzweilig und praxisnah – und immer auf Augenhöhe mit dem Publikum. Eben wie ein gelungener Event."

Dr. Christian Mikunda

„Es ist gerade die Vielschichtigkeit unserer Emotionen und Wahrnehmungsebenen, die Live-Kommunikation so komplex macht. Axel Gundlach schafft es, mit seinem Dramaturgiemodell und den vielen Erklärungen zu erfolgsrelevanten Elementen der Inszenierung eine verständliche Ordnung in die Konzeption von Veranstaltungen zu bringen. Die Tiefe, mit der er dabei zu Werke geht, zeugt von großer Leidenschaft und einem überaus echten Ansinnen, die Praxis der Live-Kommunikation verbessern zu wollen."

Dr. Oliver Nickel, Swell GmbH

„Ein großer Berg an Erfahrung, die künstlerische Ader, der dramaturgische Scharfsinn und das besondere Verständnis für die emotionale Interaktion von Gruppen sind in dieses wertvolle Buch von Axel Gundlach eingeflossen."

Dr. Matthias zur Bonsen, all in one spirit

„Das Buch vermittelt eine gute Mischung aus theoretischen Grundlagen und sofort in der Praxis der Veranstaltungskonzeption anwendbaren Modellen. Insbesondere die eingängigen Erläuterungen zur breiten Palette der Medien und ihrer Funktion für die dramaturgische Umsetzung sind sehr hilfreich für alle Eventmanager, die sich dem Thema Live-Kommunikation eher aus der kaufmännischen oder organisatorischen Richtung nähern."

Lothar Biedermann, Chefredakteur Event Partner

„Schon beim Überfliegen der ersten Kapitel verfestigt sich der Gedanke, dass das Buch eine Muss-Lektüre für Projektmanager ist. Nicht um sie zu Dramaturgen auszubilden, denn das sollte man den Fachleuten überlassen, sondern um in der Projektkonzeption und -planung das Verständnis für die entsprechenden Prozesse und Zusammenhänge zu schärfen. Ebenso hilfreich ist es, anhand der im Buch vermittelten Kriterien gute von schlechten Ideen unterscheiden zu lernen sowie das notwendige Gefühl bei der Bewertung und Auswahl der Dienstleister zu erlangen."

Thorsten Seidel, Union Investment, Corporate Communications,
Leitung Veranstaltungsmanagement

„Dramaturgie, Story-Telling und Inszenierung sind neben allen logistischen und organisatorischen Notwendigkeiten das Herzstück für eine gelungene Veranstaltung. Erst mit der richtigen, nämlich einer emotional wirkungsvollen Ansprache der Zielgruppe entscheidet sich, ob unsere Nachricht nur gesendet oder ob sie auch vom Publikum verstanden, angenommen und nachhaltig erinnert wird. Wenn wir es nicht schaffen, den Gast für ein paar Stunden auf eine emotionale Reise mitzunehmen, wird die Veranstaltung nicht nachhaltig im Gedächtnis bleiben. Eine dauerhafte Veränderung beim Menschen geht nur über seine Emotionen. Der Autor vermittelt sein tiefes Verständnis für diese emotionale Interaktion eines Live-Events und gibt so jedem Projektverantwortlichen einen praktischen Leitfaden zur Ideenentwicklung an die Hand. Denn jede noch so kleine Veranstaltung ist im Sinne des Kunden einfach zu wichtig, um unbedeutend zu sein."

Norman Gräter, Teamleiter Entertainment, marbet
Marion & Bettina Wuerth GmbH & Co. KG

„Eine Veranstaltung zu konzipieren und durchzuführen ist eine Aufgabe, hinter deren scheinbarer Einfachheit sich große Komplexität verbirgt. Wie man Inhalte kommuniziert, sodass sie nicht nur im Moment gut ankommen, sondern auch erinnerungswürdig bleiben, ist eine Kunst, die nicht viele beherrschen. Noch weniger sind in der Lage, die zugrundeliegenden Prinzipien aufzuschlüsseln und so zu vermitteln, dass man sie verstehen und in die eigene Eventarbeit implementieren kann. Genau das aber ist das große Talent des Autors, dem ich aufgrund langjähriger und erfolgreicher Zusammenarbeit diesbezüglich außerordentliche Kompetenz attestiere. Als Zauberkünstler weiß ich, dass niemand wirklich zaubern kann, aber Ihre Veranstaltungsgäste sollen sich fragen: ‚Das war ein denkwürdiges Ereignis – wie haben die das bloß gemacht?‘ Wenn Sie dieses Buch lesen, dann wissen Sie es."

Roberto Giobbi, Magic Communication

„Dieses Buch mit seinem gelungenen Wechsel zwischen Helikopter- und Detailsicht ist für Kommunikationsmanager genauso spannend wie für operative Veranstaltungsorganisatoren. Denn Axel Gundlach erläutert nicht nur sein übergeordnetes Modell der dramaturgischen Konzeption von Veranstaltungen, sondern vermittelt auch ganz konkret das emotionale Handwerk des Geschichtenerzählens. Seine kurzen, aber eindringlichen Erklärungen

Stimmen zum Buch

zum Einmaleins der Inszenierung und seine praxisbezogenen Hinweise zum Einsatz von Menschen, Techniken und Verfahren sind eine echte Hilfe für jeden Eventmanager."

Sabine Grothues, freie Event-Fotografin und
Dozentin für Eventmanagement

„Was wir unseren Kunden in einer schwierigen Situation mitteilen mussten, war klar. Wie es ihnen aber so vermitteln, dass sie auch bereit sind, unsere Position verstehen zu wollen? Axel Gundlach hat uns mit seiner dramaturgischen Denkweise gezeigt, wie wir unsere trockenen Themen in halbstündigen Theaterstücken emotional so aufbereiten können, dass sich im Anschluss ein fruchtbarer Dialog mit unserer Zielgruppe entwickelt. Was wir über Jahre hinweg mit großem Erfolg durchgeführt haben, basiert auf der sehr feinfühligen und stets alle Seiten integrierenden Art des Geschichtenerzählens, so wie sie der Autor in seinem Buch für Jedermann verständlich darlegt."

Lothar Hornstein, Diplomkaufmann,
Abteilungsdirektor Commerzbank AG

„Unbestritten liegt die Stärke der Live-Kommunikation in der Unmittelbarkeit des gemeinsamen Erlebens. Dass genau dieses Erleben kein zufälliger Akt ist, zeigt Axel Gundlach mit diesem Buch. Es skizziert die Zugriffe auf emotionale Qualitäten des inszenierten Dialogs zum einen, gibt aber auch einen guten Überblick über die zur Verfügung stehenden Medien und Stilmittel zum anderen, um die Interaktion mit der Zielgruppe erfolgreich zu gestalten. Beide Seiten dieser Medaille, die theoretische Grundlage wie auch die praktische Umsetzung, legt das Buch in unterhaltsamer Art dar. Mit diesem Buch verbinde ich die Hoffnung, dass Kunden, Projektleiter, Event-Manager und die umsetzenden Künstler und Techniker zukünftig Live-Kommunikation noch zielgerichteter und erfolgreicher machen werden."

Norwin Kandera, Eventspezialist/Dipl.Ök./MBA

„Ob bei einer Firmenfeier, einer Präsentation im Büro oder auf der Kabarettbühne: Eine gut erzählte Geschichte fesselt die Zuhörer. Wer seine Botschaft nicht unterhaltsam und emotional vermitteln kann, darf sich nicht über verstohlene Blicke zur Uhr und unterdrücktes Gähnen wundern. Dabei zündet die beste Pointe beim Publikum nicht, wenn der Vortragende sich nicht vorher dessen Aufmerksamkeit und Mitgefühl erarbeitet hat. Axel Gundlach hat es auf den Punkt gebracht: Letztlich sind es dieselben dramaturgischen Prinzipien, die einem Kabarettprogramm, einem Verkaufsgespräch oder schließlich einem Firmen-Event zugrunde liegen. Daher kann ich aus Sicht des gelernten Kaufmanns, des ehemaligen Marketing-Referenten und heutigem Gala-Künstlers allen Lesern nur wärmstens empfehlen, Kapitel 5 besonders aufmerksam zu schmökern – und mich dann zu engagieren!"

Hans Gerzlich, Wirtschaftskabarettist & Bürocomedian

Danksagung

Für Eva, Werner, Günter und Ronald

Grade im komplexen Bereich der Livekommunikation und der künstlerischen Inszenierung geht nichts ohne ein gut eingespieltes Team. Ich bedanke mich für 25 Jahre großartiger Zusammenarbeit voller Ideen und kreativer Umsetzung.

Ohne Eure zuverlässige Hilfe wäre dieser Erfahrungsschatz und letztlich dieses Buch so nicht zusammengekommen:

Esther Berger, Bühneninspizientin und Produktionsredakteurin
Waltraut Dimmler, *Büroorganisatorin und gute Seele des KaHouse*
Felix Felixine, *Choreograf und Co-Regisseur der Musicals*
Andrea Fülling, *Kostümdesignerin*
Axel Gaube, *Fotograf, Kameramann und Filmproduzent*
Oliver Gehlert, *Produktionsleiter*
Dana Geissler, *Schauspielerin und Co-Regisseurin bei bizztheater*
Roberto Giobbi, *Zauberer und magischer Kommunikator*
Sabina Godec, *Schauspielerin, Sprecherin und persönliche Assistentin*
Ilana Goldschmidt, Cutterin
Florian Hering, *IT-Supporter und Rechnerretter*
Martin Heuser, *Lichtdesigner*
Jens Hübner, *Bühnenbildner*
Oliver Jörges, *Maler, Requisiteur und Materialist für kraxworx*
Lothar Krebs, *Maler, Zeichner und die zweite Hälfte von kraxworx*
Frank Moesner, *Komponist und Musikproduzent*
Yonas Tesfagabre-Babacan, brand socializer
Hansjörg Wenzel, *Audiodesigner und technischer Berater*

Ihr seid meine Helden.

Ein besonderer Dank gilt auch allen Künstlern, Schauspielern, Tänzern, Sängern, Musikern, Artisten, Technikern und Helfern, die mit ihrem Können zum Erfolg unserer Inszenierungen beigetragen haben, sowie allen Kunden und Veranstaltungsagenten für ihr Vertrauen.

Ich danke Manuela Eckstein für Ihr Interesse am Thema und die autorenfreundliche Begleitung auf dem Weg zum finalen Manuskript und Gabriele Söhling für das sorgfältige Lektorat des Textes sowie allen Fachleuten für Anregung, Kritik und ihre wohlwollenden Stimmen zum Buch.

Und zu guter Letzt danke ich Jens Hübner für den Modellbau und Louis Wiegand von der Kaleidomania für die grafische Arbeit am Titelbild.

GAX Axel Gundlach

Brief an die Leser

Hochgeschätzte Leser,

gut gestaltete Live-Kommunikation ist das direkteste und tiefgreifendste Instrument zur Durchsetzung qualitativer und emotionaler Kommunikationsziele in Ihren wichtigsten Zielgruppen. Auf Veranstaltungen zeigt unser Unternehmen seine vollständige Identität und somit auch seine wesentlichen Differenzierungen, und es prägt seine inhaltlichen und emotionalen Beziehungen zu all jenen Menschen, die letztlich über den Erfolg des Unternehmens und seiner Marken entscheiden.

Live-Kommunikation ist ein sehr komplexes, interagierendes und darum hoch dramatisches Instrument. Gleichzeitigkeit, Vernetzung und Interaktion der vielen Medien und Wahrnehmungsebenen einer Veranstaltung sprengen schnell den Rahmen des üblichen Kommunikationsdesigns und stellen besondere Anforderungen an das Kulturverständnis eines Unternehmens. Vor allem, weil im Rahmen jeder direkten, persönlichen Begegnung die Gefühle, Stimmungen und Meinungen aller Teilnehmer das Kommunikationsergebnis direkt beeinflussen, sollten die einzelnen Maßnahmen im Vorfeld nicht nur sehr gut durchdacht, sondern auch „durchfühlt" werden.

Das Buch ist grob in vier Themenblöcke unterteilt. In den Kapiteln selbst sind wichtige Prinzipien und Kriterien stets hervorgehoben. Diese Passagen ergänzen die vorangehenden Kurzzusammenfassungen um theoretische Grundregeln und praktische Handlungsanweisungen.

Die ersten Kapitel dienen der funktionalen Einordnung von Live-Kommunikation, dem Verständnis der emotionalen Qualitäten von Kommunikation und der Definition wesentlicher Begriffe und Positionen.

Im vierten Kapitel werden die Grundzüge und Funktionen der Dramaturgie eingeführt und die Dramatische Denkweise sowohl als Betrachtungsweise als auch als methodische Ideenmaschine vorgestellt. Diese zeitgemäße Kommunikationsdramaturgie sowie die Erläuterungen der Grundstrukturen sollen Ihnen, trotz des theoretischen Unterbaus, vor allem als Leitfaden für die Praxis dienen.

Die folgenden Kapitel betrachten zunächst den Menschen mit seinen vielfältigen Fähigkeiten, Rollen und Aufgaben als dramaturgische Figur in der Inszenierung, bevor wir dann das gesamte Arsenal der technischen Medien sowie ihren praktischen Einsatz in der Inszenierung unter die Lupe der Dramaturgie nehmen.

Im siebten Kapitel widmen wir uns der vielleicht direktesten Anwendungsform der Dramatischen Denkweise: wie man die Zielgruppe selbst durch Großgruppenmoderationen, Workshops und von der Kunst inspirierte Interaktionsformate zum aktiven Teil der Inszenierung macht.

Das letzte Kapitel schließt dann den Kreis mit ein paar allgemeinen Anmerkungen zur Anwendung der Dramaturgie, zum Umgang mit den Beteiligten und zur inneren Haltung, die für eine erfolgreiche Live-Kommunikation förderlich sind.

Bitte sehen Sie mir nach, dass ich immer wieder auf Beispiele aus meiner eigenen Tätigkeit als Künstler, Dramaturg, Regisseur und Produzent zurückgreife; dies hat weniger mit beruflicher Eitelkeit zu tun als mit der Tatsache, dass ich bei den von uns entworfenen und umgesetzten Projekten die Ausgangssituation und die Gründe für die gefundenen Lösungsansätze besser kenne als bei Produktionen, an denen das *KaHouse für KunstKultur-Kommunikation* nicht beteiligt war.

Gleichzeitig durfte ich teils als zufälliger, teils als bestellter Beobachter viele Veranstaltungen miterleben, die aufgrund dramaturgischer oder handwerklicher Mängel gründlich schief gegangen sind. *„Die schönsten Fehler"* sind meist bedenkliche Beispiele aus der Praxis und illustrieren dramaturgische Denkfehler für jene Leser, die über die Methode des negativen Ausschlusses leichter verstehen.

Da es sich bei der Betrachtung der Live-Kommunikation um eine vernetzte Denkaufgabe handelt, dem Leser aber trotzdem das Lesen einzelner Abschnitte oder Kapitel ermöglicht werden soll, kommt es zu manchen Wiederholungen im Detail, die aus dem Blickwinkel des jeweiligen Themas oder als wichtige Querverweise verstanden werden möchten.

Dieses Buch richtet sich vornehmlich an Entscheider und Verantwortliche von progressiven, mittelständischen Konzernen bis hin zu multinationalen Unternehmen. Ihr Wille, die hoch wirksamen Möglichkeiten von Live-Kommunikation bewusst einzusetzen, und die dazu notwendige Fähigkeit, mit den Werten und weichen Faktoren der eigenen Kultur in gesteuerten Prozessen umzugehen, sind die wichtigsten Voraussetzungen für erfolgreiche Live-Kommunikation. Dazu gehört auf der einen Seite, das Zusammenspiel mit allgemeinen gesellschaftlichen Entwicklungen zu verstehen, andererseits die unternehmenseigene Kommunikationskultur um die Interaktion mit der Identität, den Erwartungen und Gefühlen unserer Zielgruppen, also den eigentlichen Helden unseres Erfolges, zu erweitern.

Dazu gehört manchmal auch, die eigenen Vorlieben zurückzustellen, um die Kommunikation mit der Zielgruppe sinnvoller zu gestalten. So war zum Beispiel „Liebe Deine Helden!" der ursprünglich von mir geplante Titel dieses Buches, und Sie werden diesem Dreiklang aus Emotion, Position und Funktion im Buch immer wieder begegnen. In der digitalen Welt der Archive und Suchmaschinen werden Bücher jedoch nach ihrem Titel verschlagwortet, sodass der jetzt sachlichere Titel meiner Zielgruppe das Auffinden erleichtert – und mich so meinem Ziel näher bringt.

Möge Ihnen dieses Buch helfen, eigene Kriterien, Denkweisen und Verfahrensmöglichkeiten für Ihr Unternehmen zu entwickeln und Ihre Sprachfähigkeit gegenüber den Spezialisten zu erweitern, damit Sie das volle Potential von Live-Kommunikation ausnutzen und Ihre Ziele erreichen können.

Frankfurt am Main, im Herbst 2013   GAX Axel Gundlach

Inhaltsverzeichnis

1 Einleitung 1
   1.1 Heldengeschichten 2
   1.2 Vom Bewusstsein zur Veränderung 7
   1.3 Kommunikation mit dem Kult 11
   1.4 Internet und Event: die Flügelzange der Zukunft 17
   1.5 No business without entertainment 21

2 Keine Kommunikation ohne Emotion 25
   2.1 Zwischen Befehl und Information 26
   2.2 Kommunikation braucht Gefühle 31
   2.3 Corporate Emotions: Unternehmen haben Gefühle 34
   2.4 Target Group Emotion: die Gefühle der anderen 38
   2.5 Die Kunst der Live-Kommunikation: Referenz herstellen ... 43

3 Der Event – Die totale Kommunikation 51
   3.1 Life is live: Event ist überall 52
   3.2 Eventmarketing und Live-Kommunikation 55
   3.3 Die komplexe Kommunikation 57
   3.4 Eine kleine Veranstaltungsgeschichte 59
   3.5 Event – Produkt oder Medium? 67
   3.6 Ereignis und Erlebnis 70
   3.7 Der Moment und der Prozess 72

4 Kommunikationsdramaturgie 75
   4.1 Erinnerungen an das Drama 77
   4.2 Kommunikation und Dramaturgie 81
   4.3 Die vier Dimensionen der Dramatischen Denkweise 84
   4.4 Die Geburt des Helden 89
   4.5 Das Drama als Muster: warum man welche Geschichten erzählt 93
   4.6 Die Auswahl der Stilmittel 100
   4.7 Das Medium als Gestaltungsmittel 105
   4.8 Die Auswahl der geeigneten Medien 110
   4.9 Das große Puzzlespiel der Inszenierung 114

4.10	Event-Continuity: ein guter Event geht nie vorbei. 119
4.11	Das falsche Drama: die schönsten Fehler 126

5 Der Mensch Im Mittelpunkt 129
- 5.1 Von Menschen für Menschen 130
- 5.2 Der Mensch als Medium 132
- 5.3 Die Macht des Wortes und die Kunst der Rede 135
- 5.4 Die Rolle der Moderation 144
- 5.5 Alte Medien: die Bühnenkünste 147
- 5.6 Business-Entertainment 154
- 5.7 Animationen mit Sinn 161
- 5.8 Mitarbeiter als Botschafter 164
- 5.9 Der falsche Mann am falschen Ort: die schönsten Fehler 167

6 Das Multimediale Handwerkszeug 171
- 6.1 Ein Event für alle Sinne 174
- 6.2 Die wunderbare Welt der Technik 182
- 6.3 Der erzählende Ort: Rauminszenierung 187
- 6.4 Es werde Licht! 194
- 6.5 Bildmedien: im Kampf gegen Hollywood 201
- 6.6 Das schöne Detail: die Ausstattung 212
- 6.7 Das Geheimnis der Tonspur 215
- 6.8 SFX – das Wunder der Spezialeffekte 225
- 6.9 Kunst als Muster und Instrument 234
- 6.10 Spielend lernen 242
- 6.11 Wie man mit den eigenen Produkten unterhält 244
- 6.12 Essen und Trinken im Auftrag der Dramaturgie 248
- 6.13 Medienmix: das Geheimnis des Crossovers 255
- 6.14 Der Mensch hinter der Maschine 256
- 6.15 Mit Spatzen auf Kanonen: die schönsten Fehler 258

7 Interaktive Inszenierungsformen 263
- 7.1 Gruppenarbeit und Schwarmarbeit 264
- 7.2 TeamArtWork – Workshops mit Kunst 267
- 7.3 Klick! Foto-Workshops 269
- 7.4 Im Konzert: Workshops mit Musik 271
- 7.5 Auf Sendung: Corporate Radio Workshops 273
- 7.6 Und Action! Film- & Video-Workshops 275
- 7.7 Alles nur Theater! Workshops mit Schauspiel 276
- 7.8 Planspiel und Innovationsworkshop 278
- 7.9 Kreatives Chaos in der Küche 280
- 7.10 Seilgarten und Legoland 281
- 7.11 Die Welle im Papier: die schönsten Fehler 283

Inhaltsverzeichnis

8 Resümee und Nachwort ... 287
    8.1 Der notwendige Luxus ... 288
    8.2 Live-Kommunikation ist Mannschaftssport ... 289
    8.3 Gedanken zur Ethik ... 293

Sachverzeichnis ... 301

Der Autor

GAX Axel Gundlach arbeitet als freier Unternehmerberater für Live-Kommunikation und als freischaffender Künstler in Frankfurt am Main.

Der Autor tourte als Pantomime, Tänzer, Sänger und Performance-Künstler durch Westeuropa, studierte nebenbei ein paar Semester Germanistik, Theater-, Film- und Fernsehwissenschaften sowie Philosophie, veröffentliche Schallplatten und Musikvideos, stand als Schauspieler auf der Bühne und vor der Kamera und sammelte so vielfältige Erfahrungen bei den unterschiedlichsten Medienproduktionen, bevor er sich als Dramaturg und Regisseur auf die multimediale Inszenierung von Veranstaltungen spezialisierte.

Mit seinen Künstlerkollegen vom KaHouse für KunstKulturKommunikation realisierte er über 1000 verschiedene Inszenierungen, darunter eine Vielzahl von Business-Theaterstücken, Musicals und Multimedia-Shows für Unternehmen aus fast allen Branchen. Parallel entwickelte GAX eine Reihe von Ideen und Verfahren, um Bildende Künste und art happenings als interaktive und dramatische Elemente der Inszenierung von Großgruppen-Workshops einzusetzen.

Mehr Einblicke in das vielfältige Schaffen des Autors unter:

www.gaxaxelgundlach.de – persönliche website
www.bizztheater.de – website der Businesstheatergruppe max gax dox
www.kraxworx.de – Team-Workshops und Großgruppeninteraktionen mit Kunst
www.kahouse.de – multimediale Inszenierung und künstlerische Produktion

Einleitung

1

Inhaltsverzeichnis

1.1		Heldengeschichten	2
	1.1.1	Visionen bebildern	2
	1.1.2	Die Geschichte einer Fusion	3
	1.1.3	Die durchgängige Inszenierung eines Tagungsthemas	3
	1.1.4	Die Begleitung einer Kulturveränderung	4
	1.1.5	Eine überraschende Reise ins Innere	5
	1.1.6	Die Wiederbelebung einer Beziehung	6
	1.1.7	Dramatische Geschichten	6
	1.1.8	Der Bote auf dem Rücken des Helden	7
1.2		Vom Bewusstsein zur Veränderung	7
	1.2.1	Die Königsdisziplin	8
	1.2.2	Ziele	9
	1.2.3	Perspektivwechsel	10
	1.2.4	Das charakteristische Vergnügen	11
1.3		Kommunikation mit dem Kult	11
	1.3.1	Werbung als Kult	12
	1.3.2	Was Gemeinschaft ausmacht	12
	1.3.3	Beziehungspflege als Weg aus der Vergleichbarkeit	13
	1.3.4	Das Ende der Nabelschau	14
	1.3.5	Die großen vier Cs	14
	1.3.6	Das Zugehörigkeitsgefühl verkauft Produkte	16
1.4		Internet und Event: die Flügelzange der Zukunft	17
	1.4.1	Die Bedeutung der Dinge	17
	1.4.2	Die Seele der Materie	18
	1.4.3	Werbung und Deutungsrisiko	19
	1.4.4	Der interaktive Kunde	19
	1.4.5	Qualität statt Quantität	20
1.5		No business without entertainment	21
	1.5.1	Der gefühlte Mehrwert	21
	1.5.2	Was ist unterhaltsam?	22
	1.5.3	Berühren statt Belustigen	23

A. Gundlach, *Wirkungsvolle Live-Kommunikation,*
DOI 10.1007/978-3-658-02549-6_1, © Springer Fachmedien Wiesbaden 2013

▶ Welche Rolle spielt Live-Kommunikation im Kommunikationsmix eines Unternehmens? Wo und wie unterscheidet sie sich in ihren Qualitäten von anderen Kommunikationswegen wie der Werbung, und wo ergänzt sie die Präsentation unseres Unternehmens gegenüber unseren Zielgruppen? Im ersten Kapitel wollen wir beleuchten, in welchem Umfeld moderne Live-Kommunikation wirkt und welche besonderen Charakteristika sie erfüllt. Und wir gehen der Frage nach, wie wichtig Entertainment in der Beziehungspflege ist.

1.1 Heldengeschichten

▶ Großartige Erlebnisse, ergreifende Geschichten, faszinierende Symbole, gemeinsame Gefühle: anhand einiger Beispiele gelungener Inszenierungen werfen wir zur Einstimmung einen ersten Blick auf die vielfältigen Möglichkeiten von Live-Kommunikation.

1.1.1 Visionen bebildern

Stille. Knisternde Spannung. Soeben hat der Vorstand das neue Leitbild des Konzerns angekündigt, und nun starrt alles gebannt auf die große, leere Bühne. Mit einem Tusch fällt der Vorhang. Sehen und Erkennen sind eins. Zwölfhundert Teilnehmer springen fast gleichzeitig von ihren Stühlen auf und lassen den großen Saal in einem wahren Jubelorkan versinken. Schreien. Trampeln. Klatschen. Freude. Und auch ein wenig fassungsloses Erstaunen über den Anblick, der sich den Tagungsteilnehmern bietet.

Das Leitbild, das diesen Sturm der Begeisterung ausgelöst hat, ist ein Gemälde von gigantischen Ausmaßen. Zwanzig mal acht Meter groß. Aber es ist nicht nur die schiere Größe, die das Kunstwerk so überwältigend macht, es ist die spannende Geschichte seiner Entstehung und der dramatische Überraschungseffekt seiner Enthüllung. Denn das faszinierende Kunstwerk wurde erst vor wenigen Stunden gemalt, und zwar von genau jenen Menschen, die es gerade bejubeln.

Aber warum waren die Maler von ihrem eigenen Werk so überrascht? Die Antwort findet sich in der ausgeklügelten Mechanik dieses Großgruppen-Workshops. Was unter der Anleitung einer Künstlergruppe als Team-Building-Übung getarnt in einer verlängerten Kaffeepause vor sich ging, schien zunächst nichts als ein kleines, entspannendes Intermezzo im Tagungsablauf. In kleinen Gruppen bemalten die Teilnehmer einzelne Leinwände, von deren Zusammenhang sie nichts wussten. Danach aber wurden die 250 Leinwände insgeheim zu jenem gigantischen Gemälde zusammengebaut, das nun als Leitbild des Unternehmens den Saal und die Emotionen des Publikums beherrscht.

Nach kurzer Zeit haben sich die frischgebackenen *Leinwandhelden* soweit beruhigt, dass der Vorstand und die Künstlergruppe das Werk in seiner Bedeutung als Leitbild erläutern können. Bildinhalte, Symbole, Bedeutungen – Worte, die keiner der Anwesenden

1.1 Heldengeschichten

so schnell wieder vergessen wird. Sie werden für lange Zeit mit dem aufwühlenden Erlebnis der letzten Viertelstunde verbunden sein. Und dies ist auch nicht das letzte Mal, dass den Tagungsteilnehmern das Motiv des Bildes begegnet. Kunstdrucke, Postkarten und ein Bildschirmschoner werden die Tagungsteilnehmer noch Monate später in die ergreifende Emotion der Enthüllung zurückholen.

1.1.2 Die Geschichte einer Fusion

Schnitt. Nach der Zusammenlegung zweier Pharma-Unternehmen gilt es, eine neue, gemeinsame Identität im Spannungsfeld zwischen Ethik und medizinischer Forschung, Marketing und Wirtschaftlichkeit zu formulieren. Eine Kernfrage, in der zugleich die trennenden wie auch die gemeinsamen Aspekte der beiden Vorgängerunternehmen liegen; das eine eher in der klinischen Forschung beheimatet, das andere vertriebsstark im Bereich der niedergelassenen Ärzte und Apotheker. Wieder eine Inszenierung. Und wieder frenetischer Applaus, während die Gäste von ihren Tischen aufspringen und zur Bühne laufen, um die Helden der Aufführung – also sich selbst – zu bejubeln.

Eine Multimedia-Oper entführt die 800 Vertriebsmitarbeiter in den Orbit um die Erde. In einer hermetisch abgeschlossenen Raumstation werden medizinische Forschung und Produktentwicklung betrieben. Plötzlich erkrankt eines der Besatzungsmitglieder an einem tödlichen Virus. Die anderen Forscher an Bord der Raumstation geraten in eine moralische Zwickmühle. Es gilt zu entscheiden, welche Werte und welche Ziele schwerer wiegen: Inwieweit ist man den ethischen Grundsätzen der Gruppe einerseits und den ökonomischen Zwängen des Konzerns andererseits verpflichtet?

Welches Gut wiegt schwerer? Das Leben der erkrankten Kollegin an Bord, oder die vielen Patienten auf der Erde, die aufgrund von Forschung vielleicht später gerettet werden können? Zwar kommt es ganz im Stil eines klassischen Musicals im Stück zu einer heldenhaften Rettung, aber die Frage nach der neuen, gemeinsamen Identität bleibt für die Realität des fusionierten Unternehmens unbeantwortet: die Mitarbeiter sollen diese Frage später selbst beantworten, jeder für sich und alle gemeinsam.

Die Aufführung war Höhepunkt einer Kampagne, in deren Verlauf die Angestellten beider Unternehmen in „corporate radioshows" (unternehmensbezogene Radiosendungen, die per CD an alle Mitarbeiter verteilt wurden) über die Werte und Ziele der jeweils anderen informiert wurden. Die Identitätsfrage wurde mit den unterhaltsamen und interaktiven Elementen des Radios im Vorfeld bereits langsam entwickelt und bis lange nach der Veranstaltung begleitet.

1.1.3 Die durchgängige Inszenierung eines Tagungsthemas

Schnitt. Ein internationales Immobilien-Symposium. Architekten, Stadtplaner, Soziologen, Entwickler und Investoren suchen nach Sinn und Grenzen des Hochhausbaus.

Geballte Fachkompetenz und manche Kontroverse versprechen zwar Spannung, aber eben auch hohe Anforderungen an die Konzentrationsfähigkeit der Teilnehmer: 17 Redner in anderthalb Tagen! Stress? Keine Spur davon. Schon am Morgen betreten alle Teilnehmer den Saal in einer heiteren Gelassenheit, die sich durch die anderthalb Tage ziehen wird.

Auslöser dieser Stimmung ist ein „virtueller Bauaufzug", eine Mischung aus Video-Installation und räumlicher Inszenierung. In kleinen Gruppen fahren die Gäste auf: der Fahrstuhl vibriert auf Blattfedern, eine Audiosphäre verbreitet Baustellencharme, aus den Schießschartenfenstern des Aufzugs sieht man das Kongresshaus, kommt dann in einen Rohbau, blickt auf die Stadt hinunter, durchstößt weiße Wolken, erreicht wieder einen Rohbau, eine Art Wolkenschloss.

Hier angekommen verlassen die Gäste den Aufzug und betreten einen Windkanal. Über ihnen schwebt eine Kamera, während sie über den blauen Untergrund einer Blue Box auf Stahlträgern balancieren. Auf einer großen Videowand sehen sie sich dabei selbst zu: als mutige Helden in großer Höhe frei über der Stadt balancierend. Höhe – das Meta-thema des Kongresses als virtuelles Erlebnis. Der Aufzug hat sich in Wahrheit nie von der Stelle bewegt, dafür umso mehr die Vorstellungskraft der Teilnehmer.

Dies war eins von mehreren Analogien zum Thema Höhe, mit denen dieses Symposium durchgängig inszeniert war. Während der Tagung ließ eine Videokunstprojektion fast unmerklich ständig neue Skylines im Hintergrund des Saals wachsen. In diesen die Redner und deren Medien umrahmenden Trickfilmen waren die Themen und Projekte der Kongresssponsoren angenehm beiläufig, aber ständig präsent. Bewegtes und farbwechselndes Licht gab dem Tagungsraum dazu einen unmerklich schleichenden Lichtwechsel, mit dem die innere Uhr der Gäste geleitet wurde. Bei einem Frühstück im Architekturmuseum bauten die Tagungsteilnehmer schließlich eigenhändig einen Hochhausturm aus ihren Einladungen: Jeder Gast hatte einen Holzziegel mit seinem Namen darauf erhalten.

Auch diese Tagung endete mit einem lang anhaltenden Applaus für die künstlerisch überzeugende, aber doch zurückhaltende Rahmeninszenierung. Der ebenso spielerische wie souveräne Umgang mit dem Thema brachte den Veranstaltungssponsoren erheblichen Imagegewinn.

1.1.4 Die Begleitung einer Kulturveränderung

Schnitt. Nach Zerstückelung eines Konzerns sehen sich 4000 Mitarbeiter mit einer grundsätzlichen Kulturumstellung konfrontiert. Teils in dritter oder vierter Generation für ihre Firma tätig, lange Zeit gut behütet und betreut, sind die Mitarbeiter beinahe über Nacht den Herausforderungen eines freien Marktes ausgesetzt, und das auch noch im eigenen Haus.

Wie der Paradigmenwechsel in seinen praktischen Auswirkungen bewältigt werden kann, zeigt ein eigens entwickeltes Gesellschaftsspiel. Es thematisiert neben Realitäten und Chancen auch Bedenken und unvermeidbare Probleme, ist aber letztlich von seiner Spielstrategie so angelegt, dass der Spieler – in seiner Rolle als Held des Wandlungsprozesses – darin neue Handlungsweisen für den zukünftigen Alltag entdeckt und auf dem Spielfeld vollzieht.

1.1 Heldengeschichten 5

Ebenfalls im Spiel angelegt: Mit den Leitern der acht verbliebenen Abteilungen wurden hunderte von Spielkarten erarbeitet, die den Mitarbeitern tiefe Einblicke in die Tätigkeiten der jeweils anderen sieben Bereiche ermöglichen, sodass sie Schnittstellen und Übergabepunkte erkennen können.

Darüber hinaus nimmt der Mitarbeiter das Spiel mit nach Hause, also dorthin, wo die Veränderung von Lebensumständen und -einstellungen mit den engsten Vertrauten diskutiert wird. Dabei dient das Spiel nicht nur als Hilfe zur Frustbewältigung. Es macht den gesamten Umstellungsprozess transparent und bietet konkrete Hilfestellungen für den anstehenden Alltag. Darüber hinaus bildete das Spiel den inhaltlichen und inszenierten Rahmen für das Mitarbeiterfest und erhielt dort: Applaus!

1.1.5 Eine überraschende Reise ins Innere

Schnitt. Eine Reise ins Innere. Idealisten und Pragmatiker, Zweifler und Optimisten, Philosophen und Bauernschlaue, Macher und Mitläufer, Teamplayer und Anführer – wie viele Persönlichkeiten stecken in dir und in welchen erkennst du dich wieder? Welche Ideen und Werte treiben dich an? Diese Fragen stellt eine der außergewöhnlichsten Inszenierungen, die man sich auf einer Tagung vorstellen kann.

Von der Arbeit des Tages erschöpft schläft Mister X auf einer Parkbank ein. In seinem Traum begegnet er noch einmal all den Ideen und Menschen, die ihn auf seinem Lebensweg geprägt haben. Er erinnert sich an seine Wünsche und Ziele, an seine Vorstellungen vom Leben. Erinnerungen, die ihn an die Entscheidungspunkte seines Lebens zurückführen: Was habe ich wann und warum gemacht? Was war Zufall, was war gewollt? Bin ich das wirklich? Und ist das, was ich tue, richtig?

Mit dieser rätselhaften Inszenierung des Traums des Herrn X werden die Führungskräfte eines Weltkonzerns auf eine Reise durch sich selbst geschickt. Wie in einem Traum gleitet der Held in diesem durchkomponierten Werk von einer Szene in die nächste, immer wieder von anderen Künstlern im selben Kostüm dargestellt: als kleines Kind, als Artist, Musiker, Tänzer, Sänger, Schauspieler. In fließenden Übergängen reihen sich allegorische Szenen aneinander, die jene Gedanken bebildern, die man oft für sich behält: was man tatsächlich von sich selbst hält.

Die traumhafte Show liefert aber konsequent keine Antworten, sie wirft nur Fragen auf und gibt dort Assoziationen zu verschiedenen Möglichkeiten, wo sich das Verhalten auf die Gemeinschaft auswirkt. Statt des üblichen Motivationstschaka geht diese Inszenierung den Weg in die andere Richtung: die anwesenden Führungskräfte sollen innehalten und über sich selbst nachdenken.

Diese Inszenierung sollte keinen frenetischen Abschlussapplaus erhalten. Stattdessen gingen die Teilnehmer im Anschluss auf einen langen gemeinsamen Spaziergang, um sich über die Themen der Show zu unterhalten. Sinn dieses Denkanstoßes war, dass die Teilnehmer sich selbst und die anderen nicht nur ihrer routinierten Funktion im System des Konzerns verstehen, sondern sich auch in ihrem Menschsein sehen. Denn trotz ihrer Position in der Hierarchie ist es vor allem ihre Persönlichkeit, die sie zu einer guten Führungs-

1.1.6 Die Wiederbelebung einer Beziehung

Schnitt. Vier große Musicaltheater in Deutschland. Wieder echte Begeisterung. Wieder Applaus. Diesmal aber getragener, bedächtiger, ergriffen. Das Publikum erhebt sich nach und nach zu stehenden Ovationen, während die Gastgeber die Sänger, Tänzer, Musiker und die Macher des soeben beendeten Musicals vorstellt. Auf der anschließenden Premierenfeier zeigen sich die Besucher noch für Stunden sichtlich beeindruckt von der Aufführung. Kein Wunder, schließlich waren sie die Helden der Geschichte.

Auch hier ist etwas Ungewöhnliches passiert: Das Musical wurde eigens für 4000 Fachhändler geschrieben und inszeniert. In die Geschichte eines Studenten eingebettet, der eine schwierige Aufgabe für seinen hinterlistigen Professor zu bewältigen hat, erlebt das Publikum die Wandlung einer Anschauung. Und so wie der Fachhändler im Stück den Studenten des Zukunftsforschungsinstituts auf die richtige Idee bringt, so bringt das Musical die Fachhändler in der Realität zu einer neuen Einstellung: Hier öffnet sich ein Weg, so könnte es gehen!

Auch hier stellt das hochemotionale Erleben die Weichen für eine deutlich verbesserte und intensivere Kommunikation. Ausgangspunkt der außergewöhnlichen Maßnahme, den jährlichen Messeauftritt zu stornieren und die Fachhändler stattdessen in ein Musicaltheater einzuladen, war das belastete Verhältnis zwischen Hersteller und freien Händlern.

Diese spielten in den strategischen Überlegungen des Konzerns seit Jahrzehnten keine große Rolle mehr – und man hatte sich in den letzten Jahrzehnten auch nicht die Mühe gemacht, dies zu verheimlichen. Neue technische Entwicklungen führten zwar zu einem Umdenken, stellten den Konzern aber auch vor ein kommunikatives Problem: Wie bewegt man sich in einer so wichtigen Mission auf jemanden zu, dem man schon zu lange kein „guter Freund" mehr gewesen ist?

Das Musical und die Veranstaltung drumherum zeigten auf, wie eine solche Annäherung sympathisch und stark emotional ablaufen kann und gleichzeitig das hochgesteckte Kommunikationsziel erreicht: Fehler einräumen, Fehler vergeben, wieder aufeinander zugehen, neue, gemeinsame Lösungen finden – alles Themen, die in der erzählten Geschichte verankert waren.

1.1.7 Dramatische Geschichten

Schnitt. Schnitt. Schnitt. Es gibt hunderte solcher Geschichten erfolgreicher Live-Kommunikation zu erzählen und einige Dutzend werden Sie auch in den Kapiteln dieses Buches als praxisnahe Beispiele zur Erläuterung der Ideen und dramaturgischen Prinzipien hinter der Live-Kommunikation finden. Was all diese inszenierten Maßnahmen abseits ihrer unterschiedlichen Stilmittel aus bildenden und darstellenden Künsten sowie technischen

1.2 Vom Bewusstsein zur Veränderung

Medien gemeinsam haben: sie setzen Inhalte und Identitäten in dramatisch erzählte Geschichten um.

Sie sind das Ergebnis eines auf das Erleben und Erinnern der Zielgruppe ausgerichteten Gestaltungsprozesses, der die intensive Verknüpfung von Inhalten mit Emotionen zur effektiven Inszenierung unserer Nachrichten zum Ziel hat. Die einzelnen Events selbst sind dabei in einem weiter gezogenen dramatischen Bogen, in einem strategischen Kommunikationsprozess verankert.

1.1.8 Der Bote auf dem Rücken des Helden

Die Dramatische Denkweise vereint rezeptions- und kommunikationspsychologisches Bewusstsein mit den Jahrtausende gültigen Grundsätzen der Dramaturgie, des Kults und der Inszenierung. Hier werden Helden geboren und mit ihnen dramatische Ereignisse geschaffen, die durch hohe emotionale Aufladung ihre komplexen Inhalte teils konkret, teils in Analogie, teils unterbewusst erlebbar und schließlich nachhaltig erinnerbar machen. Es handelt sich um Heldengeschichten im weitesten Sinne, die unsere Zielgruppe über dramatische Inszenierungen zunächst auf der Gefühlsebene einfangen, damit dann der Bote unsere Nachricht auf dem Rücken des Helden transportieren und nachhaltig verankern kann.

Es geht um das Geheimnis des *story telling*, des Geschichtenerzählens. Es geht um strategische Kommunikationsdramaturgie und ihre intelligente Umsetzung in inszenierte Live-Kommunikation. Also um jenen Königsweg der Marken- und Marketingkommunikation, der wie kein anderes Medium wirkliche, anhaltende Gefühle hervorzubringen vermag. Das Geschichtenerzählen als Königsweg, um auch in schwierigen und komplexen Situationen Ihre Kunden, Meinungsbildner, Partner und Mitarbeiter zu bewegen: zu neuen Einsichten, neuen Einstellungen, zu neuem Wissen und Verhalten. Und genau das ist das Ziel aller Kommunikationsmaßnahmen.

Auf die Fragen, wie und warum das im Rahmen von Live-Kommunikation funktioniert, gibt dieses Buch Antworten. So kurz wie möglich, aber so sorgfältig wie nötig, wollen wir die wichtigsten Vorkenntnisse und Denkweisen zusammenfassen und ihre Anwendung erläutern.

Dabei erweitert die hier vorgestellte Dramatische Denkweise insofern die klassische Theater- oder Filmdramaturgie, als sie den besonderen Anforderungen von Live-Kommunikation im Hinblick auf die Multimedialität und die Interaktion mit der Zielgruppe gerecht wird. Es entsteht eine strategische Interaktionsdramaturgie, die rationale und emotionale Reaktionen der Veranstaltungsteilnehmer in den kommunikativen Prozess einbezieht. Vorhang auf für die Helden!

1.2 Vom Bewusstsein zur Veränderung

► Unternehmen sind reine Zweckgemeinschaften. Sie bieten Dienstleistungen an, stellen Produkte her oder handeln damit. Und mehr nicht?

▶ Unternehmen sind auch Dörfer, Kleinstädte oder gar globale Netzwerke, die aus Menschen bestehen. Menschen, die forschen und entwickeln, sich selbst verwalten und verwaltet werden, die geführt und nach innen wie außen vertreten werden wollen. Und die sich selbst empfinden und ihre Welt erspüren.

▶ Ob 200, 2.000 oder mehr als 20.000 Mitarbeiter, tausende Zulieferer und Abnehmer, ob wenige oder Millionen Kunden: Unternehmen sind Gesellschaften, die Ziele, Ordnung und Verfassung brauchen, aber eben auch Identität, Leitideen, Symbole, Visionen und Geschichten, mit denen sie nach innen wie nach außen zeigen können, wer sie sind. All das hängt an der Qualität der durch Kommunikation erlebten Kultur unseres Unternehmens.

1.2.1 Die Königsdisziplin

Gut gestaltete Live-Kommunikation ist das tiefgreifendste und direkteste Instrument zur Durchsetzung qualitativer und emotionaler Kommunikationsziele in unseren wichtigsten Zielgruppen. Diese Veranstaltungen für unsere Kunden, Händler und Meinungsbildner im engsten Umfeld einerseits sowie für die eigenen Mitarbeiter in Führung, Produktion und Vertrieb andererseits, sind die Königsdisziplin der Kommunikationsformen.

Erst im direkten Kontakt zeigt unser Unternehmen seine vollständige Identität und prägt nachhaltig seine inhaltlichen und emotionalen Beziehungen zu all jenen Menschen, die letztlich die Helden seines Erfolgs sind, weil sie mit ihrer Emotion, Position und Funktion wesentlich über den Erfolg unseres Unternehmens mitentscheiden.

Live-Kommunikation tangiert die Kernbereiche jedes Unternehmens. Unsere Unternehmenskultur wird hier zur persönlichen Erfahrung unserer Zielgruppe, und diese Erfahrung geht über das rein Faktische und Informative weit hinaus. Es geht um soziale Interaktion und Emotion, um Authentizität und oft auch um moralische Integrität in unseren Beziehungen. Auch deshalb handelt es sich bei der Live-Kommunikation um ein sehr komplexes, interagierendes und hoch dramatisches Medium.

Ideenmaschine fürs *story telling* Die Dramatische Denkweise als methodische Ideenmaschine zur Entwicklung der richtigen Geschichte mit Motiven und Helden in einer dramaturgischen Folge von Ereignissen sowie die Erläuterungen ihrer multimedialen, künstlerischen und kommunikativen Umsetzungsmöglichkeiten sollen uns als praktischer Leitfaden zur Dramatisierung und Inszenierung unserer Inhalte für die Live-Kommunikation dienen.

Dabei können die psychologischen und dramatischen Überlegungen des Geschichtenerzählens, die in diesem Buch explizit unter dem Aspekt der Kommunikation mit Kernzielgruppen in geschlossenen Veranstaltungen betrachtet werden, in großen Teilen auch für öffentliche Veranstaltungen oder als Grundlage für andere Kommunikationsmedien herangezogen werden.

1.2 Vom Bewusstsein zur Veränderung 9

Gleichzeitig ist es eine Ansammlung von vielen unterschiedlichen Instrumenten, die zu einem wohlklingenden Orchester arrangiert, notiert und virtuos dirigiert werden wollen: Instrumente, die wir analysieren und kategorisieren werden, um zum ersten Mal eine vergleichende Gesamtübersicht der gestalterischen Möglichkeiten für die konkrete Umsetzung und Inszenierung unserer Heldengeschichten zu erhalten.

Interaktion bringt Neues hervor Die dramatisch durchdachte Live-Kommunikation arbeitet mit allen uns zur Verfügung stehenden Ausdrucksformen. Im besten Falle bedient sie gleichzeitig alle Sinne der Teilnehmer einer Veranstaltung. Sie integriert sowohl unterbewusste Muster und archaische Riten als auch eine Vielzahl von künstlerischen Ansätzen und modernen Medien. Sie bedient sich aller möglichen Hilfsmittel, Stile und psychologischer Tricks, um ihr Kommunikationsziel zu erreichen.

Sie stellt Referenz zwischen den Identitäten von Absendern und Zielgruppen her, und sie tut dies stets vor dem Hintergrund der sozialen und historischen Aufstellung sowie der jeweiligen Situation aller Beteiligten. Sie transportiert unsere Inhalte und Emotionen über das gemeinsame Erlebnis. Und weil jede Gemeinschaftsbildung ein interaktiver Vorgang ist, kreiert sie damit gleichzeitig neue, gemeinsame Inhalte und Emotionen.

1.2.2 Ziele

Wer mit diesem Medium erfolgreich umgehen will, muss sich der Komplexität bewusst sein. Dieses Buch wird Ihnen nicht nur zahlreiche Eindrücke von der Vielschichtigkeit und Vernetztheit der Live-Kommunikation vermitteln, sondern es will Ihnen alle wichtigen Grundprinzipien bewusst machen, die Sie als Leitfaden für die dramatische Konzeption und praktische Durchführung Ihrer Veranstaltung als punktuelles Ereignis in einem Kommunikationsprozess anwenden können.

Auch wenn es an dieser Stelle angesichts der Komplexität des Themas etwas zu hoch gegriffen erscheint: wir wollen mittels des Modells der Dramatischen Denkweise versuchen, ein möglichst klares Strukturmodell für die Konzeption von LK-Maßnahmen zu schaffen.

Methode ersetzt Ahnung Auswahl der Helden und Entwicklung der richtigen Geschichte sowie ihre Umsetzung in eine erlebbare Inszenierung haben in der allgemeinen Vorstellung viel mit Kreativität zu tun. Als Kreativer muss ich aber darauf bestehen, dass es sich bei einer guten Idee nicht um einen plötzlichen Einfall handelt, sondern dass Kreativität ein analytischer und strukturierter Prozess ist, der sich auf Wissen und Methoden stützt. Denn selbst die Methoden des kreativen Chaos, der freien Assoziation, des Brainstormings, des Klarträumens, der künstlerischen Dekonstruktion oder gar des Dada sind nichts anderes als Methoden, die sich im Rahmen der Dramatischen Denkweise gezielt einsetzen lassen.

Dieses Buch verfolgt darum eine Reihe von Zielen, deren erstes und wichtigstes ist, dass wir als Entscheider und Macher Bewusstsein darüber erlangen, was mit diesem potentiell hoch effektiven Werkzeug der Live-Kommunikation möglich ist. Und wie wir unsere eigene Mannschaft in Zukunft auf- und einstellen können, damit die LK-Maßnahmen maximalen Erfolg bringen.

> Gerade in diesem emotional sensiblen Bereich können Spezialisten für unser Unternehmen eher erfolgreich tätig werden, wenn wir selbst auch eine Idee davon haben, wie Live-Kommunikation in ihrer ganzheitlichen Betrachtung und tatsächlichen Wirkung funktioniert.

1.2.3 Perspektivwechsel

Der zweite Ansatz dieses Buches verbirgt sich im romantischen Untertitel. „Liebe Deine Helden!" ist ein immer noch notwendiger Hinweis darauf, wem alle Kommunikationsmaßnahmen eines Unternehmens überhaupt gelten. In vielen Briefing-Runden hatten wir eher den Eindruck, es ginge den Veranstaltern zunächst nur um sich selbst, nicht aber um ihre Kunden, Partner oder Mitarbeiter, die eigentlichen Zielgruppen der Veranstaltungen. Sicher, auch die Selbstdarstellung ist ein wichtiger Teil jeder Begegnung, kann aber niemals alleiniges Kriterium einer Kommunikationskonzeption sein.

Dazu gehört, dass wir lernen, uns auch durch die Augen unserer jeweiligen Zielgruppe zu betrachten. Wir müssen die Erwartungen und Ansprüche derer erfüllen, mit deren Arbeitskraft, Kaufkraft und Meinungsführerschaft wir unser Geschäft betreiben wollen. Und wenn wir von einer Zielgruppe verstanden werden wollen, dann müssen wir die Gefühle der Zielgruppen kennen und lernen, unsere Geschichte in der Sprache unserer Zuhörer zu erzählen. Denn was wir in klassischen Medien noch hinter der Geschwindigkeit und Oberflächlichkeit von Anzeigen und Spots verstecken können, tritt in der Live-Kommunikation immer spürbar zu Tage: wer wir sind und was wir wirklich von unserem Publikum halten.

Authentische Kommunikation In diesem Punkt ist Live-Kommunikation ziemlich kompromisslos: Unsere Gefühle werden im Rahmen der persönlichen Begegnung immer spürbar sein. Unser Publikum blickt nicht nur auf unser Produkt oder unseren Service, es schaut im Rahmen einer Veranstaltung tief in die Seele unseres Unternehmens. Und Sie können sich sicher vorstellen, dass dieser Blick selbst auch nicht immer ungetrübt von den Emotionen des Publikums uns gegenüber ist. Nur wenn wir uns dieses komplexe, stets situationsbedingte Verhältnis bewusst machen, kommen wir dem Geheimnis erfolgreicher Live-Kommunikation auf die Spur.

Mittels Events zu kommunizieren bedeutet für die Verantwortlichen auf Unternehmensseite, mit Gefühlen umzugehen: mit den unsrigen, mit denen unseres Publikums und auch mit denen der Eventmacher und eingebundenen Künstler. Es bedeutet, diese Gefühle vorauszuahnen und im hohen Maße in die Konzeption der Veranstaltung zu integrieren. Es ist das Privileg der Live-Kommunikation, all diese Gefühle in dramatisch angelegten

1.3 Kommunikation mit dem Kult

Abläufen und Inszenierungen in unserem Sinne anzuleiten und in Richtung des Kommunikationsziels zu verändern.

Begegnung und Berührung Das dritte Anliegen dieses Buches ist folglich, uns so oft wie möglich in Erinnerung zu rufen, dass die persönliche Begegnung mit unserer Zielgruppe einmalige Chancen für unsere Unternehmenskommunikation bereitstellt. Nur im Verlauf einer sich über Stunden oder gar Tage hinziehenden Veranstaltung haben wir die Möglichkeit, unser Publikum in einem dramatischen Ablauf emotional nachhaltig zu beeindrucken und die Gefühle des Publikums fest an unsere Inhalte zu ankern. Die Begegnung mit unserer Zielgruppe ist aber nicht nur die beste Möglichkeit, sie zu berühren, sondern auch uns selbst berühren zu lassen.

▶ Uns steht ein faszinierendes Arsenal von Medien, Künsten und ergreifenden Ereignissen zur Verfügung, um das Momentum der Verschmelzung mit unserer Zielgruppe zu erleben. Die überragende Dichte und Nachhaltigkeit dieses gemeinsamen Erlebens verpflichtet uns geradewegs dazu, mit dem Medium Live-Kommunikation nicht unüberlegt und willfährig umzugehen.

1.2.4 Das charakteristische Vergnügen

Um diesen drei Anliegen des Buches das nötige Gewicht zu verleihen – und das Lesen in Abschnitten zu ermöglichen –, wird es nicht nur in den praxisorientierten Kapiteln zu scheinbaren Wiederholungen kommen, Wiederholungen, die uns aber durch verschiedene Blickwinkel bei der Betrachtung von Detailfragen stets auf den eigentlichen Kern der Sache zurückführen und so unser Bewusstsein für die Grundprinzipien der Live-Kommunikation weiter schärfen sollen.

Es wird oft vom Drama die Rede sein, vom dramatischen Ablauf einer Veranstaltung und von der Dramatischen Denkweise, die nötig ist, um diesen Ablauf entsprechend in Rhythmus, Stil und Mittel zu konzipieren. Dabei soll das Wort Drama nicht im negativen Sinne, sondern als Hinweis auf einen logischen, didaktisch geordneten Prozess verstanden werden: ein vernünftig und emotional aufeinander aufbauendes Netz von Ereignissen und Inszenierungen, Spannungen und Lösungen, eine gut erzählte Geschichte mit logischen und emotionalen Schlüssen, mit identifizierbaren Helden, deren Weg durch die Geschehnisse Mitgefühl und, wie Aristoteles es nannte, *charakteristisches Vergnügen* beim Publikum hervorruft.

1.3 Kommunikation mit dem Kult

▶ Jede Unternehmenskommunikation steht in unauflösbarem Zusammenhang mit Identität und Unternehmenskultur, mit Marken-Image, Marketing-Strategie und den Richtlinien der Corporate Communications. Wenn wir also über die theoretischen, psychologischen, dramatischen und praktischen Ansätze der Live-Kommunikation reden wollen, so geht das nicht, ohne einen einleitenden Blick auf das gesellschaftliche Kommunikationsumfeld zu werfen.

1.3.1 Werbung als Kult

Werbliche Kommunikation hat in der Kulturlandschaft unserer modernen Gesellschaften längst eine Eigendynamik entwickelt. Sie hat ihre eigenen Ansätze und Ästhetik zu einer Quasi-Kunst hochstilisiert. Kommunikationsmaßnahmen wie außergewöhnliche Events oder „verrückte" Werbekampagnen sind fast alltägliche Gesprächsthemen geworden. Die Werbung ist allgegenwärtig in unseren Medien, ja, sie gibt sogar dem einen oder anderen Unterhaltungs- und Informationsprogramm mittlerweile Rhythmus und Stil vor. Sie ist selbst oft schon mehr als nur Medium: sie wird zum Inhalt. Modernes Advertising hat seine Fans. Und die haben ihren Anspruch.

Werbung kann Kult sein! Dieses Empfinden der Kommunikation gegenüber eröffnet neue Möglichkeiten. Außergewöhnliche Werbe- und Veranstaltungskonzepte werden selbst zu Nachrichten, die wiederum in berichtenden Medien bespiegelt werden. Man muss nicht mehr nur über Unternehmen und Marken, sondern man kann auch über die eigene Kommunikation einen Kultstatus anpeilen.

Werbung kann sich aber auch selbst im Wege stehen. Es heißt bei Werbern oft: wir machen Kommunikation! Heißt: wir senden aus und der Konsument nimmt entgegen. Das mag in klassischen Medien funktionieren, im Internet und vor allem in der Live-Kommunikation ist mit einer solchen Einstellung aber kein Blumentopf zu gewinnen. Kommunikation ist nicht etwas, das einer macht und der andere empfängt, sondern sie beschreibt einen Vorgang, der durch Mitteilung, Verständigung, Erkenntnis, Fühlungsnahme, Teilhabe und gegenseitiger Anerkenntnis aus zwei oder mehr Personen eine Gemeinschaft macht.

1.3.2 Was Gemeinschaft ausmacht

Wer mit anderen erfolgreich kommunizieren will, sollte sich auf das ursprüngliche Ziel von Kommunikation zurückbesinnen und sich der Vielzahl von interaktiven Prozessen der Teilhabe gewahr werden, die eine Gemeinschaft überhaupt erst entstehen lassen. Eine solche Gemeinschaft definiert sich durch folgende Qualitäten:

▶ Identifikation mit bestimmten Inhalten und Wertvorstellungen und ihren emotionalen Bedeutungen

▶ Übereinkunft in Sprache, Zeichen und Regeln sowie deren Bedeutung im Bezug zum Inhalt

1.3 Kommunikation mit dem Kult 13

▶ Vollzug von gemeinschaftlichen Ritualen zur Verinnerlichung der Bedeutung des Inhalts

Diese Grundstruktur finden wir in allen Gemeinschaften der Welt vor, angefangen von den ersten Naturreligionen aus der Frühzeit der Menschheit über die Geheimbünde der Freibeuter bis zum Beispiel zur Markengemeinschaft aller Mercedesfahrer in unserer modernen Zeit. Geprägt von der Idee der Informationsfreiheit haben Aufklärung, Humanismus und Demokratisierung der Definition von Gemeinschaft noch ein weiteres ideales Element zugeordnet:

▶ Den annähernd gleichen Informationsstand aller Mitglieder einer Gemeinschaft.

Es ist nicht zu leugnen, dass die weltumspannenden Computernetzwerke und der Umgang zukünftiger Generationen von *digital natives* mit diesem Medium unsere Welt gerade in diesem Punkt nachhaltig verändern. Dieser Wandel zur Wissensgesellschaft verändert auch Marketing, Handel und Kommunikation.

Es hilft vielleicht, sich am historischen Beispiel von Luthers Ideen und der zeitgleichen Verbreitung des Buchdrucks als erstem Massenmedium nochmals die verändernde Kraft zu verinnerlichen: die Reformation hat zu ihrer Zeit die religiöse und politische Landschaft sehr stark verändert. Ähnlich heftige Veränderungen stehen uns mit einer globalisierten Wissensgesellschaft ins Haus.

1.3.3 Beziehungspflege als Weg aus der Vergleichbarkeit

Die Neuen Medien erleichtern auf der Sachebene die Zugänglichkeit von Informationen aller Art in ungeahntem Maß und etablieren damit gleichzeitig neue Aufteilungen und Gewichtungen im Kommunikationskreislauf unserer Gesellschaft. Darum wollen wir zunächst drei zurzeit oft angeführte Behauptungen voranstellen.

▶ **Wachsende Vergleichbarkeit** Bei der rasant wachsenden Menge von Informationen aller Art und der damit einhergehenden, ebenfalls größer werdenden Vergleichbarkeit von Preisen, Produkten, Dienstleistungen und Systemen werden immer öfter sogenannte „weiche Werte" *(eigentlich: weiche Faktoren)* den Ausschlag für Kauf- oder Auftragsentscheidungen geben. Emotionale Differenzierung wird so zu einem wichtigen Ziel der Marketingkommunikation.

▶ **Emotionalisierung der Information** Viele Informationen zu haben ist nicht dasselbe, wie etwas wirklich zu wissen! Die durch die Informationsmedien wie das Internet vorangetriebene Versachlichung und Vervielfältigung der Information bedarf immer konzentrierterer Maßnahmen zur Emotionalisierung von Inhalt und Markenbild, im besten Fall sogar der gesamten Identität Ihres Unternehmens.

▶ **Beziehungsmarketing** Das Verhältnis zwischen Anbietern und Nutzern wird sich aufgrund der Offenheit und Komplexität der Informationsnetze wesentlich verändern. Wenn es aber letztlich immer stärker um diese Beziehungen geht, dann werden sich Marketing und Kommunikation zwangsläufig von der Produkt- und Leistungsbezogenheit weg und zum Nutzer (User) oder Partner, also zur erlebten Gemeinschaft von Unternehmen und Zielgruppe hin orientieren.

1.3.4 Das Ende der Nabelschau

Bevor wir auf diese Punkte im Einzelnen eingehen, möchten wir einen Ausflug in ein hypothetisches Zukunftsszenario des Marketings wagen. Bisher standen erst Produkte und Leistungen, dann Image und Identität des Anbieters im Vordergrund vieler Marketingmaßnahmen. In dieser Phase halten viele Unternehmen Nabelschau, sehen sich zunächst einmal selbst im Mittelpunkt aller ihrer Maßnahmen.

Klar, der Markt und seine Zielgruppen wurden beobachtet und analysiert, Handlungsweisen mehr oder weniger darauf abgestimmt; im Kern aber sah sich ein Automobilhersteller immer erst einmal als Hersteller von tollen Fahrzeugen, ein Pharmakonzern als Anbieter von wirksamen Heilmitteln, eine Bank als ein Institut, bei dem man Geld bekommen kann, wenn man sich als Kunde nach den Vorstellungen der Bank verhält. Dies hat sich in den letzten zwanzig Jahren schon spürbar geändert und wird sich in naher Zukunft unter dem Eindruck der Vernetzung der Welt noch stärker wandeln.

Kunden und Nutzer mit ihren eigenen Identitäten werden stärker in den Vordergrund rücken. Das Internet mit seinen virtuellen Produkten und den e-commerce-Anbietern setzt hier neue Maßstäbe, darum lohnt sich ein kurzer Blick auf eine aktuelle Marketingtheorie in diesem Bereich. Man kann davon ausgehen, dass dieses Verständnis aus der virtuellen Welt in die realen Welten zurückschlagen wird, wenn auch nicht gleich morgen, so doch umso sicherer übermorgen.

1.3.5 Die großen vier Cs

Für Marketing in den virtuellen Verkaufswelten gilt folgende Verkettung, die hier nur als Kreislauf dargestellt sein kann, sich aber in Wirklichkeit vielfach vernetzt:

▶ **Content: der Inhalt** Allem voran steht also der Inhalt, hier als etwas verstanden, das noch nicht konkret Produkt oder Dienstleistung ist, sondern der Geist, die Idee und Identität eines Unternehmens. Dieser Inhalt kann sich nach wie vor von Produkt oder Leistung her definieren, muss es aber nicht. Der Kult um unseren Inhalt kann auch aus scheinbar nebensächlichen Informationen, Assoziationen oder Images entstehen, wenn diese geeignet sind, Emotionen hervorzurufen.

Dabei ist es für die Zielgruppe oft noch nicht einmal von Belang, ob dieser Inhalt im Ursprung von uns stammt. Solange wir und unser Unternehmen glaubhaft mit diesem Inhalt verbunden sind, kann dieser von irgendwoher entlehnt sein. Wie man bei erfolgreichen Unternehmen sieht, sucht man einen solchen Inhalt auch mal in seiner Zielgruppe, statt nur bei sich selbst.

► **Communication: die Verbreitung des Inhalts** Im zweiten Schritt gilt es, diesen Inhalt der Zielgruppe zu kommunizieren, ihn zu „vergemeinsamen", und das nicht vordergründig in Bezug auf die eigene Leistung, sondern eher im Hinblick auf die Identität und das Lebensgefühl einer Nutzergruppe, die sich aktiv informiert, Vergleiche zieht und dann eine Zugehörigkeitsentscheidung fällt. Wohlgemerkt, nicht einfach nur eine Kaufentscheidung, sondern eine Zugehörigkeitsentscheidung, ein ebenso rationales wie emotionales Bekenntnis zu ihrem nun gemeinsamen Inhalt.

► **Community: die Fangemeinde** Dieses Bekenntnis macht aus der Zielgruppe unsere Community, eine Art Glaubensgemeinschaft im Sinne der oben genannten Grundstruktur einer Gemeinschaft – Nutzer, die Produkte und Leistungen unseres Unternehmens in Anspruch nehmen, weil sie an unseren Inhalt glauben, sich in diesem Inhalt wiederfinden und sich gegenseitig dabei bestätigen. Die Anstrengungen des Marketings gelten der Schaffung einer *Fangemeinde*, natürlich wie bisher, um Märkte zu öffnen oder gar zu entwickeln und damit Geschäft zu ermöglichen.

Die wesentlichen Unterschiede zum rein von Produkt und Leistung her definierten Marketing offenbaren sich zum einen im absoluten Vorrang dieser sehr emotional bestimmten Bindung der Community an unsere Inhalte und deren Bedeutung, zum anderen in der stark beschleunigten Wechselwirkung zwischen den Wünschen unserer Community und dem aus der gemeinsamen Wertewelt abgeleiteten Angebot.

► **Commerce: der Handel** Hier nun setzt der eigentliche Handel mit Waren und Leistungen an. Ist diese Community erst einmal entsprechend auf unseren Inhalt eingeschworen, lassen sich nicht nur unsere eigenen, sondern auch andere, gar nicht in unserem bisherigen Angebot enthaltene Produkte und Leistungen verkaufen, solange sie nur zu unserem von der Community akzeptierten Inhalt und Wertesystem passen. In der virtuellen Realität gibt es Beispiele von Anbietern, die erst einmal ihre Programme verschenken, um eine Community aufzubauen, um dann diese Fangemeinde erst im zweiten Schritt mit allen möglichen Produkten und Dienstleistungen zu beliefern.

Wie gesagt, dies ist lediglich die Startreihenfolge; im lebendigen Kreislauf unserer Wirtschaften sind dies die vier Elemente eines Netzwerks, die sich ständig gegenseitig beeinflussen. So ist zum Beispiel die Art und Weise, wie der Handel abgewickelt wird, letztlich auch Teil der Kommunikation. Oder das Selbstverständnis und die Wünsche der Community wirken konkret auf unsere Produktentwicklung ein und so weiter.

1.3.6 Das Zugehörigkeitsgefühl verkauft Produkte

Schauen wir kurz auf ein Beispiel aus der schönen alten realen Welt, um die Wirkweise eines solchen Netzes zu illustrieren: Das Kernprodukt eines Fußballvereins ist das Fußballspielen vor Zuschauern. Dieser Inhalt ist zum Kult stilisiert, das Spiel, seine Aufführung und die begleitenden Choreografien der Fans sind Ritual und Reaktion. Die Einnahmen bestritt man lange Zeit nur durch Eintrittsgelder, dann durch Banden- und Trikotwerbung, zuletzt durch die Vermarktung der Übertragungsrechte und Sponsorprämien.

Dann aber analysierte man das Kaufpotential der eigenen Fangemeinde. Man stellte fest, dass die Bindung der Fans an den Verein und seinen Inhalt so stark war, dass sich auf dem Rücken dieser Identifikation auch andere Produkte verkaufen lassen: zunächst klassische Fan-Artikel wie Trikots, Schals und Hupen, die direkt mit den Ritualen der Gemeinschaft zu tun haben, dann Kaffeetassen, Sekt, Rasierapparate und Mountainbikes. Einige Vereine bestreiten heute schon mehr als ein Fünftel ihrer Einnahmen aus solchen Geschäften mit ihrer Fangemeinde. Real Madrid kaufte Christiano Ronaldo für 100 Mio. € und verkaufte allein im ersten Jahr weltweit knapp anderthalb Millionen *CR7* Trikots zum Durchschnittspreis von 60 €. Nicht schlecht gerechnet.

Wenn man sich anschaut, wie sehr die Community an einen Verein wie zum Beispiel Real Madrid, Bayern München oder die LA Lakers glaubt, fällt es nicht schwer, sich auszumalen, wo diese Entwicklung endet: Die Vereine werden ihren Fans Urlaubsreisen und Theatertickets, Handys und Computer, sogar Aktien und Lebensversicherungen verkaufen, solange ihre Community an ihren Inhalt und Wertekodex glaubt.

Andererseits werden diese Fans auch stärkeren Einfluss auf Inhalt und Produkt nehmen, als man es von klassischen Konsumenten von Industrieprodukten bislang gewohnt war. Denken Sie ruhig mit kurzem Schauer an die Art und Weise, wie zum Beispiel Personalentscheidungen eines Sportklubs durch seine Fangemeinde beeinflusst werden können.

The Real Mercedes?

Wenn wir diese Gedanken zum Spaß einmal auf einen großen Automobilkonzern übertragen, könnte folgendes Szenario entstehen: Die Fahrzeuge sind lediglich die Produkte, Mobilität die Dienstleistung, der Inhalt aber ist die Idee hinter der Marke: ein Wertesystem zwischen technischer Innovation, einem bestimmten Stil und Anspruch, mit der Ausstrahlung von Erfolg und Dynamik, gemischt mit ein bisschen sozialer, ökologischer und kultureller Kompetenz.

Die Fans dieser Marke erkennen sich darin wieder, denn sie glauben an dasselbe Wertesystem. Sie sehen sich durch die Marke in ihren eigenen Ansprüchen und Lebenseinstellungen bestätigt und adäquat vertreten, beobachten ihr Verhalten, ja fiebern sogar richtiggehend mit, wenn es um internationale Ranglisten und Übernahmen geht.

Die Ursache und Stärke dieser Bindung könnte den Autohersteller nun auf folgende Idee bringen: wenn er sein bisheriges Kernprodukt *Fahrzeug* so geschickt abgibt, dass er seine Fangemeinde vergrößert und noch intensiver an sich bindet, dann kann er beinahe jede Art von Produkt an seine Community verkaufen. Hat er vorher mit dem Fahrzeug pro

Jahr und Kunde im Schnitt Summe X an Gewinn eingefahren, kann er nun mit Banking, Versicherungen, Urlaubsreisen, Konsum- und Luxusgütern aller Art vielleicht die Summe XXX erwirtschaften. Wie weit ein solcher Handel mit der eigenen Community gehen kann, lässt sich an bereits realisierten Wohnparks der Walt Disney Corporation ablesen.

Letztlich bedeutet das, dass sich die bestehenden Handelsstrukturen nach und nach vom Produkt thematisierenden Fachhandel wegbewegen hin zu denjenigen Anbietern, die mit ihren Inhalten eine Community an sich gebunden haben, indem sie das Bedürfnis der Menschen nach Inhalt, Kult, Ritual und Zugehörigkeit gezielt bedienen.

1.4   Internet und Event: die Flügelzange der Zukunft

▶   Die Live-Kommunikation eines Unternehmens wirkt nicht losgelöst von anderen Kommunikationsmedien, muss also strategisch integriert werden. Wie sich aber das Rollenspiel der verschiedenen Kommunikationswege im Verhältnis zueinander entwickelt, lässt schön an den Unterschieden und Gemeinsamkeiten der online- und der on-site-Kommunikation beleuchten.

1.4.1   Die Bedeutung der Dinge

Grundsätzlich kann man jede Art von Information, Dienstleistung und Produkt in einen sachlichen, absolut objektivierbaren Teil sowie eine situativ bedingte und emotional beurteilte Bedeutung unterteilen. Ich möchte das im Rahmen dieses Buches als Materie und Seele bezeichnen, quasi die *Hardware* und die *Software* eines Inhaltes, eines Produkts oder einer Leistung.

Zur Materie gehören also alle technischen, sachlichen und mathematisch darstellbaren Werte (*hard skills*), zur Seele solche Bereiche wie die Ethik, die Gefühlswelt, das Drama im Kern unseres Inhalts, die weichen Faktoren (*soft skills*) sowie eben die Beurteilung all dessen durch die Teilnehmer an unserer Community. Natürlich sollten Materie und Seele im Rahmen einer ganzheitlichen Betrachtung miteinander verschmolzen sein, es gibt aber eine Reihe von Hemmnissen und Schwierigkeiten, die einer solchen ganzheitlichen Betrachtung zunächst im Wege stehen.

Einiges hat damit zu tun, dass bindende Sprachregelungen für die Definition von Seele, von weichen Faktoren und Gefühlen für die meisten Menschen schwer zu treffen sind. Anderes hängt mit dem hohen Maß an Interaktivität zusammen, also mit der assoziativen und emotionalen Teilnahme der Zielgruppe am Definitionsprozess. Je erfolgreicher wir unsere Community ausbauen, desto mehr werden unsere Zielgruppen auf unsere Inhalte Einfluss nehmen und ihren Anteil an der Definition erweitern.

Und zuletzt gibt es in diesem fließenden Prozess immer einen gewissen Anteil an der Definition, der gänzlich außerhalb unseres Einflusses vorgenommen wird. Diesen Anteil möglichst gering zu halten und die Bewertung und Zumessung von Bedeutung durch die Zielgruppe so gut wie möglich anleiten oder gar gestalten zu können, gehört

1.4.2 Die Seele der Materie

Ein Beispiel: Nehmen wir kurz an, wir wären ein Uhrenhersteller. Unser Produkt besteht zunächst einmal aus verschiedenen Materialien, vielleicht ein paar gestanzten Metallen und Kunststoffteilen, ein wenig Mechanik oder Elektronik, einer Unruh oder anderen Energiequelle, Glas, Zeigern, ein paar Schräubchen und einem Armband mit Schnalle. Die Materie bildet gemeinsam mit ihrer technischen Funktion den rein sachlichen, objektiv messbaren Teil des Produktes.

Schon mit der Gestaltung fängt die Seele unseres Produktes, jener andere, schwer messbare Teil an, der die Wertung der Uhr durch den Käufer und Nutzer beeinflusst. Ist es viktorianisch verschnörkelt oder futuristisch reduziert? War unser Designer ein vielfach ausgezeichneter Künstler oder nur ein unbekannter Student? Sind wir ein traditionsreicher Uhrmacher in fünfter Generation? Ist Titan gerade modisch angesagt? Und hat das für den Nutzer überhaupt Bedeutung, weil er sich selbst als modischen Menschen sieht? Solche situativen und emotional beurteilten Umstände bestimmen den eigentlichen Wert der Uhr für den Besitzer mit.

Welchen Wert wir festlegen

Dass wir diese Unterteilung von Materie und Seele hier so deutlich herausstellen, hat verschiedene Gründe. Wenn wir den objektiven Wert der Uhr betrachten, handelt es sich um etwas, das wir als Hersteller vollständig bestimmen können. Wir wählen Material, Werkzeug und Produktionsmethode aus. In den Fragen des Designs und der aktuellen Mode halten wir uns auf dem Laufenden, wählen Materialmix und Gestaltung nach eigenem Gutdünken oder besser noch den Wünschen unserer Zielgruppe aus.

Hier bewegen wir uns schon auf nicht mehr ganz so sachlichen Untergrund, es handelt sich aber immer noch zum großen Teil um Dimensionen des Produktes, die wir in der Hand haben. Wir kennen die Situation und wir gestalten und kommunizieren unser Produkt dementsprechend. Wir verbinden die Uhr vielleicht mit dem Testimonial eines berühmten Rennfahrers, treten bei zielgruppenaffinen Veranstaltungen als großzügiger Sponsor auf und veröffentlichen unsere Umweltbilanz.

Welchen Mehrwert der andere festlegt

Irgendwann verlässt die Uhr unseren Einflussbereich und erhält neue, individuell aufgeladene Dimensionen durch den Nutzer. Was bedeutet diese Uhr einem Menschen tatsächlich? Ist die Uhr eventuell das „Keepsake" einer heimlichen Geliebten? Ein Erbstück vom Großvater oder ein Geschenk zum vierzigsten Dienstjubiläum? Ist der Nutzer ein Sammler der Arbeiten unseres Designers? Ist er beeindruckt von der Persönlichkeit unse-

1.4 Internet und Event: die Flügelzange der Zukunft 19

res Testimonials? Oder haben seine studierenden Kinder nachts an einer Imbissstube gejobbt, um ihrem alten Herrn seine Wunschuhr zu schenken? Hier, und letztlich nur hier entsteht für unseren Kunden der persönliche Wert der Uhr: in der individuellen Situation!

Hier wird unser Produkt mit ganz persönlichen Bedeutungen und dramatischen Mustern aufgeladen. Es ist allein der Nutzer, der über den tatsächlichen Wert unseres Produkts für sich entscheidet, und diese Entscheidung ist oft stark emotional eingefärbt. Winzige Plastikfigürchen aus Überraschungseiern sind auf einmal hunderte von Euros wert, nur weil sie ein paar Sammlern so viel bedeuten. Kein Mensch braucht zwanzig Uhren, und doch finden wir in jeder Stadt irgendjemand, der unzählige Uhren einer Marke gesammelt hat. Ein Verlobungsring mit Diamant hat für jede Frau eine weit über den Materialwert hinausgehende Bedeutung – den er ganz schnell verliert, wenn sie ihn mit einer anderen erwischt.

Klar, das sind etwas unterhaltsam gemeinte Beispiele aus dem Bereich dramatischer Muster, aber sie sollen uns eines deutlich machen: Den eigentlichen Wert einer Sache oder die eigentliche Bedeutung eines Vorgangs legt der Nutzer für sich selbst fest.

1.4.3 Werbung und Deutungsrisiko

Wenn Sie die Uhr nun aus dem Beispiel streichen, sie durch Ihr eigenes Produkt oder Ihre Dienstleistung ersetzen und sich selbst die Geschichte noch einmal erzählen, dann ahnen Sie, welche dramatischen Muster Sie bei Ihrer Zielgruppe berühren. Wenn wir jetzt noch die Möglichkeit hätten, diese individuelle Beurteilung durch den Nutzer mitzugestalten, dann wäre der Erfolg unseres Unternehmens nicht aufzuhalten.

Und genau hier setzt im Normalfall auch die Werbung eines Unternehmens um die breite Käuferschicht an. Neben den sachlichen Informationen über unser Produkt stellen wir Bilder und Assoziationen in die Öffentlichkeit, mit denen wir auf mögliche individuelle Bedeutungen für den Nutzer durch emotionale Inszenierungen vorzugreifen versuchen. Man könnte auch sagen: Alle Marketingkommunikationsmaßnahmen haben zum Ziel, die für den Hersteller risikoreiche, individuelle Bewertung seitens des Kunden so zu beeinflussen, dass sie insgesamt kalkulierbarer wird.

1.4.4 Der interaktive Kunde

So gut wie alles, was mit der Materie unseres Produktes oder mit dem sachlichen Ablauf unserer Dienstleistung zu tun hat, lässt sich zunehmend gezielter und effektiver übers Internet und seine sozialen Netzwerke an unsere Zielgruppe kommunizieren. Auch all jene Dimensionen der Seele unseres Produktes, die wir bisher mit entsprechenden Assoziationen über klassische Werbemedien verbreitet haben, lassen sich in Wort, Bild und Ton in entsprechender Qualität durch das Netz übertragen, dort an verschiedene Inhalte, Seiten und Links knüpfen und vom Interessenten abrufen.

Das bedeutet allerdings nicht, dass wir alle anderen Anstrengungen der klassischen Werbung dadurch ersetzen können. Eine gewisse Frequenz von Werbebotschaften sowie die kontinuierliche Präsenz unseres Brandings in möglichst vielen Bereichen des Lebens werden immer nötig sein. So auch im Internet: Auch hier gilt es, möglichst oft und gezielt z. B. mit Bannern, Links und Foren präsent zu sein, damit unsere Existenz im Netz überhaupt bemerkt wird.

Das kann sogar dazu führen, dass wir witzige Videos drehen, die nicht unsere Produkte oder Leistungen, sondern unsere Identität und Kultur unterhaltsam und amüsant transportieren – Videos, die wir dann auf eine Videoplattform hochladen und die Teilnehmer zum Beispiel auffordern, den Clip neu zu vertonen. Die eigentliche Veränderung, die unsere Marketingkommunikation übers Internet mit sich bringt, ist die Erweiterung der werblichen Kommunikation um eine wesentliche, so noch nicht erreichte Quantität und Qualität der Interaktion, also die breite, *aktive Teilnahme* unserer Zielgruppen am Vorgang der Kommunikation.

Im Umgang mit der aktiveren Zielgruppe werden viele Unternehmen ihr Kommunikationsgebahren umstellen müssen. Der Kunde der Zukunft hat ein ausgeprägtes Ego, und er besteht darauf, dass wir mit ihm kommunizieren, mit ihm reden, ihn an unseren Inhalten teilhaben lassen und ihn selbst mit seinen eigenen Inhalten zu Wort kommen lassen. Die erfolgreichsten Seiten im Internet sind diejenigen, die neben Aktualität und Einfachheit die meisten Interaktionen anbieten. Interaktivität ist eine wichtige Eigenschaft moderner Kommunikation und somit auch das herausragende Merkmal erfolgreicher Anbieter im Netz. Dieser gewachsene Wunsch nach Teilhabe und Interaktion spielt auch in der Live-Kommunikation eine ganz wesentliche Rolle.

1.4.5 Qualität statt Quantität

Was aber ist mit den anderen Dimensionen der Seele unseres Produkts? All jene sogenannten „weichen Faktoren" – oder wie man heute um der Alliteration willen oft sagt: weichen Werte –, die sich nicht digital bereitstellen oder als Anzeigen und Spots aussenden lassen? Wie können wir unsere Zielgruppe spüren lassen, wie sich unsere Identität hinter unseren Produkten und Dienstleistungen anfühlt? Wie können wir unsere eigenen Mitarbeiter für unsere Kultur empfindsam machen?

Einige der wirklich guten Antworten auf diese Fragen liegen im Bereich der Inszenierung der persönlichen Begegnung. In der Interaktion mit unserem Gegenüber lassen sich alle Dimensionen unserer Identität emotional wirksam transportieren. Erst im gemeinsamen Erleben erlangen wir die Art von Glaubwürdigkeit, die eine individuelle Wertung unseres Inhalts durch die Zielgruppe zu unseren Gunsten beeinflusst.

Wo immer weiche Faktoren zur Beurteilung unserer Inhalte im Nahfeld unseres Unternehmens unverzichtbar sind, können wir auf die Möglichkeiten der Live-Kommunikation zurückgreifen. Natürlich erreicht sie nur schwer die Kommunikationsbreite streuender Massenmedien, aber in Tiefe und Dichte gibt es kein anderes Medium, mit dem wir unsere nächsten Zielgruppen so stark für uns einnehmen können. Als Marketingmaßnahme hat die aufwändige Live-Kommunikation zwar Grenzen in der Quantität, dafür ist sie in der Qualität für die Beziehungsbildung zu unseren wichtigsten Zielgruppen unschlagbar.

> **Fazit**

Das Internet wird alle technischen, sachlichen und mathematisch darstellbaren Werte unseres Inhalts kommunizieren und unserer Community ein interaktives Forum bieten. Dabei soll nicht unterschlagen werden, dass mittels der „sozialen Netzwerke" auch die weichen Faktoren durch Meinungs- und Informationsaustausch reflektiert werden, vor allem dann, wenn sich unsere Fans aus Überzeugung zu Markenbotschaftern berufen fühlen.

Die gezielte, dramatisch inszenierte Live-Kommunikation aber wird sich der Vermittlung von Ethik und Gefühlswelten um den Kern unseres Inhalts herum widmen und deren Beurteilung durch unsere Zielgruppe mittels der erzählten Geschichte in unserem Sinne zu steuern versuchen. Internetpräsenz und Live-Kommunikation werden sich zur Erfolg versprechenden Flügelzange der Unternehmenskommunikation ergänzen, und beide Wege werden wegen ihrer Qualitäten, ihrer Interaktivität und ihrer Vollständigkeit eine wachsende Rolle in unserem Kommunikationsmix spielen. Voraussetzung hierfür ist aber, dass es uns gelingt, eine ganzheitliche Betrachtung unseres Inhalts im eigenen Haus durchzusetzen, und dazu gehört zwangsweise auch die Definition von Gefühlswelten.

1.5 No business without entertainment

> Die Vergleichbarkeit von Waren und Dienstleistungen in der Informationsgesellschaft verpflichtet Marketingstrategen zur Verknüpfung von Inhalten mit *identifizierbaren* Gefühlen und Wertewelten. Diese Verknüpfung wird nicht nur die Art der Kommunikation, sondern auch die Gestaltung von Produkten verändern. Kein Wunder, dass es vor allem Marketingstrategen aus Übersee sind, die dieses amerikanischste aller möglichen Postulate über die Zukunft der Kommunikation von Inhalten und Markenbildern verbreiten: *„There's no business without entertainment!"*

1.5.1 Der gefühlte Mehrwert

Der Ruf nach der Unterhaltsamkeit unserer Angebote ist mehr als nur ein wohlgemeinter Verkaufsförderungshinweis: Wir werden in Zukunft mehr und bessere Geschäfte machen, wenn es uns gelingt, unsere Kunden gleichzeitig zu „unterhalten". Das beschränkt sich beileibe nicht darauf, dass wir unsere Angebote mit einem Lächeln im Gesicht und einem lockeren Spruch auf den Lippen feilbieten. Der Inhalt unseres Unternehmens selbst, gleich ob er sich über Produkt, Leistung oder Kommunikation zeigt, soll einen emotionalen Mehrwert schenken; er soll „entertaining", also unterhaltsam sein.

Dabei benutzen wir den Begriff aber nicht im Sinne einer Zerstreuung, einer Ablenkung, so wie uns sich das klassische Showbizz oft präsentiert, sondern im Sinne einer dramatischen Verknüpfung der Präsentation eines Inhalts mit den emotionalen und verhaltensabhängigen Vorgängen der Rezeption. Schon Aristoteles wusste um die herausragende Bedeutung des Entertainments für den Erfolg einer Geschichte, nur nannte er es „das charakteristische" oder „das gemässe Vergnügen".

> ▶ Nur das, was unsere Zielgruppe bewegt, sie zum Mitdenken oder Mitfühlen verführt, sie spekulieren und Schlüsse ziehen lässt, sie sich selbst im Helden der Geschichte wiedererkennen lässt, wird als unterhaltsam empfunden.

1.5.2   Was ist unterhaltsam?

Der normale Zuschauer denkt beim Begriff Entertainment an den Auftritt von Showkünstlern jeglicher Art, der Wirtschaftler vielleicht als erstes an die Gattungsbezeichnung für eine Branche und der Mediengestalter an eine bestimmte Art und Weise, wie er seinen Inhalt inszeniert. Aus Sicht des Dramaturgen stellt sich Entertainment eher als ein emotionaler Effekt vor, der nur dann eintritt, wenn wir mit einem Inhalt, sei er Sache oder Vorgang, auf eine bestimmte Art und Weise konfrontiert werden, d. h. der Inhalt ist dramatisch erzählt und medial so aufbereitet, dass der Zuschauer sich selbst moralisch, emotional und intellektuell involviert. Das, was wir also als unterhaltend, spannend und faszinierend, eben als Entertainment empfinden, entsteht aus einem Zusammenspiel zwischen dem objektiven Ereignissen (die Veranstaltung, Inszenierung, das Produkt etc.) und unserem aktiven, subjektiven Erleben all dessen.

Während dieses Erlebens laufen in uns allen eine Reihe von bewussten und unterbewussten Prozessen parallel ab. Wir öffnen unsere Sinne, erkennen Muster und Zeichen, vergleichen das Erlebte mit unseren Erinnerungen und messen dem gerade Erlebten im selben Augenblick eine gewisse Bedeutung zu. Wir versuchen, der erzählten Geschichte auf die Schliche zu kommen, spekulieren über die nächsten Schritte oder die Auflösung, erleben Spannung, wenn wir uns keine genaue Vorstellung von der Lösung machen können, freuen uns, wenn wir uns in unseren Ahnungen bestätigt fühlen dürfen. Wir projizieren uns in das Geschehen und suchen über Identifikation Mitgefühl mit dem Helden der Geschichte. Wir genießen das Schöne, staunen über die Fähigkeiten der Künstler und fiebern mit den Figuren der Inszenierung mit.

Gleichzeitig empfinden wir unser Verhältnis zum Gastgeber, zu den Menschen auf der Bühne und vor allem zu den anderen Zuschauern. Wir tauchen in die gemeinsame Stimmung ein, spüren förmlich, wie die Menge, deren Teil wir sind, empfindet und sich durch den Event bewegt. All diese Elemente des eigenen Erlebens werden durch ein gut inszeniertes Ereignis angestoßen. Dann erst findet Unterhaltung im Sinne des „charakteristischen Vergnügens" und somit die gewünschte positive Emotionalisierung unseres Inhalts statt.

Diese positive Emotionalisierung sollte auf allen Kontaktebenen mit unseren Zielgruppen erreicht werden, angefangen beim Produkt oder dem Ablauf unserer Dienste, über die Berichterstattung über unsere sozialen Leistungen bis hin zur dramatisch gut inszenierten persönlichen Begegnung. In Bezug auf unsere Unternehmenskommunikation ist damit gemeint, dass wir alle unsere Produkte und Leistungen nicht nur in einem engen Zusammenhang mit Inhalten und Emotionen kommunizieren sollten, sondern dass auch die Kommunikation selbst in Qualität, Originalität und Unterhaltungswert den wachsenden Ansprüchen der von allen Seiten umworbenen Kunden gerecht werden muss.

Es kann uns im Falle sehr einfacher Produkte in stark umkämpften Märkten sogar passieren, dass die gut gemachte Kommunikation über unser Produkt den alleinigen Ausschlag zur Auslösung von Kundenwünschen und Kaufimpulsen gibt.

1.5.3 Berühren statt Belustigen

Stellen Sie sich das jetzt aber bitte nicht so vor, dass in Zukunft nur noch mit komischen Inszenierungen kommuniziert werden kann. Entertainment bedeutet, wie oben ausgeführt, eben weit mehr, als sich ständig mit gespielten Witzen, wie man sie von deutschen TV-Spots kennt, an die Zielgruppe zu wenden.

Kommunikation muss Klarheit, Stil und Charme haben, sie muss der jeweiligen Zielgruppe Spaß machen und mit ihrer Auffassungsgabe spielen. Sie muss mit ihrer Idee und Ausführung faszinieren, darf auf keinen Fall langweilen oder in einem undefinierbaren Brei versinken. Sie muss in einer für das Publikum verständlichen Sprache formuliert sein. Sie muss für die Zielgruppe im Zusammenhang mit unseren Inhalten und Werten stets erkennbaren Sinn machen. Sie muss stilistisch und emotional in die Situation passen. Sie muss eine ebenso bewegende wie glaubwürdige Geschichte erzählen, die vor dem Hintergrund unserer Beziehung Sinn macht. Und sie sollte den Grundregeln der Dramaturgie folgend auf einen intelligenten Prozess abgestimmt sein, um unserem Publikum sein „charakteristisches", also dem Inhalt innewohnendes Vergnügen zu bereiten.

Psychische Verknüpfung Das eigentliche Gefühl der Unterhaltsamkeit entsteht dort, wo im Erleben und in der Erinnerung der Zielgruppe eine sinnvolle, emotional nachvollziehbare Verbindung zwischen Materie und Seele unseres Inhalts geknüpft wird. Allein die Tatsache, dass der Zuschauer diese Verknüpfung mit seinen eigenen Fähigkeiten aufdeckt und verinnerlicht, macht aus einem bloßen Spektakel ein bedeutendes und unterhaltsames Erlebnis für ihn.

Unterhaltung und Entertainment sind also nicht nur Formate, die wir auf unsere Kommunikationsmaßnahme aufsetzen, sondern der damit verbundene Vorgang einer Verknüpfung in der Psyche unserer Zielgruppe. Machen wir uns klar, dass unser Zuschauer diese Verknüpfung aktiv leisten will und dass dies sein fortwährender Anteil am interaktiven Kommunikationsprozess während einer Veranstaltung sein wird. Diese Erkenntnis hat wesentliche Konsequenzen für die Planung und Gestaltung unserer Live-Kommunikation.

Resümee

Erzählen wir also bewegende und glaubwürdige Geschichten. Schaffen wir wahre Helden. Suchen wir nach Wegen, die moralische, intellektuelle und emotionale Selbstbeteiligung unseres Publikums herauszufordern. Seien wir unterhaltsam, wann und wo immer wir es können.

Und glauben Sie mir als Dramaturg, dass es fast nichts gibt, das sich nicht durch richtige Dramaturgie und gut gemachte Inszenierung unterhaltsam machen ließe. Selbst das vernünftigste oder auch langweiligste Produkt lässt sich mit dem richtigen Kunstgriff einnehmend inszenieren, und selbst die scheinbare Nutzfreiheit einer Sache lässt sich zum Kult stilisieren, solange die Helden unserer Geschichte die richtigen Analogien in den Köpfen unserer Zuschauer auslösen. Alle Hebel, die wir dazu brauchen, finden wir in der Live-Kommunikation.

Keine Kommunikation ohne Emotion

2

Inhaltsverzeichnis

2.1 Zwischen Befehl und Information 26
    2.1.1 Wie Unternehmen mit Menschen kommunizieren......................... 26
    2.1.2 Per Order de Mufti... 27
    2.1.3 Die goldene Mohrrübe.. 27
    2.1.4 Das süße Versprechen 28
    2.1.5 Die Teilhabe am Wissen.. 29
    2.1.6 Der andere Weg 29
    2.1.7 Dialog als Erlebnis 30
2.2 Kommunikation braucht Gefühle... 31
    2.2.1 Keine Bedeutung ohne Gefühl 31
    2.2.2 Ausdruck und Eindruck 32
    2.2.3 Die Emotion steuert die Interpretation.................................... 33
2.3 Corporate Emotions: Unternehmen haben Gefühle 34
    2.3.1 Unternehmen sind Lebewesen 34
    2.3.2 Die emotionale Gemengelage... 35
    2.3.3 Kann man Gefühle erfassen? 36
    2.3.4 Die Produktivität der Gefühle 36
    2.3.5 Emorama 37
2.4 Target Group Emotion: die Gefühle der anderen 38
    2.4.1 Aus der Sicht des anderen 38
    2.4.2 Die Motive der anderen... 39
    2.4.3 Kein Motiv ohne Grund 39
    2.4.4 Ein Eingriff in die Motive 40
    2.4.5 Der Weg durchs Herz... 42
    2.4.6 Sind Gefühle nicht chaotisch?... 42
2.5 Die Kunst der Live-Kommunikation: Referenz herstellen......................... 43
    2.5.1 Tango macht mehr Spaß zu zweit.. 43
    2.5.2 Interaktion der Gefühle... 45
    2.5.3 Übersetzung von Gefühlen 46
    2.5.4 Grundstruktur des dramatischen Dialogs................................... 47
    2.5.5 Die Wirkung emotionaler Grundmuster 48

A. Gundlach, *Wirkungsvolle Live-Kommunikation,*
DOI 10.1007/978-3-658-02549-6_2, © Springer Fachmedien Wiesbaden 2013

2 Keine Kommunikation ohne Emotion

▶ Wie aus den vorigen Kapiteln herauszulesen, spielen Gefühle bei der Gestaltung und Inszenierung von nachhaltiger Kommunikation eine wichtige Rolle. Im Folgenden wollen wir das Kommunikationsgebahren nicht nur als Auslöser von Gefühlen im persönlichen Kontakt, sondern auch unter dem Aspekt der Live-Kommunikation betrachten: Wer beeinflusst mit welchen Gefühlen die Kommunikation zwischen Absender und Zielgruppe? Welche Notwendigkeiten und Möglichkeiten lassen sich daraus für die Konzeption und Dramaturgie eines Events ableiten?

2.1 Zwischen Befehl und Information

▶ Die Kommunikationskultur unseres Unternehmens hat im Wesentlichen mit unserem Menschenbild zu tun. Die Art und Weise, wie wir Menschen ansprechen, verrät auch immer, was wir von den Menschen halten. Wem geben wir Anordnungen, wen versuchen wir mit Argumenten zu überzeugen und bei wem machen wir uns die Mühe, ihn im Dialog emotional zu involvieren? Und wem hören wir auch zu?

2.1.1 Wie Unternehmen mit Menschen kommunizieren

Die Kommunikationsfähigkeit des Menschen gilt als unser größter evolutionärer Vorteil. Wir haben Mittel und Wege gefunden, unsere Erfahrungen und unser Wissen anderen mitzuteilen oder gar in Medien für nachfolgende Generationen so zu speichern, dass diese von unseren Erfahrungen profitieren können.

Ohne Kommunikation geht in der Gesellschaft nichts, also auch nicht in unseren Unternehmen. Sie ist unabdingbarer Bestandteil der Produktion, der Führung und des Verkaufs. Manager, die erfolgreich führen wollen, brauchen heutzutage vor allem gut trainierte Kommunikationsfähigkeiten, und Unternehmen, die bei Kunden, Partnern, Öffentlichkeit und den eigenen Mitarbeitern gut ankommen wollen, brauchen ein aufgeklärtes Verständnis, das sich in allen Fragen der Kommunikation beweist.

Tatsächlich wird in den meisten Unternehmen heutzutage viel über Kommunikation geredet, aber wenig geändert (was oft daran liegt, das Reden und Kommunizieren irrtümlicher Weise für ein- und dasselbe gehalten werden). Es gelten immer noch die wesentlichen Kommunikationsstile der Hierarchien und der Politik.

Werfen wir einen Blick auf die verschiedenen Ansätze und Strategien der Kommunikation in Unternehmen. Wie also kommunizieren Unternehmen eigentlich mit ihren Menschen? Bitte haben Sie aber ein wenig Nachsicht mit mir, wenn ich die Antwort auf dieses sicher vielschichtige Thema im Folgenden ohne wissenschaftliche Genauigkeit auf vier Begriffe herunterkürze, um schnell auf die Relevanz der verschiedenen Ansätze für

2.1 Zwischen Befehl und Information

die Live-Kommunikation zu kommen. Alle vier Begriffe haben ihren Platz in der Unternehmenskommunikation, treten meist parallel, aber je nach Zielgruppe und Führungsstil in unterschiedlicher Gewichtung auf.

2.1.2 Per Order de Mufti

In Innenverhältnissen und gegenüber Dienstleistern spielt der **Befehl** immer noch eine starke Rolle. Der Befehl, und sagen wir es freundlicher, die Anweisung, ist das Paradebeispiel einer am Machtgefälle orientierten *Einbahn-Kommunikation.*

Er ist Ausdruck bedingter Macht und nimmt für gewöhnlich wenig Rücksicht auf den Befehlsempfänger. Von ihrer interpersonellen Dynamik her sind Befehle entmündigend und ausgrenzend, denn sie stellen den Befehlsgeber deutlich über den Empfänger, was zwar so manchem Chef immer noch gefällt, aber oft die eigentliche Kommunikation verhindert. Zwischen Befehlsgeber und -empfänger findet extrem selten so etwas wie eine rationale oder emotionale Gemeinschaftsbildung statt.

Wäre der Befehl eine wirklich effektive Kommunikationsmethode, würde man ihn sicher auch gegenüber den eigenen Kunden als Format bemühen. Wer aber seinen Kunden entmündigt und ausgrenzt, wäre ihn schneller los, als er seinen Befehl zu Ende sprechen kann. Die moderne Führungslehre hat hier einen interessanten Betrachtungsansatz für die Mitarbeiter eines Unternehmens geschaffen: Mitarbeiter eines Unternehmens sind interne Kunden der Führung! Will heißen: Wer seine guten Mitarbeiter in Zukunft mit Befehlen behandelt, wird auch sie schnell los sein.

Mehr gibt es zum Befehl als Kommunikationsform nicht zu sagen, auch wenn er nach wie vor in den meisten Unternehmen unersetzlich scheint.

2.1.3 Die goldene Mohrrübe

Wesentlich interessanter ist das schon das Prinzip der **Manipulation**. Manipulation ist eine nicht ganz so eingleisige Kommunikationsform, impliziert sie doch zumindest schon mal mögliche Motivationen des anderen. Manipulation ist – wie im berühmten Gleichnis mit dem Esel – die Mohrrübe unter den Kommunikationsformen, eine Anleitung des anderen durch die Inaussichtstellung eines möglichen Gewinns. Hier gibt man keine Anweisung, sondern zeigt der internen Zielperson ihren möglichen Gewinn an Prestige, Position und Einkommen auf, verbunden mit dem *Ratschlag*, eine bestimmte Sache auf genau diese Art und Weise zu tun.

Manipulation ist eine typische Kommunikationsform zwischen Gleichrangigen oder vermeintlich Gleichrangigen, weshalb sie auch in der Kommunikation mit Partnern und Kunden immer wieder Verwendung findet. Sie war lange Zeit eine oft sehr erfolgreiche Form in der internen Kommunikation von Unternehmen, was sie aus Sicht eines Verantwortungsträgers durchaus sympathisch macht.

Manipulation hat allerdings einen kleinen, wenn auch nicht unwesentlichen Schönheitsfehler. Es gehört unter anderem zu ihren typischen Eigenschaften, mit den Mitteln der gezielten Desinformation zu arbeiten. Wesentliche Bestandteile des Plans dürfen von der Zielperson nicht verstanden werden, sonst funktioniert womöglich die Mohrrübe nicht mehr. Schon in der Massenmediengesellschaft hat die Manipulation ihre ersten echten Dämpfer erhalten. So wusch ein Waschmittel lange Zeit weißer als weiß, bis die Stiftung Warentest die Wahrheit ans Licht brachte. Sie können sich vorstellen, wie sich das Schicksal der Manipulation wenden wird, wenn der Wandel zur Wissensgesellschaft vollständig vollzogen ist.

2.1.4 Das süße Versprechen

Die nächste Form der Unternehmenskommunikation ist die **Werbung**. Die wiederum, sagen viele Werber so schön und mit dem Brustton der Überzeugung, ist die natürlichste Kommunikationsform der Welt. Blumen werben mit leuchtenden Farben um Insekten, der Pfau schlägt seine imponierenden Räder und so manch akrobatisch veranlagte Affenart überschlägt sich förmlich, wenn es darum geht, ein Weibchen anzulocken.

In Flora und Fauna sichert Werbung die Fortpflanzung, in der Unternehmenskommunikation sichert Werbung den Absatz sowie die Bekanntheit von Unternehmen und Marken. Es ist kein Zufall, dass die Werbung hier zwischen Manipulation und Information aufgelistet ist, hat sie doch von beidem auch ein bisschen, zuletzt des öfteren mit einem erfreulichen Trend zur Information.

Die Werbung hat stark mit der Darstellung der eigenen Stärke und Leistungsfähigkeit zu tun. Wer wirbt, will sich attraktiv machen, stellt sich farbig dar, schlägt Pfauenräder oder führt sich manchmal auch recht affig auf. Werbung postuliert das Auffallen um fast jeden Preis und hat sich dabei zunächst auf Marke, Produkt und Leistung selbst, dann nach und nach auf den Kunden und seinen Nutzen konzentriert. Ich denke, die Geschichte und die aktuellen Formen der Werbung sind ausreichend bekannt. Man muss der Werbung zugutehalten, dass sie in den letzten dreißig Jahren in der Spitze durchaus intelligenter, das heißt gehaltvoller und informativer geworden ist. Man kann ihr aber auch vorwerfen, dass sie im „Unterschichtenfernsehen" (*Harald Schmidt*) selbst die dort platzierten Sendeformate noch locker unterbietet.

Werbung richtet sich zum großen Teil an Kunden und Öffentlichkeit, wird auch bei der Anwerbung von Mitarbeitern eingesetzt, hört aber in diesem Fall oft schlagartig auf, wenn der neu gewonnene Mitarbeiter seinen Arbeitsvertrag unterschrieben hat. Werbung als Kommunikationsform nach innen wird aber mit der Globalisierung und den immer größer werdenden Unternehmen zunehmend an Bedeutung gewinnen. Hinter der Werbung als Kommunikationsform steht nämlich eine sehr wichtige und grundsätzlich sympathische Nachricht, die stets lautet: Ich will Dich! Und das ist ein Satz, den ein Unternehmen in Zukunft immer öfter auch zu den eigenen hochqualifizierten Mitarbeitern sagen müssen wird. Ein Satz, den wir uns auch für die Live-Kommunikation merken sollten.

2.1.5 Die Teilhabe am Wissen

Die Idee der **Information** als Kommunikationsform ist, die Zielperson am möglichst vollständigen Wissen des Absenders teilhaben zu lassen. So respektiert sie nicht nur das Gegenüber, sondern kommuniziert im allerbesten Sinne: Sie macht den Absender und den Empfänger durch das gemeinsame Wissen im besten Sinne zu Komplizen. Menschen, die informieren, suchen Austausch und gemeinsame Lösungen, wollen sich auch oft vergewissern, ob der andere ein Problem in gleicher Art analysiert und zu denselben Schlüssen kommt.

Information ist in alten Hierarchien die klassische Kommunikationsform von unten nach oben und unter Gleichrangigen, im Außenkontakt zu Partnern und Kunden ist sie fast unersetzlich. Wer sich gegenseitig informiert, kommt mit seinen Partnern und Mitarbeitern zu schnelleren Lösungen und mit seinen Kunden zu besseren Produkten und Dienstleistungen.

Das Dilemma des Spezialisten Die Fußangel der Information als Strategie ist aber die Auswertung der Informationen durch den anderen. Sie kennen das sicher zur Genüge aus Ihrem eigenen beruflichen Erfahrungsschatz. Je tiefer Sie in ein Thema eingedrungen sind, je besser Sie Ihren Job beherrschen, desto schwieriger wird es, einem anderen zu erklären, warum man welche Maßnahme zu welcher Zeit in welcher Form für geboten hält. Als trainierter Spezialist wissen Sie, dass die Vereinfachung spezifischer Informationen nur bis zu einem gewissen Grad zulässig ist. Alles, was darunter liegt, verleumdet nicht nur Ihr Spezialistentum, sondern höhlt die eigentliche Information in ihrem Wert aus.

Umgekehrt liegt die *Freiheit des Laien* darin, Sie nicht zu verstehen. Sie sind auf den Willen und das Vermögen Ihres Gegenübers angewiesen, Ihnen in Ihre Gedanken zu folgen und die gegebenen Informationen richtig zu deuten und zu bewerten. Information als Kommunikationsstrategie ist also für beide Seiten mit erheblichen Mühen verbunden, denn Sie müssen sich stets vergewissern, dass beim Gegenüber durch die richtige Verknüpfung der gegebenen Informationen auch Wissen entstanden ist.

Dennoch wird Information die wichtigste Kommunikationsform werden. So wichtig, dass auch sie in Zukunft in Hierarchien abwärts eingesetzt werden wird und dort vielleicht mittelfristig den Befehl komplett ersetzen kann – vorausgesetzt, die Mitarbeiter haben eine die dafür nötige *excellence* erreicht.

Soweit zur Phänomenologie der wichtigsten Kommunikationsformen. Wenn dies also die vier gängigen Strategien der Unternehmenskommunikation sind, wie sind diese im Hinblick auf die Eventkommunikation zu bewerten?

2.1.6 Der andere Weg

Klar ist, dass der Befehl im stark mit Gefühlen verbundenen Veranstaltungsbereich völlig kontraproduktiv ist, denn niemand lässt sich anweisen, wie er sich zu fühlen oder welche emotionale Bedeutung er einem Inhalt zuzuordnen hat.

Auf Veranstaltungen zu manipulieren scheint leicht möglich und deshalb verführerisch, ist aber auf längere Sicht wenig Erfolg versprechend. Manipulation und Befehl sind eher ausgrenzende Methoden, weil sie das Gegenüber als selbst bestimmten Menschen nicht allzu ernst nehmen und, wie wir bereits festgestellt haben, sind Ausgrenzung und Kommunikation unvereinbare Gegensätze.

Heutzutage hat man es zunehmend mit einem freien und aufgeklärten Publikum zu tun; zumindest ist dies das Selbstverständnis unseres Publikums. Wenn wir also jetzt eine Veranstaltung planen, können wir mit Sicherheit davon ausgehen, dass wir eine große Mehrzahl von Menschen vor uns haben werden, die uns mit dem Gefühl entgegentreten, ein für sich selbst entscheidendes Wesen mit dem Recht auf eigene Gefühle und Gedanken zu sein. Dieses in langen Freiheitskämpfen und Demokratisierungsprozessen erworbene Recht lassen sich moderne Menschen, seien sie Kunden, Partner oder Mitarbeiter, ungern streitig machen. Deshalb ein guter Rat: Respektieren Sie dieses Gefühl Ihres Publikums in jedem Augenblick, sonst ist die Gefahr sehr groß, dass Sie sich erst unbeliebt und dann lächerlich machen. Kein guter Start für Ihre Community.

2.1.7 Dialog als Erlebnis

Gute Live-Kommunikation hat eher was mit Werbung, noch mehr aber mit Information zu tun. Aus der Werbung hat Live-Kommunikation eine Reihe von Methoden und Tricks zur Markierung, Positionierung und Inszenierung von Markenimages übernommen, was insofern Sinn macht, als Werbung, Webauftritt und Event sich im Sinne einer integrierten Kommunikation jederzeit gegenseitig stützen sollten. Diese synergische Verbindung hilft dem Teilnehmer einer Veranstaltung schnell zu erkennen, wo er sich befindet und auf welche Vorkenntnisse er zurückgreifen kann, um sich inhaltlich und emotional zu orientieren. Dies ist vor allem zu Beginn einer Veranstaltung sehr nützlich.

Andererseits muss man mit der Übernahme von Formaten aus der Werbung in die Live-Kommunikation sehr vorsichtig sein. Viele dieser Formate setzen, da zumeist in Streumedien eingesetzt, auf schnellen Effekt und hohe Frequenz. Selbst dort, wo Werbung für 45 oder 60 Sekunden dramatisch arbeiten darf, nämlich beim Kino- oder TV-Spot, geht es der Werbung um nichts anderes, als ihren Zuschauern eine Nachricht auf möglichst einfache und prägnante Art und Weise einzuhämmern. Diese Einfachheit ist aber für eine Veranstaltung untauglich. Wenn wir unsere besten Spots auf vier Stunden Länge ausdehnen, werden wir unsere Zuschauer mit an Sicherheit grenzender Wahrscheinlichkeit zu Tode langweilen.

Information spielt eine große Rolle in der Live-Kommunikation. Sie beschreibt das „Was", den eigentlich zu vermittelnden Inhalt unserer Maßnahme. Wer keinen echten, für sein Publikum nützlichen Inhalt mitzuteilen hat, sollte nicht unbedingt eine Veranstaltung machen wollen. Denn was bei einer Anzeige durch ein schönes Motiv oder in den 45 Sekunden eines TV-Spots mit schnellen Schnitten und dramatischer Musik noch zu kaschieren ist, bringt eine Veranstaltung gnadenlos ans Licht: ob wir nur etwas feilbieten oder ob wir eine echte *Message* mitteilen wollen.

Darüber hinaus sind alle LK-Maßnahmen immer dialogische Formate. Aus der Information wird hier auch immer ein Informationsaustausch. Selbst wenn wir diejenigen sind, die Inhalt und *Materie* vorbestimmen, die *Seele* wird durch Interaktion und das gemeinsame Erleben geformt.

So situativ viele Menschen ihr Kommunikationsgebahren auch glauben einstellen zu können, in der Live-Kommunikation zeigt sich, welches Menschenbild der eigenen Kommunikationskultur zugrunde liegt. Die emotionale Qualität der direkten Begegnung lässt da nicht so viele Spielmöglichkeiten, vor allem dann, wenn man davon ausgehen muss, dass sich die zuvor unterschiedlich behandelten Menschengruppen veranstaltungsbedingt begegnen. Oder einfacher formuliert: Wenn wir unseren Mitarbeitern gegenüber herrisch auftreten, zum Gast aber ausnehmend freundlich sind, kann das emotional nach hinten losgehen. Wenn unser Gast sensibel ist, wird er bemerken, dass wir in derselben Situation mit zwei Menschenbildern arbeiten, was uns in einem fragwürdigen Licht erscheinen lässt. Und Zweifel am wahren Charakter des anderen sind immer ein zusätzliches Hindernis auf der emotionalen Ebene.

Bei unseren Mitarbeitern hingegen räumen wir mit offener Ungleichbehandlung die meisten Zweifel aus. Man braucht nicht viel Fantasie, um sich auszurechnen, dass dies schon während einer Veranstaltung zu atmosphärischen Störungen führt. Solche Brüche lassen sich nur verhindern, wenn wir auch im Alltag nach einem für alle Situationen tauglichen Menschenbild in unserer Kommunikationskultur handeln.

2.2 Kommunikation braucht Gefühle

▶ Menschen vergessen, was du gesagt hast. Menschen vergessen, was du getan hast. Aber sie vergessen nie, welches Gefühl du bei ihnen ausgelöst hast.

Betrachtet man die Kommunikationsformen in Unternehmen unter Aspekten der Psychologie und Verhaltensforschung, wird schnell klar, worum es in der Live-Kommunikation im Wesentlichen geht: die emotionalen Qualitäten der Kommunikation.

2.2.1 Keine Bedeutung ohne Gefühl

Die Kommunikation zwischen Menschen beschränkt sich nun mal nicht nur auf einen Datenaustausch, wie man es von Computern kennt. Ihre eigentliche Leistung besteht darin, dass sie im persönlichen Kontakt alle Informationen in ein möglichst umfassendes emotionales Erlebnis einbettet und somit die begleitenden, zur Interpretation der Informationen notwendigen „weichen Faktoren" gleich mitvermittelt.

Dies ist ein komplexer Vorgang, bei dem nicht nur Information getauscht, sondern auch die Bedeutung dieser Information vermittelt und eine Wertung dieser Bedeutung durch den anderen ermöglicht wird – eine gleichzeitige Vermittlungs- und Interpretationsleistung, die meist völlig unterbewusst abläuft und die es uns ermöglicht, Informationen zu „Wissen" werden zu lassen.

Warum das so ist, liegt vor allem an einer für Rationalisten recht ernüchternden Tatsache: nämlich wie unser Gehirn mit Informationen umgeht. Wir Menschen sind nur eingeschränkt in der Lage, irgendeiner Information eine Bedeutung zuzumessen, wenn sie nicht mit einer erinnerbaren Emotion verbunden oder in verständliche, dramatische Mustern eingebunden ist. Neurologische Forschung hat erwiesen, dass Menschen, denen die Fähigkeit verlorengegangen ist (oder durch operative Eingriffe im Gehirn genommen wurde), Informationen und Wahrnehmungen emotionale Bedeutungen beizumessen, in kurzer Zeit jegliche Orientierung im alltäglichen Leben verlieren.

Offensichtlich sind wir nicht in der Lage, die uns umgebende Fülle von Sachinformationen und Eindrücken in sinnvolle Zusammenhänge zu bringen und klare Prioritäten zu setzen, wenn wir keine emotionale Zuordnung treffen können. Wenn wir also wollen, dass unser Gegenüber mit unserem Inhalt etwas anfangen kann, sprich: dem vermittelten Inhalt die von uns gewünschte Bedeutung zuordnen soll, dann ist ihm das zumeist nur in Verbindung mit einem Gefühl möglich.

Damit sei nicht ausgeschlossen, dass es Menschen gibt, die durch rationale Begabung oder mit sehr viel Gedächtnistraining in der Lage sind, sich Ereignisse mit durch Vernunft verknüpften Bedeutungen zu merken. Aber das passiert eher in konzentrierten Lernsituationen während des Studiums und der Berufsausbildung oder in der direkten Auseinandersetzung mit einem Stoff. In den Kommunikationsveranstaltungen, von denen wir hier sprechen, sind Menschen durch die Vielzahl der gleichzeitigen Eindrücke eher nicht in der Lage – und meist auch nicht Willens – eine rein vernunftbasierte Bedeutungszuordnung vorzunehmen.

> ► Generell verändert sich durch die aktuelle Forschung unsere Vorstellung davon, wie *Denken* funktioniert. Beim Programmieren von Robotern ist man längst darauf gestoßen, dass ein rein interner Datenvergleich nicht zum Denken führt. Man geht daher zur Zeit davon aus, dass man sich den Denkprozess eher als eine kombinierte Leistung aus Daten- und Musterabgleich, emotionaler Spurensuche und der zeitgleichen Wahrnehmung äußerer Ereignisse und Informationen vorstellen sollte – eine Idee, die beim Dramaturgen offene Scheunentore einrennt.

2.2.2 Ausdruck und Eindruck

Schauen wir einmal kurz auf die persönliche Kommunikation zwischen zwei Menschen. Es gibt einige Möglichkeiten, einem anderen Menschen sachliche Informationen zu übermitteln und dabei einen Eindruck von sich zu geben.

2.2 Kommunikation braucht Gefühle

Wir können ihm ein Telegramm schicken, einen Brief schreiben oder ihn auf unsere Webseite lenken, ihm eine Broschüre zuschicken, ein Foto von uns oder einen kurzen Film zeigen. Wir könnten sogar nur für die eine Person eine Anzeige schalten oder im Rahmen geschickter Pressearbeit oder unter Ausnutzung sozialer Verbindungen dafür sorgen, dass ihm jemand eine Geschichte über uns erzählt.

Einen vollständigeren Eindruck von uns wird er aber erhalten, wenn wir uns mit der betreffenden Person von Angesicht zu Angesicht unterhalten. Ein solch persönliches Aufeinandertreffen gibt dem Gegenüber deutlich mehr Möglichkeiten, uns in unserer Vollständigkeit zu erfassen und sich darauf einzustellen. Er nimmt einen synästhetischen Eindruck von uns auf: unser Auftreten und situatives Verhalten, unsere Mimik, Gestik und Körpersprache, die leichte Erregung oder der freundliche Unterton in unserer Stimme, unsere Kleidung und Frisur, die Art unseres Erscheinens und unsere Platzierung in Raum, unsere gewählte Positionierung gegenüber dem Gesprächspartner, die Behandlung anderer Anwesender im Raum; all das und noch viel mehr spricht Bände. Die von uns verbreitete Textnachricht wird durch diese zusätzlichen Eindrücke erst zuverlässig emotional deutbar und damit für den anderen auch erst wirklich bedeutend.

> **Emotion und Kommunikation**
> Wie gut das in der zwischenmenschlichen Kommunikation funktioniert, lernt man im Schauspielunterricht: dort gibt es eine Übung, in deren Verlauf man dieselbe kurze Szene mit demselben Wortlaut auf fünf so unterschiedlich emotional begründete Art und Weisen spielen muss, dass sich jedes Mal ein anderer Sinn aus dem durchs Schauspiel neu aufgesetzten Kontext ergibt. Der Schauspielschüler lernt hier: Erst die gleichzeitig mit der Information vermittelte Emotion versetzt uns in die Lage, den Inhalt der Kommunikation zu deuten.

2.2.3 Die Emotion steuert die Interpretation

Wenn also emotionaler Ausdruck und Interpretation für sinngebende Kommunikation zwischen Menschen so wichtig sind, muss die Kommunikation zwischen Unternehmen und ihre Zielgruppen mit Emotionen verbunden sein, damit das Unternehmen verstanden wird.

Wie wir später sehen werden, ist die Kernidee von Live-Kommunikation zum einen, diese Verbindung zwischen Inhalt und Gefühl, zwischen Materie und Seele für unser Gegenüber erlebbar zu machen und natürlich diese Emotion nicht irgendwie, sondern in einer gewünschten Art und Weise entstehen zu lassen. Der Event als Form bietet dem fähigen Spezialisten zum Erreichen dieser beiden Ziele alle Möglichkeiten, die man sich nur wünschen kann.

Dort aber, wo der einzelne seine Kommunikation intuitiv und unterbewusst mit Gefühlen begleitet, muss ein Unternehmen sehr bewusst mit seinen Gefühlen umgehen. Womit wir bei einem der schwierigsten Punkte angelangt wären: der Gefühlswelt eines Unternehmens.

2.3 Corporate Emotions: Unternehmen haben Gefühle

▶ Unternehmen haben Gefühle. Ein kollektives Selbstempfinden, das vor allem auf Veranstaltungen sowohl nach innen wirkt als auch durch alle Poren nach außen dringt. Je mehr wir auf emotionaler Ebene kommunizieren wollen, umso mehr müssen wir diesen Stimmungen große Aufmerksamkeit entgegenbringen und überlegen, mit welchen Signalen wir ihnen Ausdruck verleihen können.

2.3.1 Unternehmen sind Lebewesen

Die achtziger Jahre haben mit ihren kybernetischen Schaubildern tiefe Spuren in den Lehren der Systemanalytiker hinterlassen. Man begann weniger von Hierarchien als von vernetzten Systemen zu sprechen. In Psychologie und Philosophie erkannte man schon früher, dass sich solche interaktiven, vernetzten Systeme kaum anders als organische Lebewesen verhalten. Die Konsequenz daraus: interaktiv vernetzte Systeme, die aus vielen fühlenden Wesen bestehen, haben auch als Gesamtes so etwas wie Emotionen. Und alles, was ein Unternehmen darstellt oder herstellt, steht in engem Zusammenhang mit dieser immanenten Gefühlswelt, drückt sie aus und wirkt gleichzeitig auf sie zurück.

Richtig ist, dass das nie anders gewesen ist, aber dass diese Gefühlswelten in den Zeiten der Industrialisierung bis hin zum Höhepunkt der Massenkonsumgesellschaft seltener nach außen drangen und daher wenig beachtenswert erschienen. Wichtig ist aber auch, jetzt zu begreifen, dass diese Gefühlswelten im Zeitalter der Wissensgesellschaft immer weiter in den Fokus des Interesses gerückt werden.

Plötzlich will man wissen, ob das Unternehmen hinter einem Produkt *cool* ist, ob es politisch korrekt, sozial und ökologisch engagiert ist, ob es fair zu den eigenen Mitarbeitern, unterhaltsam in seiner Kommunikation oder freundlich im Umgang mit Schwächeren ist. Wie weit diese Neugierde der Massen, also auch unserer Kunden, im Alltag mittlerweile geht, können wir jeden Tag im Privatfernsehen, im Internet und am Zeitungskiosk feststellen.

Das gleiche Phänomen lässt sich in der Wirtschaft beobachten. CNN und NTV, Börsenfernsehen und zahllose Zeitungstitel holen die – leider zu selten auch dafür ausgebildeten – Vertreter von Unternehmen immer öfter vor ihre Mikrophone und Kameras, um herauszufinden, was in den Unternehmen vor sich geht. Und es liegt in der Natur dieser Medien, sich eben nicht nur ans Sachliche zu halten. Es ist also schon aus diesen Gründen notwendig, eine Definition der unternehmenseigenen Gefühlswelt zu finden.

Diese Definition ist nicht nur für unsere Public Relation und die neugegründete CSR-Abteilung nützlich, sondern ein wichtiger Ausgangspunkt bei allen Überlegungen zur Live-Kommunikation. Unsere Corporate Emotion ist quasi die Seele unseres Unternehmens, der Teil unserer Identität, der nicht allein aus sachlich erfassbaren Leistungen, sondern aus

2.3.2 Die emotionale Gemengelage

Gefühlen, Meinungen und Ansichten aller Beteiligten besteht; jene weichen Faktoren, die eine emotionale Beurteilung unserer Kommunikationsinhalte und unserer Haltung durch den Adressaten ermöglichen.

2.3.2 Die emotionale Gemengelage

Diese Gefühlswelt beschreibt man im Allgemeinen mit dem schönen Wort *Stimmung* und schlägt es der Unternehmenskultur zu. Die eigentlichen Gefühle sind im Unternehmen aber so ungeordnet und vielfältig wie die jedes einzelnen Mitarbeiters: Stolz auf Produkte und Leistungen, auf das gute Ansehen und den Geschäftserfolg des Unternehmens, Freude über den eigenen Aufstieg in der Firma, Faszination gegenüber den technischen Leistungen des Unternehmens, Spaß an der Teamarbeit, Wohlgefühl in den Räumen und Gebäuden des Firmensitzes, gegenseitiger Respekt. Aber auch Frust aufgrund von Kommunikationsproblemen über die Hierarchiestufen hinweg, Ärger mit mobbenden Kollegen, Scham wegen ökologischer oder gesetzlicher Verfehlungen, wegen Fehlern im Umgang mit der Öffentlichkeit, vielleicht Verärgerung über nicht eingehaltene Versprechen der Geschäftsführung, Angst vor Entlassung oder Entrüstung über den willkürlichen Umgang mit Mitarbeitern. All dies und vieles mehr vermischt sich zu einer nur schwer zu fassenden, aber alle Prozesse begleitenden Gefühlswelt im Unternehmen.

Diese Stimmungswelt eines Unternehmens dringt automatisch über alle Kontakte und Kommunikationsformen nach außen und beeinflusst Ihre Zielgruppen direkt oder indirekt. Diesen Vorgang mit all seinen Variablen kann man in Bezug auf die meisten Unternehmen als recht chaotisch bezeichnen. Eine ordnende Hand im Sinne einer auch die Gefühle aller Beteiligten integrierenden Unternehmenskultur findet man in nicht vielen Unternehmen. Die in vielfarbigen Broschüren beschworene CI, gerne auf durchgängiges Design und Architektur gestützt, kann dies nicht leisten. Eine Definition und Kultivierung der eigenen Gefühlswelt als Ausgangspunkt aller Kommunikationsmaßnahmen ist aber gerade im Hinblick auf Community-Marketing und Live-Kommunikation unumgänglich.

Nicht zuletzt deshalb sind die meisten Manager sehr froh, wenn sich *professionell sensible* Kreative aus Werbeagenturen um die Emotionalisierung ihrer Nachrichten und Produkte kümmern, denn damit ist ein Teil des Problems ausgelagert. Schade nur, dass diese Taktik nur wunderbar funktioniert, solange man es mit klassischer Kommunikation zu tun hat. Im Bereich der interaktiven Medien und vor allem in der Live-Kommunikation kommen wir damit nicht mehr durch. Ganz zu schweigen von der wachsenden Unmöglichkeit, ein Unternehmen ohne den bewussten Umgang mit Emotionen zu führen und zu Erfolg zu bringen.

> ▶ Je komplexer die Struktur ist, die wir zu bewegen haben, desto wichtiger wird es werden, dass wir eindeutige Gefühle aussenden und so unseren Kunden und Mitarbeitern eine Art emotionaler Matrix zur Verfügung stellen.

2.3.3 Kann man Gefühle erfassen?

Gibt es Hilfen zur Erfassung dieser Stimmung? Was kann uns helfen, das interne Psychorama zu definieren? Gibt es ein Patentrezept, wie wir die Gefühlslage in unserem Unternehmen schnell und effektiv analysieren können?

Die hierfür eigentlich notwendige psychologische Testreihe scheitert wenn nicht schon am zeitlichen oder organisatorischen, dann doch spätestens am personellen und finanziellen Aufwand. Die Realität ist: Ein professionell von Psychologen anhand von Testergebnissen erstelltes Psychorama steht zum Briefing für die anstehende LK-Maßnahme nicht zur Verfügung, darum erstellt man ein solches Gefühlsbild in der Praxis aus wenigen Vorgesprächen und internen Medien.

Profiling

Es wäre nützlich, wenn wir uns eine interdisziplinäre Arbeitsgruppe leisten können, die in unserem Unternehmen als *Profiler* unterwegs sind und die wesentliche Stimmungsbilder mit Informationen aus Marketing, CSR, Personalabteilung und Betriebsrat abgleicht. Und es schadet auch nicht, wenn man einen externen Berater dazu holt, der die handwerklichen Fähigkeiten zur Formulierung solcher Profile miteinbringt.

Eine weitere, leider selten genutzte Möglichkeit besteht darin, psychologisch geschulte *Springer* ins eigene Unternehmen zu holen, die neben Seelsorge und Sozialhygiene die Aufgabe haben, durch Mitarbeitergespräche Stimmungen zu erspüren, zu analysieren und in einem Profil fortlaufend zu definieren. Dies kann brauchbare Ergebnisse hervorbringen, die als sinnvolle Briefing-Unterlage für Führung und interne Kommunikationsmaßnahmen dienen, es funktioniert aber nur im Rahmen regelmäßiger Prozesse.

Natürlich lernen wir auch einiges aus den durchgeführten Maßnahmen, die selbst interaktive und emotionale Qualitäten haben, darunter Corporate-Radio-Produktionen, Spiele und Intranet-Pages, Happenings mit bildender Kunst und vor allem natürlich Mitarbeiterevents, auf denen wir einen guten Eindruck von der Stimmung im Unternehmen sammeln können. Das unterliegt aber einer gewissen Unschärferelation, weil hier die eingesetzte Untersuchungsmethode (die LK-Maßnahme) gleichzeitig das Untersuchungsergebnis (die Emotionen der Teilnehmer) beeinflusst. Mit dieser Unschärfe lässt sich in der meist ambulanten Praxis der Live-Kommunikation leben, aber es hilft doch allen Beteiligten, wenn sie diese Kommunikationsprozesse über einen gewissen Zeitraum begleiten können.

2.3.4 Die Produktivität der Gefühle

Wie sehr sich die Corporate Emotion gerade im Ernstfall auf unser Geschäft auswirken kann, zeigt sich auf wunderbar einfache Art und Weise am Beispiel Mannschaftssport. Oft genug unterliegt hier eine Gruppe von auf sich selbst konzentrierten Individualisten gegen eine Mannschaft, die sich auch als solche empfindet.

2.3 Corporate Emotions: Unternehmen haben Gefühle

Positive Gefühle und Teamgeist, ein Gefühl für den gemeinsamen Inhalt und dessen Bedeutung sind oft der entscheidende Faktor für den Sieg eines Teams. Ein guter Trainer beherrscht bei der Führung seiner Mannschaft vor allem diese emotionalen Faktoren. Und ein professioneller Verein kümmert sich darum, wie sich dieses Gefühl gegenüber der Öffentlichkeit und den eigenen Fans darstellt.

Sich zeigen, um erkannt zu werden Nun, wie auch immer wir zu einer Definition unserer Corporate Emotion kommen, ob über interne oder externe Analysten oder aufgrund eigener Einschätzungen, diese Gefühlswelt ist eine wichtige Grundlage für die Planung aller Kommunikationsmaßnahmen. Natürlich zuerst für interne Medien und Events, letztlich aber auch, weil unsere Mitarbeiter in ständigem Kontakt mit der Außenwelt sind und so ihre Emotionen konstant nach außen tragen.

Gut angelegte LK-Maßnahmen integrieren diese Gefühlswelt derart, dass sich unsere Mitarbeiter und Repräsentanten mit ihr identifizieren und so auch das Kommunikationskonzept emotional mittragen können. Wie wichtig das nicht nur für unseren Geschäftserfolg im Allgemeinen, sondern für das Gelingen von Veranstaltungen aller Art ist, wird deutlich, wenn wir uns vor Augen halten, dass unsere Gefühlswelt in der persönlichen Begegnung auf die Gefühle unserer externen Zielgruppen trifft.

▶ Wenn wir kein klares Bild von unserer Corporate Emotion vermitteln können, wird sich auch unser Gegenüber nicht „freien Herzens" zu uns und unseren Inhalten bekennen können. Unsere Unsicherheit wird automatisch zu seiner Unsicherheit. Dann liegt es in der Natur der Sache, dass sich der andere erst einmal abwartend verhält.

2.3.5 Emorama

Für die Konzeption einer LK-Maßnahme ist also eine Bestimmung der Gefühlswelt des Unternehmens notwendig. So manchem Briefing würde es gut tun, wenn diese Arbeit geleistet wäre, *bevor* man den Eventspezialisten mit seiner Aufgabe konfrontiert. Leider ist dies selten der Fall. Darum zum Abschluss dieses Kapitels eine Anregung.

Es wäre nicht nur für uns selbst, sondern auch für alle Spezialisten, die für uns arbeiten sollen, von unschätzbarem Nutzen, wenn wir Profile oder Emoramen (von Emotion und Psychorama) für unser Unternehmen, unsere wichtigsten Angebote und für unsere auf LK-Veranstaltungen wesentlichen Repräsentanten anlegen würden. Wir können uns dabei an unseren CI-Richtlinien und -Leitsätzen orientieren, in denen ja meist die rationalen Aspekte formuliert sind.

Nun überlegen wir, welche emotionalen Zustände die Aussagen und Handlungsanweisungen glaubhaft begründen würden, wenn unser Unternehmen eine Figur in einem Theaterstück wäre. Warum tun wir das, was wir tun? Warum sind wir, wer wir sind, und wie fühlt sich das an?

> Definieren wir mit möglichst einfachen Sätzen die für unser Unternehmen und den speziellen Anlass spezifischen Gefühlswelten, Eigenschaften und Sprachregelungen sowie alle unternehmensspezifischen Einschränkungen, damit unsere Kommunikationsberater und -produzenten in Zukunft die gleiche Chance bekommen wie unsere Designer: denen überlassen wir für gewöhnlich ein CD-Manual, das wesentliche Bedingungen und Auflagen klärt, bevor die externen Spezialisten ans Werk gehen.

Fazit

Jeder Eventspezialist, der hier für uns tätig wird, muss vor allem erst einmal diese Gefühlswelt angemessen abzubilden wissen, bevor er unsere Nachricht emotional stimmig in die LK-Maßnahme integrieren und inhaltlich punktgenau beim Publikum absetzen kann. Es gehört zu den wichtigsten Aufgaben eines Auftraggebers, dies durch ein entsprechendes Briefing und die gebotene Offenheit möglich zu machen.

2.4 Target Group Emotion: die Gefühle der anderen

> Jeder Markt definiert sich von Not, Bedarf, Wunsch oder Lust des Käufers her. Jede Marketingkommunikation, die Identität und Gefühl unserer Zielgruppe aus dem Blick verliert, ist zum Scheitern verurteilt. Wie in jeder Beziehung ist es förderlich, wenn man sich auch von den Gefühlen, Stimmungen und Erwartungen des anderen ein klares Bild gemacht hat, bevor man für beide – oder auch nur für sich selbst – die Qualität des Verhältnisses bestimmt.

2.4.1 Aus der Sicht des anderen

Alles, was Sie im vorangegangenen Kapitel über Ihre eigene *corporate emotion* gelesen haben, gilt nicht minder für alle anderen, also Zielgruppen, Meinungsbildner, Öffentlichkeit und auch Auftragnehmer, die mit Ihrem Unternehmen in Berührung kommen. So sind Identität und Emotion der Zielgruppe wichtige Dimensionen bei der Konzeption einer Veranstaltung. Dabei beschränkt sich diese beileibe nicht nur auf die Funktion, die diese Zielgruppe mit ihrer Identität im Wirtschaftskreislauf unseres Unternehmens erfüllt; sie definiert sich vielmehr durch deren eigene Gefühlswelten, eine eigene Kommunikationsbeziehungsweise Rezeptionsfähigkeit und nicht zuletzt – und das ist der Punkt, der ein eigenes Kapitel verdient – ganz eigene Erwartungen und Vorstellungen, welche Funktion und Priorität das veranstaltende Unternehmen wiederum für sie selbst erfüllt.

2.4.2 Die Motive der anderen

Kennen wir unsere Zielgruppe? Kennen wir sie so gut, dass wir ein präzises, zum Briefing geeignetes Psychogramm dieser Gruppe erstellen könnten? So schwer es vielleicht schon sein mag, die Gefühlswelt des eigenen Unternehmens darzustellen, so unmöglich scheint es in den meisten Fällen, der Gefühlswelt einer externen Zielgruppe auf die Spur zu kommen. Dennoch müssen wir es versuchen.

Meist tun wir dies bereits tagtäglich und unterbewusst aus dem Bauch heraus. Klar, das Marketing nimmt sich Marktdaten und Meinungsforschung zur Hand, man studiert das Kaufverhalten und man versucht, Menschen in Gruppen, Niveaus und Milieus zu kategorisieren. All dies sind hilfreiche Mittel, um der inhaltlichen Ansprache der Zielgruppe und dem Stil der Kommunikation die richtige Richtung zu geben, sie werden aber normalerweise nur im Bereich von Massenmarken wirklich eingesetzt, denn nur hier sind sie zu finanzieren. Für die Vorbereitung einer einzelnen Veranstaltung wird dies sehr selten praktiziert.

Weiches Briefing Woher bekommen wir also die Informationen über die Identität und die Gefühlslage der Zielgruppe, die so wichtig für die Planung von LK-Maßnahmen sind? Nun, fast alle solcher Aussagen über die Gefühlswelten von Zielgruppen sind, sofern sie sich nicht auf Marktforschungen und deren Interpretation stützen, Ahnungen und Vorurteile, die sich zu einem Teil aus unserer Erinnerung an vorangegangene Kontakte rekrutieren, zum anderen Teil aber Mutmaßungen sind. In Briefings beginnen die meisten Anmerkungen zur Gefühlslage der Zielgruppe schon sprachlich mit Relativierungen: „Ich glaube, ich meine, es könnte sein, dass…"

Schlimm ist das nicht. Solche Einschätzungen sind oft das Einzige, was überhaupt zum Briefing herangezogen werden kann. Letztlich ist auch der LK-Profi auf solche Einschätzungen und Mutmaßungen angewiesen, wenn er die Zielgruppe nicht von vorherigen Events kennt. Der erste große Unterschied liegt eher darin, wie man diese Mutmaßungen anstellt, d. h. ob man diese Einschätzungen lediglich mit wertenden Beschreibungen belegt oder ob man die jeweiligen Motive hinter den Gefühlen der Zielgruppe ergründet.

Der zweite wesentliche Unterschied liegt darin, wie klar der professionelle Serientäter in Sachen Live-Kommunikation die Beeinflussungsmöglichkeiten auf der Ebene der Motive vor Augen hat. Doch dazu später mehr.

2.4.3 Kein Motiv ohne Grund

Was heißt es, die Motive hinter den Gefühlen zu ergründen? Auch hier ein erläuternder Ausflug ins Handwerk. Beim Schreiben eines Theaterstücks oder Drehbuchs charakterisiert man die handelnden Personen, indem man ihnen bestimmte Eigenschaften gibt. Diese sind unter anderem später im Spiel des Schauspielers zu erkennen, wenn man das Stück oder den Film sieht. Diese Eigenschaften werden aber nicht einfach nur so nach Lust und Laune auf das Personal verteilt, sondern man fragt sich, wer welche Charakterzüge unbedingt braucht, damit seine Handlungen im Gesamtkontext der Geschichte glaubwürdig Sinn machen.

Dann entwirft man für jede Rolle eine fiktive Biografie, die zwar im Film selbst nicht erwähnt werden muss, die aber aufzeigt, wie diese für die Geschichte benötigten Eigenschaften in der Person geprägt wurden. Der Film zeigt quasi nur das spannende Ereignis aus dem Leben der Rollen, dieses Ereignis hat aber eine psychische Zwangsläufigkeit, die aus den Vorgeschichten der Helden erwächst. Diese Mühe im Detail macht sich der Filmautor nur aus einem einzigen Grund: Jeder Zuschauer (und Kritiker) sieht die Figuren im Film nicht anders als echte Menschen. Er benutzt seine im täglichen Leben erworbene Fähigkeit zur Mustererkennung, um die Charaktere des Films einem Glaubwürdigkeitstest zu unterziehen und sie gefühlsmäßig zu bewerten. Würde diese Person das wirklich tun? Oder lässt der Charakter eine solche Handlung eigentlich nicht zu?

Einsicht in die Motive Als Zuschauer nutzen wir unsere interpersonelle Intelligenz, unsere Fähigkeit zur Einsicht in die Motive und Charaktere anderer Menschen (als Gegenstück zur intrapersonellen Intelligenz, unsere Fähigkeit zur Einsicht in die eigenen Motive und Charakterzüge), um die Ereignisse der Geschichte in eine sinnvolle Folge zu bringen.

Aus unzähligen Erfahrungen, die wir mit Filmen wie im Leben gemacht haben, und vor allem, weil unser Verstand immer versucht, sich die Welt *folgerichtig* zu erklären, nehmen wir selbstverständlich an: niemand tut etwas ohne Grund. (Tut jemand doch etwas ohne Grund, halten wir ihn für verwirrt, ist der Grund nur für uns nicht ersichtlich, sind wir es dann meist selbst. Beides fühlt sich nicht gut an, weswegen es in der Kommunikation immer wichtig ist, auch den Grund für Aussagen und Entscheidungen einsehbar zu machen.)

Lassen wir das hier so stehen: Niemand tut etwas ohne Grund. Und zumeist liegt dieser Auslöser nicht allein im rein Sachlichen, sondern ist eben auch von den Gefühlen der Person angetrieben. Auf Veranstaltungen ist das nicht anders.

> ▶ Wir haben es beim Publikum mit Menschen zu tun, und Menschen fühlen und handeln gemeinhin mit einer gewissen Folgerichtigkeit, die sich aus den Vorgeschichten der Beteiligten, den gewachsenen Beziehungen und der individuellen Bewertung der Situation ergibt.

2.4.4 Ein Eingriff in die Motive

Mit dieser Frage kommen wir in den wirklich spannenden Bereich der Live-Kommunikation. Lässt sich diese Folgerichtigkeit der Motive des anderen irgendwie verschieben? Lassen sich Menschen in ihrem Inneren tatsächlich beeinflussen? Lassen sie sich von außen bewegen? Jeder gute Motivationstrainer wird Ihnen hierauf eine klare Antwort geben: Menschen lassen sich von anderen nicht wirklich motivieren, Menschen können sich zu Allem nur selbst motivieren.

Auch als Dramaturg möchte man da den Fachleuten ungern widersprechen, man hat aber trotzdem eine andere, professionelle Sicht: In Geschichten können sich Menschen

2.4 Target Group Emotion: die Gefühle der anderen 41

verändern. Es gibt innere Umstände, die sie dazu bringen, gewohnte Muster aufzugeben und sich neu zu orientieren – in Thrillern, weil sie es müssen, und in Liebesgeschichten, weil sie es wollen.

Genau genommen ist so gut wie jede Geschichte die Erzählung einer Veränderung. Wir erzählen uns seit Jahrzehntausenden diese Geschichten gegenseitig, um aus ihnen zu lernen, welche anderen Möglichkeiten und Handlungsoptionen uns offenstehen. Wir erhalten Einsicht in Motive, die wir bisher nicht kannten oder in ihrer Bedeutung so nicht wahrgenommen haben. In unsere logische Gleichung von der Welt halten neue Vorbedingungen Einzug, die durchaus die Folgerichtigkeit unserer eigenen Motive in Frage stellen können. Was uns dazu bringt, unsere Gleichung von der Welt neu zu überdenken.

Passiert das, wenn wir uns zur Unterhaltung einen Film im Kino ansehen? Nun, es gibt sicher sehr beeindruckende Filme und Bücher, die einzelne Menschen so tief berühren, dass sie auch sich selbst anders betrachten. Der Effekt einer solchen Geschichte verstärkt sich, wenn uns ein Freund oder eine für uns bedeutende Person eine Geschichte erzählt. In der persönlichen Verbundenheit verstärken sich Aufmerksamkeit und Empathie. Wenn wir spüren, dass das Erlebnis des anderen ihn vielleicht verändert, geht das Interesse aber auch mal über Mitgefühl hinaus. Denn wenn sich der andere verändert, beeinflusst das unser Verhältnis zu dieser Person. Wird er sich unter dem Eindruck der Erlebnisse so verändern, dass auch wir unser Verhalten korrigieren müssen?

Vielleicht lernen wir aber auch etwas aus seiner Geschichte – Wissen, das uns helfen kann, in Zukunft schlauer, erfolgreicher oder glücklicher zu sein.

Der Held als Testperson der Veränderung Für die Dramaturgie einer Veranstaltung liest sich das so: Auch die Menschen, mit denen unser Unternehmen verbunden ist, lassen sich über Sympathie und Empathie in die Geschehnisse einer Geschichte hereinholen.

Über die Identifikation mit den Helden vollziehen sie quasi testweise in der analogen Welt der Geschichte die innere Wandlung nach. Je größer dabei der emotionale Impakt der Geschichte ist, desto weiter folgt der Zuschauer die Wandlung des Helden und übernimmt seine Einsichten und die sich daraus verändernden Motive, wenn er deren Nutzen für sich selbst erkennt. Das ist der Effekt jeder gut erzählten Geschichte, sei es im Theater, im Film oder auf einen Event.

Unser Publikum, der eigentliche Held jeder Veranstaltung, durchlebt Ereignisse, die ihn dazu bringen, Figuren, Umstände und Vorgänge anders zu bewerten und sich diese neue Bedeutung emotional einzuprägen. Wie tief so eine Veränderung geht, entscheidet dann zwar jeder für sich, aber im Rahmen unserer Veranstaltung können wir über die Stimmung und die emotionalen Anker auf das Ergebnis Einfluss nehmen.

▶ Es muss sich dabei aber nicht unbedingt immer um Veränderungen in den Motiven des anderen handeln. Eine inszenierte Geschichte kann auch eine Bestätigung seiner Motive zum Ziel haben. Dann löst der Held seine Probleme in der Story, indem er die Motive und Gefühle der Zielgruppe nach und nach übernimmt und so zur glücklichen Lösung seiner Aufgabe (happy end) kommt.

2.4.5 Der Weg durchs Herz

Solche Neuorientierungen oder Bestätigungen gelingen aber nur, wenn wir uns über Vorgeschichte und Situation unserer Zielgruppe sowie unserem Verhältnis zu unseren Helden im Klaren sind. Wenn wir nicht wissen, wo der andere steht, können wir ihn nicht abholen. Nur wenn wir auch wissen, warum er dort steht, wo er steht, können wir in ihm den Wunsch auslösen, sich auf uns zu oder mit uns zu bewegen. Und eines ist ganz klar: Er wird nicht einen Schritt mit uns tun, wenn wir es nicht schaffen, zuerst sein Herz zu bewegen. Auch hier wieder der Hinweis auf den romantischen Untertitel des Buches: Liebe Deine Helden!

Das heißt in diesem Fall: Wir sollten unser Publikum mit seinen Gefühlen annehmen und alles tun, was ehrlich und lauter, aber notwendig ist, um die Gefühle unseres Publikums für uns einzunehmen. Wir richten die Gestaltung der Kommunikation an den Gefühlen der anderen aus. Sonst können wir weder im Markt noch auf einer Veranstaltung bestehen. Wann immer wir die Gefühle der anderen aus Konzept und Umsetzung ausklammern, verkommt unsere Veranstaltung zu einer relativ sinnlosen Demonstration, eine leicht zu durchschauende Propaganda, die ein aufgeklärtes Publikum schon aus Selbstschutz mit Ablehnung quittieren wird.

Oder sagen wir es nochmals im Klartext: Wir müssen uns davor hüten, unser Publikum für dumm zu verkaufen. Das wird es immer, wenn nicht gleich begreifen, dann zumindest spüren.

2.4.6 Sind Gefühle nicht chaotisch?

Ich habe von unserer Gleichung von der Welt gesprochen und möchte Sie noch auf einen wichtigen Aspekt dieser Folgerichtigkeit von Gefühlen hinweisen. Gefühle sind eben nicht chaotisch, sondern bauen ähnlich logisch wie vieles andere in unserer Welt aufeinander auf. Zugegeben handelt es sich hierbei aber um eine sehr komplexe Logik: Gefühle vernetzen und beeinflussen sich gegenseitig, und sie tun dies – und das ist eine ihrer verwirrenden Eigenschaften, die sie so unübersichtlich erscheinen lassen – über verschiedene Zeiten hinweg und oft auch entgegen der gewohnten Linearität.

Das liegt daran, dass unsere Erinnerung nicht wirklich objektiv, sondern eben individuell, situativ und emotional funktioniert. Das heißt, ein bestimmtes emotionales Erleben kann dazu führen, dass ein völlig anderes, bereits lange abgeschlossenes Erlebnis in der Erinnerung nun völlig anders gewertet wird.

Wir haben es hier in uns selbst mit einem unglaublich verstrickten System zu tun, dessen Komplexität meist verhindert, alle Dimensionen dieses Systems wahrzunehmen und betrachten zu können. Nichtsdestotrotz hat unser emotionales System trotz aller verwirrenden Absurditäten bestimmte Folgerichtigkeiten, und darin liegt eine große Kraft.

Die Kraft des anderen nutzen Stellen Sie sich diese Kraft in den Gefühlen der anderen als etwas sehr Nützliches vor. In einem japanischen Dojo lernt man beim Kämpfen nicht die

2.5 Die Kunst der Live-Kommunikation: Referenz herstellen 43

eigene Körperkraft, sondern möglichst die Bewegungsenergie des Gegenübers für sich zu nutzen. Über dieses Prinzip der asiatischen Kampfkunst und seiner körperliche Erfahrung findet man zu einer sehr guten Einstellung, wie auch die emotionale Kraft des anderen für sich selbst zu nutzen sein könnte.

Wenn wir uns nun einmal die emotionalen Kräfte der anderen in einer Veranstaltung vorstellen, dann kommen wir schnell zu der Einsicht, dass es wesentlicher sinnvoller ist, diese Energie für die eigene Bewegung zu nutzen, als sich mit der eigenen Kraft dagegen zu stemmen. Auch dies ist ein wichtiger Grund, sich über die Gefühle der anderen im Klaren zu sein. Mit der richtigen Dramaturgie können wir deren Gefühle als entscheidende Kraft zum Erreichen unseres Kommunikationszieles nutzen.

Fazit

Die Motive und Gefühle der anderen sind ein wesentlicher Ausgangspunkt für alle Überlegungen zur Gestaltung unserer Kommunikation. Wir müssen uns darüber klar werden, was und wie der andere fühlt und empfindet, um ihn mit unserer Heldengeschichte emotional berühren zu können. Und wir müssen überlegen, wie sich diese Berührung wiederum im Anderen verändernd oder bestätigend auswirken soll.

2.5 Die Kunst der Live-Kommunikation: Referenz herstellen

▶ Gute Events sind immer ein Schmelztiegel der Emotionen. Alle Kommunikationsmaßnahmen, mit denen unser Unternehmen in den direkten Kontakt zu Zielgruppen geht, finden unauslösbar vor dem Hintergrund der vorgestellten Gefühlswelten statt.

Wenn aber Sprache oder Bilder zwischen den Beteiligten funktionieren sollen, braucht es ein gemeinsames Bezugssystem. Auf der Ebene von Emotionen funktioniert das nicht anders. Es gilt, zwischen all den verschiedenen Emotionen Referenz herzustellen, und das geht am effektivsten durch die Bestärkung vorhandener und das Erleben neuer, gemeinsamer Emotionen.

Nur wenn sich beide Seiten gegenseitig offenbaren und sich gemeinsam begeistern können, entsteht eine gemeinsame Identität, eine tiefe, einverständige Verbindung zwischen Zielgruppe und Unternehmen, von der wir in der Situation selbst und auch später profitieren können.

2.5.1 Tango macht mehr Spaß zu zweit

Eine persönliche Begegnung zu inszenieren bedeutet nicht, dass wir alles den Gefühlen der Zielgruppe unterordnen müssen und selbst keine Emotionen in die Live-Kommunikation einbringen dürfen. Schließlich sind auch wir und alle unser Unternehmen repräsentierenden Mitarbeiter ein wichtiger Teil des interaktiven Kommunikationsprozesses während eines Events, und unsere eigene emotionale Anteilnahme wird sich in der Stimmung einer Veranstaltung deutlich abzeichnen.

▶ Was auch immer inszeniert wird, muss zu unserem Unternehmen passen und sollte tatsächlich auch für uns selbst emotional bedeutsam sein. Nur wenn wir selbst Freude und Begeisterung für unsere eigene Veranstaltung aufbringen, kann der Funke wirklich überspringen. Dazu müssen auch wir uns emotional involvieren.

Kalter Fisch Wenn es uns auf einer Veranstaltung gelänge, die eigenen Motive zu verschleiern und unsere Gefühle zu verbergen, dann würde den Teilnehmern dieses Gegenstück zu ihrer eigenen Gefühlswelt fehlen. Ihre Reaktion darauf ist nur menschlich: Sie fahren ihren eigenen emotionalen Pegel nach unten. Damit ist gleichzeitig eine spürbare Frustration verbunden, denn der Besucher einer Veranstaltung kommt mit dem Wunsch, Gefühle ausleben zu können, etwas zu erleben, also sich mit seiner Emotion an die Emotion der Gruppe und die der Gastgeber dranhängen zu können. Unsere Zielgruppe will Aufmerksamkeit für ihre Gefühle, aber sie möchte auch gerne emotional mitgerissen werden.

Freundschaft funktioniert nicht wirklich gut, wenn man seine Gefühle zurückhält. Damit schafft man Distanz. Unser Publikum fühlt sich zu Recht abgelehnt, wenn wir es mit seinen Gefühlen allein lassen, und es wird sich sehr reserviert gegenüber dem Verursacher dieser Frustration verhalten. Wenn wir solche unguten Gefühle zulassen, werden wir noch in derselben Nacht einen Freund verlieren. Unser Gast nimmt nämlich seine Frustration mit nach Hause, und wenn er sich dann, ungehemmt von den Konventionen der Veranstaltung, Luft macht, werden wir in seiner Erinnerung nicht gut abschneiden.

Emotionale Teilhabe

Sportfans kennen das aus dem Stadion: Spielt die eigene Mannschaft erfolgreich, aber unterkühlt und emotionslos, dann springt der Funke nicht auf die Ränge über. Man beklatscht den Sieger, aber da man sich nicht mit dem eigenen Wunsch zur Emotion an die Mannschaft dranhängen konnte, bleibt das Erlebnis relativ effektlos. Die Erinnerung an diesen beliebigen Tag im Stadion ist bald verblasst.

Anders, wenn eine Mannschaft mit viel offener Emotion ins Spiel geht. Dankbar nehmen die Fans diese veräußerte Gefühlswelt ihres Teams auf und stürzen sich mit Lust in das eigene Erleben der Veranstaltung. Im besten Fall schaukeln sich Team und Fans gegenseitig hoch, bis eine Euphorie erreicht ist, ein Hochgefühl, das beide Seiten nachhaltig eint. Über diesen Tag wird noch oft und mit gleicher Euphorie geredet werden, selbst wenn das Spiel verlorenging.

Dieser emotionale Prozess ist übrigens auch in einem Opernhaus nicht viel anders. Spielt das Orchester emotionslos ein Stück herunter oder trällern die Sänger ohne Gefühl, bleiben die euphorischen Reaktionen beim Publikum aus. Mehr noch: Das Publikum empfin-

2.5 Die Kunst der Live-Kommunikation: Referenz herstellen 45

det diese Emotionslosigkeit als Ablehnung seiner selbst durch die Musiker. Es fühlt sich ausgeschlossen und reagiert auch darauf allzu menschlich: Es zieht sich innerlich zurück. Es entsteht keine Gemeinschaft im Saal.

Der erste wichtige Effekt einer Veranstaltung, die Gemeinschaftsbildung aller Anwesenden, ein echtes Gemeinschaftsgefühl, tritt nicht ein, und folglich auch der zweite wichtige nicht: Der nachhaltige Effekt des Wiedererlebens des Ereignisses in der Erinnerung kann ohne Rückgriff auf den ersten nicht stattfinden. Das Einzige, was in der Erinnerung dieser Gäste haften bleibt, ist Frustration, die nicht selten später in Verärgerung über den Auslöser dieser Frustration umschlägt.

2.5.2 Interaktion der Gefühle

Events leben nun mal von Stimmungen. Im Gegensatz zu den „one way"-Nachrichten der klassischen Kommunikation, bei der Gefühle auf der bildlichen, textlichen und tonalen Oberfläche lediglich abgebildet werden und die Verfälschung durch den Empfänger im Augenblick der Rezeption kaum nachgeprüft oder kontrolliert werden kann, findet der Livekontakt niemals ohne vom Zuschauer mitbeeinflusste Gefühle statt.

Es ist hilfreich, sich den Grad der notwendigen Selbstbeteiligung des Eventpublikums zu verdeutlichen. Nachrichten, Produkte und Dienstleistungen lassen sich zwar erklären oder inszenieren, aber die damit einhergehenden Gefühle muss der Rezipient stets selbst entwickeln, um ein Erlebnis zu empfinden. Wir müssen also nicht nur die eigenen Gefühle definieren, wir müssen uns auch eine Vorstellung davon machen, mit welchen Gefühlen unsere Zielgruppe auf die Veranstaltung kommt und wie wir unser Publikum aus seiner Emotion geschickt in eine gemeinsame Gefühlswelt hinüberleiten.

Die wichtigsten Einsichten des Eventkonzeptionisten heißen:

▶ Definiere die Gefühle des Absenders!

▶ Lese die Gefühle der Zielgruppe!

▶ Zeige eigene Gefühle!

▶ Gib dem Publikum die Chance, (neue) Gefühle zu entwickeln!

▶ Führe es mit seinen Gefühlen in die gewünschten Gefühlswelten!

▶ Verbinde den Inhalt sinnvoll und möglichst untrennbar mit den Emotionen!

Um Gefühle zu erkennen und womöglich im Sinne der Sache steuern zu können, muss ein Konzeptionist über Menschenkenntnis und dramaturgisches Fachwissen verfügen. Er muss ein psychologisches Verständnis für Gruppen- und Massendynamik haben und sollte sich in Grundzügen mit den wahrnehmungspsychologischen Voraussetzungen und den neurophysiologischen Bedingungen der Rezeption von Eindrücken und der Verankerung von Inhalten mit Emotionen im menschlichen Gehirn beschäftigen. Er sollte einen guten Überblick über die emotionalen Effekte der ihm zu Verfügung stehenden Stilmittel, Medien und Künste haben.

Seine wichtigsten Talente sind Sensibilität (Empfindsamkeit), Intuition (Gespür), Eudetik (Vorausahnung) und interpersonale Intelligenz. Und unsere wichtigste Aufgabe als Auftraggeber zu diesem Zeitpunkt ist, dem Eventspezialisten mit umfassender und präziser Information zu ermöglichen, dass er sein Können auch auf unsere individuelle Situation anwenden kann.

2.5.3 Übersetzung von Gefühlen

Eine der Grundregeln jeglicher Kommunikation lautet: Es ist nicht das gesprochene Wort, das zählt, sondern das verstandene! Auch Quantität im Sinne des Satzes „Das habe ich jetzt aber schon fünfmal gesagt" ersetzt nicht diese wichtigste Qualität einer Kommunikationsmaßnahme.

Beispiel

Oder etwas vereinfacht ausgedrückt: Wir können ganz China mit großformatigen Plakaten zupflastern: Wenn wir unsere Nachricht darauf nicht in chinesischer Sprache mit den dazugehörigen Schriftzeichen absetzen, wird unser kommunikativer Erfolg verschwindend gering sein.

Obwohl die meisten Menschen dieses Beispiel sofort verstehen, sind wir immer wieder erstaunt, wie selten diese Erkenntnis vor allem in der Live-Kommunikation sinnvoll in die Tat umgesetzt wird. Viele Unternehmen gehen immer noch von den Ideen und Programmgestaltungen aus, die sie selbst für ereignisreich, erlebenswert und unterhaltsam halten oder einfach nur schön finden. Sie lieben ihre eigene Sprache und Schriftzeichen und wundern sich dann oft, dass nicht ein einziger der anwesenden Chinesen anerkennend nickt, geschweige denn die angepriesene Ware oder Leistung kauft.

Der Flirt mit der Zielgruppe Dies gilt aber nicht nur für den Einsatz von Sprache und Schriftzeichen, sondern verhält sich auf der emotionalen Ebene kein Deut anders. Sprich: Wir müssen uns nicht nur in der Kultur und in der Kommunikationstechnik auf unser Gegenüber einstellen, sondern vor allem auch emotional. Wir sollten uns zu Beginn der Zielgruppe nicht mit unseren eigenen Gefühlen aufdrängen, sondern sie zunächst in ihrer Gefühlswelt abholen, damit sie uns in sich zulässt und die Bereitschaft entwickelt, unsere Gefühlswelt kennenzulernen.

2.5 Die Kunst der Live-Kommunikation: Referenz herstellen 47

Wie aber bringt man denn ein Publikum dazu, so etwas zu wollen? Das Zauberwort für erfolgreiche emotionale Kommunikation heißt: **Referenz!**

Das bedeutet, in den Überlegungen zur Dramaturgie nicht von Anfang an die eigene Identität zu behaupten, sondern die Identität seiner Zielgruppe voranzustellen, also die anstehenden Maßnahmen in der Sprache, den Zeichen und den Denkweisen des Rezipienten zu formulieren. Nicht die Vorlieben des Absenders, sondern wenn überhaupt, dann die Vorlieben des Adressaten sind zunächst einmal die ausschlaggebenden Vorgaben für den Einstieg in eine erfolgversprechende Live-Kommunikation. Nicht unsere Gäste, Partner oder Mitarbeiter müssen eine Referenz zu uns herstellen, als Veranstalter und Gastgeber müssen wir Referenz zu ihnen aufbauen.

2.5.4 Grundstruktur des dramatischen Dialogs

Diese Herstellung von Referenz mit unserer Zielgruppe bezieht sich nicht nur auf einzelne Aspekte wie Sprache oder Zeichen, sie umfasst das volle Spektrum individueller Emotionen, allgemeiner Stimmungen, der Media-Literacy der Gäste und der dazugehörigen Auswahl geeigneter dramatischen Muster und Medien. Im dramatischen Verlauf eines Events stellt sich das grob vereinfacht folgendermaßen dar:

▶ **Referenz herstellen** In der ersten Phase der Veranstaltung ist unser wichtigstes Ziel, mediale und emotionale Referenz zum Publikum herzustellen. Wir bewegen uns aufs Publikum zu, sammeln die Menschen an ihren individuellen Positionen ein, sprechen unsere Zielgruppe in deren Sprache an, lassen die Emotionen der anderen zu und nehmen sie selbst an, wo immer es sinnvoll ist, um Referenz zum Publikum entstehen zu lassen.

▶ **Brücken bauen** In einer zweiten Phase schaffen wir auf der Basis der erstellten Referenz Brücken und Übersetzungen in unsere eigene Sprache und lassen das Publikum im besten Fall von selbst über diese Brücken zu uns herüber kommen und dort unseren Inhalt in seinen Facetten entdecken.

▶ **Nachricht übermitteln** Im dritten Schritt übermitteln wir auf der geschaffenen Grundlage der Gemeinschaft mit dem Publikum unsere eigentliche Nachricht, wobei wir unsere eigenen Emotionen und dadurch entstehende Bedeutungszuordnungen zu unserem Inhalt deutlich machen und fürs Publikum erfahrbar inszenieren.

▶ **Anker werfen** In der vierten und letzten Phase setzen wir Anker in die Emotionen unseres Publikums. Wir schaffen Spuren und Erinnerungsstücke, anhand derer sich das Publikum später immer wieder in die Emotion, und damit in unseren Inhalt, zurückversetzen kann.

Dies ist das emotionale Grundmuster einer Kommunikationsveranstaltung. Der Konzeptionist steht hier vor einem sehr komplexen System von Kommunikationsebenen und Erwartungen; er muss aufgrund der Eventsituation sowohl alle Sinne seiner Rezipienten ansprechen als auch die Inhalte über eine längere Zeitspanne bespielen. Und er muss in der Art eines Schachspielers vor allem die emotionale Interaktion mit seiner Zielgruppe voraussehen und den passenden, dramaturgischen Rahmen dafür schaffen. Hierin liegt die Schwierigkeit, aber auch die herausragende Qualität von Live-Kommunikation.

Natürlich haben wir als Veranstalter einen Vorsprung vor unserem Publikum; schließlich wissen wir im Vorfeld einer Veranstaltung wesentlich mehr über die Inhalte und die begleitenden Ereignisse als unsere Gäste. Die große Gestaltungschance liegt also im Wissensvorsprung: Wir haben es in der Hand, unseren Inhalt so zu inszenieren und emotional erlebbar zu machen, dass uns das Publikum in unsere Wertewelt folgen will.

2.5.5 Die Wirkung emotionaler Grundmuster

Wie man sich das Wirken von Gefühlen auf Veranstaltungen vorstellen muss, ist immer vom konkreten Fall abhängig. Selbst wenn die Gefühle des Absenders immer dieselben wären, die jeweilige Zielgruppe verändert die Schnittmenge der Gefühle individuell und situativ. Es gibt aber ein paar grundsätzliche psychische Dispositionen, die so mehr oder weniger fast immer zwischen den Beteiligten ablaufen.

Das Schlaubergerspiel Oscar Wilde sagt: „Wir spielen immer, wer es besser weiß!" Natürlich hat Wilde das auf den von ihm so verachteten gesellschaftlichen Smalltalk gemünzt, dieses Spiel läuft aber auch zwischen Veranstalter und Publikum ab.

„Rechthabenwollen" ist ein starkes menschliches Grundmotiv. Egal, wie oder mit welchen Argumenten wir unserer Zielgruppe entgegentreten, unser Publikum hat seine eigenen Meinungen über unser Unternehmen, unseren Kommunikationsstil und die allgemeine Lage der Dinge und bringt diese in den Event mit hinein. Wenn wir wollen, dass man unseren Argumenten folgt und sich zuletzt unserer Meinung anschließt, müssen wir von der Meinung des Publikums her argumentieren. Wir müssen uns zu unserem Publikum hinbewegen, es dort an der Hand nehmen und dann langsam in die gewünschte Richtung führen.

Ist der argumentatorische Weg sehr weit, gönnt man dem Zuhörer nicht nur kleine Verschnaufpausen, sondern vor allem kleine taktische Siege im Wildeschen Sinn: Lassen wir die Meinung der anderen gelten, lassen wir den Anderen die Möglichkeit, im Detail Recht zu haben. Bestätigen wir unser Publikum in seinen Meinungen über Teile unseres Inhalts und unserer Identität.

Sie werden sehen, unsere Gäste entspannen deutlich und folgen uns eher in die gewünschte Richtung. Dabei gilt: je besser die Gäste eines Events uns bereits kennen, desto ehrlicher und emotionaler müssen wir kommunizieren. Das Gefühl der Wertschätzung, das wir unserem Publikum damit vermitteln, ist eines der Erfolgsgeheimnisse einer effektiven Veranstaltung.

2.5 Die Kunst der Live-Kommunikation: Referenz herstellen 49

Skepsis und Vorfreude Ein anderes Beispiel: Jeder Teilnehmer an einer Veranstaltung weiß aus seiner unterbewussten Kenntnis des emotionalen Ablaufs von Versammlungen, dass er sich in eine Situation begibt, in der er seine Individualität für Stunden dem Eindruck einer möglichen gemeinsamen Identität ausliefert.

Er geht zu dieser Veranstaltung mit der grundsätzlichen Bereitschaft, dies zu tun und oft sogar mit der Erwartung, dass genau dies passiert. Bestimmte euphorische Gefühlszustände – das hat der Mensch gelernt –, kann er nämlich überhaupt nur in der Gemeinschaft erleben. Verspricht die besuchte Veranstaltung dieses Erlebnis, empfindet der Mensch Vorfreude.

Gleichzeitig ist in ihm aber auch Skepsis, denn er befürchtet, er könne unter dem mächtigen Eindruck von Massenerlebnissen seine Selbstbestimmung verlieren und nicht mehr als Individuum wahrgenommen werden. Er befürchtet, durch die Ereignisse oder gar den Veranstalter zu etwas angeleitet zu werden, das er gar nicht will. Hinzu kommt die Befürchtung, die Vorfreude könnte durch die Veranstaltung nicht positiv erfüllt werden. Die meisten Menschen, die auf eine Veranstaltung gehen, sind daher zwischen Vorfreude und Skepsis hin und her gerissen. Was bedeutet das für den Veranstalter?

Wir müssen unseren Gast als Individuum annehmen und ihm durch unsere Wertschätzung versichern, dass er den Status des Individuums durch die Art der Vergemeinsamung nicht verlieren wird. Wir müssen ihm die Sicherheit geben, dass er zu jeder Zeit bestimmt, wie sehr er sich auf unsere Gefühlswelt und das damit verbundene Gemeinschaftserlebnis einlässt, oder noch besser: dass er die gemeinsame Gefühlswelt mitbestimmt.

Vertrauen stärken Diese Sicherheit entsteht durch das Wissen über die Ablaufstruktur und das Vertrauen, im Veranstalter einen Freund zu haben, der in keinem Fall seinen Vorteil über den seines Gasts stellen wird. Ein Teil der Kunst ist dabei, schon mit der Art der Ankündigung und der Vorstellung der Veranstaltung das Wissen um den Ablauf und das Vertrauen in unsere besten Absichten aufzubauen. Wir versprechen das Schöne, Gute und Wahre, und wir halten unser Versprechen unbedingt, denn der Gast wird wahrscheinlich nicht nur einmal unsere Zielgruppe sein. Beim nächsten Mal hat er dann gelernt, dass er uns als Freund vertrauen kann, und baut so seine Skepsis schon im Vorfeld ab.

Wir zeigen offen Respekt vor unserem Gast, nennen ihn so oft wie möglich beim Namen. Wir lassen ihn nicht alleine seinen Platz in der Veranstaltung suchen, sondern führen ihn zu seinem Platz (damit ist weniger sein Sitzplatz gemeint als seine Rolle in der Veranstaltung). Wir sollten unserem Gast auch die Möglichkeit geben, selbst Spuren zu hinterlassen. Ein Eintrag in ein Gästebuch kann schon helfen, auch wenn wir heutzutage unterhaltsamere Möglichkeiten empfehlen.

Gleicher unter Gleichen Oft empfiehlt es sich, das Wort nach der obligatorischen Begrüßung an einen professionellen Gastgeber (*Host*) zu übergeben, der die bevorstehende Gemeinschaftsbildung moderiert und der unserem Gast einen Überblick über die kommenden Ereignisse gewährt. Wir tun das nicht selbst, sondern nehmen zwischen unseren

Gästen Platz, als deutlich inszeniertes Zeichen dafür, dass wir uns als Teil der nun entstehenden Event-Community sehen, als Gleiche unter Gleichen.

Wir sorgen mit Persönlichkeiten, die im Bewusstsein der Gäste nicht unter unserem Einfluss stehen, für eine „unabhängige Instanz", die für den Event die Rolle des geheimen Schiedsrichters einnimmt, der die Einhaltung der unausgesprochenen Regeln des Respekts vor der Eigenständigkeit unseres Gastes überwacht und auf den sich der Gast verlassen kann. Dies ist eine gängige Praxis, auch wenn nur wenigen das dramatische Muster dahinter bewusst ist.

Der Austausch von Aufmerksamkeit Es gibt aber, zumindest aus dramatischer Sicht, noch weitere Möglichkeiten, diesen Schulterschluss mit den Gästen zu inszenieren. Verstehen Sie diese Beispiele bitte nicht allzu wörtlich, denn sie beschreiben nur Funktionen, die uns helfen können, das Vertrauen unseres Gastes zu gewinnen. Die Funktionen selbst kann man nämlich noch auf viele andere Arten inszenieren.

Wichtig ist nur, dass wir ein Gefühl dafür bekommen, wie wir uns unserem Gast gegenüber aufstellen können, um ihm den Eintritt in die von uns inszenierte Gefühlswelt so leicht wie möglich zu machen. Unsere freundschaftliche Aufmerksamkeit dem Gast gegenüber ist die erste Voraussetzung dafür, dass er den Willen entwickelt, seinerseits Referenz zu uns aufzubauen und unsere Inhalten Aufmerksamkeit entgegenzubringen.

Resümee

Dass wir den Fokus unserer Betrachtungen in diesem Kapitel so stark auf die Gefühlswelten von Veranstaltern und Zielgruppen gelegt haben, soll ein bisschen ausgleichen helfen, dass die größeren Defizite in der Unternehmenskommunikation im emotionalen Bereich auftreten. Bedeutet das nicht, bei der Planung von Eventmaßnahmen notwendigerweise zuerst zu fühlen und dann zu denken?

Es wäre nicht richtig, wenn wir nun in Zukunft alles unserer Intuition überließen. Vollständige Kommunikation zeichnet sich dadurch aus, dass sie Inhalte mit Gefühlen verbindet. Folglich sind Denken und Fühlen absolut gleichberechtigt und bilden im Idealfall im Erleben wie im Erinnern eine unauflösbare Einheit.

Der Event – Die totale Kommunikation

3

Inhaltsverzeichnis

3.1	Life is live: Event ist überall	52
	3.1.1 Die ständige Begegnung	52
	3.1.2 Das Ereignis	53
	3.1.3 Die zufällige Rezeption der Werbung	53
	3.1.4 Die gesteuerte Rezeption der Live-Kommunikation	54
3.2	Eventmarketing und Live-Kommunikation	55
	3.2.1 Die gesteuerte Rezeption der Live-Kommunikation	55
	3.2.2 Merkmale der Live-Kommunikation	56
3.3	Die komplexe Kommunikation	57
	3.3.1 Wahrnehmung und Wertung	57
	3.3.2 Vielschichtige Ansprache	57
	3.3.3 Ambivalenz	58
	3.3.4 Fast jede Begegnung birgt ein Risiko	58
	3.3.5 Die Deutung von Information anhand von Gefühlen	59
3.4	Eine kleine Veranstaltungsgeschichte	59
	3.4.1 Treffen am Lagerfeuer	60
	3.4.2 Die Verstetigung des Rituals	60
	3.4.3 Die Vervielfältigung des Rituals	61
	3.4.4 Brot und Spiele	61
	3.4.5 Höfische Feste	62
	3.4.6 Das Symposium	63
	3.4.7 Die Bürgerfeste	63
	3.4.8 Propagandaveranstaltungen	63
	3.4.9 Die Veranstaltungen der Moderne	64
	3.4.10 Die Struktur der Ereignisse	65
	3.4.11 Archetypische Veranstaltungen	65
	3.4.12 Jede Gesellschaft schafft ihre eigenen Feste	66
3.5	Event – Produkt oder Medium?	67
	3.5.1 Die schöne Glitzerwelt	67
	3.5.2 Die Vergleichbarkeit von vorproduzierten Medien	67

A. Gundlach, *Wirkungsvolle Live-Kommunikation,*
DOI 10.1007/978-3-658-02549-6_3, © Springer Fachmedien Wiesbaden 2013

| 3.5.3 | Produkt kontra Medium | .... | 68 |
| 3.5.4 | Die eigenen Ziele | .... | 69 |
3.6 | Ereignis und Erlebnis | .... | 70 |
3.6.1	Eine Diva gegen die Langeweile	....	70
3.6.2	Den Zuschauer fordern	....	71
3.6.3	Das Erlebnis zählt, nicht das Ereignis	....	71
3.6.4	Die Fallschirmspringer	....	72
3.7	Der Moment und der Prozess	....	72
3.7.1	Der schöne Moment.	....	73
3.7.2	Es lebe der Prozess	....	73
3.7.3	Der Kampagnengedanke in der Live-Kommunikation.	....	74

▶ In den Kapiteln des dritten Teils wird es zunächst darum gehen, einen Einblick in viele der historischen, soziologischen, psychologischen, dramatischen und kommunikativen Dimensionen der Live-Kommunikation zu gewinnen und eine Reihe von Begriffen einzuordnen, bevor wir dann die Live-Kommunikation in Konzeption, Dramaturgie und Inszenierung systematisieren werden.

3.1 Life is live: Event ist überall

▶ Unser Unternehmen ist ein lebendiges Wesen, das permanent in Interaktion mit unserer Umwelt steht. In der Live-Kommunikation inszenieren wir nicht nur *Events*, sondern wir beeinflussen auch die Rezeptionssituation dergestalt, dass aus den Ereignissen für unsere Zielgruppe emotional bedeutsame Erlebnisse werden.

3.1.1 Die ständige Begegnung

Das Image unseres Unternehmens wird sicher auch durch klassische Werbemittel wie Anzeigen und Spots geprägt, der intensivste Eindruck aber entsteht beim direkten, unvermittelten Kontakt zu unserer Zielperson, zum einen beim Benutzen unserer Produkte oder der Inanspruchnahme unserer Dienstleistungen, zum anderen bei allen weiteren Gelegenheiten, bei denen unsere Firma sich *live* präsentiert.

Wenn wir nun darüber nachdenken, wie oft diese Situation der persönlichen Begegnung zwischen Unternehmen und Zielgruppen eintritt, stellen wir fest, dass dies fast permanent der Fall ist. Also nicht nur in dem Bereich, der vom Eventmarketing gestaltet werden kann, wie zum Beispiel auf Veranstaltungen aller Art, sondern auch bei Meetings, Geschäftsessen und im täglichen Umgang mit den eigenen Mitarbeitern – eigentlich immer, wenn wir nicht alleine in einem Raum sind.

Dasselbe gilt also auch für das „lebende Wesen" Unternehmen als Ganzes. Es steht fast ständig im Kontakt mit anderen lebenden Wesen, mit seinen Zielgruppen, seien es Konsumenten, Meinungsbildner, Partner, Zulieferer oder die eigenen Kollegen. Jeder direk-

3.1 Life is live: Event ist überall 53

te Kontakt zwischen Menschen, also auch zwischen unserem Unternehmen und unseren Zielgruppen, lässt sich aber noch intensivieren, indem wir die Zeit des Kontakts für unseren Ansprechpartner mit einem besonderen Ereignis koppeln.

► Solche Ereignisse müssen von Fall zu Fall neu überdacht und gestaltet werden, damit sie für unser Publikum zu inhaltlich sinnvollen und emotional bedeutsamen Erlebnissen werden und unsere Kommunikation tatsächlich sinnvoll unterstützen können.

3.1.2 Das Ereignis

Das englische Wort Event entspricht im Allgemeinen unserem Wort Ereignis. Innerhalb des Begriffs Live-Kommunikation sprechen wir von einem bewusst herbeigeführten Ereignis im Sinne einer Veranstaltung oder Aktion, bei der eine Firma oder Marke in direktem Kontakt zu ihrer Zielgruppe steht.

Analog zur klassischen Definition des Begriffs Marketing beschreibt das Eventmarketing die Zusammenfassung, Planung und Durchführung aller Maßnahmen bei jeglicher Art von Veranstaltung, die nötig sind, um unseren Inhalten, Produkten oder Dienstleistungen einen Markt zu bereiten. Im Prinzip arbeitet Live-Kommunikation dabei wie andere Kommunikationsmittel auch: Am Anfang aller Planung steht neben der Selbstdefinition die Analyse der Identität und Emotionalität der Zielgruppe.

Das mag für den ausgebufften Werber keine besonders überraschende Nachricht sein, spielt doch die Zielgruppe auch bei der Gestaltung von Printmedien oder Spots eine wichtige Rolle. Hier allerdings zielt der Sender der Nachricht hauptsächlich auf die *Media-Literacyy* seiner Zielgruppe, also auf deren Fähigkeit, Aussagen und Geschichten anhand gelernter Charaktere, dramaturgischer Bögen und Plots schnell zu erkennen.

Er sucht erläuternde Assoziationen oder wertende Signale, die von seinem Zielpublikum möglichst direkt verstanden werden. In der kurzen zur Verfügung stehenden Rezeptionszeit einer Anzeige oder eines Werbespots beschränkt sich der Werber folglich auf stereotype Darstellungen, die schnell erkannt werden und im besten Fall noch mit den vorgefertigten Erwartungshaltungen der Zuschauer informativ und unterhaltsam spielen.

3.1.3 Die zufällige Rezeption der Werbung

Wenn wir eine Anzeige oder einen Spot schalten, formulieren wir also eine griffige Nachricht in Form eines Slogans, verpacken sie vielleicht in eine Kurzgeschichte, kleiden sie mit entsprechenden Signalen aus, markieren sie mit unseren Zeichen.

In dem Augenblick aber, wo jemand unsere Anzeige in die Hand nimmt oder unseren Spot im Fernsehen sieht, haben wir überhaupt keine Kontrolle darüber, in welcher Stimmung, mit welcher Aufmerksamkeit oder in welchem inhaltlichen Zusammenhang er die

Nachricht aufnimmt. Es bleibt mehr oder weniger dem Zufall überlassen, in welcher Situation und von welcher Emotion bestimmt die Zielperson unsere Botschaft entgegennimmt.

Beispiel

Stellen wir uns kurz mal eine solche Situation überspitzt vor: Ein Mann im Stau ärgert sich über den Verkehr, es geht weder vor noch zurück. Zu allem Unglück hat er gerade etwas gegessen, das ihm nicht bekommen ist. Neben ihm steht ein extravagant frisierter Twen mit einem ebensolchen Fahrzeug, dessen einziger Zweck zu sein scheint, die gesamte Gegend mit nervtötendem Krach zu beschallen. Auf seinem Beifahrersitz hat unser Mann ein Magazin, in dem er nun aus Langeweile zu blättern beginnt.

Da ruft ihn seine Frau auf dem Handy an, die streitenden Kinder im Hintergrund, und fragt bohrend nach, wo er denn bleibt. Sie legt genervt auf und er blättert ratlos wieder in seinem Magazin. Jeder zweite Blick gilt der Straße, ob es nicht vielleicht doch wieder vorwärtsgeht. Eine kleine Lücke, er hat nicht aufgepasst, und die rollende Disco quetscht sich noch vor ihn. Wieder blättert er ein wenig in der Zeitung. Es fängt an zu regnen. Jetzt kommt er zu unserer Anzeige.

Und nun die entscheidende Frage: Was glauben Sie kann der arme Kerl in dieser speziellen Situation noch mit unserem Inhalt anfangen? Wird er sich spontan aus seinem Stress lösen und uns inhaltlich und emotional in unsere Wertewelt folgen? Oder gelingt ihm das vielleicht, wenn unsere Anzeige nicht gedruckt, sondern zwischen zwei weiteren Staumeldungen als Spot aus dem Radio kommt? Unsere Chancen stehen denkbar schlecht.

Oft ist die individuelle Situation der Zielperson der willentlichen und emotionalen Aufnahme unserer gestreuten Werbebotschaft nicht besonders förderlich. Aus diesem Grund spricht man bei der Werbung immer davon, dass nur zehn Prozent der Maßnahmen wirken, aber niemand voraussagen kann, welche zehn Prozent es denn nun sein werden.

3.1.4 Die gesteuerte Rezeption der Live-Kommunikation

Unter dem Gesichtspunkt der Effektivität liegt hier der wesentlichste Unterschied zur Live-Kommunikation. Hier haben wir die Möglichkeit, die gesamte Situation – und somit die Emotion, den Aufmerksamkeitsgrad und den Willen der Zielgruppe, unsere Botschaft aufzunehmen – im Wesentlichen anzuleiten. Zusätzlich mehren sich die Möglichkeiten der Rezeptionsteuerung mit der Dauer einer Veranstaltung.

Wir können die inszenierte Heldenreise in kleine, gut annehmbare Abschnitte aufteilen und unsere Zielgruppe Schritt für Schritt durch die Aspekte unseres Themas leiten, ihre Reaktionen mit einarbeiten und uns so mit ihr gemeinsam dem entscheidenden Ereignis annähern. Mit einer gut umgesetzten Veranstaltungsdramaturgie führen wir unser Publikum zu dem Punkt, an dem es unsere eigentliche Botschaft mit der richtigen emotiona-

3.2 Eventmarketing und Live-Kommunikation

len Vorbereitung aufnimmt, ja mehr noch: es will und wünscht sich, unsere Botschaft zu empfangen.

Einsatzfelder Wie das Eventmarketing seiner Rolle im Kommunikationsmix einer Firma letztlich gerecht wird, hängt davon ab, wie wichtig uns die Gestaltung des persönlichen Kontakts zu unseren Zielgruppen ist. Denn selbst wenn wir vom breiten Verkauf von Massenartikeln oder Dienstleistungen leben und unser Schwerpunkt in der breiten Streuung von Massenmedien liegt, so gibt es doch für uns genau wie für jeden Hersteller von Investitionsgütern, Markenprodukten oder Dienstleistungen fünf Kernzielgruppen, die wir am allerbesten mit LK-Maßnahmen erreichen können.

Die Wichtigkeit der einzelnen Kernzielgruppen für ein Unternehmen mag sich von Fall zu Fall leicht verschieben, aber es sind letztlich immer die Meinungsbildner, die Großeinkäufer, die Vertriebspartner, die Produktionspartner und – in Zukunft mehr denn je – die eigenen Mitarbeiter, die wir für uns gewinnen müssen, und die wir mit den Mitteln der Live-Kommunikation auch für uns gewinnen können.

3.2 Eventmarketing und Live-Kommunikation

▶ Unter der Bezeichnung Veranstaltungsmarketing versteht man im Allgemeinen die Konzeption, Organisation und Durchführung von Veranstaltungen aller Art, gleich ob sie einen wirtschaftlichen, kulturellen, sportlichen, touristischen, politischen oder wissenschaftlichen Hintergrund haben. Dabei schlägt sich die zunehmende Erlebnisorientierung unserer Gesellschaft sowohl auf arbeits- als auch auf freizeitorientierte Veranstaltungen nieder.

3.2.1 Die gesteuerte Rezeption der Live-Kommunikation

Veranstaltungs- und Eventmarketing beinhalten die zielorientierte, systematische Planung, konzeptionelle und organisatorische Vorbereitung, Realisierung sowie Nachbereitung von Veranstaltungen. Was Eventmarketing vom allgemeinen Veranstaltungsmarketing unterscheidet, ist die konsequente Ausrichtung aller Ereignisse, Instrumente und Methoden der Veranstaltung auf die Zielgruppe eines Unternehmens unter einem bestimmten, dem generellen Marketing untergeordneten Kommunikationsziel.

Das, was man als den eigentlichen Event bezeichnet, ist ein Ereignis, das auf die erlebnisorientierte Vermittlung von firmen-, marken- oder produktbezogenen Inhalten hin konzipiert und inszeniert wird. Der Event bildet somit den inhaltlichen Kern eines Eventmarketings, das der Umsetzung der operativen und strategischen Marketingziele des Unternehmens dient. Sinnigerweise werden solche Veranstaltungen in der Fachliteratur als Marketingevents bezeichnet. Sie nutzen den Direktkontakt zwischen Zielgruppe und Unternehmen, um Markenbilder und Kundenbindung auf der emotionalen Ebene möglichst intensiv und nachhaltig zu verfestigen. Solche hochgesteckten Ziele sind aber nur zu erreichen, wenn man das Eventmarketing in seiner strategischen Aufgabe auch so versteht.

3.2.2 Merkmale der Live-Kommunikation

Betrachtet man Eventmarketing als Instrument der Unternehmenskommunikation, so unterscheidet es sich durch eine Reihe wichtiger Merkmale von den monologischen Massenkommunikationsmedien der klassischen Werbung:

▶ **Erlebbare Ereignisse** Ein Event ist eine vom Unternehmen durchgeführte Veranstaltung mit dem Ziel der emotionalen Bindung der Zielgruppe an die mit dem Unternehmen bzw. einer mit der Marke verbundene Erlebniswelt. Dazu nutzt der Event den Grad emotionaler Aktivierung, die Intensität der Interaktion und auch die Dialogbereitschaft der Teilnehmer, um Inhalte und Botschaften des Unternehmens in erlebbare Ereignisse umzusetzen.

▶ **Kontaktqualität** Der Event ermöglicht es dem Veranstalter, durch emotionales Erleben der Markenwelt und eigene Erfahrung der Zielgruppe eine deutlich intensivere Einstellungs- und Verhaltensbeeinflussung zu erreichen als mit jeder anderen Kommunikationsform. Jeder Event sucht die dialogische Kommunikation mit einer bestimmten Zielgruppe, um über Individualität und Intensität der Inszenierung eine hohe Kontaktqualität zu erreichen.

▶ **Kontaktdauer** Gerade die im Vergleich zu anderen Kommunikationswegen ungewöhnlich lange und intensive Kontaktdauer ermöglicht dem Veranstalter, nicht nur inhaltliche, sondern vor allem auch emotionale und soziale Kompetenz zu zeigen und seiner Zielgruppe große Aufmerksamkeit entgegenzubringen, bevor er erneut Aufmerksamkeit für die eigene Botschaft zu erregen sucht.

▶ **Inszenierter Weltenwechsel** Um dies zu ermöglichen, werden Events psychologisch effektiv und interaktionsorientiert angelegt, d. h. die Teilnehmer werden aktiv über die Gefühls- und Verhaltensebene in die inszenierte Erlebniswelt einbezogen. Der bewusst herbeigeführte Unterschied zur Alltagswirklichkeit der Zielgruppe, die Bedienung dramatischer Muster und die individuelle Inszenierung bieten dem Veranstalter alle Möglichkeiten, sein Publikum in seine Welt zu holen.

▶ **Selbstständiger Bereich** Und zuletzt: Events sind im Verständnis integrierter Unternehmenskommunikation zwar inhaltlich ein Bestandteil des Marketings, aufgrund der besonderen Anforderungen an Konzept, Planung und Durchführung von Veranstaltungen aber wird das Eventmarketing eher als selbständiger Bereich der Unternehmenskommunikation betrachtet.

3.3 Die komplexe Kommunikation 57

Die hier in Anlehnung an die Definitionen der TU Chemnitz kurz zusammengefassten, marketingtechnischen Aspekte des Eventmarketings sind in den letzten Jahren in guter Qualität universitär untersucht, formuliert und publiziert worden. Im vorliegenden Buch treffen wir aber bewusst eine Unterscheidung zwischen diesen planerischen und operativen Ebenen des Eventmarketings sowie den konzeptionellen, emotionalen, psychologischen und dramatischen Dimensionen der Live-Kommunikation.

Warum machen wir diesen Unterschied? Zum einen besteht über das Warum des Eventmarketings keinerlei Zweifel mehr, zum anderen findet sich im Gegensatz zum Eventmarketing kaum Literatur zur Live-Kommunikation. Wir sind aber der Überzeugung, dass sich das geforderte Bewusstsein und Verständnis des Themas, auch in Bezug auf die planerischen und operativen Voraussetzungen, vor allem aus den Überlegungen zum kommunikativen Anspruch entwickeln muss. Nur wer sich auch mit dem Wie, mit der Dramaturgie des Prozesses und der Kunst der tatsächlichen Inszenierung von Kommunikationsmaßnahmen beschäftigt, kann sich ein vollständiges Bild von den herausragenden Möglichkeiten der Live-Kommunikation und der Sinnfälligkeit einzelner Maßnahmen machen.

3.3 Die komplexe Kommunikation

▶ Das zugleich Faszinierende und Problematische jeder Veranstaltung ist ihre Komplexität, die leicht unüberschaubare Gleichzeitigkeit aller nur erdenklichen Ereignisdimensionen, dem Erkennen, Erleben und Erlernen sowie dem Wiedergeben von Inhalt und Gefühl.

3.3.1 Wahrnehmung und Wertung

Während einer inszenierten Begegnung werden nicht nur Auge und Ohr, sondern alle Sinne der Zielgruppe angesprochen: Der Gast einer Veranstaltung riecht, schmeckt, tastet, er nutzt unterbewusst seine räumliche Intelligenz, um seine Position im Raum zu orten, seine interpersonale Intelligenz, um seine Rolle in der Gruppe zu definieren und die der anderen einzuschätzen.

Er setzt seine Sensibilität ein, um die Veranstaltung in allen Dimensionen zu erfassen. Er vergleicht unbewusst oder bewusst das tatsächliche Erleben mit seiner vorher gefassten Erwartung. Er setzt seine durch ständige Rezeption trainierte Fähigkeit, Muster und Medien zu erkennen und einzuschätzen, ein, um das Erlebte unter qualitativen Gesichtspunkten und natürlich auch den eigenen Vorlieben zu bewerten.

3.3.2 Vielschichtige Ansprache

Veranstaltungen sprechen den Menschen in der Vielschichtigkeit all seiner Wahrnehmungen und Dispositionen an. Die gesamte Palette der Sinneswahrnehmungen wird aktiviert, und deren neurophysiologische Verarbeitung im Gehirn steuert die Bewertung des Erlebten. Unterschiedliche Charaktere und Eigenarten sowie Vorkenntnisse und Vorurteile jeder Art fließen genauso in das Erleben mit ein wie unter- und unbewusste Verhaltensmuster des Einzelnen und der Menge.

Glauben, Mythen und kulturelle Traditionen, logisches Denkvermögen und das eigene Empfinden beeinflussen das Verstehen und die Bedeutungszuordnung zum Inhalt der Veranstaltung ebenso wie die erlernten Fähigkeiten des Medienverständnisses und der Mustererkennung. Natürlich spielen auch Situation, physischer Zustand, Stimmung, Raumgefühl und zeitpsychologische Hirnfunktionen wie Retention und Antizipation, die Vergegenwärtigung des bereits Erlebten und des unmittelbar Bevorstehenden eine Rolle. Und nicht zuletzt wirkt auch die bestehende oder beginnende Beziehung zum Gastgeber auf die Gäste ein.

3.3.3 Ambivalenz

All dies wird durch eine Veranstaltung in jedem einzelnen Menschen wie auch in der Menge des Publikums zuverlässig aktiviert und schlägt mit derselben Zuverlässigkeit im nächsten Augenblick auf die Veranstaltung zurück.

Veranstaltungen sind immer interaktive und sich dramatisch fortschreibende Ereignisse, und die Event-Community, die Gemeinschaft aller Anwesenden, also Gäste, Gastgeber, Künstler und Personal gleichermaßen, beeinflussen durch ihre Anwesenheit die Stimmung und somit auch das Kommunikationsergebnis.

> ▶ Wer mit Events erfolgreich kommunizieren will, sollte sich den einzelnen Menschen wie sein Publikum in seiner Vollständigkeit vorzustellen versuchen und seine Veranstaltungen so inszenieren, dass sie auf all diesen Ebenen erlebt werden können.

3.3.4 Fast jede Begegnung birgt ein Risiko

Da kann man leicht den Eindruck bekommen, Live-Kommunikation sei eine ganz schön risikoreiche Angelegenheit. Und tatsächlich: Die notwendige Multidimensionalität der Inszenierung als Antwort des Veranstalters auf die Vollständigkeit der Wahrnehmung durch das Publikum birgt eine ganze Reihe von Gefahren und Fehlerquellen. Es bleibt einem nicht erspart, über wirklich jede einzelne dieser Dimensionen nachzudenken.

Live-Kommunikation möglichst fehlerfrei zu gestalten, ist eine sehr komplexe Tätigkeit und erfordert hohe Aufmerksamkeit. Zu allem Überdruss hat man noch nicht mal die Möglichkeit, die Effekte einer Veranstaltung vorher zu stellen oder womöglich im Kleinen zu testen, so wie wir es von klassischer Werbung gewohnt sind. Wir haben nur eine einzige Chance, die Veranstaltung selbst, und die müssen wir nutzen.

Auf der anderen Seite birgt die Vollständigkeit auch eine Reihe von Möglichkeiten, die wir nur mit dem Mittel der Live-Kommunikation sinnvoll und wirksam wahrnehmen kön-

3.4 Eine kleine Veranstaltungsgeschichte 59

nen. Nicht nur, dass uns Dramaturgie und Inszenierung jedes erdenkliche Gestaltungsmittel an die Hand geben, um der geforderten Vollständigkeit zu genügen, Veranstaltungen geben uns auch die einmalige Chance, unser Publikum emotional effektiv und nachhaltig zu bewegen. Das Risiko einer Veranstaltung, wenn es dann durch Kompetenz auf Seiten der Macher aufgefangen wird, lohnt sich allemal.

3.3.5 Die Deutung von Information anhand von Gefühlen

Warum das so ist, liegt an der bereits erwähnten Art und Weise, wie unser Gehirn mit Informationen umgeht: Menschen sind nur sehr eingeschränkt in der Lage, irgendeiner Information eine Bedeutung zuzumessen, wenn sie nicht mit einer Emotion verbunden ist.

Selbstversuch

Wir können das leicht an uns selbst überprüfen. Versuchen wir, uns mal schnell an 20 verschiedene Momente unseres Lebens zu erinnern, in denen wir glauben, etwas Wichtiges gelernt zu haben. Wir werden feststellen, dass alle Ereignisse, die uns spontan einfallen, mit sehr emotionalen Erlebnissen verbunden waren. Nur selten sind wir in der Lage, die uns umgebende Fülle von Sachinformationen in sinnvolle Zusammenhänge zu bringen und klare Prioritäten zu setzen, wenn wir keine emotionale Zuordnung vornehmen können.

Wenn wir also wollen, dass unser Publikum mit unserem Inhalt etwas anfangen kann, sprich: ihm die von uns gewünschte Bedeutung zuzuordnen, dann kann es das nur in Verbindung mit einer Emotion. Kernidee der Live-Kommunikation ist also zum einen, diese Verbindung zwischen Inhalt und Gefühl, zwischen Materie und Seele für unsere Zielgruppe herzustellen, und zum anderen, diese Emotion nicht irgendwie, sondern in einer gewünschten Art und Weise entstehen zu lassen.

Bevor wir im Weiteren zu den konkreten Möglichkeiten kommen, wollen wir versuchen, uns im Eilverfahren möglichst viele Dimensionen der Live-Kommunikation bewusst zu machen. Dazu werden wir kleine Ausflüge in verschiedene Richtungen unternehmen, um zuerst die Vorbedingungen und dann die wichtigsten Strategien auszuloten. Das eine oder andere wird Ihnen aus anderen Bereichen Ihrer Kommunikation bekannt oder weniger wichtig vorkommen, es ist aber nützlich, sich all das nochmals in Bezug auf die Live-Kommunikation vor Augen zu führen.

3.4 Eine kleine Veranstaltungsgeschichte

▶ Veranstaltungen sind selbstverständlich keine Erfindung der letzten Jahrzehnte, sondern es hat sie schon immer in irgendeiner Form gegeben, angefangen von den Ritualen der Naturvölker über die Triumphmärsche ägyptischer Pharaonen bis zu den obengenannten Veranstaltungsformen der Neuzeit. Was sich sicher in den letzten gut hundertfünfzig Jahren der bürgerlichen Gesellschaft deutlich geändert hat, ist die Anzahl und Bedeutung von Veranstaltungen.

Was sich in den nächst+en Jahren weiter ändern wird, ist die Art und Weise, wie Veranstaltungen aus der Sicht des Marketings betrachtet und durchgeführt werden.

3.4.1 Treffen am Lagerfeuer

Die Archetypen aller Veranstaltungen sind Rituale zur Anbetung von Gottheiten und zur Inthronisation von Stammesfürsten (Rudelführern). Daneben spielten Feiern zu Geburten, Vermählungen und Bestattungen eine Rolle für das Stammesleben. Die Urmotive, diese Ereignisse gemeinsam zu begehen, liegen auf der Hand: die Ausrichtung auf gemeinsame Regeln in der Gruppe zu bestätigen und diese Ordnung in der Gemeinschaft stets aufs Neue zu etablieren. Motive, die der aufmerksame Beobachter auch bei heutigen Veranstaltungen noch feststellen kann.

Es ist anzunehmen, dass die emotionale Beteiligung des Einzelnen bei diesen Veranstaltungen hoch war, während der informative Gehalt noch nicht so ausgeprägt war. Die Rituale waren einfach, die benutzten Zeichen in ihrer Bedeutung klar, das gemeinsame Fühlen und Erleben stand deutlich im Vordergrund.

3.4.2 Die Verstetigung des Rituals

Je größer dann die Organisationsformen der Gesellschaften wurden, desto mehr rückte das Rituelle zur Bestätigung von Glauben und Machtstruktur in den Vordergrund. Immer öfter ersetzten Zeichen, der fast exklusive Gebrauch von Musik und der fest vorgeschriebene Ablauf von Formen die Anwesenheit der Machthaber, da sie aufgrund ihrer Reichsgröße nicht mehr überall anwesend sein konnten.

Das Befolgen dieser regulären Abläufe sollte den Menschen helfen, dieselben Gefühle der Zusammengehörigkeit zu entwickeln. Gleichzeitig begann sich unmerklich eine Distanz zwischen den großen, „offiziellen" Anlässen und den zunehmend privater werdenden Anlässen der Eheschließungen, Geburten und Todesfeiern zu entwickeln. So entstanden unterschiedliche Gefühlswelten, die den verschiedenen Anlässen zugeordnet waren, oder anders: die Menschen lernten ihre Gefühle den unterschiedlichen Ereignissen gegenüber zu differenzieren.

Die frühen Herrscher sahen, wie wichtig Veranstaltungen für die Aufrechterhaltung ihrer Machtstrukturen waren. Wann immer es möglich war, nutzten sie die Gelegenheit, ihr Volk auf Veranstaltungen emotional einzusammeln. Bald war der Punkt erreicht, an dem das gelegentliche Abhalten von Veranstaltungen nicht mehr ausreichte, um diese gefühlsmäßige Bindung permanent aufrechtzuerhalten, zumal sich aufgrund der wachsenden Distanz zwischen religiösen und politischen Machthabern einerseits und dem Volk

3.4 Eine kleine Veranstaltungsgeschichte

andererseits die privateren Anlässe in der kleinen Gruppe zu einer emotionalen Konkurrenz zu entwickeln drohte.

3.4.3 Die Vervielfältigung des Rituals

Eine Antwort darauf war die Einführung regelmäßiger Veranstaltungen, die in Kalendern festgeschrieben wurden. Mit andauerndem Training, zum Beispiel durch wöchentliche Opferrituale, konnte das Volk emotional bei der Stange gehalten werden.

Mit der Verstädterung der frühen Kulturen scheint dann irgendwann der Punkt erreicht worden zu sein, an dem sich die immer selbstbewusster werdenden Bürger nicht mehr allein durch ritualisierte Gottesdienste emotional in die Ordnungswelt der Gesellschaft eingliedern ließen. Diese zugunsten ihrer Multiplizierbarkeit immer steifer werdenden Rituale wurden der Sehnsucht nach dem gemeinsamen, ekstatischen Erleben nicht mehr ausreichend gerecht.

Es entstanden die ersten Veranstaltungen, die ausschließlich das gemeinsame Erleben zum Ziel hatten: zuerst grausame Wettkämpfe, in ihrer harmloseren Form später auch als Sportspiele inszeniert, gleichzeitig Belustigungen wie das öffentliche Aufführen von Kunststücken, aus denen sich nach und nach Theateraufführungen entwickelten. Diese Veranstaltungen hatten stets zum Ziel, das Volk mit seinen Gefühlen in die öffentliche Ordnung zurückzuholen, während der immer noch existente, rituell angelegte Teil dieser Feste die Besucher nach wie vor auf die bestehende Machtstruktur einschwören sollte.

Die Grausamkeit vieler dieser frühen Veranstaltungen hatte natürlich die Absicht, dem Volk zu zeigen, wer Herr über Leben und Tod ist, aber sie sprachen die Menschen auch auf einer tief unterbewussten Ebene an: Die Faszination des Grusels, der in Grimms Märchen wie in modernen Horrorfilmen gepflegt wird, hängt an der Unfähigkeit unserer Psyche, sich die eigene Auslöschung vorzustellen, weswegen wir auf das inszenierte Sterben immer und unwillkürlich emotional heftig reagieren, entweder gruselig angezogen oder stark abgestoßen.

3.4.4 Brot und Spiele

Die Dekadenz des ersten Großreiches, das eine mächtige Bürgerstruktur besaß, brachte eine Revolution mit sich: eine schleichende Loslösung der Veranstaltungen von religiösen und politischen Inhalten hin zu etwas, das wir bis heute als Unterhaltungsshow bezeichnen würden. Die berühmte Parole „Brot und Spiele" der Römer brachte es für lange Zeit auf den Punkt: Der vordergründig unterhaltsame Ansatz dieser Volksfeste sollte das Volk erstmals zerstreuen und ablenken, damit die Machthaber ungestört ihren Geschäften nachgehen konnten. Dies stellt in gewisser Weise ein Einschnitt in der Entwicklungsgeschichte von Veranstaltungen dar: eine Loslösung von vordergründig religiösen, politischen oder privaten Anlässen.

Vielleicht kann man sagen, dass hier zum ersten Mal so etwas wie Veranstaltungsmarketing stattgefunden hat, allerdings in einem Sinne, der sich unter heutiger Ethik nicht gerade positiv darstellt. Nichtsdestotrotz funktioniert das Prinzip Ablenkung durch Unterhaltungsshows bis in unsere Tage – aber auch hierbei ging es hauptsächlich darum, Gefühle zu kanalisieren und in gewünschte Stimmungen einzubinden.

Die aufgezeigte Entwicklung ist übrigens mit kleinen Unterschieden in Ostasien, Indien, Persien oder bei den Hochkulturen Süd- und Mittelamerikas nicht viel anders verlaufen. Alle nachfolgenden religiösen und politischen Strukturen in der sogenannten Alten Welt benutzten die bis zum Niedergang des römischen Reichs entstandenen Veranstaltungsformen und exportierten sie in all ihre zugewonnenen Machtbereiche, wobei im Dienste der Unterwerfung fremder Völker die rituelle Inszenierung wieder stark in den Vordergrund rückte. Hier handelte es sich um Machtdemonstrationen, mit denen die Teilnehmer dieser Veranstaltungen emotional beeindruckt werden sollten – oft mit Erfolg.

3.4.5 Höfische Feste

Gleichzeitig mit dem Aufschwung durch die reichen Einkünfte aus den Kolonien und der Handelsseefahrt entwickelte sich in Europa eine prachtvolle höfische Feierkultur, die eine Kultivierung der Bühnenkünste und der Musik wesentlich finanzierte. Bis zur Durchsetzung moderner Bürgergesellschaften waren die Formen größerer Veranstaltungen noch halbwegs überschaubar: Gottesdienste, Inthronisationen, höfische Festkultur, Turniere, militärische Paraden – aber was es auch war, immer war das Ziel, das Publikum emotional in Inhalte und Wertesysteme einzubinden und für die eigene Sache einzunehmen – ein Effekt, den sich Kaiser aller Länder, Politiker, Kirchenoberhäupter und so manches totalitäre Regime zunutze machten.

Formale Überbleibsel dieser Denkweise begegnen uns auch heutzutage noch an vielen Stellen, mit modernen Veranstaltungen im Sinne einer interagierenden und integrierenden Live-Kommunikation hat das allerdings zumindest in Mitteleuropa wenig zu tun. Den Ansatz, sein Publikum mit Pracht, Größe und Reichtum zu beeindrucken und ihm mit Macht vorzuschreiben, wie es sich zu fühlen hat, kann ein aufgeklärter Geist als unstatthaften Versuch empfinden, ihn für eine Sache einzufangen. Wenn wir internationale Veranstaltungen im Orient oder Russland besuchen, können wir aber Überbleibseln des feudalen Feierns durchaus noch begegnen.

Wie sehr sich das „Fußvolk" schon früher über solche „aufgesetzte" Demonstrationen lustig zu machen pflegte, lässt sich wunderbar an der langen Tradition der Karnevalsveranstaltungen ablesen. Gerade der hierzulande ausgeprägte *rheinische Karneval* ist in seinen Wurzeln eine Parodie auf das höfische und militärische Zeremoniell und die Feierstunden der Herrscher. Soweit der Schnelldurchlauf durch die Geschichte all jener Veranstaltungen, die auf diesen frühen Mustern aufgebaut sind.

3.4.6 Das Symposium

Parallel fand ein Prozess statt, in dem sich Veranstaltungen zu einem Kommunikationsinstrument zwischen Gleichgestellten entwickelten. Organisierte Zusammenkünfte, auf denen Wissen ausgetauscht und gemeinsam Probleme gelöst werden sollten, kannten bereits die ersten städtischen Hochkulturen.

Die alten Griechen nannten es Symposion, was übersetzt sinngemäß *fröhliches Trinkgelage* heißt. Solche *wissenschaftlichen Kongresse* fanden also schon statt, bevor die modernen Wissenschaften begannen, unsere Gesellschaft wesentlich zu verändern. Sie waren vielleicht die ersten Veranstaltungen, bei denen Rituale und Gefühle nicht mehr die wichtigste Rolle spielten.

Hier traten Inhalte und der rationale Disput über politische oder wissenschaftliche Themen in den Vordergrund und hieraus entstand auch später das bürgerliche Bild gelehrter Seriosität, die lange Zeit das unangefochtene Idealbild einer zivilisierten Veranstaltung verkörperte: sachlich, rhetorisch vorgetragen, so würdevoll wie nötig und so kühl wie möglich.

Aber auch diese Zusammenkünfte verliefen nicht ganz ohne die archetypischen Veranstaltungsdimensionen: Rituale, formelle Abläufe, Titel und Zeichen, die wiederum eine gewisse Ordnung in diesen wissenschaftlichen Gesellschaften etablieren sollten. Was aber nicht heißt, dass jedes Symposium emotionsfrei verläuft. Je nach Thema und Kontroverse kann es da hoch hergehen.

3.4.7 Die Bürgerfeste

Mit der Industrialisierung und dem Entstehen unserer modernen Gesellschaften begann eine vielfältige Entwicklung in allen Bereichen des Veranstaltungswesens. Das aufsteigende Bürgertum bemächtigte sich der höfischen Veranstaltungskultur, baute Paläste für Theater, Tanz, Oper, Konzerte und Kunstausstellungen, während sich das sogenannte einfache Volk an circensischen Schaustellern, Jahrmärkten und Volksfesten erfreute.

Technikausstellungen, Jungfernfahrten und Flugtage wurden zu Volksfesten und große Sportveranstaltungen traten ihren weltweiten Siegeszug an. Durch Radioreportagen nahm man an bedeutenden Veranstaltungen Anderer teil, während sich das Kino zum Theater für die Millionen emporschwang. So entwickelten sich die vielfältigen öffentlichen Veranstaltungsangebote, die wir heute kennen und die das kulturelle Erscheinungsbild unserer Freizeitgesellschaft wesentlich prägen.

3.4.8 Propagandaveranstaltungen

Auch in einem anderen Bereich hat sich die Bürgergesellschaft archaischer Formate religiöser und feudaler Machtdemonstration bemächtigt: im Auftritt politischer Parteien.

Vor allem in Einparteiensystemen nutzen die Machthaber intensiv die Möglichkeiten der emotionalen Untergründung ihrer meist verschrobenen Partei-Ideologien. Gerade in diesem Bereich wurden und werden Veranstaltungen oft mit stark ausgeprägtem Bewusstsein für Dramaturgie, Massenpsychologie und Emotionalisierung inszeniert. Wir finden hier jede Menge Beispiele für funktionale Elemente der Dramaturgie und der Inszenierung von Inhalten anhand von Symbolgestalten, spektakulärem Blendwerk und der aus religiösen Ritualen wie der katholischen Messe entlehnten Zustimmungsinteraktion mit dem Publikum. Auch choreografierte Massenaufmärsche, Lichtspiele im nächtlichen Himmel, emotionale Leitung durch Musik und die Überbetonung von Zeichen, Symbolen und Heldenbildern sind Bestandteile zeitgenössischer Events. Die Liste des Inszenierungshandwerkzeugs unterscheidet sich nicht groß von industriellen Events.

Aber auch wenn sich hier die Mittel zu gleichen scheinen, Propagandaveranstaltungen sind Kundgebungen, auf denen Einer seine Meinung als Absolutum kundtut und der andere gefälligst zuzustimmen hat. Damit sind sie so ziemlich das genaue Gegenteil einer modernen Kommunikationsveranstaltung, die einen echten Dialog mit dem Anderen zum Ziel hat.

3.4.9 Die Veranstaltungen der Moderne

Daneben entstand in den letzten hundertfünfzig Jahren durch das sukzessive Anwachsen vieler Unternehmen zu Konzerngröße ein Bedarf für Unternehmensveranstaltungen aller Art, allem voran natürlich eine Meeting-Kultur, die sich zunächst formal an dem Ideal des wissenschaftlichen Kongresses orientierte. Aber auch Betriebsfeste anlässlich von Werkseröffnungen und der Vorstellung neuer Maschinen und Produkte fanden schon früh ihre Aufnahme in den betrieblichen Veranstaltungskalender.

Je mehr sich im zwanzigsten Jahrhundert Massenkonsumgesellschaft, Medienlandschaft und Werbewirtschaft entwickelten, desto wichtiger wurden für die Unternehmen öffentliche Messeauftritte, Pressekonferenzen und im steigenden Wettbewerbsdruck auch Kundenveranstaltungen. Womit wir nun endlich in der Neuzeit angekommen wären. Viele dieser Veranstaltungen sind Ihnen in ihrer bisherigen Form und Bedeutung sicher aus eigener Erfahrung geläufig, die meisten finden im Folgenden noch genauere Beachtung.

Dieser kleine, natürlich arg verkürzte Überblick über die Entwicklung der Veranstaltungskultur soll an dieser Stelle zu nichts anderem dienen, als Sie nochmals für einige sehr wichtige Punkte aus der „Vorgeschichte" des heutigen Menschen zu sensibilisieren, bevor wir erneut aus historischer Sicht in die Prinzipien und Voraussetzungen moderner Live-Kommunikation einsteigen wollen.

▶ Viele der archetypischen Veranstaltungsformen sind auch unserer Zielgruppe bekannt. Zwar haben wir sie nicht selbst erlebt, aber sie wurden in den letzten hundert Jahren durch Literatur, Historienfilme und Dokumentationen in unser kollektives Bewusstsein überspielt. Aus dramaturgischer Sicht müssen wir

3.4 Eine kleine Veranstaltungsgeschichte 65

dieses Vorwissen bedenken, damit wir nicht ungewollt mit Kopien von Machtritualen und negativen Symbolen falsche Zeichen setzen.

3.4.10 Die Struktur der Ereignisse

Der erste bemerkenswerte Aspekt dieses historischen Rückblicks gilt der Einsicht, dass eigentlich alle Veranstaltungen immer schon konkreten Zielen dienten, von den rituellen Versammlungen der Steinzeit über die religiösen und politischen Zeremonien der Antike bis zu kommerziellen und kommunikativen Events der Neuzeit. Die dabei benutzten Mittel sind in ihrer Bedeutung für die Veranstaltung im Großen und Ganzen dieselben geblieben:

▶ Der rituelle Ablauf und dessen Zuordnung zu einer bestimmten Bedeutung

▶ Die Inszenierung des Ortes durch Bauwerke oder Naturereignisse

▶ Die Auswahl und Zuordnung von Zeichen und Kleidung

▶ Die dramatische Handlung

▶ Der gezielte Einsatz von Feuer, Gerüchen und anderen „Spezial-Effekten"

▶ Die Gestaltung von Klangwelten mit Trommeln und anderen Instrumenten

▶ Der gemeinsame Verzehr rituell bereiteter Speisen

All diese gestalterischen Elemente machen bis heute eine Veranstaltung aus, unsere modernen Events weisen lediglich den nicht zu unterschätzenden Vorteil auf, dass wir dank technischer Möglichkeiten viel präziser als je zuvor die Umwelt und den Ablauf einer Veranstaltung bestimmen und inszenieren können. Und auch in der Qualität der Musik haben wir deutliche Fortschritte gemacht.

3.4.11 Archetypische Veranstaltungen

Der zweite wichtige Aspekt ist, dass auf alle früheren Veranstaltungen die zu Beginn des Abschnitts angesprochene Multidimensionalität im Erleben des Einzelnen und der Menge schon zutraf.

Das bedeutet, dass sowohl unser individuelles als auch unser kollektives Unterbewusstsein auf eine lange Historie von Veranstaltungsformen, Inszenierungen und des emotionalen Erlebens zurückgreifen. Zwar haben sich parallel zu Demokratie, Wissenschaft und

Industrie auch inhaltlich bestimmte Veranstaltungsformen entwickelt, aber auch diese haben sich lange Zeit aus dem Reservoir an archetypischen Ritualen und Machtdemonstrationen bedient. Will heißen, dass unsere Zivilisationen letztlich noch so jung sind, dass uralte archaische Muster noch immer eine große Rolle spielen, vor allem im persönlichen emotionalen Erleben sowie im Bereich der massenpsychologischen Phänomene.

Die junge und noch umstrittene Wissenschaft der Evolutionspsychologie versucht hier ein bisschen Licht ins Dunkel unserer Verhaltensweisen zu bringen und aufzuzeigen, wie stark der Einfluss unserer genetisch bedingten Hirnfunktionen und der sich daraus ergebenden, archaischen Verhaltensmuster trotz aller Zivilisation noch immer ist. Es gilt, mit diesem Erbe bewusst umzugehen, sonst kann es nicht gelingen, einerseits das Positive dieser Vorprägungen in unsere modernen Events mit hinüber zu nehmen und andererseits unerwünschte Rückführungen in primitive Verhaltensmuster auszuschließen.

Wo die Gefühle ihren Platz bekommen Zum Dritten ist über die letzten Jahrhunderte eine zunehmende Trennung von privaten und gesellschaftlichen Veranstaltungen zu beobachten. Im Vergleich zu privaten Versammlungen, die im Großen und Ganzen immer noch stark gefühlsbetont begangen werden, hat bei organisationsbedingten Anlässen eine schleichende Entemotionalisierung zugunsten einer inhaltlichen Sachlichkeit stattgefunden, oft verbunden mit einer *zeremoniellen Seriosität*.

3.4.12 Jede Gesellschaft schafft ihre eigenen Feste

Und der vierte und vielleicht wichtigste Aspekt: Entlang unserer Zivilisationsgeschichte hat es offensichtlich eine konsequente Weiterentwicklung der verschiedenen Bedeutungszusammenhänge und somit der Formen und Einsatzgebiete von Veranstaltungen gegeben. Jede technische Neuerung und gesellschaftliche Wandlung hat sich auch mit eigenen Formen im Veranstaltungsbereich abgebildet. Agrarkulturen zelebriere Erntefeste, Industriegesellschaften feiern technische Errungenschaften wie Dampfmaschinen und Zeppeline, eine Massenmediengesellschaft bringt Massenveranstaltungen wie Love-Parade, Woodstock und die Beerdigung von Lady Di hervor.

Demzufolge wird auch der gesellschaftliche und industrielle Wandel zur Wissensgesellschaft ihre eigenen Veranstaltungsformen und damit auch ein angepasstes Veranstaltungsverständnis hervorbringen. Unsere westlich geprägten, das Ego des Individuums zentralisierenden Gesellschaften entwickeln bereits jede Menge von Veranstaltungen, in denen nicht mehr ein Star auf der Bühne, sondern das Publikum selbst gefeiert wird. Sie brauchen nur mal einen Blick in handelsübliche Talkshows und Dokusoaps, auf die Sendekonzepte von „Big Brother", „Popstars" und „Deutschland sucht den Superstar" oder in eine asiatische Karaoke-Bar zu werfen, um zu wissen, wo wir da bereits angelangt sind.

> ▶ Und so bedenklich wir das vielleicht als kulturelle Erscheinung finden, so sicher werden wir doch unser Publikum verlieren, wenn wir es in Zukunft nicht auf unsere Bühne lassen und dort zum Helden machen.

3.5 Event – Produkt oder Medium?

▶ Zur Ergänzung dieses allgemeinen Überblicks möchten wir noch auf ein Problem aufmerksam machen, mit dem wir es bei fast allen Fragen der Konzeption, Planung und Durchführung von LK-Maßnahmen zu tun haben: der wesentliche Unterschied zwischen *Event als Produkt* und *Event als Medium*. Diese Unterscheidung hilft Missverständnisse bei der Planung von LK-Maßnahmen zu verhindern.

3.5.1 Die schöne Glitzerwelt

Viele Menschen neigen dazu, Veranstaltungen, die sie als Privatleute oder Konsument erlebt haben, mit Veranstaltungen, die im Rahmen einer Unternehmenskommunikation durchgeführt werden, zu vergleichen. Dies geschieht in unserer Erlebnisgesellschaft beinahe unwillkürlich.

Oder noch schlimmer, wir orientieren uns ohne ausreichende Analyse an Formaten und Programmen, die das Fernsehen oder andere Unterhaltungsanbieter für ihre jeweilige Kundschaft erdacht haben. Dabei haben die unterschiedlichen „Events" im kommerziellen und kommunikativen Bereich – trotz ähnlicher Oberflächen und unleugbarer Gemeinsamkeiten im Handwerk – im Kern der Sache selbst wenig miteinander zu tun. So wie es auch verschiedene Arten von Unterhaltung und den damit erzielten Effekten gibt, so unterscheiden sich auch Veranstaltungen in ihrem Wesen, ihren Zielen und ihrer Wertschöpfung durchaus voneinander.

Trotz dieser inhaltlichen Unterscheidung betrachtet der Besucher einer Veranstaltung unterbewusst wiederum zuerst die Oberfläche, die Erscheinung, bevor er an den individuellen Inhalt herangeführt werden kann. Er nutzt seine Fähigkeit, Dramen, Muster und Formate in seine Erfahrung der medialen Welt zu einzuordnen und mit dem Gelernten zu vergleichen, um die Qualität unserer Veranstaltung zu bewerten.

3.5.2 Die Vergleichbarkeit von vorproduzierten Medien

Wir befinden uns also stets im Wettbewerb mit den Erfahrungen, die unser Zuschauer aus seinem Vorleben in die Situation miteinbringt. Und wie Sie sich sicher vorstellen können, sind diese Erfahrungen in unserer Multimedia-Gesellschaft zahlreich und tiefgreifend, sprich: die Konkurrenz durch das Produkt Event und natürlich auch die Bildmedien Film und Fernsehen ist sehr groß.

Beispiel

Wir wollen unser Logo für einen Messeauftritt als animierte 3d-Grafik anfertigen lassen, um diese auf einer Videowand während der Messe ablaufen zu lassen. Alle Besucher dieser Messe sind gut trainierte Kinogänger, TV-Zuschauer und Webnutzer. In diesen allgegenwärtigen Medien werden ihnen Computer-Animationen in unterschiedlichen Qualitätsstufen angeboten, vom Trailer der Lotto-Show bis zu aufwändigen Szenen aus Science-Fiction-Filmen.

Der Zuschauer hat gelernt, diese Animationen in ihrer Qualität einzuordnen und sich ein Bild vom Anspruch hinter dieser Arbeit zu machen. Er wird diese erlernte Fähigkeit eiskalt auf unsere Logo-Animation anwenden. Er wird die in seinem Gedächtnis gespeicherte Qualität des Produkts Event mit unserer Version des Mediums Event vergleichen; und wehe, unsere Animation hält diesen Kriterien nicht stand! Die Gefahr ist groß, denn das Produkt Event wird in seinen Spitzen wegen der oft weltweiten Vermarktung mit einem Aufwand hergestellt, den sich ein Unternehmen im Medium Event selten leisten kann. Klar, dass man hier oft nur zweiter Sieger bleibt, wenn man dieselben Oberflächen wie kommerzielle Eventproduzenten bemüht.

▶ **Der Vergleichbarkeit ausweichen!** Umso wichtiger ist es, diese Kriterien aus der Media-Literacy seiner Zielgruppe in die eigenen Überlegungen einzubeziehen, wo immer es geht die Vergleichbarkeit im Spektakulären so gering wie möglich zu halten und sich aufs Dramatische des eigenen Inhalts zu konzentrieren.

3.5.3 Produkt kontra Medium

Worin konkret besteht also dieser Unterschied? Der kommerzielle Event – fassen wir einmal öffentliche Veranstaltungen und Fernsehprogramme für einen Augenblick unter diesem Begriff zusammen – ist ein Produkt, das der jeweilige Programmveranstalter über Kartenverkauf und Gebühren, mediale Auswertung, Werbe-Platzierungen und nicht zuletzt über Lizensierungen von Food/Beverages, Merchandisings und ähnliches vermarktet. Je nach Zielgruppe und Qualität mögen sich Fernsehsendungen und kommerzielle Veranstaltungen im Rahmen von Sponsoring- und Werbekonzepten sogar als Plattform für unsere Unternehmenskommunikation empfehlen, was aber erst einmal nichts daran ändert, dass all diese Veranstaltungen mit eigenen Mitteln eigene Ziele verfolgen.

Im Gegensatz dazu ist jede Kommunikationsveranstaltung grundsätzlich als Medium zu betrachten. Dort, wo das Produkt „Event" Selbstzweck sein darf, muss das Medium „Event" als Kommunikationswerkzeug für die Ziele unseres Unternehmens funktionieren. Demzufolge müssen beide Veranstaltungsformen unterschiedlich betrachtet werden und unterliegen unterschiedlichen Ansätzen in Konzeption, Dramaturgie und Durchführung. Das heißt nicht, dass man von kommerziellen Veranstaltungen nicht sehr vieles für das Eventmarketing lernen kann. Es bedeutet nur, dass man das Produkt Event in jedem Fall verstehen sollte, bevor man es für die eigene Kommunikation als Transporter benutzen oder gar als Format adaptieren will.

3.5 Event – Produkt oder Medium?

Madonna tanzt nur für sich

Ein Beispiel zur Verdeutlichung: Für einen freien Konzertveranstalter ist ein Medienstar wie Madonna ein Produkt, das er gewinnbringend zu verkaufen sucht, für den Eventmarketer ist Madonna nur dann ein echter Gewinn, wenn sie als Medium im Sinne der Kommunikationsziele seines Kunden oder seines Unternehmens auf der Bühne fungiert.

So schön aber der Abglanz eines solchen Stars für ein Unternehmen auch sein mag, es ist selten möglich, ihn oder sie in ausreichendem Maße auf die Inhalte des Unternehmens zu briefen, da er sich selbst als eigenständiges Produkt sieht und nicht als Mittler der Inhalte eines Unternehmens. Der Star will und muss zum Erhalt seiner eigenen Position sich selbst präsentieren, während das Unternehmen kommunizieren will.

Die Deckungsgleichheit dieser beiden Ansprüche sind seltene Glücksfälle, die entweder auf guter Recherche basieren oder nur unter hohem Zeitaufwand und mit erheblichen Kosten zu erreichen sind. Madonna mag die gleiche Zielgruppe ansprechen wie zum Beispiel die Hersteller von Jeans oder koffeinhaltiger Limonade, zunächst bringt man sie aber vielleicht mit hochwertiger Couture und Champagner zusammen. Den notwendigen Image-Transfer für den Kunden wird sich der Gesangsstar erfahrungsgemäß vergolden lassen, zumeist mit Summen, die bisher allenfalls in der klassischen Werbung bereitgestellt werden – und ehrlich gesagt, auch nur dort so etwas wie Sinn machen.

3.5.4 Die eigenen Ziele

Der erste Schritt bei einer Kommunikationsveranstaltung muss auf jeden Fall die Formulierung der eigenen Ziele sein; erst dann lässt sich aus der weiteren Definition des Themas, der Analyse der Zielgruppe sowie der vorgegebenen Umstände – Zeitraum, Budget, Mittel, Dimensionen der Unternehmenskommunikation – ein Strategieansatz für das Medium Event entwickeln. Dieser Strategieansatz für unsere Live-Kommunikation muss vor allem fünf Dinge definieren:

- Das Kommunikationsziel

- Das zu erreichende Zielpublikum

- Die Dramaturgie des anstehenden Events

- Die passenden Stilmittel

- Die möglichen Medien, mit denen diese Dramaturgie umzusetzen ist.

Sollte sich dann herausstellen, dass sich die zu entwickelnden Maßnahmen mit im Bereich der kommerziellen Events vorhandenen Mustern oder zum Beispiel dem Image prominenter Präsentatoren decken, kann man sich aus diesen vorgekochten Töpfen gerne und durchaus mit Erfolg bedienen.

> **Fazit**
>
> Jede Maßnahme muss zunächst von Sinn und innerer Struktur her stimmig sein, dann lässt sich das jeweilige Erscheinungsbild entsprechend entwickeln. Je weiter wir im Nachfolgenden in die Grundlagen der Konzeption und auch der Umsetzung mit verschiedenen dramatischen Mustern, medialen Formaten und Künsten gehen werden, desto mehr werden Sie verstehen, warum uns dieser Unterschied zwischen kommerziellen Eventproduktionen und den Veranstaltungen der Live-Kommunikation Ihres Unternehmens so sehr am Herzen liegt.

3.6 Ereignis und Erlebnis

▶ Der Dramaturg sieht ein Ereignis nicht als Selbstzweck, sondern definiert es von der Rezeption durch die Zielgruppe her: Es ist das Erlebnis, das zählt. Ein Grund, warum man immer öfter von *experience* statt von *event* spricht.

Die Rezeption wird aber nicht nur durch Sinneseindrücke bespielt, sondern auch von den Erfahrungen, Erwartungen und der Media-Literacy der Zuschauer beeinflusst. Es gilt, der Langeweile auf allen Ebenen entgegen zu wirken, damit aus der Kette der Ereignisse ein echtes Erlebnis wird.

3.6.1 Eine Diva gegen die Langeweile

Wegen der hohen Produktionskosten von Events drängt so mancher Kunde seine Kreativen zur Entwicklung einer *eierlegenden Wollmilchsau* und erhält gerade deswegen das genaue Gegenteil. Die Überrationalisierung in der Planung, die Übertreibung im Anspruch an eine technische und professionelle Perfektion, die Zwanghaftigkeit, mit der das Unternehmen seiner Event-Zielgruppe ein Ereignis aufzudrängen versucht, kann sich auch kontraproduktiv auswirken. Übertrieben großspuriges oder leicht durchschaubares Auftreten zum Beispiel wird belächelt. Die Pathetik deutscher Bierwerbung lässt sich vielleicht in einem 30-sekündigen TV-Spot gerade noch ertragen, auf einem Event provozieren wir mit einer solchen Haltung jedoch hauptsächlich Langeweile und innere Ablehnung.

Ereignisse lassen sich längst nicht mehr inszenieren wie zu Zeiten der Propaganda, als es oberstes Ziel war, Menschen zu beeindrucken und so von der eigenen Größe zu überzeugen. Solchen Versuchen entzieht sich ein mit seiner stark subjektiv geprägten Media-

3.6 Ereignis und Erlebnis   71

Literacy aufgeklärtes Publikum immer öfter, zum einen, weil es sich nicht auf eine platte Art und Weise vereinnahmen lassen will, zum anderen, weil es mit dem Gespür für die Medien auch einen eigenen Anspruch an die Kommunikationssituation entwickelt hat. Wenn man diesen Anspruch durch die Art der Inszenierung oder der Simplizität des Inhalts unterläuft, wendet sich das Publikum gelangweilt ab.

Beispiel

Der Film hat sich aus dem klassischen Theater entwickelt und bis in die achtziger Jahre hinein dessen Grundstruktur beibehalten. Ähnlich wie ein griechisches Theaterstück hatte ein Film 32 bis 35 Szenen (Sid Field). Dann aber stellte sich heraus, dass die Zuschauer durch ständiges Fernsehen die Struktur und die gängigen Typisierungen des Films so gut verinnerlicht hatten, dass sie die meisten Filme als zu langatmig empfanden. Sie ahnten immer schon, was als nächstes passiert.

Die Konsequenz: der französische Regisseur Jean-Jaques Beneix leitete mit seinem Film *Diva* dann ein neues Zeitalter des Films ein, in dem er mit der Media-Literacy seines Publikum spielte: Sein Film hatte mehr als 90 Szenen, einen zweigeteilten Helden (der Postbote, dem das unverdiente Leid widerfährt, und sein Retter, der für den angeschossenen Postboten die Rolle des aktiven Helden übernimmt) und mehrere Geschichten, die über Objekte und Personen miteinander vernetzt waren.

3.6.2 Den Zuschauer fordern

Diva war immerhin noch chronologisch erzählt, inzwischen gibt es einige Filme, die auch mit den gewohnten Abläufen von Geschichten spielen wie etwa *Pulp Fiction* oder *Der Murmeltiertag*, in dem sich der Zuschauer den zeitlichen Zusammenhang der beschriebenen Ereignisse selbst zusammenreimen muss. Filme wie *Matrix, Momento* oder *Inception* gehen noch einen Schritt weiter und spielen mit mehreren Realitäts- oder Traumebenen gleichzeitig.

Dass die Zuschauer solches leisten und als unterhaltsam empfinden, zeigt, wie weit ihr trainiertes Verständnis von komplexen Geschichten mittlerweile geht. Wenn wir also unsere Geschichte konstruieren, sollten wir uns immer am Rande der *Media-Literacy* unseres Zielpublikums bewegen, weil hier der größte Unterhaltungseffekt zu erreichen ist.

3.6.3 Das Erlebnis zählt, nicht das Ereignis

Ähnlich sieht es im Genre der Live-Kommunikation aus. Die meisten Menschen wissen viel über das, was sie auf einer Veranstaltung erwarten, sie kennen verschiedene Abläufe, die standardisierten Inszenierungen von Rednern, Produktenthüllungen, die Bemühungen des Caterings aus eigener Erfahrung.

Sie kennen die Übertragungen der großen Shows im Fernsehen, waren bei den Rolling Stones oder anderen Mega-Shows, fast alles, was visuell möglich ist, wird ihnen jeden Tag in Perfektion ins Haus geliefert. Kein Event ist ihnen fremd, das Ereignis ist in unserer Welt gegenwärtig. Müssen wir jetzt das tun, was Beneix in seinem Genre getan hat: die Schlagzahl erhöhen, die Reizflut vergrößern, immer noch ein Stück spektakulärer werden?

Unserer Meinung nach lässt sich die gewünschte Einzigartigkeit eines Events nicht ausschließlich über technische und kulinarische Superlative erreichen. Wir müssen den Einsatz der Mittel weniger vom inszenierten Ereignis als vom empfundenen Erlebnis her konzipieren.

Erlebnisse aber sind Gefühle, also eine Leistung, die unser Publikum vollbringt und die deswegen nicht nur davon abhängt, was wir an Spektakel inszenieren, sondern auch davon, was wir an Erleben zulassen. Oft hat das mit Sensibilität, mit Stille, mit Einfachheit zu tun, mit leisen Tönen, mit Offenheit, Ehrlichkeit und Authentizität. Und natürlich mit dem psychologischen Geschick, all dies in Ablauf und Rhythmus richtig einzusetzen.

3.6.4 Die Fallschirmspringer

Das Wort Erlebnis spielt in diesem Zusammenhang eine wesentliche Rolle. Wir sollten uns immer vor Augen halten, dass ein Ereignis nicht von jedem in der gleichen Art als Erlebnis empfunden wird. Auch hier werden wir auf die allererste Frage zurückgeführt. Sie lautet: Wen wollen wir überhaupt mit unserem Event erreichen?

Konzept und Dramaturgie müssen eine Antwort darauf geben, wie wir unsere Zielgruppe erreichen können. Wo sind die vergleichbaren Muster zwischen Absender und Empfänger, wo die Kongruenz oder der Kontrapunkt? Ein Fallschirmsprung kann für uns ein totales Abenteuer sein, für einen routinierten Fallschirmspringer ist es nicht mehr als ein weiterer Sprung. Wenn wir diesem Mann ein Erlebnis oder eine neue Erfahrung vermitteln wollen, empfiehlt es sich, ihn zum Tauchen einzuladen. Oder in den Schnürboden eines Opernhauses. Denken wir also immer daran, für wen wir unseren Event eigentlich planen und welche Erlebnisse unsere Zielgruppe gewohnt ist.

3.7 Der Moment und der Prozess

▶ Übers Jahr betrachtet ist der Tag einer Veranstaltung nur ein Moment. Er ist aber in die bestehende Beziehung zur Zielgruppe eingebettet und sollte daher nicht ganz so losgelöst betrachtet werden. Intensive Veranstaltungen sind immer Initiale für das nächste Kapitel im Verhältnis zur Zielgruppe: ein kleiner Schritt.

Wenn man aber die Beziehung zu seiner Zielgruppe ins Laufen bringen möchte, sollte man zurückschauen, um zu sehen, wo man losgelaufen ist, und vorausschauen, wo man hinlaufen möchte, damit der eine Schritt auch den nächsten sinnvoll vorbereitet und die Bewegungsenergie erhalten bleibt.

3.7.1 Der schöne Moment

Für viele Veranstaltungen galt in der Vergangenheit als einzige Maxime, dass der Moment als solcher gelungen sein sollte: eine erfolgreich durchgeführte Veranstaltung, die man gut zu Ende gebracht hat. Die Teilnehmer gehen nach Hause und gut ist's! Kunde und Agentur sitzen noch bei einem letzten Bierchen zusammen und beglückwünschen sich gegenseitig. Und irgendwann, ganz von der Stimmung des Erlebnisses inspiriert, fällt dann der verräterische Satz; „Allen hat es gefallen. Eine tolle Stimmung. Daraus müssen wir jetzt noch was machen!"

Schön, wenn der Event so erfolgreich verlaufen ist, dass man darüber nachdenken möchte, was sich daraus noch generieren lässt. Gleichzeitig offenbart dieser Satz jedes Mal, dass man den einzelnen Event vorher nur als in sich selbst abgeschlossene Maßnahme betrachtet hat – statt als Initial für den Dialog mit der Zielgruppe.

Man macht es sich leichter, wenn man sich jede Veranstaltung als integralen Bestandteil einer übergeordneten Kommunikationsdramaturgie vorstellt und von vorneherein in die dramaturgischen Überlegungen mit einbezieht, wie die Erlebnisse und deren nachfolgende Wertung den nächsten Schritt in der Beziehung zur Zielgruppe vorbereitet. In Normalfall handelt es sich bei der LK-Maßnahme ja nicht um eine kinderlose Scheidung, nach der man sich nie wieder begegnen möchte und muss, sondern ganz im Gegenteil um etwas, das die Beziehung zur Zielgruppe nachhaltig und langfristig vertiefen soll.

3.7.2 Es lebe der Prozess

Da es unser erklärtes Ziel ist, die Bedeutungsbestätigungen oder -veränderungen unseres Inhalts nachhaltig in der Erinnerung unserer Zielgruppe zu etablieren, betrachten wir den Event selbst nur als inszenierte Initialisierung für die eigentlichen kommunikativen Effekte: ein Erlebnis, das sich nicht selbst genügt, sondern eine bestimmte Bedeutungszuordnung in der Erinnerung der Zielgruppe bewirken soll.

Da es sich hierbei um einen individuellen Prozess in jedem einzelnen Teilnehmer einer Veranstaltung handelt, sollte die strategische Dramaturgie diesen Prozess in dieser wichtigen Phase weiter begleiten. Es gilt, dem Vorgang der Erinnerungsverfestigung im Individuum einen kommunikativen Prozess an die Seite zu stellen. Oder einfach ausgedrückt: Über eine strategische Dramaturgie sorgen wir dafür, dass sich unser Eventteilnehmer auch nach dem Ereignis noch auf eine bestimmte Art und Weise mit seinem Erlebnis auseinandersetzt.

Die Wichtigkeit einer strategischen Dramaturgie wird besonders deutlich, wenn es sich um kommunikative Prozesse handelt, die Veränderungen der Identität, der Führung oder der Geschäftspartnerschaften begleiten. Wir Menschen sind ja durchaus Gewohnheitstiere, und allzu plötzliche Veränderungen, und seien sie noch so notwendig, sind selten willkommen. Wenn wir versuchen, den gewünschten Wandel wie in einer Art Schocktherapie mit einem einzigen Event vollständig zu vollziehen, ist die Gefahr groß, unsere Zielgruppen zu überfordern.

Gerade in solchen Veränderungsprozessen ist Live-Kommunikation das geeignetste Medium, aber es empfiehlt sich, den Prozess in mehrere Schritte zu unterteilen und ihn in mehreren aufeinanderfolgenden Veranstaltungen nach und nach zu vollziehen.

3.7.3 Der Kampagnengedanke in der Live-Kommunikation

Wenn wir von Kampagne reden, meinen wir also nicht nur Veranstaltungstouren, also die räumliche Verbreitung und Wiederholung einer gleichgestalteten Veranstaltung oder serielle Events wie etwa jährlich wiederholte Veranstaltungen, die einem eingeführten Schema folgen und sich jeweils nur durch Austausch der Inhalte und Redner erneuern. Eine Kampagne fasst möglichst alle in einem Zeitraum liegenden, aber in ihrer Art unterschiedlichen Veranstaltungsmaßnahmen wie etwa Konferenzen, Modelpräsentationen, Kundenveranstaltungen, Messeauftritte, Führungskräfte- und Mitarbeitertagungen unter einer Strategischen Dramaturgie zusammen.

Eventkampagnen ermöglichen nicht nur budgetäre und andere materielle Synergien, sie verknüpfen eine Reihe von gleichartigen oder aufeinander aufbauenden Erlebnissen mit einer bestimmten Aussage und vervielfältigen, verstärken und vertiefen so den Kommunikationseffekt. Ähnlich wie bei einer Serie gleichartiger Werbespots, die vielleicht verzahnt mit entsprechenden Anzeigen, Plakaten oder Radiospots denselben Gedanken in leicht abgewandelter Form transportieren.

► So gesehen stehen Eventkampagnen der Definition eines einzigen, herausragenden Events entgegen. Im Normalfall versucht der Planer, den einen Event als möglichst einmaliges, nicht wiederholbares Ereignis zu inszenieren. Sein Ziel ist es, sein Publikum mittels einer ausgeklügelten Dramaturgie durch die gesamte Veranstaltung bis zu einem Abschluss zu führen. Bei einer Eventkampagne muss er aber mit einer erweiterten dramaturgischen Palette arbeiten, die die einzelnen Events über den Kampagnenzeitraum hinaus in einer strategischen Gesamtdramaturgie ordnen. Zum Ausgleich für diese Anstrengung erhält der Veranstalter solcher Eventkampagnen einen ungleich höheren Effekt seiner Maßnahmen.

Resümee

Ob wir uns nun aber mit der Konzeption eines einzelnen Events oder einer integrierten Eventkampagne beschäftigen, am Ende ist das Verständnis und die konsequente Anwendung der im folgenden Abschnitt vorgestellten Dramatischen Denkweise Voraussetzung für den nachhaltigen Erfolg Ihrer Live-Kommunikationsmaßnahmen.

Kommunikationsdramaturgie

4

Inhaltsverzeichnis

4.1	Erinnerungen an das Drama	77
	4.1.1 Der Kontext	77
	4.1.2 Das erste Mal	78
	4.1.3 Der Mustervergleich	79
	4.1.4 Die innere Uhr	79
	4.1.5 Das Gruppenerlebnis	80
4.2	Kommunikation und Dramaturgie	81
	4.2.1 Story Telling	81
	4.2.2 Vier Grundformen der Dramaturgie	81
4.3	Die vier Dimensionen der Dramatischen Denkweise	84
	4.3.1 Aufgabe der Dramaturgie	85
	4.3.2 Zwischen Ist und Soll	85
	4.3.3 Nicht alles in einen Koffer pressen!	87
	4.3.4 Grenzen markieren	88
	4.3.5 Die Mustererkennung	88
4.4	Die Geburt des Helden	89
	4.4.1 Die Identifikationsfigur	89
	4.4.2 Die Heldenreise	90
	4.4.3 Vom Auslöser zur Lösung	90
	4.4.4 Neue Heldentypen	91
	4.4.5 Welcher Held für welches Publikum?	92
	4.4.6 Das Problem mit dem unverdienten Leid	93
4.5	Das Drama als Muster: warum man welche Geschichten erzählt	93
	4.5.1 Kulturgeschichten	93
	4.5.2 Archetypen	94
	4.5.3 Internationale Archetypen	95
	4.5.4 Ins Gehirn geschrieben	95
	4.5.5 Phoenix aus der Asche	96
	4.5.6 Aufmerksamkeit und Glaubwürdigkeit	99
	4.5.7 Mustervergleiche	99

A. Gundlach, *Wirkungsvolle Live-Kommunikation,*
DOI 10.1007/978-3-658-02549-6_4, © Springer Fachmedien Wiesbaden 2013

4.6	Die Auswahl der Stilmittel	100
	4.6.1 Eckpunkte der Dramaturgie	100
	4.6.2 Mechanik, Motiv und Leitwerte	101
	4.6.3 Die Ausformung der Geschichte	101
	4.6.4 Die Epigonen des Phoenix	102
	4.6.5 Der Blickwinkel	103
	4.6.6 Die Perspektive bestimmt die Position	104
	4.6.7 Effizienz schlägt Vorliebe	105
4.7	Das Medium als Gestaltungsmittel	105
	4.7.1 Die leere Hülle	106
	4.7.2 Schöne neue Technikwelt	107
	4.7.3 Schnelle Aufnahme	108
	4.7.4 Sich durch eine Geschichte bewegen	109
	4.7.5 Die Frage der Qualität	110
4.8	Die Auswahl der geeigneten Medien	110
	4.8.1 Mediengruppen	110
	4.8.2 Die Angemessenheit eines Mediums	112
	4.8.3 Die Qualität des Mediums steht für unsere Kompetenz	113
	4.8.4 Der Medienmix	114
4.9	Das große Puzzlespiel der Inszenierung	114
	4.9.1 Quellenforschung	114
	4.9.2 Inszenierung ist die Synthese der Gestaltungsmittel	115
	4.9.3 Dramatische Grundgerüste	116
	4.9.4 Nicht zu viel auf einmal	118
4.10	Event-Continuity: ein guter Event geht nie vorbei	119
	4.10.1 Moment und Erinnerung	119
	4.10.2 Erinnerungsstücke	121
	4.10.3 Die Markierung	121
	4.10.4 Hitchcocks MacGuffin	122
	4.10.5 Dokumentarische Medien	122
	4.10.6 Spuren des Publikums einflechten	123
	4.10.7 Anker werfen	124
	4.10.8 Die Vervielfältigung des Nutzens	125
4.11	Das falsche Drama: die schönsten Fehler	126
	4.11.1 Mr. Spock hat keine Zeit	126
	4.11.2 Die Herstellungskosten der Imitation	127

▶ Kommunikationsdramaturgie ist die Theorie der Strukturen des Geschichtenerzählens. Sie vergleicht archaische und moderne Muster von Personen und Handlungssträngen, entwickelt Charaktere, Symbole und Analogien zu unseren Inhalten, ordnet die wesentlichen Motive, Stil- und Gestaltungsmittel und verbindet schließlich alle inhaltlichen, emotionalen und interaktiven Elemente zur tatsächlichen Inszenierung der Geschichte.

▶ Im Folgenden wird die klassische Dramaturgie, die sich vom Theater über den Film bis hin zum Fernsehen eher als lineare Dramaturgie entwickelt hat, um die stark interaktive Komponente der Live-Kommunikation erweitert.

4.1 Erinnerungen an das Drama

▶ Wenn wir uns die Grundlagen der Kommunikationsdramaturgie verständlich machen wollen, ist es nützlich, sich die Arbeitsweisen unseres Gehirns und unserer Psyche vor Augen zu halten, kurz: wie der Mensch eigentlich denkt, erlebt, lernt und erinnert – und wie diese Grundlagen des Erlebens und Erinnerns sinnvoll in die Konzeption von Kommunikationsmaßnahmen einzubeziehen sind.

4.1.1 Der Kontext

Fast alles, was wir auf irgendeine Weise denken, was wir erleben, was wir lernen und wieder erinnern ist mit einem dramatischen Ablauf von Ereignissen und deren emotionaler Wertung als Bedeutung verbunden. Eine einzelne, ganz für sich alleine stehende Tatsache könnten wir weder denken noch erleben, weder erlernen noch sinnvoll erinnern. Wir denken immer im Kontext, wenn auch nicht immer bewusst, doch unbewusst immer. Ein Gedanke steht immer im Zusammenhang mit anderen, er baut sich auf Vorkenntnisse auf und führt zu einer Art Voraussage, mit der wir unseren nächsten Gedanken einleiten. Kann man einem Gedanken keinen kontexturalen Bedeutungsraum zuordnen, so kann man ihn nur schwer verstehen und ihn sich noch schwerer merken.

Ebenso geht es dem Erleben. Es steht nicht für sich in jedem Augenblick, sondern es bezieht seine Qualität aus der Abfolge von äußeren und inneren Ereignissen sowie der sinnvollen und emotionalen Zuordnung dieser Ereignisse in einem dramatischen Zeitnetz. Das Erleben geschieht in der Gegenwart, die allerdings für uns nie nur aus einem Augenblick besteht, sondern eine kleinere Spanne aus dem eben Erlebten (Retention) und nun gleich zu Erlebenden (Protention) zusammensetzt.

Lernen wiederum funktioniert nur, wenn sich die beim Lernen aufgenommene Information fest in einen bereits bekannten Zusammenhang einfügt und sie im Idealfall mit einer Emotion verbunden wird. So gut wie alle Dinge, an die wir kein Gefühl gekoppelt haben, sind für uns deutlich schwerer zu erinnern. Unser Gehirn findet Informationen am leichtesten wieder, wenn sie nicht nur im entsprechenden „Sachspeicher", sondern gleichzeitig auch im „emotionalen Gedächtnis" abgelegt ist. Manchmal leistet unsere Erinnerung eine solche Kopplung sogar im Nachhinein und verbindet einen wichtigen Lerninhalt mit einer beliebigen Emotion aus der Vergangenheit, nur um sich an diese wichtige Information besser erinnern zu können.

Hinzu kommt in den meisten Fällen eine weitere Kopplung an Gerüche, Töne, Haptisches, die räumliche Situation und die eigene Bewegung. Auch diese Sinneseindrücke ordnet das Gedächtnis dem Inhalt und dem Gefühl zu, zu dem Zweck, den Inhalt auch über diese Anker schneller wiederzufinden. So kommt es – das kennen Sie sicher von sich selbst –, dass ein bestimmter Geruch, den Sie irgendwo aufschnappen, Sie unweigerlich an den Tag zurückdenken lässt, als Ihr Großvater Ihnen liebevoll beigebracht hat, wie man Schnürsenkel zu Schleifen bindet.

Kontext bildet sich in unserer Wiedergabe meist als Geschichte ab, auch wenn er eher eine Art Netzwerk von äußeren Eindrücken, inneren Entsprechungen, unserem Wissen und Empfinden sowie deren Verknüpfungen untereinander darstellt. Viele Gedächtniskünstler arbeiten mit Methoden, die nackte Information, zum Beispiel ein zwanzigstellige Zahl, Stück für Stück in eine erzählbare Geschichte umwandeln, und benutzen bereits emotional verankerte Bilder aus ihrem persönlichen Gedächtnis, um sich nachher an die Zahl zu erinnern zu können. Lassen wir diese Mnemotechniken als Beleg dafür gelten, wie wichtig eine Geschichte für unser Erinnerungsvermögen ist.

4.1.2 Das erste Mal

Allein diese situationsbezogene Kopplung von Inhalten, Emotionen und Sinneseindrücken ermöglicht es unserem Gedächtnis, sich kleine komplexe, in Miniabläufe angelegte Muster als eine Art Eselsbrücke zu bauen. Anhand dieser Muster wählt unser Gehirn die wichtigen Informationen aus dem schier unglaublichen Datendschungel, der sich in jeder Sekunde unseres Lebens in unserem Gehirn angesammelt hat, aus und hält sie so für den Gebrauchsfall parat.

Dabei versucht die Psyche, Erinnerungen unter immer neuen Kombinationen von Inhalten, Emotionen und Sinneseindrücken abzulegen, damit sie im Archiv identifizierbar bleiben. Weil unser Unterbewusstsein praktisch veranlagt ist, übernimmt es diese Kombination so oft es geht aus dem tatsächlich Erlebten – was aber nur funktioniert, wenn das Erlebte auch tatsächlich eine solche im Wortsinne „merkwürdige" Kombination von Inhalten, Emotionen und Sinneseindrücken enthält.

Diesem Ordnungsprinzip unserer Psyche ist es zu verdanken, dass wir uns, wenn wir uns erinnern, zumeist an „das erste Mal" erinnern, also an jene Ereignisse, die in unserem Gedächtnis die jeweilige Kombination verankert haben. Folgt einer initialisierenden Erfahrung eine zweite, nahezu identische, verschwindet diese oft in einer Schublade unter der ersten. Tatsächlich merken wir uns das zweite Mal genauso detailgetreu wie das erste, aber wenn wir es in unserem Gedächtnis suchen, müssen wir uns bewusst konzentrieren, um am *Muster des ersten Mals* vorbeizukommen.

Das zweite Mal bekommt von uns nur dann eine eigene Archivnummer, wenn es sich in irgendeiner der mitabgespeicherten Kriterien in seiner emotionalen Bewertung abhebt, sprich: wenn das dramatische Muster sich irgendwie deutlich unterscheidet, es also zu einem neuen ersten Mal wird.

4.1.3 Der Mustervergleich

Eine der unterbewussten Funktionen unserer Wahrnehmung ist es, neue Erlebnisse noch im selben Augenblick mit dem vorhandenen Archiv zu vergleichen, um sie bewerten und ablegen zu können.

Dabei kann es vorkommen, dass uns ein Minimuster trotz anderer Inhalte allein aufgrund seiner Musterstruktur zu einer komplett anderen Erinnerung zurückführt. Zumeist jedoch funktioniert unser Gedächtnis recht gut: Machen wir eine neue Erfahrung, greifen wir nach Mustervergleich auf eine Vielzahl gleicher oder sehr ähnlicher Erinnerungen zurück, um die neue Erfahrung in ihrer hierarchischen Bedeutung für uns einzuordnen. Was bedeutet, sie als nicht so wichtig in einer untergeordneten Schublade verschwinden zu lassen oder sie eben als *merk-würdig* auf einer möglichst hohen Ebene in unserem Archiv zu markieren.

Eine interessanter Aspekt daran ist, dass diese im Moment des Erlebens vorgenommene Ordnung selten die endgültige ist. Da die unglaubliche Anzahl von Informationen, Emotionen und Sinneseindrücken, die erlebten wie die aus dem Speicher zugeordneten, unserem Gehirn im Wachzustand eine gigantische Rechenleistung abverlangt, kommt es zu Fehlern in der Ablage. Unsere Psyche weiß, dass sie diese Fehler macht, und nutzt darum während des Schlafs die Traumphasen (REM-Phasen), um noch einmal in möglichst viele der Schubladen zu schauen, die wir während unseres Wachseins unterbewusst aufgemacht haben. Während des Träumens werden all diese Einzelinformationen und Kombinationen nochmals nachsortiert.

▶ Ein Prozess übrigens, denn man sich mit einiger Übung bewusst machen und gezielt für sich nutzen kann. Wenn Sie das näher interessiert, finden Sie im Internet Wissenswertes unter den Stichworten Traumforschung, Klarträumen, lucidity und lucid dreaming.

4.1.4 Die innere Uhr

Eine weitere Ebene dieser Funktion unseres Gehirns ist die zeitpsychologische Wahrnehmung und Bewertung neuer Erlebnisse und eingelagerter Erinnerungen. Soweit wir im Augenblick wissen, wird die Zeitwahrnehmung eines jeden Einzelnen von uns durch eine, wie es nach neuestem Stand der Forschung aussieht, genetisch gesteuerte, innere Uhr bestimmt. Unsere Zeitwahrnehmung ist aber nicht nur individuell, sondern sie ist unter bestimmten neurochemischen Umständen sogar veränderbar.

Bei einem schweren Unfall zum Beispiel beschleunigt unsere innere Uhr dermaßen, dass wesentlich mehr Eindrücke und Gedanken verarbeitet werden. Wir beschleunigen unseren individuellen Zeittakt für wenige Augenblicke so stark, dass uns die wenigen Sekunden des Unfalls in der Erinnerung später wie eine Art Zeitlupe vorkommen. Wir dehnen sozusagen die Zeit und packen ein Vielfaches der Information in das gerade entstehende Muster. Beim späteren Abspielen der Erinnerung auf Normalgeschwindigkeit kommt es dann zu diesem „Zeitlupeneffekt" – ein Effekt, mit dem übrigens viele Fahrgeschäfte wie etwa Achterbahnen gezielt spielen.

Nun, das sind extreme Situationen, mit denen wir es in der Kommunikation selten zu tun haben, aber sie illustrieren, dass die Dimension Zeit eine allem Erleben und Erinnern zugeordnete Größe in uns ist. Demzufolge besitzt unsere Psyche auch erlernte Kenntnisse über die zeitliche Ordnung von Ereignissen und zieht auch diese zum Vergleich des Erlebten und Erinnerten heran.

4.1.5 Das Gruppenerlebnis

Für unsere Überlegungen spielt aber noch eine weitere wichtige Komponente eine Rolle: der Einfluss von massenpsychologischen Phänomenen auf das Erleben des Einzelnen. Die Qualität unseres Erlebens wird durch die Anwesenheit anderer und durch die dadurch entstehende Situation mitbestimmt. Dieser Einfluss kann zuweilen so groß werden, dass wir nicht mehr als Individuum denken, sondern uns von der panischen oder euphorischen Masse mitreißen lassen. Über die Art und Weise des Verhaltens unter diesem Einfluss wissen wir zwar einiges aus Soziologie und Psychologie, ob und wie genau dieser Einfluss aber neurophysiologisch abläuft, darüber tappt die Wissenschaft noch im Dunkeln.

Mag sein, dass wir Angst oder Freude der anderen riechen, mag sein, dass uns Bewegungsmuster und Körpersprache unterbewusste Signale übermitteln. Vielleicht wird unsere Sensibilität für die Stimmung der anderen zusätzlich durch den Wunsch gestärkt, nicht durch Rückzug aus der Menge negativ aufzufallen und sich lieber von der Kraft der gemeinsamen Stimmung forttragen zu lassen.

Offensichtlich aber werden unseren momentanen Emotionen auch durch die Emotionen anderer beeinflusst und so auch die Bewertung des Erlebten in zumindest dieser Dimension verändert. Dies spielt bei der Konzeption von LK-Maßnahmen eine wichtige Rolle, denn schließlich werden hier fast immer Menschen zu einer Gruppe oder Masse zusammengeführt.

▶ Unser Denken, unser individuelles wie gemeinsames Erleben und unser individuelles Erinnern setzen sich also aus den vorgenannten Dimensionen zusammen. Natürlich ist dies alles neurologisch und psychologisch viel komplexer, als in der Kürze darstellbar, und es ist unter wissenschaftlichen Aspekten auch längst noch nicht bis ins letzte Detail erforscht. Wir wollen dieses Modell aber annehmen, weil es uns helfen wird, das Ziel des dramatischen Denkens zu begreifen und die Gestaltungskriterien der Kommunikationsdramaturgie zu verstehen.

▶ Schließlich gelten alle Anstrengungen der Live-Kommunikation letztlich einem einzigen Ziel: dass die Zielgruppe unseren Inhalt in Zusammenhang mit einer bestimmten Emotion lernt, annimmt und später erinnern kann.

4.2 Kommunikation und Dramaturgie

▶ Wenn es eine Methode gibt, Kommunikation sinnvoll zu inszenieren, dann arbeitet sie in der Konzeption unter Integration all dieser genannten Dimensionen und in der späteren Umsetzung mit solchen „merkwürdigen" Kombinationen von Inhalten, Emotionen und Sinneseindrücken in einer zeitlichen Ordnung, also in einer Geschichte.

4.2.1 Story Telling

Und genau das ist die Aufgabe der dramatischen Denkweise: Sie entwirft vor dem Hintergrund möglichst aller auf einer Veranstaltung zusammentreffenden Dimensionen einen dramatischen Ablauf, der eine solche Kopplung von Inhalten, Emotionen und Sinneseindrücken für die Teilnehmer erlebbar und erinnerungswürdig macht.

Wie bereits angesprochen sollen die Begriffe „Drama" und „dramatisch" weder im Sinne einer literarischen Gattungsbezeichnung noch als Ausdruck des Tragischen und Schicksalhaften als solchem verstanden werden. Als literarische Gattung ist das Drama diejenige Erzählform, die in situative Dialoge aufgelöst ist, im Gegensatz zu den eher monologischen Formen Epos und Lyrik. In unserem Kontext ist das Drama ein Begriff für die geordnete Verbindung von Inhalten und Emotionen im aufeinander aufbauenden Ablauf von Ereignissen zu einer Geschichte, so wie wir es vom Theater, vom Spielfilm oder aus dem Leben kennen.

Die Dramaturgie beschreibt also die Struktur und Verfassung, die jeder Geschichte zugrundeliegt. Dass wir nun in Bezug auf Kommunikationsmaßnahmen von Dramatischer Denkweise sprechen, ist als Hinweis zu verstehen, dass unser Denken selbst nicht auf punktuelle Aussagen, sondern von Anfang an auf die dramatische Komplexität der Kommunikation ausgelegt sein sollte. Das Erreichen unseres Kommunikationszieles hängt davon ab, wie gut es uns gelingt, die rationalen und emotionalen Dimensionen zu einer erlebbaren Geschichte vernetzen und diese Geschichte dann nach allen Regeln der Kunst und des Dramas zu inszenieren.

4.2.2 Vier Grundformen der Dramaturgie

Dramaturgie spielt für die Inszenierung von Kommunikationsprozessen aller Art also eine wichtige Rolle. Im allgemeinen Sprachgebrauch legt der Begriff Dramaturgie zunächst die Assoziation zu Theater und Film nahe. Im Hinblick auf Unternehmens- und Marketingkommunikation soll er hier aber erweitert gefasst und in verschiedenen Dimensionen definiert werden.

Wir treffen die Unterscheidung zwischen szenischer, architektonischer, interaktiver und strategischer Dramaturgie, vier wesentliche Formen der Dramaturgie, die in verschiedenen Feldern der Kommunikation und Inszenierung Anwendung finden.

▶ **Szenische Dramaturgie** Die szenische Dramaturgie bezeichnet die Theater- und Filmdramaturgie, das klassische Erzählen einer Geschichte in linearer, szenischer Auflösung, wie es schon vor langer Zeit von Aristoteles definiert wurde und sich im modernen Film durchgesetzt hat.

In der Unternehmenskommunikation findet diese Szenische Dramaturgie zum Beispiel bei der Konzeption und Produktion von Radio-, Kino- und Fernsehspots sowie Imagefilmen Anwendung. Auch in der LK arbeitet man oft mit dieser Form der Dramaturgie, zum Beispiel bei der Inszenierung von Vorträgen und Business-Theaterstücken.

Unserem Verständnis nach dient die Szenische Dramaturgie dem Erzählen von Geschichten, die unbeeinflusst vom Rezipienten ablaufen. Im besten Fall involviert sie den Zuschauer rational und emotional, aber sie nimmt die Reaktion des Publikums nicht auf. Anders gesagt: Egal, wie uns ein Kinofilm gefällt, ob wir lachen, weinen oder aus dem Kino gehen, der Film läuft Szene für Szene so weiter, wie er produziert wurde. Er führt uns in eine inszenierte Welt, aber er interagiert nicht mit uns!

Trotz dieser Einschränkung: Wesentliche Regeln der Szenischen Dramaturgie gelten auch für die anderen Formen der Kommunikationsdramaturgie.

▶ **Architektonische Dramaturgie** Eine besondere Form der Dramaturgie ist die architektonische Dramaturgie, verstanden als die räumliche Anordnung von Elementen einer Geschichte, wie sie zum Beispiel einer Ausstellung oder der Konzeption eines Gebäudes oder Gebäudekomplexes zugrundeliegt. Am einfachsten kann man sich das vielleicht so vorstellen: Bei einem Film oder einem Theaterstück verharrt das Publikum, während sich die Geschichte an ihm vorbeibewegt. In einer Ausstellung oder einem Gebäude verharrt die Geschichte, und das Publikum bewegt sich durch sie hindurch. In beiden Fällen wird die Geschichte aber idealerweise in einer sinnvollen Abfolge von Ereignissen so erzählt, dass sie bestimmte Erkenntnisse vermittelt und gleichzeitig merk-würdige Emotionsmuster aktiviert.

In jüngster Zeit beginnt man diese dramatische Qualität räumlicher Gestaltung zu begreifen und die Dramaturgie als wichtiges Element bei der Entwicklung und Vermarktung von Immobilien einzusetzen. Trotzdem gilt für die Architektonische Dramaturgie dieselbe Einschränkung wie für die Szenische: Sie lässt eine Ausstellung oder ein Gebäude eine Geschichte erzählen, verändert sich aber nicht auf die Reaktion des Rezipienten hin.

Wohl aber lässt uns die architektonische Dramaturgie die Möglichkeit, verschiedene Wegeführungen durch die Geschichte zu inszenieren und so eine gewisse Varianz in den Ablauf der individuellen Wahrnehmung zu bringen. Wer alle Stationen einer solchen Installation durchläuft, setzt sich die Geschichte zuletzt wie ein Puzzle aus seinen Einzelteilen zusammen und erhält so das Gesamtbild.

4.2 Kommunikation und Dramaturgie

▶ **Interaktive Dramaturgie** Die Interaktive Dramaturgie ist diejenige Form der Kommunikationsdramaturgie, die in dialogischen Situationen Anwendung findet, also im Bereich der Live-Kommunikation. Im Gegensatz zur Szenischen Dramaturgie geht es bei der Interaktionsdramaturgie nicht um die lineare Inszenierung einer Geschichte, sondern um die Schaffung von Optionen entlang eines roten Fadens. Sinn dieser Optionen ist, die Reaktion der Zielgruppe bzw. des Publikums in die Szenenfolge einbeziehen zu können und sich wiederum verschiedene Reaktionsmöglichkeiten offenzuhalten.

Ein wesentlicher Aspekt jeder Veranstaltung und somit auch der größte Unterschied zur monologischen Kommunikation der klassischen Werbung ist die Anwesenheit der Zielgruppe. Sie interagiert mit der Veranstaltung, reagiert direkt auf die Inhalte und Inszenierungen, entwickelt eigene Gefühle in der Situation und wirkt mit diesen auf die Veranstaltung ein. Jede Dramaturgie, die diesem Einfluss des Publikums auf die Veranstaltung keinen Raum gewährt, ist aus Sicht der Dramatischen Denkweise unzureichend. Auch wenn einzelne Teile eines Events in sich abgeschlossene Inszenierungen sein werden, soll muss doch die Veranstaltung als Ganzes eine gewisse Flexibilität behalten. Es ist also nicht wie bei der Produktion eines Spielfilms, wo Sie ganz alleine die Abfolge und Bedeutung aller Ereignisse festlegen und das Publikum im Kino keinerlei Einfluss nehmen kann, sondern es ist eine offene Dramaturgie, die strategisch angelegt ist und deswegen taktische Reaktionsmöglichkeiten vorhalten sollte.

Lassen Sie mich das Schachspiel als Denkmodell anführen, um diese offene Dramaturgie zu erläutern. Der eine Spieler, der Veranstalter der LK-Maßnahme, und der andere Spieler, seine Zielgruppe, befinden in einem interaktiven Prozess, an dessen Ende aber natürlich kein Gewinner ermittelt wird, sondern die Vermittlung eines Inhalts und eine emotionale Gemeinschaft über das gemeinsame Erleben stehen soll. Als Ausrichter einer Veranstaltung sind wir aber in der Rolle des eröffnenden Spielers, d. h., auch wenn sich die Veranstaltung Zug um Zug entwickeln wird, so haben wir doch den strategischen Vorteil auf unserer Seite. Wir haben ein klares Ziel, von dem ausgehend wir uns das Spiel quasi rückwärts in konsequenten Schritten bis zur Ausgangssituation logisch *zurücksetzen* können.

Wenn wir das Spiel zuvor komplett durchdacht haben, ergibt sich daraus eine ideale Anfangsformation für die Figuren. Hier haben wir als der Veranstalter den entscheidenden, strategischen Vorteil, den es zu nutzen gilt, indem die Veranstaltung von uns in vielen Parametern vorgeplant wird, bevor unsere Zielgruppe in Anwesenheit auf das Spiel reagieren kann. So bestimmen wir über die gestellte Situation und mit der Eröffnung auch die ersten Züge, bevor unser Mitspieler seine interaktive Rolle wahrnehmen kann. Ab jetzt müssen wir wie in einer gelungenen Schachpartie versuchen, den Mitspieler immer in *Zugzwang* zu halten; was nichts anderes bedeutet, als den Reaktionsspielraum der Zielgruppe möglichst immer im Rahmen unserer zielgerichteten Dramaturgie zu halten.

Da aber vor allem emotionale Reaktionen nicht immer vollständig voraussehbar sind, müssen wir uns selbst, vor allem in möglichen kritischen Situationen, einen gewissen Handlungsspielraum im Rahmen unserer Eventdramaturgie erhalten. Dies ist ein Grund, warum eine gut gemachte Interaktionsdramaturgie fast immer komplex ist.

► **Strategische Dramaturgie**[1] Was wir strategische Dramaturgie nennen wollen, ist letztlich nichts anderes als die Interaktionsdramaturgie der Live-Kommunikation hochgerechnet auf einen Zeitraum, der eine gesamte Kommunikationskampagne umfasst, und die auch weitere Mitspieler wie Meinungsbildner, publizierende Medien und Öffentlichkeit in den Prozess integriert. Die Strategische Dramaturgie ordnet einen einzelnen Event in den Gesamtkommunikationsprozess mit einer Zielgruppe ein bzw. leitet aus dem Gesamtziel bestimmte Unterziele und Schritte für den nächsten anstehenden Event ab.

Soweit zu den vier Formen der Dramaturgie, die sicherlich keine unbestreitbaren Grenzen, sondern eher auf einander aufbauend fließende Übergänge haben. So ist es sinnvoll, das Handwerk der szenisch linearen sowie der architektonischen Dramaturgie als Voraussetzung für die komplexeren Formen der interaktiven Eventdramaturgie bis hin zur übergreifenden strategischen Dramaturgie zu betrachten.

Virtuosität in der Umsetzung einer Dramaturgie wird aber nur entstehen, wenn nicht nur die rationalen Erzählschritte logisch aufeinander aufbauen und sich in Rede und Antwort interaktiv ergänzen, sondern wenn auch das Zusammenspiel der gekoppelten Emotionen *vorgefühlt* wird. Das hierzu notwendige Talent eines Dramaturgen könnte man mit der Eudetik vergleichen. Nun erscheint vielleicht vielen Menschen eine solche Vorstellungskraft, die zukünftige Ereignisse emotional vorerlebt, als eine *fantastische* Fähigkeit, die als wenig begründbar und deswegen als nicht besonders verlässlich bewertet wird; wie wir aber in den folgenden Ausführungen sehen werden, ist es die Aufgabe der Dramatischen Denkweise, auch die emotionale Dimension der zukünftigen Ereignisse im Vorfeld zu analysieren, sie folgerichtig zu begründen und für die Inszenierung zu bestimmen.

4.3 Die vier Dimensionen der Dramatischen Denkweise

► Ziel der Dramatischen Denkweise ist die Entwicklung einer Projektstory, die anhand eines Metathemas als roter Faden für alle Themen, Rollen, Stilmittel, Medien und Gestaltungen funktioniert, die notwendig sind, um das Kommunikationsziel rational wie emotional zu erreichen. Dabei formuliert sie Ideen, Muster und Inszenierungen zum einen für den Erlebnisbereich, in dem den Eventteilnehmern rationale Nachrichten sowie emotionale und physische Reize vermittelt werden, zum zweiten für die Art und Gestalt der Interaktion als Mechanik der aktiven Einbeziehung der Teilnehmer in die Eventinszenierung sowie zum dritten für das durch das Erleben zu erreichende Zugehörigkeitsgefühl der Teilnehmer zur Event-Community.

---

[1] Der Begriff „strategische Dramaturgie" wurde ursprünglich von Christian Mikunda in seinem Buch „Der verbotene Ort" (Econ, 1995) als komplexe Theorie der Wirkungssteigerung von Erlebnissen beschrieben. In vorliegendem Buch wird er jedoch rein als Abgrenzung zu den anderen Formen eventbezogener Dramaturgie verstanden.

4.3.1 Aufgabe der Dramaturgie

Es gilt, ein Konzept für die Verbindung von Inhalten und Emotionen im aufeinander aufbauenden Ablauf einer Geschichte zu entwickeln. In den klassischen Medien ist es die Aufgabe – und die Kunst – der Dramaturgie, eine solche Geschichte zu entwerfen und auf richtige Art und Weise zu erzählen.

Dazu nutzt sie eine Reihe von dramaturgischen Kunstgriffen, um den Zuschauern eine Geschichte zu erzählen oder sie gar geschickt in die erzählte Geschichte zu involvieren. Die dramatische Denkweise leistet genau dies für den Bereich der Live-Kommunikation, geht nach unserer Definition allerdings noch über die aristotelische Dramaturgie hinaus. Sie nutzt nicht nur die Mittel der klassischen, linearen Erzählweise, sie integriert darüber hinaus die speziellen Dimensionen der Eventsituation, also Multimedialität und Erlebnisvielfalt einer Veranstaltung, die Interaktivität mit dem Publikum sowie das Erreichen eines konkret emotionalen, edukativen und kommunikativen Ziels.

Dabei spielen die im vorigen Kapitel dargestellten wahrnehmungs-, mustererkennungs- und zeitpsychologischen Überlegungen ebenso eine Rolle wie die Einbeziehung der bereits vor der Veranstaltung bestehenden Identitäten von Aussender und Empfänger sowie deren historisches und aktuelles Verhältnis zueinander.

4.3.2 Zwischen Ist und Soll

Diesen Ist-Zustand zu beschreiben und die sich aus dem gewünschten Soll-Zustand beinahe zwangsläufig ergebenden konzeptionellen Ansätze zu definieren, ist die komplexe Aufgabe der Dramatischen Denkweise, wie wir sie verstehen. Dabei handelt es sich nicht um ein lineares, sondern um ein vernetztes System, das wir einer systematischen Darstellung zuliebe mit vier Dimensionen belegen wollen, und zwar:

▶ Die **Dramatische Horizontale** beschreibt die Sammlung aller möglichen Tatsachen, Themen und Visionen, die im Rahmen einer Projektstory für unsere Veranstaltung in Frage kommen könnten. Dies sind zum einen die Materie unserer Identität, die wohlbekannten Fakten unserer Produkte und Leistungen, unsere Position im Markt, zum anderen eben auch die Seele, die weichen Faktoren, die Emotionen und ihre Bedeutung für unsere Situation.

Auf der Dramatischen Horizontalen werden diese gesammelten Informationen so aufgereiht, dass sie möglichst logisch geordnet ihre inhärenten, dramatischen Muster kenntlich machen. Später werden von dieser Dramatischen Horizontalen ausgehend analoge Muster gesucht, die unsere *Materie und Seele* mit allgemein bekannten oder verständlichen Wahrnehmungsmustern wie Mythen, Symbole, Wertewelten und dramatischen Geschichten verbindet.

- Die **Dramatische Vertikale** stellt dies auf den verschiedenen Ebenen dar, in denen unsere Themen aufgebaut, inszeniert und kommuniziert werden müssen, d. h.: Jedes der ausgewählten oder entwickelten Themen wird gleichzeitig auf den verschiedenen unterhaltenden, intellektuellen und kulturellen Ebenen auf Sinnfälligkeit und Verständlichkeit hin analysiert, sodass jede beteiligte Zielgruppe später *auf ihrem Niveau* angesprochen werden kann.

  Bei der Analyse der Dramatischen Vertikalen geht es also darum, die zuvor auf der Dramatischen Horizontalen gefundenen Mythen, Symbole, Wertewelten und dramatischen Geschichten auf verschiedene kulturelle Niveaus zu übersetzen. Zweck der Übung ist, diejenigen Muster herauszufiltern, die von allen am LK-Prozess Beteiligten eingesehen, verstanden und nachempfunden werden können.

  Wenn wir das zur Illustration des Gedankens in einen Spielfilm übersetzen, so muss das Thema einer Projektstory in seiner Umsetzung später Action für die Actionfreunde bieten, Liebesszenen für die romantischen Gemüter, gutes Design und mitreißende Musik für die Augen- und Ohrenmenschen, eine ernsthafte thematische Auseinandersetzung für die Intellektuellen, eine Produktionsqualität für die Preisbewussten und so weiter und so fort. All dies kann gleichzeitig in einer Story durchgängig und auf allen Ebenen schlüssig untergebracht sein. Das nennen wir dann einen wirklich guten Film – oder eine gelungene Veranstaltung.

- Die **Dramatische Tiefe** wiederum beschreibt anhand des Metathemas der Projektstory und dessen analoge Umsetzung in Musterbelegungen wie Mythen, Symbole und Inszenierungen auf allen Ebenen der Dramatischen Vertikalen die Möglichkeiten der Kommunikation und Interaktivität mit der vielschichtigen Zielgruppe Ihres Events, also: Wie sehr eignen sich Themen, Heldenfiguren und Umsetzungen der Projektstory, um bei unserer Zielgruppe Bedeutung zu erlangen, also Inhalte auf den verschiedenen Ebenen der Vertikalen gezielt mit Emotionen zu verknüpfen? Wie sehr überzeugen und berühren wir unsere Zielperson? Wie involvieren wir ihn über die Heldenfunktion in unser Projekt?

- Vor allem bei der Dramatischen Tiefe ist es notwendig, das eigene Projekt aus der Sicht der anderen Beteiligten zu betrachten und dessen kulturelle und situative Präposition zu verinnerlichen. Wie wir im Kapitel über die Gefühle der anderen schon erfahren haben, liegt die tatsächliche Entscheidung über die Bedeutung unserer Nachricht und unseres Angebots ausschließlich bei der Zielgruppe. Gelingt es uns, mittels der geeigneten Emotionen auf der Dramatischen Tiefe beim Publikum das auszulösen, was Aristoteles das „gemäße Vergnügen" nannte, kommt es am ehesten zur Übernahme der von uns inszenierten Bedeutung des Inhalts.

4.3 Die vier Dimensionen der Dramatischen Denkweise

▶ Die **Dramatische Zeitachse** gehört als vierte Dimension in alle Überlegungen einer Projektstory, d. h. die Ordnung aller Abläufe in den Phasen der Projektentwicklung und des späteren Erlebnisses. Die Dramatische Zeitachse legt eine dramaturgisch sinnvolle Reihenfolge von Ereignissen in ihrer kulturellen Wirksamkeit als Erlebnisse auf der Dramatischen Tiefe fest, und das – wenn man es gut macht – auch unter Einbeziehung möglicher Reaktionen.

Sie selbst wissen aus Ihrer Erfahrung, wie wichtig es ist, ein Vorgehen so zu planen, dass Sie alle Maßnahmen entwickelt und Antworten parat haben, bevor Situationen eintreten und Ihnen Fragen gestellt werden. Es reicht nicht, die richtigen Dinge zu tun, man muss sie auch zur richtigen Zeit machen. Es gilt also, sich einen dramatischen Spannungsbogen zurechtzulegen und alle Teile und Dimensionen in ein vor allem emotional effektives Muster zu ordnen.

So entsteht aus den vier Dimensionen der Dramatischen Denkweise ein geordnetes Netzwerk möglicher Maßnahmen. Wenden wir all diese Dimensionen auf den Inhalt, die Nachricht und das Erlebnis der zu planenden Veranstaltung an, kommen wir dann schnell zu einer ausgereiften Projektstory?

Grundsätzlich ja, denn alle zuvor erklärten Prinzipien gelten für so gut wie alle erfolgreich durchgeführten LK-Maßnahmen. Kommen wir aber zu den konkreten Maßnahmen, kann man eines nicht verleugnen: Jede Situation ist anders, jedes Projekt ist absolut individuell und was dem Einen im Erfolgfolgsfall als vorbildliche Projektstory gilt, muss beim Anderen nicht zwangsweise auch zum Erfolg führen.

▶ Wichtig ist, dass wir uns die angeführten Dramatischen Prinzipien zu eigen machen und sie auf alle Bereiche des individuellen Falles anwenden, d. h. auf die Gestaltung und Durchführung des Events sowie alle begleitenden kommunikativen Maßnahmen zur Verankerung von Inhalt und Emotion. Unsere Projektstory sollte unter allen Aspekten des späteren Events gleichermaßen gut funktionieren.

4.3.3 Nicht alles in einen Koffer pressen!

Wir dürfen aber die Entwicklung einer Projektstory nicht mit der Erfindung der *eierlegenden Wollmilchsau* verwechseln. Integration im Sinne einer integrierten Marketingkommunikation bedeutet nicht, alles Mögliche unter einen Hut zu bringen. Eine Projektstory muss einen klaren, verständlichen, am besten auf einen Blick erkennbaren Inhalt haben. Das kann bedeuten, dass wir bewusst auf Nebeninformationen und Seitenstränge verzichten, um unsere Zuschauer nicht von den wesentlichen Inhalten abzulenken.

Beim Weglassen von Informationen gilt es natürlich zweimal zu überlegen, ob wir dem Publikum nicht ein wesentliches Verständniselement nehmen. Kommunikation als

Gleichung mit zu vielen Unbekannten funktioniert nicht. Wir analysieren die Lage und Situation und schaffen eine klare Kernbotschaft, die sich in der Ereignisführung der Veranstaltung deutlich widerspiegelt. Unsere Community kann sich nicht bilden, wenn unser Inhalt ständig Fragezeichen produziert.

▶ Live-Kommunikation muss wie jede andere erfolgreiche Marketingkommunikation auch klare Ausrufezeichen setzen. Oft ist es sinnvoll, sich zugunsten der Kommunikation aufs Wesentliche zu reduzieren und dann dieses Wesentliche gezielt beim Publikum abzusetzen. Unsere Erfahrung zeigt: zuviel „entweder oder" produziert meist ein „weder noch".

4.3.4 Grenzen markieren

Wenn wir mit den vier Dimensionen der Dramatischen Denkweise eine vollständige Struktur aller Möglichkeiten für unser Projekt aufgestellt haben, können wir anfangen, eine Liste mit Restriktionen zu erstellen. Wir werden sie noch nicht gleich brauchen, aber wenn wir später diesen Entwicklungsprozess der Projektstory und der Konzeption der LK-Maßnahmen nicht mehr rein chronologisch, sondern vernetzt durchlaufen, ersparen wir uns und den Dienstleistern viel unnötige Arbeit. Zu solchen Restriktionen gehören die tatsächlichen Rahmenbedingungen in Form von Größe der Zielgruppe, zur Verfügung stehendes Budget, allgemeine Vorgaben des Marketings sowie die spezielle Situation am Markt. Weitere Restriktionen können sich aus Historie und Image unseres Unternehmens ergeben.

▶ Die Liste der Restriktionen wird uns helfen, die Vielzahl der Möglichkeiten der Projektstory auf ein überschaubares Maß herunterzuschrauben, kurz: das dramatische Denken formuliert zunächst ein Ideal, das dann in einen realen Rahmen gesetzt wird, bevor man sich über Mythos, Thema, Rollen, Stilmittel, Medien und die Kontinuität des Events den Kopf zerbricht.

4.3.5 Die Mustererkennung

Die spätere dramatische Darstellung oder inszenierte Aufführung eines Inhalts trifft auf einen Rezipienten, der diese Inszenierung des Inhalts mit seinen Sinnen aufnimmt und aus seinem emotionalen Zustand und mit seinen rationalen Fähigkeiten unter kulturellen und situativen Aspekten beurteilt. Hier spielt wieder seine erlernte Fähigkeit, Strukturen, Muster und Zeichen zu erkennen, zuzuordnen und im Zusammenhang zu deuten, eine wesentliche Rolle.

Die Vermittlung von Inhalten wird dann als unterhaltsam empfunden, wenn Format, Stil und dramatischer Ablauf ungefähr dem Niveau der Media-Literacy des Zuschauers

4.4 Die Geburt des Helden

entsprechen. Liegen wir mit der Inszenierung unter diesem Niveau, langweilen wir, liegen wir darüber, wird man uns der unverständlichen Kunst bezichtigen. Entspricht unsere Inszenierung aber ungefähr der rezeptiven Fähigkeit des Zuschauers und fühlt er sich in dem Maße emotional, moralisch und intellektuell gefordert, in dem er durch die Erlebnisse auch befriedigt wird, tritt der Effekt des „charakteristischen Vergnügens", des Entertainments ein. All dies macht eine positive Emotionalisierung erst möglich.

4.4 Die Geburt des Helden

▶ Eine solche Projektstory als eine mit dem Event inszenierte, dramatische Geschichte besteht aus einer guten, komplexen Handlung, die sich, wie Aristoteles in der „Poetik" definiert, aus den Elementen unverdientes Leid (Umstände/ Motiv), plötzlicher Umschwung (Wandlung/Absicht) und klärende Erkenntnis (Lösung/Ziel) zusammensetzt. Um diese von Aristoteles notwendig erachteten Elemente in eine gute Geschichte umzusetzen, benötigen wir: ein Sujet, ein Objekt der Begierde, eine damit verbundene Aufgabe, hilfreiche Geister, einen unmoralischen Gegner (Antagonist) und ganz wichtig: einen Helden (Protagonist).

4.4.1 Die Identifikationsfigur

Als leitende Figur erfüllt der Held wichtige psychologische wie dramatische Qualitäten. Zunächst sollte er bestimmte charakterliche Eigenschaften haben, die ihn zur Identifikationsfigur für das Publikum machen können: unser Held sollte aus moralischer Sicht ein guter Mensch sein – wobei *moralisch gut* sich jeweils auf den Kontext der Inszenierung und der Beziehung zwischen Erzähler und Zuhörer bezieht. Gleichzeitig darf der Held aber nicht ohne Schwächen und muss nicht ohne Zweifel sein, denn erst das Fehlerhafte macht ihn menschlich und sympathisch. Das gilt sogar für Superhelden aus Comics.

Durch die Wandlung der Umstände wird dem Helden oder einer ihm nahestehenden Person ein unverschuldetes Leid zugefügt. Etwas, für das er nichts kann, dass er vielleicht durch sein Unwissen oder seine Schwächen und Zweifel befördert hat, das aber nicht ursächlich von ihm ausgeht.

Dieses Eintreten einer außergewöhnlichen Situation lockt den Held aus der Reserve. Er muss aus eigener Kraft seine gewohnten Handlungen aufgeben, sich aus dem Rahmen seiner Vorgeschichte herauslösen, um einen Killer zur Strecke zu bringen, sich auf eine Liebe einzulassen oder sich zur Lösung seiner Aufgabe gegen Umstände und Widrigkeiten durchzusetzen, bis der Gegner geschlagen, seine Aufgabe gelöst und die moralische Ordnung (happy end) wiederhergestellt ist.

Wenn eine Figur einen Mord eiskalt plant und ausführt, wird es den meisten Menschen schwerfallen, sie sympathisch zu finden. Eine solche Tat ist nur dann zu rechtfertigen, wenn sich das Opfer des Verbrechens wiederum im Kontext der Geschichte als ein noch viel üblerer Charakter erweist. Dann tut unser Held das eigentlich Verwerfliche aus den richtigen Gründen.

Eine Heldenfigur kann also sehr vielschichtig sein, und es ist nie allein der faktische Ablauf der Ereignisse, der sie zum Helden macht. Es ist vor allem die moralische Wertung, die der Zuschauer aus dem Kontext entlehnt, die am Ende darüber entscheidet, ob man sich mit den Taten des Helden identifizieren möchte oder nicht.

4.4.2 Die Heldenreise

Ein Großteil aller je erzählten Geschichten, seien es Märchen, Filme oder Theaterstücke, vermitteln sich über das Schicksal eines Helden.

Joseph Campbell leitet das aus der Urfunktion des Erzählens ab. Am Lagerfeuer oder in den Höhlen unserer Vorfahren wurde Geschichten immer mit demselben Ablauf erzählt: Ein Jäger muss zur Jagd, obwohl die Umstände nicht vielversprechend sind. Er muss sich einem gefährlichen Feind stellen oder eine außergewöhnliche Situation bewältigen. Dazu erhält er die Hilfe metaphysischer Mächte. Er stellt sich der Gefahr, besteht die gestellte Aufgabe und kehrt schließlich mit dem Preis nach Hause zurück, wodurch eine allgemein bedrohliche Situation überwunden wird.

Wahrscheinlich versuchten die urzeitlichen Jäger mit dem Erzählen solcher Heldengeschichten, sich erfolgreiche Strategien für Gefahrensituationen zu vermitteln und sich gegenseitig die Angst vor möglichen Gegnern zu nehmen.

In der Dramenlehre des Aristoteles wie auch in der zeitgenössischen Dramaturgie stellt sich dieses dramatische Grundmuster als Abenteuerreise des Helden dar. Sein mythischer Weg führt ihn durch verschiedene Stationen der Handlung. Zuerst lernen wir ihn in seinem gewohnten Umfeld als rechtschaffendes Mitglied einer Gemeinschaft kennen.

4.4.3 Vom Auslöser zur Lösung

Durch Veränderung der realen oder emotionalen Umstände (erster Plot) wird der Held zum Handeln gedrängt, zögert und weigert sich zunächst. Erst wenn ein unverdientes Leid oder eine Ungerechtigkeit unerträglich wird, gibt der Held seine Passivität auf und beginnt zu handeln. Dabei ist es nicht wichtig, ob ihm dieses Leid selbst widerfährt oder ob er sich selbstlos eines Anderen annimmt, dem ein unverdientes Leid zugestoßen ist.

Im modernen Kino sind es meist Durchschnittsmenschen, die sich durch widrige Umstände zum Helden wandeln. Angesichts der drohenden Gefahr wird dem Helden zumeist Hilfe durch höhere Mächte oder einen Mentor zuteil. Er erhält magische Objekte oder erlangt spezielle Fertigkeiten, die ihm später bei der Lösung seiner Aufgabe helfen werden. So gestärkt überschreitet der Held nun die Schwelle, die Grenze zum gefährlichen Land oder die seiner eigenen Hemmungen und nähert sich dem Ort des Schreckens.

Diese ungewohnte Welt muss dabei nicht unbedingt real sein, es kann auch eine metaphysische Welt sein. Dort trifft er auf einen scheinbar übermächtigen Gegner und durchleidet das „große Martyrium", d. h. er scheitert zunächst in seinem Bemühen, die gerechte Ordnung wiederherzustellen. Dann aber kommt der Punkt, an dem er aus eigener Kraft (Erkenntnis) das Martyrium überwindet und den Gegner vernichtet (Höhepunkt). Dies ist der zweite Plot der (strukturell einfachsten) Geschichte, dem dann die Lösung folgt. Oder wie man in Hollywood sagt: der *Showdown*.

Für den Sieg über Gefahr, Gegner und die eigene Furcht erhält der Held nun eine Belohnung, zumeist in Form einer Macht, mit der er die alte moralische Ordnung in seiner Heimat wieder herstelltm oder in Form einer Liebe, die er ersehnt hat. In der klassischen Tragödie erfährt der Held, und damit das Publikum, seine *Katharsis*; seine Seele wird durch die Wirkung der Geschichte gereinigt. So oder so ein glückliches Ende.

4.4.4 Neue Heldentypen

Dies ist die archetypische Grundstruktur hinter den meisten dramatischen Mustern, und fast alle erfolgreichen Geschichten und Kinofilme hangeln sich an dieser *„mythischen Heldenreise"* entlang. Die Definition des Helden in seinen Charaktereigenschaften spielt eine wesentliche Rolle. In den letzten hundert Jahren haben sich aber durchaus auch Helden entwickelt, die nicht mehr so ganz dem aristotelischen Archetypus entsprechen. So waren Alfreds Hitchcocks Helden schon nicht mehr die durch Geburt zum Heldentum verdammten „Erwählten" der Antike, sondern ganz normale Menschen, die durch den Zwang der Ereignisse eine *innere Wandlung* zum Helden durchlebten: Liebe oder Gerechtigkeitssinn überwinden Schwäche und Zweifel. (James Stewart hat eine ganze Auswahl solcher Rollen gespielt.)

Die Teilung des Helden Seit es ganze Generationen von Menschen gibt, die durch Film und Fernsehen erzogen und in ihrer Weltsicht geprägt wurden, hat sich die *Media-Literacy* so stark ausgebildet, dass es zu einer Reihe von Experimenten mit der Heldenrolle gekommen ist. In der Science-Fiktion-Serie Star Trek (Raumschiff Enterprise) ist der Held in drei Figuren aufgesplittet, die das Denken (Spock), Fühlen (McCoy) und Handeln (Captain Kirk) symbolisieren.

Dieser schlaue Kunstgriff ermöglicht dem Autor, die inneren Monologe eines Helden auf eine interaktive und trialogische Ebene zu bringen. Im Meisterwerk „Diva" des französischen Regisseurs Beneix gibt es ebenfalls einen geteilten Helden, wobei hier der eine, ein harmloser Postbote, unverdientes Leid erfährt, während mitten im Film ein anderer, ein mysteriöser Algerier, das Gesetz des Handelns für den Postboten übernimmt (von Beneix als Gleichnis für die französische Gesellschaft gemeint).

Es gibt also mittlerweile viele Spielarten zur Aufstellung des Helden, ohne dass sich die wesentliche psychologische Funktion des Helden verändert. Er erlebt die Geschichte stellvertretend für das Publikum, das sich sein Schicksal emotional zu eigen macht und

4.4.5 Welcher Held für welches Publikum?

mit ihm mitfühlt. In dieser empathischen Verbindung von Held und Zuschauer liegt ein guter Teil der dramatischen Kraft nicht nur der erzählten Geschichte, sondern vor allem auch der kommunikativen Gemeinschaftsbildung zwischen Veranstalter und Zielgruppe.

4.4.5 Welcher Held für welches Publikum?

Nun, im Geschäftsleben und unserer Kommunikation mit der Zielgruppe geht es eher selten um jene heldenhaften Themen, die den Stoff für Krimis und Räuberpistolen, Liebesromane und Märchen liefern. Auch unser Personal hat auf den ersten Blick wenig mit Superschurken und Superhelden zu tun. Sind die Figuren unserer Geschichten nicht vielmehr ganz normale Menschen, Mitarbeiter, Entwickler, Forscher und Führungspersönlichkeiten, eben Personen unserer alltäglichen Arbeitswelt einerseits? Und andererseits unsere Partner, Kunden und die Nutzer unserer Produkte?

Wenn wir also für den Bereich der Live-Kommunikation eine Heldenfigur oder eine Gruppe von Helden etablieren wollen, sollten wir zuerst darüber nachdenken, mit welcher Art Held sich unsere Zielgruppe am ehesten identifizieren mag. Wenn wir die Rollen in unserer Projektstory verteilen, sollten wir entgegen der üblichen Egozentrik großer Unternehmen davon Abstand nehmen, uns selbst als Helden zu besetzen: dies ist nicht nur unschicklich, sondern auch ungeschickt.

Der Held ist die Rolle, die wir unserem Publikum zur Identifikation zugestehen müssen, sei es, dass wir die Zielgruppe selbst zum Helden unserer Story machen oder dass wir eine übergeordnete Figur entwickeln, zu der Veranstalter und Zielgruppe in gleichrangigem Verhältnis stehen können, zum Beispiel, um die Gemeinschaft der Freunde des Helden zu bilden. Wenn es sich aus welchen Gründen auch immer nicht vermeiden lässt, dass wir uns selbst in der Rolle des Helden präsentieren sollen, dann müssen wir darauf achten, dass wir die Regeln der Sympathie und Empathie einhalten, d. h. dass wir den Helden zwar moralisch integer, aber unbedingt auch mit Zweifeln und Schwächen zeichnen müssen. Und es muss ihm unverdientes Leid zustoßen; am besten eines, das nicht von unserer Zielgruppe, sondern von einem gemeinsamen Gegner ausgelöst wird.

Schicksalsgeschichten

Fehlen dem Helden solche Eigenschaften und Schicksalsschläge, wird es dem Publikum schwerfallen, ihn zu mögen. An den Superhelden aus Comics kann man das gut beobachten: ob Super-, Spider- oder Batman – immer sind die Helden auf irgendeine Weise vom Schicksal geschlagen. Man erkennt diese Passagen gut daran, dass sie dann ohne ihr Kostüm auftreten. Oft ist Einsamkeit oder der letzte Überlebende seiner Art zu sein das erste unverdiente Leid, das den Comic-Autoren einfällt. Auch Opfer eines Unfalls mit wundersamen Nebenwirkungen finden wir unter den Helden.

4.5 Das Drama als Muster: warum man welche Geschichten erzählt

Die ideale Rolle, mit der wir den Veranstalter besetzen können, ist zumeist die des Helfers oder Mentors des Helden. Auch können wir unser Produkt als Objekt der Begierde oder als *magisches Mittel* in die Heldengeschichte einführen. Das Wesentliche ist, dass unser Publikum unsere Rollenzuteilung rational verstehen sowie emotional nachempfinden kann.

4.4.6 Das Problem mit dem unverdienten Leid

Viele Inszenierungen und Präsentationen von Unternehmen scheitern übrigens oft schon am Anfang der Geschichte, weil es ihnen nicht gelingt, ein „unverdientes Leid" oder eine „gemeinsame Gefahr" so zu konstruieren, dass es vom Zuschauer in der Situation als glaubwürdig angesehen wird. Denselben Fehler kann man auch in den meisten Imagefilmen von Unternehmen beobachten: Es fehlt an einer Ausgangssituation, aus der heraus sich das Heldische am Produkt, an der Leistung oder am Unternehmen selbst entwickeln lässt.

Darüber hinaus setzen sich die meisten Unternehmen in solchen Darstellungsfilmen zu oft selbst als Helden ein, anstatt die Zielgruppe zum Helden zu machen. Das Ergebnis kennen Sie nur zu gut: Die meisten dieser Präsentationen und Filme sind entweder gähnend langweilig oder darüber hinaus auch noch lobhudelnd. Der Volksmund sagt dazu: Eigenlob stinkt. Ein weiterer Grund, über die Position des Helden in jeder zu erzählenden Geschichte genau nachzudenken.

4.5 Das Drama als Muster: warum man welche Geschichten erzählt

▶ Auf dem Weg zur Konzeption unserer Projektstory haben wir zunächst mögliche Strukturen und Restriktionen erwogen und uns dann die Bedeutung des Helden klar gemacht. Jetzt begeben wir uns auf die Suche nach der richtigen Geschichte, die geeignet ist, die Zielgruppe abzuholen und in unsere Community zu integrieren.

4.5.1 Kulturgeschichten

Eine gute Geschichte zu erzählen ist zwar eine Kunst für sich, zu unserem Glück muss aber nicht jede gute Geschichte neu erfunden werden. Genau genommen wurde so gut wie jede Geschichte schon hundertmal erzählt. Hier können wir auf ein großes Arsenal von archetypischen Dramen, Figuren, Mythen, Ritualen und ihre modernen Formate zurückgreifen.

Wir packen also unser dramaturgisches Handwerkszeug aus und analysieren zunächst einmal, welche allgemein bekannten dramatischen Muster in unseren Prozessen, Produkten und Dienstleistungen auf der Dramatischen Horizontalen vorliegen, um zu überprüfen, welche uns beim Erzählen unserer Geschichte weiterhelfen könnten. Dies tun wir nicht, weil uns nichts Neues einfällt, sondern weil unsere Prozesse, Produkte und Dienstleistungen mitsamt allen Strukturen, in denen sie geordnet sind, und unter Betracht aller Symbole und Figuren, mit denen sie zusammengebracht werden, nunmal der Inhalt unserer Kommunikationsmaßnahme sind. Außerdem können die vom jeweiligen Zielpublikum bereits erlernten und beherrschten Muster sehr hilfreich sein, wenn man sich beim Anderen verständlich ausdrücken will. Auch wenn man sich entscheidet, ein gelerntes dramatisches Muster im Verlauf der Erzählung gezielt zu brechen, nutzt man zunächst die Vorkenntnis der Menschen über die viel erzählten und oft variierten Geschichtsstränge.

4.5.2 Archetypen

Es gibt im Bereich Ihrer Identität, Ihrer Produkte und Dienstleitungen, bei all Ihren internen wie externen Vorgängen und auch in Ihrer Kommunikation so gut wie kein Thema und keinen Prozess, die nicht ihre Analogie in bekannten oder unterbewusst verinnerlichten Mythen, Märchen oder Medien haben. Sie wären überrascht, wie viele solcher Analogien und Muster bei genauer, dramatischer Analyse Ihres Unternehmens und seiner Verhältnisse im Markt zu Tage befördert würden.

Über alles gibt es Geschichten, Bilder und fest mit ihnen verbundene Figuren, zum Beispiel: Technische Innovation und Übermut der Jugend: Ikarus und Dädalus. Der einsame Wahrheitsfinder: Galileo. Der ängstliche Verräter: Judas. Der geniale Erfinder: Edison. Das Universalgenie: Da Vinci. Der Ritter von trauriger Gestalt: Don Quijote. Der mystische Ort: Stonehenge. Der furchtlose Entdecker: Columbus. Die langersehnte Rache: Spiel mir das Lied vom Tod. Die lange Suche: die Odyssee. Der Generationsstreit: Giganten mit James Dean. Die ideale Menschheit: Star Trek. Der Versucher Gottes: Faust. Der Brudermord: Kain und Abel. Der ewige Verlierer: Charlie Chaplins Tramp. Die tragische Schönheit: Marylin Monroe. Der letzte seiner Art: der Mohikaner.

Grimms Märchen. Shakespeares Dramen. Michelangelos Figuren. Der amerikanische Traum. Die griechischen Götter. Der Untergang von Atlantis. Frankenstein. Caesar und Kleopatra. Und so weiter und so weiter. Eine fast unendlich fortzusetzende Reihe.

Biblische Geschichten, Legenden, Mythen, bereits ebenfalls schon per Literatur, Theater, Oper, Film und Science-Fiction in unzählige Werke von Epigonen, Sprachen und Erzählstile umgesetzt und inszeniert. Die unzähligen Schicksale prominenter Zeitgenossen oder Alltagshelden, die in den berichterstattenden Medien inszeniert werden. Dazu Spiele und Alltagssituationen, die individuell von jedem Menschen durchlebt werden.

In unserem speziellen Bereich sind es natürlich auch die Erfolgsgeschichten von Erfindern und Industrieunternehmern, die wiederum selbst einen fast verklärten Status erreicht haben. All das bildet einen großen Pool von allgemein bekannten Analogien und dramatischen Abläufen in Figuren, Symbolen und Situationen, aus dem wir uns bedienen könnten, um die richtige Geschichte für unsere Veranstaltung zu entwickeln.

4.5.3 Internationale Archetypen

In Zeiten der Globalisierung muss man Geschichten daraufhin untersuchen, ob sie auch für eine internationale Zielgruppe verständlich sind. Da kommt es uns zupass, dass viele Geschichten zumindest als Muster in vielen Kulturen gleichzeitig vorhanden sind. So gibt es den Räuber als Retter der Armen in vielen Ländern: Robin Hood in England ist Rinaldo Rinaldini in Italien, Klaus Störtebeker im Bereich der Hansestädte oder der Schinderhannes am Mittelrhein.

Dieselbe legendäre Figur finden wir auch in Ungarn, Rumänien, China, Spanien, Russland, Indien und vielen anderen Kulturen. Es geht also nicht nur zuerst um den Namen, sondern um den Archetyp zum passenden dramatischen Muster, den Mythos, der all diesen gleichen Geschichten zugrundeliegt: Der edel gesinnte (Straßen-)Räuber nimmt die wirklich großen Räuber (Adel) aus, gibt den Armen zurück, was ihnen zuvor vom Steuereintreiber genommen wurde, und sorgt so für ausgleichende Gerechtigkeit. Dieses Muster wird vom Publikum weltweit erkannt. Robin Hoods unverdientes Leid besteht zum einen darin, dass man seinen Vater getötet und ihn seines Erbes und Ranges beraubt hat, andererseits darin, dass er außerhalb des Gesetzes stehen muss, obwohl er ja im Grunde der Gute und Edle ist. Was diese Figur aber so besonders griffig macht, ist, dass er sich des unverdienten Leids der Unterdrückten annimmt – eine typische Eigenschaft des Volkshelden.

Ähnlich ist es auch mit dem heiligen Berg, Sinnbild für den Sitz der Götter. Der Fujijama ist den Japanern, was der Mount Everest den Nepalesen, der Kilimandscharo den Suahelis oder der Popocatépetl für die Azteken ist. Der Berg Sinai, auf dem Moses die Gebote empfing, ist ebenso heilig, wie es der Paramount für die Indianer Nordwest-Amerikas war. Auch hier ist es nicht der einzelne Berg, sondern das dramatische Muster im Symbol, das vom Publikum erkannt wird. Einen Berg zu besteigen, bedeutet „dem Himmel, den Göttern nahe sein", sich also mit den bestimmenden Kräften des Schicksals auseinanderzusetzen.

4.5.4 Ins Gehirn geschrieben

Man nennt solche dramatischen Muster Brain Scripts. Es sind gelernte Geschichten und Symbole, die jeder Mensch aus seiner kulturellen Prägung, seiner erinnerten Erfahrung und seinem Wissen zu Rate zieht, um erlebte Situationen schnell zu erkennen, um sie in ihrer Bedeutung zu erfassen und einzuordnen.

All diese Brain Scripts helfen uns bei richtiger Anwendung also, uns bei der Zielgruppe leichter und zuverlässiger verständlich zu machen. Im Rahmen der Dramatischen Denkweise suchen wir zunächst die durch unsere Identität, Produkte, Leistungen und Kommunikationsziele bestimmte Dramatische Horizontale nach solchen Mustern ab. Wir wählen die individuell für unsere Situation zutreffenden Mythen, Symbole und Figuren, die uns geeignet erscheinen, in der Dramatischen Tiefe mit der Zielgruppe zu kommunizieren.

Haben wir solche Muster gefunden, überprüfen wir, ob sie auch in der Dramatischen Vertikalen, also auf verschiedenen Ebenen der Kommunikation funktionieren und sie sich auf der gewünschten Dramatischen Zeitachse sinnvoll zu einer Geschichte ordnen und realisieren lassen. Aus den verbliebenen Möglichkeiten sieben wir uns diejenigen aus, die im Rahmen der Gegebenheiten unser Kommunikationsziel am effizientesten umsetzen können.

Diesen Prozess müssen wir nicht unbedingt von der Dramatischen Horizontalen her angehen, schließlich sind die vier Dimensionen der Dramatischen Denkweise miteinander vernetzt. Kommen wir durch Analyse dazu, dass das stärkste, gemeinschaftsbildende Moment zwischen uns und dem Publikum der Veranstaltung in gleichen Zeitmustern zu finden ist, dann können wir auch die Dramatische Zeitachse als erstes Kriterium anlegen. Das ändert aber nichts daran, dass die anderen Dimensionen ebenfalls genau überprüft werden müssen und man sich am Ende für jene Umsetzung entscheiden sollte, die allen Dimensionen gleichermaßen gerecht werden kann.

4.5.5 Phoenix aus der Asche

Das hört sich im ersten Augenblick recht abstrakt an, weshalb ich an dieser Stelle einmal eins der ganz zu Anfang erwähnten Beispiele näher erläutern möchte.

Beispiel

Ein Konzern will eine Veranstaltungsreihe für den Fachhandel durchführen. Aufgrund technischer Vereinfachungen sind die Produkte des Konzerns in den letzten dreißig Jahren systematisch aus dem Fachhandel in Abholmärkte gewechselt. Der Endkunde benötigt den Fachhändler so gut wie nicht mehr, weil die Geräte lediglich aufgestellt und mit Strom versorgt werden müssen, um einwandfrei zu funktionieren. Der Fachhandel hat in Folge dieser Entwicklung nicht nur erhebliche, um nicht zu sagen existenzbedrohende Umsatzeinbrüche hinnehmen müssen, sondern ist auch in Sachen Vertrieb in der Wichtigkeit für den Konzern auf den letzten Platz gerutscht. Nun verändert sich die Situation wieder: Zukünftige Produkte werden sogenannte intelligente Produkte sein, die ihre volle Leistungskraft für den Endverbraucher nur dann ausspielen können, wenn sie in komplexere, computergesteuerte Systeme eingebunden werden. Dazu ist der Verbraucher in den meisten Fällen selbst nicht fähig.

Metathema Freundschaft Eine Analyse bringt folgendes zutage: Die neue Situation birgt eine Reihe von dramatischen Mustern. In der neuen Technologie der Produkte steckt eine Riesenchance für den Fachhandel, wieder in den Markt zurückzufinden. Das richtige dramatische Muster für ein solches Comeback: Phoenix steigt aus der Asche.

Das psychologisch Falsche: der mutige Fischer rettet den Ertrinkenden. Denn auch für den Konzern wird der lokale Händler wieder wichtig. Er wird derjenige sein, der den

4.5 Das Drama als Muster: warum man welche Geschichten erzählt 97

Kunden berät und die Geräte fachgerecht aufstellt. Also ist auch der Konzern zukünftig auf die Freundschaft des Fachhandels angewiesen. Von Freundschaft kann aber in dieser Beziehung keine Rede sein, denn die Enttäuschung und auch berechtigte Verärgerung seitens der Fachhändler über die jahrzehntelange, stiefmütterliche Behandlung, die sie vom Konzern erleiden mussten, ist nicht zu leugnen.

Ein Muster für dieses sehr starke, emotionale Element könnte sein: der verlorene Sohn. Wobei der Fachhändler natürlich die Rolle des Vaters bekommt (er ist nämlich der Vater des zukünftigen Erfolgs des Konzerns) und der Konzern in der Rolle des Sohnes, der sich vom Vater abgewandt hat, um in der Ferne ein Leben in Saus und Braus zu führen. Nun kehrt er geläutert heim und – diesen Schluss zieht das Publikum ganz automatisch – der Vater vergibt ihm, weil er darin die Chance begreift, seine heile Welt wiederherzustellen.

Diese dramatischen Muster beschreiben zwar die Situation, und das Publikum würde sie auf den Veranstaltungen erkennen, aber sie passen auf der Dramatischen Vertikale nicht zur technischen Ausrichtung des Konzerns. Dazu kommt die visionäre Qualität Zukunft sowie die hohe emotionale Qualität der Freundschaft, eines Zusammenhalts, den der Konzern von seiner Seite vorab nicht behaupten darf. Das wäre aus der realen Situation heraus unglaubwürdig und würde als peinliche Anbiederei entlarvt. Von so jemandem würde der Fachhändler nur schwer einen Rat annehmen.

Aus dramaturgischer Sicht muss hier eine Ebene zwischengeschaltet werden, da die direkte Thematisierung des Konflikts zwischen Konzern und Fachhandel zu Ungunsten des Konzerns ausgehen würde. Oder um bei Aristoteles zu bleiben: Die Fachhändler würden den Konzern als Verursacher ihres unverdienten Leids ausmachen.

▶ **Metathema und Leitmotiv** Zukunftsvision und Freundschaft sind also die Metathemen, für die wir nun nach Analogien suchen, die das Verhältnis zwischen Konzern und Fachhandel zunächst nicht negativ berühren, die aber diese Werte so inszenieren, dass sie vom Publikum in die Wertewelt des Konzerns übertragen werden. Die Geschichte muss also folgende Muster und Qualitäten mit sich bringen:

▶ **Metaebene** Wir benötigen eine übergeordnete Ebene, in der wir auch das Thema Zukunft unterbringen: die Geschichte spielt an einem Zukunftsinstitut. Studenten – als unabhängige Überbringer der Botschaften – beschäftigen sich mit eben jenen zentralen Fragen, die Konzern und Fachhandel verbinden.

▶ **Verbindendes Motiv** Ein starkes Motiv für Freundschaft ist der gemeinsame Feind. In unserer Geschichte übernimmt ein böser Geist in der Rolle des Professors diese Rolle. Er ist es, der dem Fachhandel in seiner Aufgabenstellung an den heldischen Studenten keine Überlebenschance einräumt.

▶ **Unverdientes Leid** Der Student erforscht nun den Fachhandel und freundet sich mit der Tochter eines Händlers an – gegen dessen Willen. Er erfährt vom unverdienten Leid des guten Elektrofachhändlers. Da auch ihm unverdientes Leid wegen der vermeintlich unlösbaren Aufgabenstellung durch den bösen Professor zuteil wurde, solidarisieren sich die Zuschauer mit ihm und nehmen den bösen Professor im Stück als Feind an (was uns bei genügend großer Empathie hilft, die Markierung „Feind" in der Realität vom Konzern abzulösen).

▶ **Emotionale Identifikation** Bauen wir also zunächst eine Brücke, über die unser Zuschauer in die Geschichte hineinmarschiert, damit der Zustand der Empathie erreicht werden kann. In einem ergreifenden Duett geben der Elektrofachhändler und seine Frau ihr unverdientes Leid preis. Gleichzeitig werden aber ihre Solidarität untereinander, ihr Fleiß und ihr Mut, dem Leid gemeinsam entgegenzutreten, als heldische Eigenschaft auf der emotionalen Ebene des Stücks hervorgehoben. Weil sie der gefühlten Selbsterfahrung der Zuschauer in ihrer Realität vollständig entspricht, ist diese Empfindung aus dem Stück heraus so stark, dass sich ab diesem Punkt Aufführung und reales Leben auf der emotionalen Ebene vermischen. Der Zuschauer sieht sich selbst auf der Bühne und nimmt das Schicksal der Rolle im Stück als das seine an.

▶ **Konfliktanalogie** Im Verlauf der Geschichte hilft nun der Student dem Händler und dieser muss seine anfängliche Abneigung gegen den Studenten ablegen. Er erkennt, dass er sich zu sehr von Vorurteilen hat leiten lassen. Später wird er diesen Prozess auf das Verhältnis mit dem Konzern übertragen: Man muss den Leuten eine zweite Chance geben, denn es ist ja möglich, dass man sich zuvor ein falsches Bild gemacht hat.

▶ **Leitmotiv** Der Fachhändler lässt sich vom Studenten helfen und hilft ihm wiederum: Freundschaft entsteht. Schließlich kommt auch der Vertreter des Konzerns hinzu und nimmt dieselbe Position zum Studenten ein: er hilft ihm und lässt sich von ihm helfen. Dies stellt Fachhändler und Konzern auf dieselbe Stufe: Nun haben sie nicht nur denselben Feind, sondern auch denselben Freund.

▶ **Lösung** Die eigentliche Aufgabe des Studenten: ein Zukunftsszenario für die Branche unter Betrachtung beider Positionen. Er nimmt dadurch die Rolle des unabhängigen Schiedsrichters und Schlichters ein, der den Schulterschluss mit beiden Parteien übt und so mit beiden gemeinsam die Lösung des Problems erreicht. Das Publikum lernt durch die Einsicht des Studenten: Der Schlüssel für den zukünftigen, gemeinsamen Erfolg liegt weder beim einen noch beim anderen, er liegt in der Gemeinschaft beider.

▶ **Happy End** Fehlt nur noch der glückliche Ausgang. Natürlich unterliegt das Böse. Der vom Helden vorgeführte Professor muss zerknirscht zugeben, dass das von den Freunden gemeinsam entwickelte Zukunftsszenario funktioniert. Er bestätigt somit aus der dramatisch starken Position des Gegners, unverdächtig der Parteinahme, die Richtigkeit der Strategie des Konzerns.

4.5.6 Aufmerksamkeit und Glaubwürdigkeit

All diese dramatischen Muster, sowie die vielen anderen, die ich Ihnen in dieser kurzen Wiedergabe unterschlagen habe, ergaben eine schlüssige, hoch emotionale Geschichte, die übrigens mit großem Erfolg für den Konzern als Musical inszeniert wurde. Musik ist dabei ein wunderbares Mittel, um die emotionalen Motive stark zu betonen. Art und Inszenierung der Geschichte waren hinsichtlich der eingesetzten Muster und Stilmittel glaubwürdig und wurden von den Zuschauern als angemessen angenommen.

Auch auf der Metaebene einer solchen Veranstaltung, auf der dem geladenen Fachhändler selbstverständlich klar ist, dass man ihn eingeladen hat, um ihm etwas zu vermitteln, nimmt der Zuschauer die Erkenntnisse aus dem Stück als Gleichnis für das Denken des Konzerns: Der Veranstalter hat ihn erkannt und mit seinen Sorgen, Nöten und Stärken skizziert. Das beweist dem Gast, dass ihm eine besondere Aufmerksamkeit zuteil wurde.

So erreichten die Aufführungen sowie die weiterführenden Maßnahmen das gewünschte LK-Ziel: Der Fachhandel zeigte sich bereit, dem Konzern vergangene Enttäuschungen zugunsten einer gemeinsamen Zukunft zu verzeihen und den angebotenen Dialog entsprechend aufzunehmen.

Die gewählten dramatischen Muster sowie die musikalische Darstellung der Ereignisse aus der Sicht des Fachhandels ermöglichten dem Publikum nicht nur das Erkennen der Analogie *Phoenix aus der Asche*, sondern führte sie auch über *den verlorenen Sohn* und der ihnen zugeteilten Vaterrolle zum richtigen Schluss: *den verlorenen Sohn* wieder aufzunehmen.

4.5.7 Mustervergleiche

Die Dramatische Denkweise wird also eingesetzt, um die tatsächliche Situation auf ihre Muster hin zu durchforsten und geeignete Analogien zu finden, die die gewünschte Veränderung von Bedeutungen herbeizuführen vermag. Die Geschichte aus dem Blickwinkel der Zielgruppe zu erzählen, hilft dem Publikum, schnell einen Zugang zur emotionalen Ebene zu finden. Den zuschauenden Elektrofachhändlern in der Inszenierung unverdientes Leid und damit *heldische Züge* zuzuordnen, ist der entscheidende emotionale Kunstgriff.

Wie erwähnt stecken in so gut wie allen Vorgängen, Verhältnissen und Leistungen, die mit unserem Unternehmen (auf der Dramatischen Horizontalen) verbunden sind, solche geeigneten Dramatischen Muster, die dem Publikum eine Heldenrolle in der Verständigung unserer Inhalte zuspielen können. Das Ganze ist letztlich natürlich ein bisschen auch psychologische Kriegsführung mit unserer Zielgruppe, und der Einsatz der richtigen Dramatischen Muster (auf der Dramatischen Vertikalen) dient dazu, unserem Publikum den Raum zu verschaffen, sich selbst (auf der Dramatischen Tiefe) erst emotional zu involvieren und dann den Inhalt zu akzeptieren.

4.6 Die Auswahl der Stilmittel

▶ Mit dem vorangegangen Beispiel zu den dramatischen Mustern haben wir dem nächsten Thema schon leicht vorgegriffen: die Auswahl der richtigen Stilmittel.

Ein weiteres Anzeichen dafür, wie schwer sich die verschiedenen Ebenen und Stränge der Live-Kommunikation einzeln darstellen lassen, gerade weil sie nicht nur chronologisch, sondern auch vernetzt zusammenhängen, d. h. sich gegenseitig bedingen. Wie fließend der Übergang zwischen dramatischen Mustern, Mechaniken und Motiven tatsächlich ist, wird in diesem Kapitel deutlich werden.

4.6.1 Eckpunkte der Dramaturgie

In der ersten Konzeptionsphase entwirft der Dramaturg das Grundgerüst seiner Geschichte, das seit Aristoteles dieselben wesentlichen Elemente aufweist. All diese Elemente werden über die Dramatische Horizontale zunächst in der Realität unseres Unternehmens, unserer Branche und unseres Verhältnisses zur Zielgruppe gesucht und schließlich in eine dramatische Analogie gepackt.

▶ **Dramatische Struktur** Die meisten Geschichten weisen folgende Elemente auf: Es beginnt logischerweise mit dem Thema, der zentralen Frage, der Ausgangssituation *(status quo)* mit ihrer Vor- und/oder Hintergrundgeschichte sowie der Exposition, also der Einführung des Publikums in die sich aus der Vergangenheit erklärenden, die Gegenwart bestimmenden Gegebenheiten.

Es folgen das erste situationsverändernde Handlungselement *(First Plot)*, der Aufhänger bzw. der Haken an der Sache *(Hook)* als wiederkehrendes Motiv, der die eigentliche Handlung einläutet, die mit Komplikationen, Konfrontationen, Hindernissen *(Conflicts)* sowie Rückschlägen und Wendungen *(Twists and Turns)* spannend gemacht wird.

Aufgabe des Helden ist dabei, durch Veränderung seiner persönlichen Situation die Auflösung *(Catalysis)* der Schwierigkeiten *(Crisis)* zu betreiben, um die Katastrophe abzuwenden. Hier läutet dann meist der zweite Plot den Höhepunkt *(Climax)* ein, der in den Endkampf *(Showdown)* mündet.

Verstärkt wird eine solche dramatische Grundstruktur durch den Erzählrhythmus, das Tempo und die Intensität der Erzählung durch Vorahnungen und Bestätigungen *(Fores-*

4.6 Die Auswahl der Stilmittel

hadowing and Payoff), durch die Erhöhung des Risikos und des Einsatzes der handelnden Personen, durch symbolische Handlungen sowie durch die Art der Sprache und Dialoge.

4.6.2 Mechanik, Motiv und Leitwerte

Ist mit den Eckpunkten des dramaturgischen Grundgerüst das Was markiert, geht es auch schon um das Warum und Wie der Erzählung: dramatische Mechaniken, emotionale Motive und übergeordnete Werte.

▶ **Dramatische Mechaniken** Alle bekannten Muster für das Erzählen einer Geschichte unterliegen dramatischen Mechaniken wie zum Beispiel Verwechslung, Verwandlung, Verirrung, Intrige, Verrat, Reigen, Rätsel, Prophezeiung, Verwünschung, schicksalshafte Fügung, Unfall, Kampf, innere Wandlung, plötzliche Wendung, Rettung, Befreiung, Aufgabe, Tabubruch, Tod und Tötung, Erkenntnis, Auflösung und Erlösung, um mal eine Reihe der wichtigsten zu nennen.

▶ **Emotionale Motive** Darüber hinaus sind diese Mechaniken mit unterschiedlichen emotionalen Motiven verbunden, wie etwa: Trieb, Ambition, Eifersucht, Hass, Rache, Neid, Gier, Neugier, Ehre, Pflichtgefühl, Treue, Unschuld, Freiheitsdrang, Sehnsucht, Hoffnung, Leidenschaft, Lust, Liebe (als Gefühl), Freundschaft, Gerechtigkeitssinn, Glaube, Mission, Güte, Gnade, Hingabe und so weiter.

▶ **Übergeordnete Werte** Hinzu kommt noch die Ebene der Symbole als erkennbare Zeichen für übergeordnete Werte wie Gerechtigkeit, Freiheit, Wahrheit, Ehrlichkeit, Sendung, Schicksal, Liebe (als Ideal) und so weiter, sowie die Figuren, die in diesen Mustern für das menschliche oder ideale Handeln stehen und in typisierten Rollen umgesetzt sind. Wobei, wie wir sehen werden, gerade mit den dramatischen Mechaniken und den Figuren auch schon Fragen der Wahl der geeigneten Stilmittel berührt werden.

4.6.3 Die Ausformung der Geschichte

All diese dramatischen Elemente lassen sich in fast beliebiger Kombination zu Geschichten ordnen, entweder am Beispiel bekannter Vorlagen oder gänzlich neu zu entwickelnder Geschichten. Egal, wie die Story „gestrickt" ist, dies legt uns noch nicht darauf fest, auf welche Art und Weise und mit welchen Stilmitteln und welcher Emotionalität wir diese Geschichte erzählen und inszenieren. Haben wir in Kombination aus dramatischer Mechanik und emotionalem Motiv ein geeignetes Dramatisches Muster für unsere Projektstory gefunden, gilt es mittels der Analyse auf der Dramatischen Vertikalen den geeigneten Stil und die Stilmittel für die spätere Umsetzung zu finden.

▶ **Stil und Stilmittel** Als Stil in diesem Sinne sind zum einen das Erzählformat oder Genre anzusehen, etwa Epos, Saga, Tragödie, Komödie, Satire, Farce, Reigen, Parodie, Märchen oder Sciene-Fiction, zum anderen gibt es dynamische Stilmittel wie Spannung, Verkehrung, Überraschung, Anhäufung, Steigerung oder Beschleunigung.

Auch dramaturgische Kunstgriffe wie zum Beispiel Abstraktion, Überzeichnung und Verklärung oder das Spiel mit dem Unerwarteten oder die Einlösung gegebener Versprechen gehören in diese Sammlung. Stil und Stilmittel beschreiben also nicht, *was* wir erzählen, sondern *wie* wir es erzählen. Sie sind der Vorgriff auf die gewünschte, emotionale Wertung des Erzählten, in welcher emotionalen Bedeutung wir die Tatsachen der Geschichte erscheinen lassen.

Mit jedem Genre, das wir bemühen, sind automatisch vorweggenommene Wertungen verbunden. Unser Publikum erinnert sich an die speziellen Eigenheiten jedes Genres und deren typische Bedeutungen auf der emotionalen Ebene. Auch erkennt es typische Zeichen und Kombinationen von Zeichen als Hinweise auf die gewollte Bedeutung einer Geschichte, selbst wenn mit diesen Zeichen in ironischer oder parodistischer Absicht gespielt wird. Seine Media-Literacy versetzt es in die Lage, das soeben Erlebte mit allen ihm bekannten Mustern zu vergleichen und daraus zunächst auf einer Empfindungsebene eine Wertung unserer Aussage vorwegzunehmen.

Letztlich geben Stil und Stilmittel der Geschichte ihre konkretes Antlitz und wir unseren Zuschauern damit einen entscheidenden Hinweis darauf, wie wir als Sender der Nachricht die speziellen Informationen in einen größeren Zusammenhang betrachten und verstanden wissen wollen.

So vermitteln wir einen Kontext, in dem unsere Aussage verlässlich zu bewerten ist: wie wir die Geschichte, die wir erzählen, wirklich meinen.

4.6.4 Die Epigonen des Phoenix

Nehmen wir mal ein Beispiel mit dem Phoenix als Heldengeschichte erzählt: Ein Flugzeug stürzt über der Wüste ab (unverdientes Leid). Die Überlebenden haben eine wichtige Aufgabe zu erfüllen: Von ihre Ankunft an einem bestimmten Ort hängt die Wiederherstellung der moralischen Ordnung ab. Als keine Rettung von außen mehr zu erwarten ist, wagen sie das Unmögliche (die magische Kraft). Sie schneiden das demolierte Transportflugzeug auseinander und bauen sich daraus unter Opfern (Martyrium) ein viel kleineres, aber flugtüchtiges Unikum.

Sie haben den Film wahrscheinlich irgendwann einmal in Ihrem Leben gesehen, und tatsächlich, das selbstgebaute Ungetüm wurde von den tapferen Helden auf den Namen Phoenix getauft. Die Nachricht hier: Helden geben niemals auf, es gibt immer einen Weg! Das heroische Genre Kriegsfilm wurde mit Absicht gewählt, denn es handelte sich um einen Propagandafilm.

Nun eine völlig andere Version des Themas, wie aus dem Film „Die Eine-Million-Pfund-Note" bekannt. Hier spielen sich zwei selbstherrliche Superreiche als Schicksals-

4.6 Die Auswahl der Stilmittel 103

götter auf und bestimmen einen armen Schlucker dazu, mit plötzlichem Reichtum umzugehen. Der Auserwählte scheint an der plötzlichen Veränderung seiner Umstände zu zerbrechen *(unverdientes Leid)*, doch als er ganz unten ist und vor den Trümmern seines Lebens steht, zieht er sich mit edler Gesinnung selbst aus dem Schlamassel. Auch er ist ein Phoenix. Das Original dieses Films ist als moralische Parabel erzählt. Die Nachricht hier: Das Gute im Menschen ist nicht von Adel oder Vermögen abhängig!

In einer Art Remake variiert der Film „Die Glücksritter" das Thema nochmals. Hier steigt der Phoenix nicht nur aus der Asche, sondern er rächt sich auch noch an den beiden Auslösern seines unverdienten Leids auf extrem komische Art und Weise. Hier ist die gleiche Geschichte als Verwechslungskomödie erzählt, die keinen Lacher auslässt. Die Botschaft: Was du nicht willst, das man dir tu, das füg' auch keinem andren zu!

Weitere Versionen des Phoenix-Musters begegnen uns in der Sportberichterstattung. Ein Beispiel ist die Boxkarierre von Mohammed Ali. Er faszinierte das Publikum besonders, da er das zuvor gültige Gesetz „They never come back" als erster Ex-Weltmeister durchbrach. Eine Fußballmannschaft, die nach hohem Rückstand doch noch auf die Gewinnerstraße zurückfindet, wird oft mit dem Bild vom Phoenix belegt. Auch diese Analogien aus dem Sport können als Stilmittel genutzt werden, um die Geschichte zu erzählen. Durch das unterschiedliche Genre werden hier aus demselben dramatischen Muster vom Phoenix aus der Asche verschiedene Botschaften entwickelt und mit unterschiedlichen emotionalen Wertungen belegt. Das ausgewählte Stilmittel gibt also unabhängig vom dramatischen Muster einen Hinweis, wie die emotionale Bedeutung der Ereignisse zu werten sein könne.

4.6.5 Der Blickwinkel

Eine weitere Dimension der Stilmittel sind der Blickwinkel und die dramatische Auflösung einer Geschichte in ihre chronologische Ordnung. Dies lässt sich gut anhand des Genres Krimi erklären. Was gehört zur Grundausstattung eines guten Krimis? Ein Verbrechen, ein Täter, ein Opfer, ein Jäger, vielleicht ein Zeuge oder Indizien. Mehr Elemente braucht man erst einmal nicht, um einen Krimi zu erzählen.

Diese Elemente lassen sich aber, ohne dass dadurch die eigentliche Chronologie der Ereignisse verändert würde, in einer Erzählung auf völlig unterschiedliche Art und Weise auflösen. Man kann zum Beispiel mit dem Spannungsbogen oder auch mit dem Auge des Beobachters spielen. So gibt es eine Reihe von Möglichkeiten, mit derselben Geschichte umzugehen.

Wir zeigen das Verbrechen, aber nicht den Täter. Der Jäger tritt auf den Plan, er sammelt Spuren, redet mit dem Zeugen und entlarvt zuletzt den Täter. Der Zuschauer erlebt die Geschichte aus Sicht des Jägers (Detektiv, Kommissar), spekuliert mit ihm, deutet die Spuren und stellt Vermutungen an, wer der Täter sein könne. Wenn man die besondere Überraschung als dramatischen Kunstgriff wünscht, kann man es so einrichten, dass es am Ende doch nicht der Gärtner war.

Wenn der Kunstgriff Rätsel heißt, geht es nur darum, wie der Jäger den Täter überführt. Eine solche Version der Geschichte kann man auch erzählen, indem man gleich zu Anfang den Täter in flagranti bei der Ausführung des Verbrechens zeigt. Jetzt kennt das Publikum den Täter schon und es geht nur noch um die Raffinesse des Jägers.

Die gleiche Geschichte aus anderer Sicht: Jemand erfährt, dass er das Opfer eines Verbrechens sein soll. Um dem Täter zuvorzukommen, schlüpft das Opfer allmählich in die Rolle des Jägers. Oft liegt bei dieser Version die innere Wandlung des Helden vom Opfer zum Jäger im Fokus der Beobachtung. Das Publikum fiebert nun mit, ob das Opfer diese Wandlung schafft. Ähnlich bei der Konstellation, in der ein zufälliger Zeuge des Verbrechens selbst in Gefahr gerät, zum Opfer zu werden. Hier wird das Opfer auch wieder zum Jäger oder ein Jäger nimmt sich des Zeugen an, um ihn zu retten.

Und nochmal anders: das Verbrechen und die Jagd aus Sicht des Täters. Das Publikum wird in seine Vorbereitungen eingeweiht, lernt seine Motivation kennen. Als Sozialdrama erzählt erscheint der Täter in seiner Ausweglosigkeit als Opfer, er stiehlt vielleicht nur, um das Überleben seines erkrankten Kindes zu ermöglichen. Wie steht der Täter nun in unserer Beurteilung da? Oder er ist ein gewitzter Gentleman-Verbrecher, der den unfähigen Beamten bei der Polizei ein Schnippchen schlägt und somit sich stellvertretend für seine Zuschauer am Staatsapparat rächt.

Zuletzt noch die abstrakte Version: die Geschichte aus der Sicht des Verbrechens selbst. Hier erscheinen Täter, Opfer, Jäger und Zeuge nur als funktionierende Marionetten, das Verbrechen selbst wird als unabänderliches Prinzip inszeniert. Eine solche Darstellungsweise kann sehr nützlich sein, wenn man sein Publikum mit der Frage beschäftigen will, ob es denn Täter, Opfer, Jäger oder nur Zeuge eines Prozesses ist oder sein will. Dass sich das Publikum diese Frage stellt, könnte ja auch als Vorbereitung für eine höhere Nachricht sinnvoll sein. Diese Auflistung von Versionen ließe sich leicht noch fortführen.

4.6.6 Die Perspektive bestimmt die Position

Sie sehen, fast jede Geschichte lässt sich auf so unterschiedliche Art und Weise erzählen, dass das Publikum die Nachricht ebenso unterschiedlich aufnimmt. Genauso lässt sich natürlich auch der Inhalt Ihrer Nachricht auf unterschiedliche Art und Weise erzählen – was der Dramaturgie Ihrer Live-Kommunikation den Gestaltungspielraum lässt, Ihren Inhalt auf Ihr Kommunikationsziel hin zu inszenieren.

Wie bei den obigen Beispielen ist die Position des Auges des Beobachters wichtig, ebenso die verschiedenen Möglichkeiten, den Spannungsbogen aufzuziehen. Über den Blickwinkel lässt sich die emotionale Position unseres Publikums zur erzählten Geschichte voreinstellen. Da aus jeder Perspektive andere emotionale Wertungen in den Fokus rücken, ist dies unter Berücksichtigung des gewünschten Kommunikationszieles auch für die Live-Kommunikation ein wichtiges Stilmittel.

4.7 Das Medium als Gestaltungsmittel 105

▶ Wir müssen uns angesichts der ausgewählten Geschichte die Frage stellen, welche Perspektive für das Publikum die beste ist, um eine gute Verständlichkeit und eine hohe Identifikation zu erreichen. Wir können es in verschiedene Rollen, auch die des Helden selbst, involvieren, können es aber auch unabhängiger Beobachter sein lassen und somit dessen emotionale Position zur Geschichte vorbestimmen.

Ist die Geschichte geschickt erzählt, wird das Publikum die ihm zugedachte Perspektive annehmen und auch die damit verbundenen emotionalen Wertungen übernehmen. Über Stil und Stilistik leiten wir dann den Zuschauer an, in welchem emotionalen Bedeutungsraum er die Ereignisse und Rollen der Geschichte bewerten soll. Je nach angestrebtem Kommunikationsziel teilen wir dem Publikum seine Rolle in der Geschichte zu und lassen es anhand der Analogien selbst die gewünschten Schlüsse ziehen.

4.6.7 Effizienz schlägt Vorliebe

So wie die möglichen dramatischen Muster, Mechaniken und Motive am sinnreichsten aus unseren Inhalten abgeleitet werden sollten, so unterliegt auch die Auswahl des Stils und der Stilmittel einer gewissen Einschränkung durch unser Thema und den allgemeinen Rahmen, der durch unsere CI und unser Verhältnis zur Zielgruppe einer Veranstaltung vorgegeben wird.

Trotz dieser Einschränkungen sollten wir aber nie vergessen, wem wir die Geschichte erzählen wollen und welche Muster, Stile und Medien am geeignetsten sind, um unser Kommunikationsziel zu erreichen. Manchmal empfiehlt es sich, die eigenen Inhalte in einem anderen, für das Verständnis und die Akzeptanz durch die Zielgruppe geeigneteren dramatischen Muster unterzubringen.

Die Verzahnung der verschiedenen Ebenen wird im nächsten Kapitel noch weitergehen, in dem wir uns mit den uns zur Verfügung stehenden Medien auseinandersetzen wollen. Denn obwohl es erst einmal grundsätzlich möglich ist, jede Geschichte in jedem medialen Format zu erzählen, so schlägt dieses doch sowohl auf die Auswahl der Stilmittel als auch auf die der dramatischen Muster zurück.

4.7 Das Medium als Gestaltungsmittel

▶ Jede Geschichte und jedes dramatische Muster lassen sich in jedem nur erdenklichen Medium wiedergeben. Aus einem klaren Inhalt oder einer guten Idee können wir eine Rede, ein Gedicht, einen Roman, ein Gemälde, eine Skulptur, eine Ausstellung, ein Schauspiel, einen Song, eine Oper, einen Roman, einen Kurzfilm, einen Spielfilm, ein Musikvideo, einen Spot, eine TV-Serie, eine Dia-Show, eine Comedy, ein Ballett, ein Musical, ein Comic, ein Computerspiel, ein Gesellschaftsspiel, einen Presseartikel und und und machen. Gleichzeitig nimmt das Publikum den Inhalt zunächst über die Gestalt auf, die er in dem jeweiligen Medium annimmt.

4.7.1 Die leere Hülle

Nach unserem Verständnis ist ein Medium zunächst einmal inhaltsleer, quasi bar jedes eigenen Sinns. Es ist nichts als ein Transporter von Informationen und zunächst auch ohne Stil oder emotionale Bedeutung. Wir benutzen Medien stets zu dem einen Zweck, um eine Geschichte in eine für unsere Zielgruppe wahrnehmbare Form zu bringen und, wenn es das Medium ermöglicht, den Inhalt zu konservieren. Stil und der Grad der emotionalen Wirkung entstehen nicht aus dem Medium heraus, sondern durch die Art und Weise, wie das Medium inszeniert wird.

Dabei sind alle Medien, seien sie menschlicher oder technischer Natur, stets unter sieben Aspekten zu betrachten, die es bei der Planung unserer LK-Maßnahmen zu berücksichtigen gilt:

▶ **Medien ohne Inhalt und Stil** Ein Medium ist ohne eigenen Inhalt und ohne eigenen Stil, es sagt aus sich heraus nichts aus. Ein Medium ist also deswegen höchstens als Kunsthandwerk anzusehen, nie aber als Kunst selbst. Seine Aufgabe ist es, dort unsere kommunikativen Inhalte zu vermitteln, wo die Kunst eigene Inhalte ausdrückt.

▶ **Dramatische Eigenschaften** Jedes Medium hat aber seine eigenen dramatischen Eigenschaften und funktionalen Grundregeln, nach denen es zu beurteilen und einzusetzen ist. Es eignet sich mit seiner Gestalt für die Vermittlung bestimmter Inhalte und deren emotionale Aufladung eben mehr oder weniger. Danach sollte die Qualität des Mediums für die jeweilige Situation beurteilt werden.

▶ **Media-Literacy** Jedes Medium hat seinen Anspruch und sein verinnerlichtes Pendant im Bewusstsein der Zielgruppe. Der Empfänger nutzt seine Media-Literacy, sein Wissen über Funktion und Phänomen eines Mediums, um es in seiner Qualität zu bewerten. Da sich in der Wahrnehmung der Zielperson das Medium und der vermittelte Inhalt oft vermischen, spielt die Fähigkeit des Publikums, das Medium selbst zu „lesen", eine wichtige Rolle. Nichts ist schlimmer, als wenn unser Publikum einen medialen Fehler als Fehler unseres Inhalts wahrnimmt.

▶ **Medientechnik** Darüber hinaus hat jedes Medium seine Medientechnik, also seinen technischen Vorbedingungen, Ausstattungen und Funktionen, die unbedingt zu beachten und vollständig zu erfüllen sind, wenn man es zur Vermittlung der Botschaft oder auch nur zur begleitenden Inszenierung einsetzen möchte. Gerade im Bereich der hochkomplexen Veranstaltungstechnik sollte man zum Beispiel Platzbedarf und Kompatibilität im

4.7 Das Medium als Gestaltungsmittel 107

Vorfeld bedenken. Aber auch jedes andere Medium aus der bildenden oder darstellenden Kunst hat seinen Raumbedarf und seine technischen Bedingungen.

▶ **Gestaltungsbedarf** Kein Medium funktioniert von alleine. Für jedes Medium, das wir einsetzen wollen, benötigen wir möglichst einen kreativen Ideengeber, vor allem aber einen in vielen Stilen sicheren Gestalter und handwerklich fähigen Bediener – jemanden, der das Medium nach unseren Vorgaben inhaltlich und formal gestaltet und auch technisch zum Funktionieren bringt.

▶ **Finanzbedarf** Jedes Medium hat seinen eigenen Finanzbedarf in Bezug auf die Kreation, die Vorproduktion und beim Einsatz vor Ort. Man sollte niemals ein Medium verwenden, dessen Kreation, Produktionsbedingungen und erforderliche Qualität man nicht im vollen Umfang finanzieren kann, auch wenn es noch so reizvoll wäre es einzusetzen.

▶ **Zeitbedarf** Nicht zuletzt spielt auch der Zeitbedarf in der Vorproduktion und beim Einsatz vor Ort eine wesentliche Rolle. Qualität hängt oft nicht nur an der Gründlichkeit der Hersteller, sondern auch an den zeitlich geordneten, kreativen wie technischen Prozessen in der Vorbereitung und dem Abspielen eines Mediums. Vor allem aber ist es die Zeit, die jedes dramatische Medium braucht, um seine vermittelnde Qualität im Publikum voll zu entfalten.

Nach diesen Aspekten ist der Einsatz von Medien in Funktion und Technik für Ihre Kommunikation zu beurteilen. Dabei spielt es keine Rolle, ob das Medium unseren kommunikativen Anforderungen nicht gerecht werden kann oder ob wir aus welchen Gründen auch immer die Anforderungen des Mediums nicht erfüllen können: Wenn wir zu einer solchen Beurteilung kommen, sollten wir dieses Medium auf keinen Fall zur Vermittlung unserer Inhalte heranziehen.

4.7.2 Schöne neue Technikwelt

Andere Eigenschaften eines Mediums sollten am besten nur in absoluten Ausnahmefällen als Kriterien für den Einsatz herangezogen werden. Ob ein Medium uns besonders gefällt oder vielleicht gerade in Mode ist oder nicht, spielt tatsächlich eine untergeordnete Rolle. Ein Medium sollte nie als Selbstzweck eingesetzt werden. Dasselbe gilt für den Einsatz moderner Medientechnik.

Gerade, wenn eine Technik neuartig oder *technically sweet* ist, sollte unser Urteilsvermögen über die Sinnfälligkeit des Mediums nicht getrübt werden. Ich grenze das hier so bewusst aus, weil ich mich – nicht ohne Schmerz – an viel zu viele Fälle erinnern kann, bei denen nach solchen Kriterien entschieden wurde.

> **Beispiel**
>
> Ich fand eines Tages an den Wänden eines Messestands eine Reihe von brandneuen und teuren Flachbildschirmen vor, die ein Vorstand ein paar Tage zuvor auf einer anderen Messe entdeckt und sofort beim Verleiher bestellt hatte. Man wollte der erste sein, der diese tolle Medientechnik auf einem Stand bei dieser speziellen Messe einsetzte. Auf unsere Nachfrage, welcher tolle Film denn nun auf diesen wunderschönen Monitoren gezeigt werden solle, stellte sich schnell heraus, dass es nichts zu zeigen gab, das die Messethemen adäquat ins Bild setzen konnte.

Die technischen Voraussetzungen waren geschaffen, für die Produktion des eigentlichen Mediums aber waren weder Mittel noch Zeit vorhanden. Sicher, das ist eine Dummheit, die nur anderen Leuten passiert, denkt man sich vielleicht; wenn ich hier nun aber aus dem Nähkästchen plaudern würde, dann könnten Sie sich jetzt durch hunderte solcher lustigen Beispiele lesen. Der Fehler ist immer derselbe: Ein herausragender Teilaspekt eines Mediums oder einer Medientechnik gibt den Ausschlag für den Wunsch, es einzusetzen. Der Blick für Sinnfälligkeit und vollständige Funktion des Mediums wird durch den starken Wunsch vernebelt.

Eine im Zeitalter der digitalen Medienproduktion leider viel zu oft verdrängte Tatsache ist der technische Zeitbedarf für die Gestaltung und Produktion eines Mediums. Vor allem Ton- und Bildproduzenten sind oft Opfer des auf Kundenseite beharrlich existierenden Irrglaubens, Computer könnten einfach alles und würfen auf Knopfdruck jedes gewünschte Ergebnis binnen Minuten aus.

Eine fahrlässige Einschätzung, die oft dem Einsatzwunsch eines Mediums vorauseilt und die nachher zu unbefriedigenden, wenn nicht gar kontraproduktiven Ergebnissen führt. Jede sinnvolle, handwerklich gut ausgeführte Produktion benötigt nach wie vor ihre Zeit, und alles, was mal eben so schnell gemacht wird, lässt für gewöhnlich die notwendige Qualität vermissen. Die Produktionszeit ist also ein weiteres wichtiges Kriterium, dem die Auswahl der Medien für unsere Maßnahmen unterliegt.

4.7.3 Schnelle Aufnahme

Die andere wichtige Zeitkomponente eines Mediums ist die Rezeptionszeit, d. h. die Zeitspanne, die unser Publikum benötigt, um das eingesetzte Medium zu erkennen, es in seiner dramatischen Führung zu erfahren oder zu erleben, als auch die Zeit, die das Medium benötigt, um die Geschichte dem Publikum emotional und inhaltlich zu vermitteln.

> **Beispiel**
>
> Wir können den Ablauf einer Dienstleistung in einem Film darstellen. Dauert der Film fünf Minuten, so muss auch der Rezipient fünf Minuten aufbringen, um den Film zu sehen. Vielleicht ist die Dienstleistung aber so komplex, dass die fünf Minuten im Me-

4.7 Das Medium als Gestaltungsmittel   109

dium Film nicht zur fachgerechten Vermittlung des Inhalts ausreichen. Gut, machen wir zehn Minuten draus. Jetzt kann man den Inhalt verstehen.

Zeigen wir den Film im Rahmen einer Tagung, bringt der Zuschauer diese zehn Minuten auf. Er sitzt auf einem Stuhl, ist im Tagungsmodus, das Licht geht aus, er schaut zu. Kein Problem soweit. Toller Film, sagt unser Vorstand, zeigen wir ihn doch auch auf der Videowand auf unserem Messestand. Hier aber haben wir eine andere Rezeptionszeit. Der Messebesucher steht, ist im Bewegungsmodus, es ist hell und laut drumherum, ergo nimmt er sich keine zehn Minuten Zeit, den Film anzuschauen. Folglich wird die Zielgruppe nur Ausschnitte sehen und den Inhalt nicht verstehen.

▶ Jedes Medium kann seine Aufgabe nur erfüllen, wenn es auf die vom Betrachter aufzubringende Rezeptionszeit eingestellt ist.

▶ Ein Vorteil der Live-Kommunikation liegt schon darin, dass wir auf einer Veranstaltung die Aufmerksamkeit der Zielgruppe über viele Stunden binden können und uns so große Zeitfenster zum Einsatz unserer Medien offenstehen. Vor allem aber können wir die Rezeptionssituation als solche beeinflussen und unserem Medium einen optimalen Auftritt bereiten.

4.7.4 Sich durch eine Geschichte bewegen

Dieselbe Dienstleistung lässt sich noch anders darstellen. Bei einem Film verharrt der Zuschauer und die Ereignisse bewegen sich an ihm vorbei. Eine Ausstellung kann genau dieselbe Dienstleistung umsetzen, nur dass nun unser Medium verharrt, während sich der Rezipient durch die Ereignisse der Geschichte hindurch bewegt. Ein Vorteil einer solchen Ausstellung: Der Zuschauer bestimmt selbst, in welcher Geschwindigkeit er den inszenierten Inhalt aufnimmt, überspringt vielleicht ihm bereits bekannte Teile und widmet sich umso intensiver den ihm noch unbekannten Aspekten des Inhalts.

Das Medium Ausstellung ist für die meisten Rezipienten wahrscheinlich langsamer als das Medium Film; der Besucher benötigt für denselben Inhalt vielleicht zwanzig, vielleicht vierzig Minuten, wenn er sich grundsätzlich orientieren muss. Hat er aber spezifisches Vorwissen, kann er sich in einer gut gemachten Ausstellung schnell diejenigen Informationen aneignen, die ihn interessieren oder für ihn neu sind. Wir überlassen es unserer Zielgruppe, die Rezeptionszeit individuell an ihren Zeitplan anzupassen.

Oder wir lassen ein tolles Comic zeichnen und als Buch produzieren. Unsere Zielperson ist vom Medium beeindruckt, muss aber nun eine Stunde damit verbringen, es zu lesen. Nimmt er sich die Zeit, weil ihm die Gestaltung gefällt und er selbst darüber entscheiden darf, wann er das Medium rezipiert, ist das Buch trotz seiner längeren Rezeptionszeit vielleicht das bessere Medium. Lesen und Betrachten dieses Mediums involviert die Zielperson unter Umständen stärker als ein kurzer Film, wenn der Rezipient sich selbst die Zeit nehmen kann. Er vertieft sich in das gut gestaltete und dramatisch richtig erzählte Comic und nimmt so die Information intensiver auf.

> Neben den unterschiedlichen emotionalen Qualitäten dieser Medien ist es auch die unterschiedliche Zeit, die sie für den einen oder anderen Einsatz im Rahmen Ihrer Kommunikation empfehlen. Wenn Sie ein Medium zum Einsatz auf einer Veranstaltung auswählen, lassen Sie ihm die Zeit, die es braucht, um kommunikativ sinnvoll zu wirken. Haben Sie oder Ihre Zielperson diese Zeit nicht, ist dies ein klares Ausschlusskriterium.

4.7.5 Die Frage der Qualität

Noch ein paar Worte zur notwendigen Qualität. Wir sind genauso wie unser Publikum tagein tagaus von allen möglichen Medien umgeben, vor allem Unterhaltungsmedien wie Musik, Film und Fernsehen und die in der klassischen Kommunikation benutzten Mittel erreichen dabei hohe Qualitäten (natürlich nicht alle, aber wir orientieren uns automatisch an der Spitze).

Diese Qualität geht uns ins Unterbewusstsein über und wird von unserem Publikum ohne Nachsicht als Maßstab für die von uns auf Veranstaltungen eingesetzten Medien angewandt. Wir können deswegen nur empfehlen, der Vergleichbarkeit so oft wie möglich auszuweichen und genau zu überlegen, welche nicht so oft erlebten und gut gelernten Medien sich als Alternative anbieten. Wesentlich für die Eignung eines Mediums für den Einsatz in der Live-Kommunikation ist aber seine dramatische Gestaltbarkeit im Hinblick auf die Inszenierung und seine Bezahlbarkeit in der überzeugenden Qualität.

4.8 Die Auswahl der geeigneten Medien

> Jedes Medium ist also zunächst ohne Inhalt und Stil, und darum lässt sich so gut wie jedes Medium für Ihre Kommunikation auf Veranstaltungen einsetzen. Trotzdem unterliegt es einigen Kriterien, unter denen es betrachtet werden muss. Die wichtigsten für die Auswahl des geeigneten Mediums sind seine dramatischen, emotionalisierenden und vermittelnden Fähigkeiten in Bezug auf die Durchsetzung unseres Kommunikationszieles bei unserem Publikum, gemessen an seinen Qualitäten in der jeweiligen Situation und unter Beachtung der technischen Notwendigkeiten.

4.8.1 Mediengruppen

Zur Übersicht wollen wir hier die für Inszenierungen geeigneten Medien in Gruppen aufgliedern, auch wenn die Grenzen natürlich fließend sind.

4.8 Die Auswahl der geeigneten Medien 111

▶ **Inhaltsorientierte Medien** Die Standardmedien zur Vermittlung von Inhalten sind Text und Sprache, das Halten von Reden und deren Unterstützung durch grafische, fotografische, gezeichnete oder generierte Bilder (Charts), die Vorführung von szenischen oder erklärenden Filmen, Hörspiele und Audiobotschaften, Diashows und Ausstellungen, das Diskutieren von Inhalten in einer Expertenrunde, das Vorführen von Produkten, die Aufführung von Sketchen oder ganzen Theaterstücken (Business-Theater).

▶ **Gefühlsorientierte Medien** Zur stärkeren Emotionalisierung werden dann weitere Medien hinzugezogen wie etwa Musik und Audiosphären, analoge Umsetzungen von Inhalten oder Prozessen in Tanz oder in artistischen, mimischen und komischen Darbietungen. Zu den Mitteln, die uns bei der emotionalen Führung helfen können, gehören auch rein unterhaltende Künstlerauftritte oder musikalische Einlagen, die wenig bis keinen Inhalt transportieren, aber in unserer Dramaturgie zumindest einen symbolischen oder analogischen Charakter in Bezug auf unseren Inhalt haben sollten. Sie können aber auch im Sinne einer inszenierten Pause vordergründig nur der Unterhaltung und Zerstreuung dienen.

▶ **Architektonische Medien** Aufgrund der Kosten architektonischer Medien sucht man gerade für Einzelveranstaltungen zunächst ein grundsätzlich zum Eventkonzept passendes und logistisch sinnvolles Gebäude (Event Location) und passt dieses mit raumgestaltenden Medien wie Bühnenbild, Dekorationsbau und Veranstaltungsarchitektur an die Notwendigkeiten des Inszenierungskonzepts an. Es soll aber auch nicht geleugnet werden, dass Eventkonzepte oft unter logistischen Überlegungen an eine Location angepasst werden. Größeren Gestaltungsfreiraum haben wir mit fliegenden Bauten wie etwa beim Zelt- oder Systembau und bei der Errichtung klassischer Ausstellungsarchitektur (Messestände, Pavillons, Firmenmuseen).

▶ **Technische Medien** Eine weitere wichtige Gruppe sind die technischen Medien der Inszenierung, also Projektionen aller Art und Lichtdesign, ergänzt um eine Reihe von Spezialeffekten wie Lasershow, Pyrotechnik (Feuerwerk) sowie kinetische und illusionistische Effekte. Diese technischen Medien können alle vorgenannten sinnvoll ergänzen, Ausschnitte vergrößern, Aufmerksamkeit lenken und Zeitempfinden steuern. Vor allem im Verbund mit der Eventarchitektur können sie das Raumempfinden der Teilnehmer im Verlauf einer Veranstaltung verändern und so wesentlich den Rahmen der inszenierten Inhalte mitbestimmen.

▶ **Interaktive Medien** Große Bedeutung für die Live-Kommunikation haben Interaktive Medien, angefangen von Publikumsdiskussionen und Workshops, über moderierte Wett- oder Gewinnspiele bis hin zu technischen Medien wie Interaktive Lernsysteme, Videokonferenzen und Web- und Spielstationen sowie eigens entwickelte Gesellschaftsspiele. Wir betrachten auch diese als Medien, da sie geeignet sind, Inhalte zu transportieren und in Interaktion erfahrbar zu machen.

▶ **Künste als Medien** Gerade in der Live-Kommunikation können Sie aber auch noch auf zusätzliche Medien zurückgreifen, die sich viele Menschen nicht als eventtauglich bewusst gemacht haben. So eignen sich Bildende Künste wie Malerei, Plastik und Fotografie, aber auch das eine oder andere faszinierende Handwerk wie Buchdruck, Kostümschneiderei oder Maskenbild sehr wohl, um als emotionalisierendes Medium zu fungieren.

▶ **Begleitende Medien** Zu guter Letzt kommen noch begleitende Medien wie Einladungen, Programmhefte und Nachberichte in Bild, Ton und Text, Prospekte und Image-Broschüren hinzu. Auch leitende Symbole wie Beschilderungen und Beflaggungen sowie übertragende Medien wie eine Simultanübersetzung oder eine Videoprojektion mit Livebildern vom Bühnengeschehen oder Livestreams von der Veranstaltung gehören in die Produktion von Events.

Sie sehen, der Begriff Medium hat in der Live-Kommunikation eine weite Bedeutung. Jedes dieser Medien hat seine eigenen Qualitäten in der Vermittlung von Inhalten, der emotionalen Stimmungsführung oder der Gestaltung der Inszenierung. Im Rahmen eines Events und zugunsten der totalen Kommunikation empfiehlt es sich, möglichst viele dieser Medien im Einzelnen und auch für die jeweilige Situation auf ihre Tauglichkeit, Sinnfälligkeit und Finanzierbarkeit zu überprüfen. Jedes dieser Medien hat seine eigenen Stärken, und es ist ein ganz normaler Prozess, im Vorfeld einer Veranstaltung einige dieser Medien nach ihrer Eignung auszuwählen und zu einer dramatischen Gesamtinszenierung zu mixen.

4.8.2 Die Angemessenheit eines Mediums

Ein erster Aspekt, der tatsächlich auch auf die Auswahl der Medien Einfluss hat, ist die Größe des Publikums. Es gibt Medien, die sich eher für kleine Gruppen eignen, andere, die ihre Stärken erst bei großer Gästezahl voll entfalten, einige lassen sich in dezentralen Situationen einsetzen, wieder andere brauchen eine zielgerichtete Aufmerksamkeit, um wirken zu können. Auch die für die Inszenierung zur Verfügung stehende Zeit ist ein wichtiger Faktor bei der Auswahl.

Ein weiteres, frühzeitig anzuwendendes Ausschlusskriterium sind die verfügbaren Finanzmittel. Nicht nur die für fast jedes Medium notwendige Vorproduktion, sondern auch der technische und personelle Aufwand zur Aufführung bestimmter Medien vor Ort verursacht direkte und indirekte Kosten. Es versteht sich von selbst, keine Medien einzusetzen, die den gesteckten Kostenrahmen sprengen würden.

Andererseits sollte man sich auch immer fragen, wie sinnvoll der Einsatz eines Mediums überhaupt ist, wenn sich damit unsere Ziele aufgrund von Budgetbegrenzungen nicht erreichen lassen. Angemessenheit in der Auswahl der Medien ist nicht nur eine budgetäre Frage, sondern auch ein Aspekt der dramaturgischen Taktik und der Rezeption. Wenn man auf einer Mitarbeitertagung einen Sparplan vorstellt, sollte man das vielleicht nicht mit einem opulenten Feuerwerk tun.

4.8 Die Auswahl der geeigneten Medien   113

4.8.3 Die Qualität des Mediums steht für unsere Kompetenz

Nachdem wir auf diese Weise eine Reihe möglicher Medien eingegrenzt haben, können wir als nächstes prüfen, ob es bestimmbare Affinitäten zwischen den Medien und unserem Inhalt, unseren angebotenen Produkten und Leistungen gibt. Eine Auswahl nach solchen Kriterien ist nicht unbedingt erforderlich, aber es macht sich immer gut, wenn die eingesetzten Medien assoziativ zu unserem Inhalt passen.

Für einen Automobilhersteller mit sportlichem Image bieten sich zur Inszenierung Medien mit großer Bewegungsdynamik an, zum Beispiel Tanz und Sportarten, vielleicht eine Video-Installation mit kopfbewegten Videoprojektoren. Zu Hard- oder Softwareherstellern passen Medien, denen man ihre digitale Produktionsweise deutlich anmerkt. Stehen Kundenbeziehungen und soziale Dienstleistungen im Vordergrund des Veranstalters, empfiehlt es sich, über den verstärkten Einsatz von Darstellern nachzudenken. Und wenn unser Unternehmen mit der Herstellung von Maschinen oder Techniken beschäftigt ist, die selbst mit der Produktion eines Mediums zu tun haben, zum Beispiel Kameras oder Druckmaschinen, dann sollten wir versuchen, diese Mittel in unsere Inszenierung einzubeziehen, aber in möglichst unerwarteter Weise.

▶ Es empfiehlt sich aber, hierbei eine gewisse Vorsicht walten zu lassen. Der Zuschauer versteht die Kompetenz aus den benutzten Medien als Sinnbild für die entsprechende Kompetenz des Unternehmens. Nichts ist peinlicher, als wenn einem Software-Hersteller bei einer Veranstaltung ein Programm abstürzt, auch wenn es sich lediglich um die Software der Lichtsteuerung handelt und dies gar nichts mit den eigentlichen Produkten des Herstellers zu tun hat.

Affinität und Dissonanz Wie auch immer, bei der Analyse unserer Inhalte, Produkte und Leistungen finden wir wahrscheinlich eine Reihe von Hinweisen darauf, welche Medien sich aufgrund ihrer Affinität anbieten oder sich aus Gründen der Dissonanz verbieten. So wie wir über die Affinität eines Mediums zu unserem Inhalt nachdenken, so können wir die Auswahl an Identität und Hintergrund unseres Publikums orientieren.

Auch hier zwei kleine Denkbeispiele: Besteht unser Zielpublikum zum Beispiel aus Menschen mit handwerklichem Hintergrund, empfiehlt es sich, mit einem Medium zu arbeiten, das sein Handwerk offenbart. Hat das Publikum in seiner Arbeitswelt mit vernetzten Prozessen zu tun, so kann man eine Konstellation von Medien wählen, die eine solche Vernetzung im Ablauf entdecken lässt. Beides kann dem jeweiligen Publikum zusätzliches Vergnügen bereiten.

4.8.4 Der Medienmix

Das wichtigste Kriterium zur Auswahl der Medien aber ist natürlich ihre Nützlichkeit für die Inszenierung und die Vermittlung des Kommunikationszieles. Einige Medien sind sehr geeignet für die Vermittlung von rationalen Inhalten, andere haben ihre Stärken mehr in der Emotionalisierung des Publikums.

Je nach der Gewichtung unseres Ziels müssen Medien ausgewählt und kombiniert werden. Reine Lerninhalte lassen sich durch emotionale Medien wie Musik, Tanz oder Lichtdesign nur schlecht vermitteln, hier müssen schon erklärende Mittel wie Bildmedien oder Sprechtheater eingesetzt werden, die ja auch Möglichkeiten der Emotionalisierung bieten.

Bei der Vermittlung von Inhalten spielen Sachlichkeit und Einfachheit eines Medium durchaus eine Rolle. Wenn wir uns aber an die Dimensionen unseres Erlebens und die Funktionsweise des Erinnerungsvermögens erinnern, sollte klar sein, dass gerade in der Live-Kommunikation eher emotionalisierende Medien unverzichtbar sind, um das Verstehen und Lernen entsprechend vorzubereiten und mit einem Gefühl zu verbinden. Aus diesem Grund werden wir es in den meisten Fällen mit einem ausgetüftelten Mix verschiedener Medien zu tun bekommen, um alle Aspekte in der Inszenierung umzusetzen.

Egal aber, für welche Medien und Stilmittel wir uns entscheiden, auch hier möchte ich Ihnen wieder den obligatorischen Hinweis auf die eigentlichen Helden unserer Veranstaltung nicht ersparen: Der Wurm muss dem Fisch schmecken, nicht uns!

▶ Unser Publikum muss die eingesetzten Medien verstehen und mögen können, und sie müssen jederzeit in der Lage sein, das Publikum zum Mitdenken und Mitfühlen anzuregen.

▶ Identität und kultureller Hintergrund unseres Zielpublikums geben Hinweise auf Auswahl und Gestaltung möglicher Medien, und es ist sinnvoll, diesen Hinweisen nachzugehen.

4.9 Das große Puzzlespiel der Inszenierung

▶ Jede Veranstaltung ist ein Puzzlespiel aus einer Vielzahl von Medien, Gestaltungen und sinnlichen Erfahrungen, ein verzahntes Miteinander von dramatischen Abläufen, Erleben und seiner psychischen Bewertung.

4.9.1 Quellenforschung

Die in Printmedien und FFF-Produktionen verwendeten Mittel der inhaltlichen Information, bebildernden Inszenierung und emotionalisierenden Tonbegleitung sind für gewöhnlich auch wesentliche Bestandteile von Veranstaltungsmedien, sodass man zumindest von

4.9 Das große Puzzlespiel der Inszenierung 115

Produktionshandwerk und Teambesetzung her auf viele Parallelen stößt. Trotzdem sollte man sich davor hüten, vorliegende Produkte der Werbung und der Industriefilmproduktion auf Grund dieser Ähnlichkeiten per se für veranstaltungstauglich zu halten.

Zum einen müssen auf Veranstaltungen meist sehr viele verschiedene Medien zusammenwirken, was bedeutet, dass das einzelne Medium vordergründig nicht nur in sich selbst funktionieren, sondern auch seinen Part in der Gesamtdramaturgie spielen muss. Zum anderen gibt es einen funktionalen Unterschied zwischen den lediglich eine Botschaft aussendenden und den mit einem Publikum interagierenden Kommunikationsformen, die für eine Eventinszenierung benötigt werden.

Trotzdem schadet es nicht, sich die vorhandenen Medienprodukte anzuschauen, zum einen, um zu sehen, wie unser Unternehmen andere Kommunikationsaufgaben dramaturgisch gelöst hat, zum anderen, weil es sparen hilft, wenn man Bilder, Musiken, Ausstellungsgegenstände und andere Schnipsel oder Details aus bereits bezahlten Produktionen übernehmen kann. Umso schöner, wenn man all diese Vorlagen in einem geordneten Archiv vorfindet.

4.9.2 Inszenierung ist die Synthese der Gestaltungsmittel

Die Vielzahl von Gestaltungsmitteln, die uns mit ihren dramatischen Eigenschaften und ihrer stilistischen Wandelbarkeit zur Gestaltung eines Events zur Verfügung stehen, haben wir in den vorangegangenen Kapiteln beleuchtet.

Wir haben die dramatischen Muster unserer Identität, unseres Inhalts und unseres Verhältnisses zur Zielgruppe analysiert. Wir haben aus der Vielzahl sich anbietender Analogien geeignete dramatische Muster ausgewählt und zu einer Projektstory zusammengesetzt, die vom Publikum verstanden werden kann. Dann haben wir jene Stilmittel bestimmt, die unsere Geschichte so erzählen, dass sie die gewünschte emotionale Wirkung bei unserem Publikum evoziert. Nun kommen wir zur Synthese all dieser Mittel, also zu dem, was jede Veranstaltung seit Urzeiten ausmacht: die Abstimmung aller Mittel und ihr Einsatz im Rahmen einer vorgefassten Dramaturgie der Veranstaltung – die Inszenierung!

Dies ist die eigentlich schwierige Denksportaufgabe, die wir vor jeder Veranstaltung zu leisten haben. In die Gesamtinszenierung eines Events fließen alle vorgenannten Kriterien, Dimensionen und Mittel ein, und es stellt eine große Schwierigkeit dar, einen solch komplexen und komplizierten Prozess als anwendbare Struktur zu verallgemeinern. Schließlich reden wir bei LK-Maßnahmen von so individuellen Situationen, dass wir hier die Regeln der guten Inszenierung sehr abstrakt darstellen müssten, damit sie für sich Allgemeingültigkeit in Anspruch nehmen könnten.

4.9.3 Dramatische Grundgerüste

Wie also entsteht ein solches Gesamtkunstwerk? Wie bringen wir eine erkennbare Ordnung in unsere Ereignisse? Es gibt ein paar Grundstrukturen, nach denen wir alle Inhalte und einzusetzenden Medien zunächst ordnen können:

▶ **Die lineare Reihung** Eine häufige Struktur ist die der Reihung. Hier nehmen wir die dramatischen Muster verschiedener Inhalte, setzen jeden Inhalt einzeln in eine Szene um und spielen sie nacheinander ab, hübsch sauber durch Trenner voneinander abgesetzt.

Die Reihung hat den organisatorischen Vorteil, dass man die einzelnen Vorträge und Unterhaltungselemente nicht aufwendig miteinander verzahnen muss, ein roter Faden oder eine verbindende Moderation kann bei vielen Veranstaltungen genügen.

Der nicht zu verleugnende Nachteil der Reihung ist, dass eine fehlende Gesamtdramaturgie die Entwicklung von Gefühlen immer wieder unterbricht und das spätere Erlebnis das vorhergehende überlagert. Ein Grund, warum bei der Reihung der wichtigste Redner oft zuletzt auftritt. Man behält ihm den *Showdown* vor, allerdings mit der kleinen Fußangel, dass die Aufnahmebereitschaft der Teilnehmer dann vielleicht schon überstrapaziert ist.

▶ **Die retundierende Reihung** Eine weitere, oft bemühte Struktur ist die der retundierenden Inszenierung. Hier nehmen wir die verschiedenen dramatischen Muster eines einzigen Inhalts, setzen jeden Aspekt einzeln um und fügen dann alle Teile aufeinander aufbauend zu einer dramatischen Gesamtinszenierung zusammen.

Auch der Struktur der Wiederholung liegt eine Reihung zu Grunde, allerdings erhalten wir hier über den größeren inhaltlichen Zusammenhang schon so etwas wie eine verbundene Dramaturgie.

Das Problem einer solchen, sich selbst wiederholenden Inszenierung liegt aber auf der Hand: die Gefahr, sein Publikum zu langweilen, ist hoch. Man sollte dann schon, wie etwa bei einem Reigen, darauf achten, dass sich die Wiederholungen in Stil und Medien möglichst unterscheiden.

▶ **Die Akkumulation** Die nächste mögliche Struktur ist die Akkumulation, die Dopplung und Anhäufung der Medien. Das bedeutet, dass wir ein und dasselbe, über die gesamte Dauer der Veranstaltung gezogene, dramatische Grundmuster in mehrere Analogien und Medien umsetzen und diese aufeinandersetzen, um so die gleiche Aussage vielfach und parallel zu kommunizieren.

Die Häufung ist im Gegensatz zur bloßen Reihung eine durchgängige Dramaturgie, die systematisch auf einen Höhepunkt hinarbeitet und dadurch die emotionalen Qualitäten eines Events besser ausspielen kann.

▶ **Die Reduktion** Das Gegenteil der Akkumulation ist die Reduktion. Unter Umständen, die sich aus dem Inhalt begründen, kann ein große dramaturgische Effizienz darin liegen, den Medienmix künstlich zu begrenzen, d. h. wir reduzieren die Medien, verdichten im

4.9 Das große Puzzlespiel der Inszenierung 117

Gegenzug deren Inszenierung aber so stark, dass sie ihre emotionale Wirkung trotz der multimedialen Erwartung des Publikums entfalten kann.

Ein solches Vorgehen empfiehlt sich vor allem dann, wenn eine Vielzahl von Medien im Budget nicht darstellbar ist. Andererseits kann auch ästhetische Klarheit für die Reduktion als Grundstruktur sprechen.

▶ **Der rhythmische Wechsel** Eine andere Grundstruktur ist der rhythmische Wechsel. Hier schalten wir zwischen zwei oder mehreren parallelen Analogien hin und her, um unseren Inhalt über den Vergleich deutlich zu machen. Wechselt der inszenierte Blickwinkel auf unsere Projektstory, lässt sich der Inhalt von mehreren Seiten so beleuchten, dass das Publikum die wesentlichen Schlüsse selbst zieht. Eine sehr unterhaltsame Struktur, in der das Mitdenken oft ein Mitfühlen nach sich zieht.

▶ **Das Puzzle** Eine komplexere Struktur ist das Puzzle. Hier wird der Inhalt in verschiedene, in sich abgeschlossene Versatzstücke geteilt und dem Publikum in loser Folge präsentiert. Das Puzzle aktiviert im besonderen Maße die Selbstbeteiligung des Zuschauers, der sich in einer detektivischen Übung die Geschichte zusammenreimen kann.

Diese intellektuelle Interaktion mit der Inszenierung begünstigt die Annahme des Inhalts durch das Publikum. Eine solche Struktur eignet sich vor allem für dezentrale Veranstaltungen. Damit niemand ein wichtiges Versatzstück verpasst, lassen sich die einzelnen Teile des Puzzles doppeln und wiederholen.

▶ **Das offene Ende** Beim offenen Ende wird eine Geschichte bis zum zweiten Plot erzählt, wobei die Dramaturgie so aufgebaut ist, dass sich aus den bisherigen Ereignissen mehrere Auflösungen logisch ergeben könnten. Dann können diese verschiedenen Auflösungen gezeigt werden, oder das Publikum wählt eine mögliche Lösung aus.

Das offene Ende ist dann gut einzusetzen, wenn man das Thema „Entscheidung und Konsequenzen" inszenieren und das Publikum mit einer einfachen Abstimmung in die Bewertung und Entscheidung miteinbeziehen will.

▶ **Die Unvollendete** Einen Schritt weiter geht die Unvollendete. In bestimmten Situationen geht es nicht darum, mit der Inszenierung mehrere Enden zu schaffen und anzubieten, sondern die Zielgruppe für eine wichtige Frage zu sensibilisieren, um sie in einen Arbeitsprozess überzuleiten. Die Zuschauer werden durch die inszenierten Ereignisse bis zu einem bestimmten Punkt der Dramaturgie geleitet, nämlich bis kurz vor den zweiten Plot. Von hier aus geht man dann in eine Interaktion, in der die Teilnehmer die Frage nach dem lösenden Plot in Workshops beantworten und die entscheidenden Schlüsse selbst ziehen.

Als Struktur eignet sich die Unvollendete also dann, wenn es um Themen geht, bei denen der Zuschauer keinen vorgesetzten Schluss akzeptieren würde, sondern selbst eine sachliche oder moralische Entscheidung fällen muss.

▶ **Durchgängige Erzählung** Vor allem für stark emotionale Themen in der Beziehung zur Zielgruppe ist es förderlich, wenn man das Thema anhand einer Geschichte in mehreren Akten konsequent aufbauen und das Publikum von Anfang bis Ende hindurchführen kann.

Das funktioniert auch über eine Tagung hinweg, vor allem aber bei Festveranstaltungen und Abendgalas ist die durchgängige Erzählung ein geeignetes Dramaturgieformat.

Betrachten wir die Möglichkeiten einer Gesamtinszenierung, so stellen wir fest, dass wir oft automatisch solche Strukturen miteinander vermischen. Je nachdem, wie kopflastig oder emotional eine Botschaft in ihrem Kern ist, sollten stark inhaltstransportierende oder emotionalisierende Medien im Mix eingesetzt werden. Dabei lässt sich der Grad der Vermittlung zwischen Inhalt und Gefühl gut einstellen.

4.9.4 Nicht zu viel auf einmal

Bei sehr komplexen Inhalten und Beziehungen zur Zielgruppe macht es Sinn, dass wir die Projektstory in verschiedene Teilaspekte unterteilen, jeden mit einer dramatischen Analogie belegen und diese dann durch verschiedene Medien ausdrücken.

Über eine abwechslungsreich inszenierte Gesamtdramaturgie fügen wir diese Bausteine dann wieder so zusammen, dass sie aufeinander aufbauend ineinandergreifen. Letztlich heißt das, dass wir mehrere der vorgenannten Grundmuster in eine Inszenierung integrieren. Diese Art der Struktur, die sich übrigens aufgrund der vielgestaltigen Inhalte meist ganz von selbst aufdrängt, überlässt es dem Publikum, das Puzzle selbst rational und emotional zu einem Erlebnis zusammenzufügen, sprich: der Unterhaltungsfaktor einer solchen Inszenierung ist relativ hoch.

Der Bedarf an Auswahl und Varianz der Medien, zu denen neben Dramaturgie, Inszenierung, Mediengestaltung auch Location, Ausstattung und Catering gehören, steigert sich auch durch die Dauer einer Veranstaltung. In den wenigen Stunden eines Events kommen wir meist mit weniger Medien aus als bei einer zwei- oder dreitägigen Tagung. Mit zunehmender Länge einer Veranstaltung ermüdet jedes Publikum, wenn es immer nur auf ein- und dieselbe Weise angesprochen wird.

▶ Zusätzlich wächst mit der Dauer der Veranstaltung auch die Notwendigkeit, alle Ereignisse und Phasen des Erlebens mit Phasen der Entspannung und Reflexion zu verknüpfen, also auch Pausen als Teil der strategischen Dramaturgie zu begreifen. Das muss sich nicht auf die obligatorischen Kaffeepausen beschränken, es gibt durchaus auch Möglichkeiten der aktiven Entspannung.

4.10 Event-Continuity: ein guter Event geht nie vorbei

▶ Und dann ist alles vorbei! Ist die Arbeit getan, fällt die Spannung von den Machern ab: Das Publikum hat erlebt, ist bewegt, hat geklatscht und geht nun nach Hause. Es gibt nicht viele Berufe, die so konzentriert auf einen scheinbar kurzen Zeitpunkt hinarbeiten, quasi den einen, entscheidenden Moment.

Es ist nicht erstaunlich, dass für viele *Eventplaner* der Job nach Abschluss einer Veranstaltung im Wesentlichen tatsächlich beendet zu sein scheint. Die notwendige Nachbereitung, Abrechnung und Rechtfertigung wird schon noch erfolgen. Der Dramaturg blickt aber über diesen Erfüllungszeitpunkt hinaus, um im Sinne der strategischen Dramaturgie den Fortbestand des Erlebnisses und der damit verbundenen Emotionen in die Erinnerung der Zielgruppe zu integrieren.

4.10.1 Moment und Erinnerung

Es ist ein Missverständnis des wohl wichtigsten Grundprinzips der Live-Kommunikation: Es ist nicht der Moment allein, der zählt, es ist vor allem die Erinnerung unserer Zielgruppe an dieses Ereignis und an all das, was sie unter dem Eindruck der Erlebnisse gelernt hat. Man sollte sich also stets vor Augen halten, dass es bei einem Event nicht allein darum geht, einen Augenblick so gut wie möglich vorbeigehen zu lassen, sondern ihn vielmehr unvergesslich zu machen. Alles, was inszeniert wird, soll ja nicht nur einen kurzfristigen emotionalen Effekt erzielen, sondern unsere Inhalte mit Emotionen verbunden erinnerbar machen und so nachhaltig kommunizieren.

▶ Das eigentliche Ziel unserer Arbeit ist die jederzeit mögliche Vergegenwärtigung unserer Inhalte durch die Zielgruppe, sprich: wir schaffen Erinnerungen. Natürlich benötigen wir dazu die herausragenden Momente eines Erlebnisses, aber was wirklich zählt, ist, ob sich unsere Zielgruppe über lange Zeit positiv an unsere Inhalte erinnert.

Sicher, das Erlebnis der Ereignisse ist die wesentliche Einwirkung auf das Publikum, aber selbst die schönste Veranstaltung muss nachher an ihrem Nutzen gemessen werden. Und es liegt auf der Hand, dass dieser Nutzen an Wert verliert, je kürzer die Erinnerung anhält. Unser Event ist – um mit klassischer Filmdramaturgie zu argumentieren – vielleicht der Showdown unserer Projektstory, aber nicht das Happy End. Es muss darum ein fester Bestandteil der Dramatischen Denkweise sein, nicht nur auf den Event als solchen hinzuarbeiten, sondern die Zeit danach fest in die dramatische Linie der LK-Maßnahme zu integrieren. Es gilt, nicht nur Ereignisse zu schaffen, sondern sie auch als Erinnerungen am Leben zu halten.

Lassen Sie mich das einmal blumig ausdrücken: Damit das Schiff unserer Veranstaltung später auf dem Meer der Erinnerungen unserer Gäste nicht ziellos dahintreibt, müssen wir an den psychologisch wirksamen Stellen Anker werfen und diese Ankerstellen mit Bojen markieren.

Die meist aufwendige Vorbereitung eines Events bringt oft eine eigene Dynamik mit sich. Ein verständlicher psychologischer Effekt, der sich bei Veranstaltern und Machern oft einstellt, ist eine Konzentration auf Ankündigung und Einladung, die Vorbereitung der Gäste auf den Event. Geht man geschickt vor, sind Ankündigung und Einladung schon Teil der späteren Dramaturgie.

Nach dem Event bleibt es hingegen oft bei den üblichen Give-aways, den meist erschreckend schlichten Gesellschaftsfotos und manchmal einer Nachberichterstattung, die aber selten die Qualitäten des Einladungsprozederes erreicht.

Die Fortsetzung in der Erinnerung Den Begriff *Continuity* haben wir aus der Filmsprache entlehnt. Die mit Continuity betrauten Regieassistenten haben darauf zu achten, dass bei jeder neugedrehten Einstellung die Requisiten immer an den richtigen Stellen liegen, die Darsteller dieselbe Frisur haben und dergleichen mehr. Der Begriff steht für die lückenlose Fortsetzung einer Szene sowie für die richtige Reihenfolge der Szenen in einem Film. Der Begriff Event-Continuity beschreibt in unserer Vorstellung eine solch lückenlose Fortsetzung der Erlebnisse in der Erinnerung unserer Zielgruppe.

Die Sinnhaftigkeit dieser Überlegung erklärt sich aus all dem, was wir über die Funktionen des menschlichen Gedächtnisses zusammengefasst haben. Während des Events werden die Gäste von den Eindrücken und Inszenierungen eingefangen, die eigentliche bewusste Bewertung des Erlebten erfolgt jedoch meist erst nach dem Finale, vielleicht schon auf der Heimfahrt, vielleicht erst Tage später, vielleicht sogar erst nach einem anderen Event, der als Vergleich herangezogen wird.

Anker und Spuren Will man dem eigenen Event eine nachhaltige Bedeutung verleihen, sollte man in diesen Phasen der bewussten Bewertung mit Ankern und Spuren präsent sein und den Gästen Hilfen an die Hand geben, die der Erinnerung in unserem Sinne auf die Beine helfen oder sie später wieder aufleben lassen können.

Wir haben mit dem Event für eine Erlebnisreise bei unseren Gästen gesorgt, jetzt sollten wir versuchen, Aussagen und emotionale Effekte mit geeigneten Mitteln fortzuführen; vielleicht kleine Requisiten bei unseren Gästen etablieren, also Spuren hinterlassen und emotionale Anker werfen, eben Kontinuität schaffen. Wie kann so etwas aussehen? Auch hier gibt es wieder einen kleinen Katalog von grundsätzlichen Möglichkeiten mit unterschiedlichen dramatischen Qualitäten.

4.10.2 Erinnerungsstücke

Kleine, aber durchaus feine Anker für die Erinnerung können Gegenstände wie etwa Pins, Orden oder andere Gimmicks sein. Wichtig ist dabei, dass wir diese Gegenstände nicht einfach nur verteilen, sondern zuvor emotional aufladen.

Die Bedeutung solcher kleinen Give-aways kann man zum Beispiel deutlich erhöhen, wenn ihr Erhalt situativ mit individuellen, gut ausgedachten Animationen verbunden wird. Der Gegenstand erhält hier seinen Wert durch ein eigenes, ihn in den Fokus rückendes Ereignis, das ihn aus der Beliebigkeit eines Werbegeschenks befreit und einem bestimmten Erlebnis zuordnet. Was den Gegenstand als Spielball der Continuity so wichtig macht, ist, dass er dem Erlebnis des Events eine Haptik gibt. Das Anfassen befriedigt den Tastsinn unserer Gäste und bindet so auch diesen Sinn in sein Erlebnis ein.

Anhand eines solchen Gegenstands kann der Gast später seine Erinnerung abrufen. Je ausgeklügelter der Gegenstand, die begleitende Animationen oder dessen Integration in die Inszenierung sind, desto höher ist die Wahrscheinlichkeit, dass der Gast ihn nicht nur behält, sondern auch immer wieder hervorholt: Der Gegenstand muss zum einen eine persönliche Bedeutung erlangen, zum anderen dem Gast als Gimmick in anderen Situationen dienen. Wir haben da sehr gute Erfahrungen mit kleinen Zauberrequisiten gemacht, weil sich unsere Gäste mit diesen Trickstücken auch später noch in anderen Situationen selbst inszenieren können.

4.10.3 Die Markierung

Wichtig ist, dass wir solche Dinge mit einer entsprechenden, aber nicht unbedingt offensichtlichen Markierung versehen. Oft sterben solche kleinen Erinnerungsstücke unter der Last eines CD-gestählten Overbrandings. Ein Beispiel: Eine kleine Klammer, die sich auf einen Tellerrand aufschieben lässt und dann das Trinkglas am Teller hält, ist auf einem Stehempfang ein sehr sinnvolles Gastgeschenk. Wenn wir jetzt auf der Oberseite fett unser Firmenlogo aufdrucken, wird der Gast es an unserem Abend dankbar als Hilfe annehmen und es dann nachher in irgendeiner Schublade verschwinden lassen.

Natürlich wäre der Gegenstand weiterhin nützlich, denn unser Gast geht auf viele Stehempfänge, aber er will sich bei anderen Anlässen nicht mit unserem Logo markieren lassen. Wenn wir die Klammer markieren, dann mit etwas, das nur für ihn Bedeutung in Bezug zu uns hat. In unserer Veranstaltung nutzen wir z. B. eine liegende Acht als Symbol für unsere unendliche Dankbarkeit. Jetzt kann er die Klammer auch auf anderen Veranstaltungen benutzen, ohne dechiffrierbar markiert zu sein, gleichzeitig bleibt er über den hilfreichen Nutzen der Klammer weiter mit uns verbunden. Jedes Mal, wenn er die Klammer verwendet, wird er über das Symbol an uns und unsere unendliche Dankbarkeit erinnert.

4.10.4 Hitchcocks MacGuffin

So ein Gegenstand erhält seine Symbolkraft auch ohne Markierung, wenn er in der inszenierten Geschichte des Events eine scheinbar beiläufige Rolle spielt. Alfred Hitchcock nannte solche Gegenstände MacGuffin. Es waren Gegenstände, die nicht unbedingt eine Bedeutung für die erzählte Geschichte hatten, die aber so geschickt ins Bild gerückt oder in das Spiel der Darsteller integriert waren, dass der Zuschauer über deren vermeintliche Bedeutung Spekulationen anstellte. Hitchcock liebte es, mit Spekulation zu spielen und sie für seinen Spannungsaufbau zu nutzen, selbst wenn der Gegenstand selbst nichts mit der Auflösung der sachlichen Geschichte zu tun hatte.

Beispiel

Wir können diesen Kniff nutzen, in dem wir einen beliebigen Gegenstand wie eine Kuchengabel mit einem emaillierten Wappen in Bühneninszenierung und Bildmedien integrieren. Ohne Bedeutung für den eigentlichen Inhalt erscheint die Kuchengabel mal in der Hand des Moderators, mal beiläufig in kurzen Einspielern, dann wieder in der Brusttasche des Gastredners. Irgendwann fragt sich der Zuschauer, was es wohl mit der Kuchengabel auf sich hat, findet jedoch keine sinnvolle Antwort, die sich aus der Inszenierung ergibt.

Am Abend gibt es zum Dessert kleine Schokotörtchen, serviert mit einer Kuchengabel, die mit einem Wappen mit den Initialen des jeweiligen Gastes verziert ist. Aha, denkt sich der Gast, das hatte es also mit der Kuchengabel auf sich, und steckt seine Kuchengabel nach Genuss des Törtchens ein. Woran er dabei nicht denkt, ist die eigentliche Funktion der Kuchengabel: Jedes Mal, wenn er sie wieder ansieht und in die Hand nimmt, wird seine Erinnerung an der Tag der Veranstaltung aktiviert.

Und hier erklärt sich auch, wie man einen solchen Gegenstand offensichtlich brandet: mit den Initialen des Gastes, damit er sie als seine Gabel behält. Von wem die Gabel einst kam, verrät vielleicht eine unauffällige Prägung auf der Unterseite des Stiels – wenn man sich nicht allein auf das Erinnerungsvermögen seines Gastes verlassen möchte.

4.10.5 Dokumentarische Medien

Die zweite Gruppe von Ankern hat mit der Dokumentation der erlebten Ereignisse zu tun. Ich möchte nur wegen der oft unattraktiven Gesellschaftsfotos nicht vom Medium Fotografie als solches abraten, sondern daran erinnern, dass auch hier nur positiv wirken kann, was Qualität hat und individuelle Bedeutung erlangt. Mit dem Blitz auf helle Köpfe in dunklen Anzügen vor absaufenden Hintergründen zu halten, macht selten ein schönes Foto.

4.10 Event-Continuity: ein guter Event geht nie vorbei 123

Besser ist es, ein oder mehrere gut ausgeleuchtete Fotosets zu stellen, vor denen wir dann Bilder machen, die unseren Gästen schmeicheln. Wenn wir dann dem Bild noch eine kleine künstlerische Komponente und eine stilvolle Verpackung geben, dann erfüllt das Bild viel eher seinen Zweck, die Erinnerung des Gastes an uns mit diesem Anker immer wieder anzustoßen.

Extrablatt Das gilt selbstverständlich auch für die oft bemühte Eventzeitung, die zwar Markierung, Fotografien und Texte zusammenbringt, dabei aber oft nur mit Geschwindigkeit glänzt, nicht aber mit der notwendigen Qualität des Mediums an sich. Hier werden immer wieder die für erfolgreiche Zeitungen so typischen Elemente wie Kommentare, Humor (in Form von Strips und Glossen) oder interaktive Mechaniken wie Rätsel-, Such- und Gewinnspiele und der Leserbrief ausgelassen. Und das sind durchaus Elemente, die die Attraktivität des Mediums Zeitung ausmachen.

Dazu eine kleine Münze aus unserem Erfahrungsschatz der Event-Continuity: Wir haben in einer solchen Eventzeitung einen unterhaltsamen Partnertest untergebracht, die vom daheimgebliebenen Partner unserer Gäste auszufüllen war. Im lustigen Test waren auch Fragen untergebracht, die sich auf die Veranstaltung bezogen und die der Gast seinem Partner beantworten musste. Das Testergebnis wurde als Zahl auf einer von uns freigemachten Postkarte eingetragen, immerhin gab es ein Partnerwochenende in Paris zu gewinnen. Ein Rücklauf von über 80 % zeigte nicht nur die positive Resonanz, sondern gab uns die Gewissheit, dass sich unsere Gäste nochmal mit unserer Veranstaltung auseinandergesetzt hatten.

Ein Mitschnitt ist kein Beitrag Auch eine Doku auf Video kann als guter Anker fungieren, doch auch hier gilt: Es muss als Medium selbst wirken. Das einfache Abfilmen und chronologische Zusammenschneiden genügt nicht. Das sind die Videos, die sich nachher nie wieder einer anschaut. Soll ein Video ein Erinnerungsstück sein, das immer wieder hervorgeholt und womöglich anderen als Beleg des Erlebten gezeigt werden soll, so muss es eine neue, möglichst überraschende Ebene des Events öffnen und nach Möglichkeit das Publikum im Bild und Ton integrieren.

Ähnlich verhält es sich mit Tondokumenten: Gab es ein musikalisches Highlight, bietet sich eine auf dem Event live mitgeschnittene CD an, wobei auf eine gute Aufnahme der Publikumsatmosphäre und selbstverständlicherweise auch auf die Nutzungsrechte der aufgenommenen Musikstücke zu achten ist. Aber auch eine Tagung lässt sich gut als Tondokument aufarbeiten, wenn Sie sich an unterhaltsamen Radioformaten orientieren und Ihre Gäste in die *Corporate Radioshow* mit einbinden.

4.10.6 Spuren des Publikums einflechten

Alle vorgenannten Anker in Form von Dokumentationen wirken sich wesentlich intensiver auf die Erinnerung aus, wenn das Publikum in irgendeiner Art und Weise an der

Produktion dieser Dokumente beteiligt werden, sei es während Tagungen im Rahmen von Workshops, sei es mit kleinen Aktionen im Verlauf einer Gala. Dadurch, dass der Gast in irgendeiner Form Hand anlegt, gewinnt das Endprodukt eine individuellere Bedeutung.

Mit solchen interaktiven Aktionen sind wir aber beileibe nicht auf Dokumentarisches beschränkt. Jeder Prozess, bei dem unter Mithilfe unseres Publikums etwas entsteht, eignet sich zur Verankerung. Seit Jahren beziehen wir mit großem Erfolg interaktive Kunstaktionen in die Gestaltung von Veranstaltungen mit ein. Hier arbeiten die Gäste unter der Anleitung von Künstlern gemeinsam an der Erstellung eines Kunstwerks, manchmal im Workshop, manchmal tun sie nur einen einzigen Handgriff. Wichtig ist dabei, dass jeder einmal die Hand am Objekt hatte und dass das, was bei dem Kunsthappening herauskommt, seinem eigenen Anspruch genügt. Das Schöne an diesen Kunstwerken, meist riesige Gemälde, Skulpturen oder Fotowände, ist, dass dabei etwas entsteht, das sich im besten Sinne der Kontinuität immer wieder einsetzen lässt. Nicht nur die spätere Ausstellung der Exponate, sondern auch Kunstbücher, Bildschirmschoner oder mit den Kunstwerken bedruckte T-Shirts lassen die Erinnerung wieder aufleben. Spuren, die stets mit einer individuellen und gemeinschaftlichen Bedeutung aufgeladen sind.

4.10.7 Anker werfen

All dieses sind Anker, mit denen sich die Geschichte eines Events fortschreiben lässt. Das Wesentliche ist aber nicht die verwandte Materie, sondern die dramatische Verbindung zwischen den gestalteten Ankern und den inszenierten Erlebnissen. Wir nutzen die Ereignisse und Aktionen auf der Veranstaltung, um Anker und Spuren mit emotionalen Verbindungen aufzuladen – und wir nutzen die Anker und Spuren im Nachfeld des Events, um diese Erlebnisse und Emotionen in der Erinnerung unserer Zielgruppe immer wieder aufleben zu lassen.

Die Gesamtdramaturgie einer LK-Veranstaltung beginnt also mit der Ankündigung, hat ihren dramatischen Höhepunkt auf dem Event, aber sie endet erst mit den verschiedenen Möglichkeiten der Fortführung. Eine solche Fortführung im dramatischen Sinne muss sich aber nicht nur auf das Setzen von Ankern auf der Veranstaltung und dem Streuen von Spuren im Nachhinein begrenzen. Durch eine Serie von Nachkontakten lässt sich auch eine dramatische Linie ziehen, die die Geschichte des Events als Fortsetzungsreihe immer wieder thematisiert. Das ist wieder ein bisschen abstrakt, deshalb hier ein kleines Beispiel einer solchen Geschichte.

Godot

Auf einer Veranstaltung haben wir eine Figur etabliert, die nie auftaucht, aber trotzdem in den Köpfen unseres Publikums präsent ist. Nennen wir diese Figur der Einfachheit halber Godot. An Godot haben wir während unserer Inszenierung durch kontexturale Zusammenhänge die Inhalte unserer Tagung geankert. Darüber hinaus haben wir bestimmte Tagungsinhalte mit Orten und Bildern verknüpft. Nennen wir den Ort Honolulu, das Bild einen fallenden Würfel.

Zwei Wochen später erhalten unsere Gäste eine Postkarte: „Schöne Grüße von der Insel. Ergebenst, Ihr Godot!"

Unser Gast überlegt: Godot? Godot? Schließlich funktioniert seine Erinnerung. Er memoriert die Tagung. Wieder zwei Wochen später: Haben Sie in der Zwischenzeit etwas von Godot gehört? Wir suchen ihn immer noch! Wieder einige Zeit später: ein kleines Paket mit einem Würfel, eine Spielanleitung.

Schritt für Schritt ziehen wir den Gast in eine Spielmechanik, bei der er – wenn er die Zeichen zu deuten versteht – schließlich dahinter kommt, dass er eine Reise gewinnen kann, wenn er als erster den Aufenthaltsort von Godot errät, der natürlich nicht in Honolulu ist. Mit jeder weiteren Sendung und mit der Gewinnmöglichkeit bringen wir unseren Gast dazu, immer wieder von neuen in seiner Erinnerung an die Veranstaltung zu kramen.

Die Continuity von Namen, Zeichen und Bildern hält die Erinnerung an unsere Botschaft wach. Der Effekt der Tagung verstärkt sich. Es geht natürlich auch etwas weniger aufwendig; wichtig ist allein, dass wir Spuren legen, anhand derer sich unser Gast sein Erlebnis immer wieder ins Gedächtnis zurückrufen kann. Möglichkeiten gibt es genug.

4.10.8 Die Vervielfältigung des Nutzens

Der psychologische Sinn von Continuity liegt auf der Hand, solche Maßnahmen lassen sich aber auch noch unter einem anderen Aspekt betrachten. Vollständig inszenierte LK-Maßnahmen sind eine recht aufwendige Angelegenheit, und wenn man die Kosten pro Kopf errechnet, dann stellt man sich zuweilen schon die Frage, ob ein einzelner Moment die Ausgaben rechtfertigt. Mit gut gesetzten Ankern und einer dramatisch angeschlossenen Event-Continuity lässt sich der Effekt der kostspieligen Maßnahme Event durch nachfolgende Kontakte zu dann vergleichsweise geringeren Kosten vervielfachen.

Die durch den Event erreichte, hohe Kontaktqualität überträgt sich in der Erinnerung des Eventteilnehmers auf jeden weiteren Kontakt, der sich sinnvoll an die Veranstaltung anschließt. Wenn Sie Ihr Publikum in einem bestimmten Rhythmus im Nachgang in das Erlebnis zurückholen, sorgt diese neuerliche Aktivierung der Emotionen auch für ein Wiederholen der Inhalte. Je öfter uns das gelingt, desto effizienter haben wir alle menschlichen und finanziellen Ressourcen eingesetzt, sprich: desto besser rechnen sich die LK-Maßnahmen.

4.11 Das falsche Drama: die schönsten Fehler

▶ Wie wir festgestellt haben, sind wir durch omnipräsente Medien von einer Fülle von vorgefertigten Geschichten umgeben. Was bei dem einen oder anderen schnell zu dem Wunsch führt, sich die Mühe, Eigenes zu entwickeln, zu ersparen und sich einfach aus dem großen Topf der vorhandenen und bereits populären Muster zu bedienen.

Wir belegen das gerne mit dem Ausdruck „fame surfing", d. h. jemand versucht mit seiner Nachricht quasi Huckepack auf dem Erfolg einer populären Vorlage (oder auf der Prominenz einer Person) wie auf einer Welle zu surfen. Grundsätzlich ist dagegen nicht viel zu sagen, es bringt jedoch wieder ganz eigene Probleme mit sich.

4.11.1 Mr. Spock hat keine Zeit

Ein geradezu klassischer Fehler des Fame-Surfings ist, dass man sich nur einen Aspekt einer bekannten Geschichte oder eines Helden rauspickt, weil man an diesem einen Punkt Parallelen und Identifikationsmöglichkeiten festmachen kann. Das Problem ist aber, dass sich gerade berühmte Vorlagen nur schlecht so sezieren lassen. Der Zuschauer, oder gar der Fan dieser Vorlage, hat viele Dimensionen der benutzten Vorlage in seinem Gedächtnis.

Beispiel

Ein führender Hersteller von Kopierern will eine Range von Druckern launchen, plant dafür eine spezielle Messepräsentation und eine darauf hinführende Print- und Funkkampagne. Über die Assoziationskette *Produkteinführung – future business – future – science fiction – Star Trek – Mr. Data* kommt man schnell zu dem Entschluss, sich beim amerikanischen Rechtehalter die Rechte an Namen und Formaten für gedachte Maßnahmen zu sichern, und kauft sich in Nutzungsrechte ein, obwohl man noch gar nicht weiß, wie das Ganze später umzusetzen sei.

Als wir dann für die Konzeption der Messepräsentation herangezogen wurden, sahen wir uns gezwungen, unserem Kunden zu erklären, wie ungeeignet das Format Star Trek für die geplante Messeshow und die begleitenden Maßnahmen war.

Zum einen gab es ein unüberwindliches inhaltliches Problem: Zwar steht Star Trek wie kaum einen andere TV-Serie für technische Innovation – der Kunde mag sich zu Recht in der gleichen Tradition sehen –, aber der Schöpfer von Star Trek, Gene Roddenberry, war auch eine Art Öko-Philosoph, der alle abfallproduzierenden Kreisläufe aus seiner Vision verbannt hat und demzufolge weder Kopierer, Drucker noch überhaupt irgendwelche Hardcopies im Einflussbereich seiner Sternenföderation duldet. Kurz, und nicht ohne Ironie: Alles, was unser Kunde herstellt und in naher Zukunft herzustellen gedachte, gilt in Star Trek als hoffnungslos veraltete, ja schädliche Technik

4.11 Das falsche Drama: die schönsten Fehler

aus einer Zeit, in der die Menschen wegen des Papiers die Wälder ihres Heimatplaneten zerstörten. Logisch, dass sich aufgrund dieser immanenten Inhalte der Serie jeder Link zwischen dem Format Star Trek und unserem Kunden verbot.

4.11.2 Die Herstellungskosten der Imitation

Zum andern gibt es aber noch eine zweite Schwierigkeit, die bei der Übernahme von solch austrainierten und fernsehtechnisch auf höchster Stufe produzierten Formaten generell zu beachten ist: die Produktion an sich!

Denken Sie nur mal an das berühmte *Beamen*, Sinnbild für den technischen Stand dieser Zukunftsvision, fest verankert in der Media-Literacy und somit in der Erwartung unserer Zuschauer. In der Fernsehproduktion ist dies ein Effekt, der mit ein wenig Postproduktion zur perfekten Illusion wird, auf einer Präsentationsbühne jedoch ein Trick, der nur mit einem hohen Aufwand an Bühnenkinetik, Licht und teurer Zaubertechnik ähnlich zu produzieren ist. Allein dieser Auftritt hätte locker das Drei- bis Vierfache des gesamten Präsentationsbudgets gekostet, ganz zu schweigen von den Problemen, die es später mit Besetzung und Ausstattung noch gegeben hätte.

Das *Produkt Event* namens Star Trek hat sich in dieser Planungsphase inhaltlich wie finanziell als völlig ungeeignet erwiesen, das *Medium Event* für unseren Kunden zu sein. Leider war das Kind aber schon mit dem Bade ausgeschüttet – das Sci-Fi-Thema hausintern international abgesegnet und der Rechteinhaber um mehrere zehntausend Dollar reicher –, so dass man gezwungen war, die Flucht nach vorn anzutreten: Wir übertrugen das Ganze in das einzige Format, mit dem fast alles geht, und schufen eine sehr unterhaltsame Comedy, die das Format Science-Fiction mit einfachen, sprich bezahlbaren Mitteln persiflierte und das eigentliche Präsentationsziel erreichte.

Trotz des großen Erfolgs unserer unfallchirurgischen Maßnahme konnten wir aus professioneller Sicht nicht zufrieden sein, da hier die Grundregeln der Eventkonzeption erst mit Füßen getreten und dann auch noch unsinnige Kosten verursacht worden waren.

Eigene Formate entwickeln Ähnlich verhält es sich mit der Adaption anderer erfolgreicher TV-Formate. Solche Events sind Produkte, die mit großem Aufwand für ein Millionenpublikum produziert werden. Ein vergleichbarer Aufwand lässt sich aus budgetären Gründen für einen einzelnen Event selten rechtfertigen. Zwar lässt sich fast jedes Medium auch in einer Trash-Version produzieren, aber die Komik oder Satire, die dem dann zwangsweise innewohnt, ist nicht immer der geeignete Stil für einen LK-Event.

Beispiel

Gerne denke ich auch mit einem Kopfschütteln an ein Unternehmen zurück, dass sich das in den 80er Jahren zugegebenermaßen sehr populäre und erfolgreiche Comedy-Format *Saturday Night live* zum direkten Vorbild für die Inszenierung einer Abendgala erwählt hatte; immerhin mit dem Vorsatz, dass alle Sketche, lustigen Interviews und auch die musikalischen Einlagen irgendwie mit den Produkten des Unternehmens zu tun haben sollten.

Offensichtlich war aber nahezu das gesamte Budget in einen gut gelungenen Nachbau der Originalkulisse und topmoderne Fernsehtechnik gewandert, denn für ein paar professionelle Comedy-Autoren und talentierte Schauspieler hat es dann wohl nicht mehr gereicht.

In der großartig ausgestatteten und voll funktionablen Fernsehkulisse kalauerten sich dann ein paar zweitklassige Schauspieler in den Rollen ihrer berühmten Vorbilder rund 90 min durch eine nicht enden wollende Reihe von gespielten Witzen. Und niemand lacht. Nicht ein Lacher in 90 min. Da nützt dann auch die prominente Vorlage nichts.

Da ich die Dynamik innerbetrieblicher Abstimmungsrunden gut kenne, möchte ich sogar jetzt noch vermuten, dass die Autoren vielleicht sogar mal lustige Pointen aufgeschrieben hatten, von denen es aber dann keine einzige ins finale Script geschafft hatte. Gerade bei komischen Formatvorlagen muss man Humor auch zulassen, im besten Fall bereit sein, sich mal selbst auf den Arm zu nehmen. Wer das nicht kann, sollte die Finger von solchen Showvorlagen lassen. Da die Imitation von Saturday Night live vorher die Erwartung des Publikums in große Höhen geschraubt hatte, war der Fall umso tiefer.

Der bessere Weg ist in jedem Fall, erst mal über eigene, der Situation angepasste Formate nachzudenken, bei denen wir die Mittel im Sinne unserer Dramaturgie nutzen können, ohne viel Geld in die Imitation eines teuren Formats zu stecken.

Resümee

Angewandte Dramaturgie birgt jede Menge Vorteile. Sie kleidet unsere Inhalte in eine spannende, unterhaltsame Geschichte und verwandelt sie so in ein Erlebnis für unsere Zielgruppe. Sie entwickelt den richtigen Weg zum Ziel und ordnet alle weiteren Maßnahmen. Sie hilft uns, Fehler in der Umsetzung und Ausgaben für überflüssigen Zierrat zu vermeiden. Sie befreit uns von der Notwendigkeit, uns im Abglanz von Stars und Sternchen zu sonnen, sondern macht unsere Zielgruppe zum Star unserer Geschichte.

In den nächsten beiden Abschnitten wollen wir nun die wichtigsten dieser inhaltsvermittelnden und emotionalisierenden Medien im Einzelnen betrachten, und zwar zunächst den Menschen in seiner Funktion als Medium, bevor wir uns dann den Künsten und technischen Medien zuwenden.

Der Mensch Im Mittelpunkt

5

Inhaltsverzeichnis

5.1 Von Menschen für Menschen 130
    5.1.1 Der Mensch fasziniert den Menschen 131
    5.1.2 Unsere Repräsentanten 131
5.2 Der Mensch als Medium 132
    5.2.1 Die Bühnenprofis 132
    5.2.2 Auftrittsformen 133
    5.2.3 Die richtige Rolle 133
    5.2.4 Sprache, Ansprache, Körpersprache 134
    5.2.5 Der prominente Bote 135
5.3 Die Macht des Wortes und die Kunst der Rede 135
    5.3.1 Charisma schafft Werte 136
    5.3.2 Sprache statt Schriftsprache 136
    5.3.3 Grundregeln 137
    5.3.4 Die Inszenierung der Rede 139
    5.3.5 Moderierte Reden 141
    5.3.6 Begleitete Reden 141
    5.3.7 Der wichtige Redner 142
    5.3.8 Fürs Zuhören begeistern 142
    5.3.9 Der falsche Professor 143
    5.3.10 Briefing-Profile 143
5.4 Die Rolle der Moderation 144
    5.4.1 Qualitäten des Moderators 144
    5.4.2 Den Modus bestimmen 144
    5.4.3 Positionierung der Moderation 146
    5.4.4 Auswahl des Moderators 147
5.5 Alte Medien: die Bühnenkünste 147
    5.5.1 Die Kinder der Musen 148
    5.5.2 Die Bühnenkünstler 148
    5.5.3 Theatralische Inszenierungsformen 149
    5.5.4 Konzertante Aufführungen 149
    5.5.5 Tanz 150

A. Gundlach, *Wirkungsvolle Live-Kommunikation,*
DOI 10.1007/978-3-658-02549-6_5, © Springer Fachmedien Wiesbaden 2013

5.5.6	Stummes Theater	150
5.5.7	Akrobat schön!	151
5.5.8	Theater und Business Theater.	151
5.5.9	Puppentheater	153
5.5.10	Tradierte Theaterformen	154
5.6	Business-Entertainment	154
5.6.1	Der Entertainer	154
5.6.2	Die Auftragskünstler	155
5.6.3	Magische Kommunikation	156
5.6.4	Comedy	157
5.6.5	Kabarett	158
5.6.6	Lesung	158
5.6.7	Mit Stift und Papier	160
5.6.8	Die Auswahl der Künstler	161
5.7	Animationen mit Sinn	161
5.7.1	Die emotionale Abholung	161
5.7.2	Animation mit Fotografie	162
5.7.3	Kleine Ehrungen	163
5.7.4	Der Effekt einer intelligenten Animation	164
5.8	Mitarbeiter als Botschafter	164
5.8.1	Gastgeber und Markenbotschafter.	165
5.8.2	Die Anklatscher	165
5.8.3	Die Sprachfähigkeit der Botschafter	166
5.8.4	Mitarbeiter briefen und einbinden.	166
5.9	Der falsche Mann am falschen Ort: die schönsten Fehler	167
5.9.1	Falsche Proportionen	167
5.9.2	Die Folienschlacht	168

► Das Medium mit dem größten psychologischen und emotionalen Wirkungspotenzial ist der Mensch selbst. Geschichten handeln von Menschen und sie werden für Menschen erzählt. Da liegt es nahe, die große Bandbreite von natürlichen Ausdrucksmöglichkeiten und künstlerischen Darbietungsformen, die wir Menschen entwickelt haben, als Medium der Inszenierung einzusetzen.

Lassen Sie uns nun darum den Mensch als Medium genauer betrachten, seine Stärken und Fähigkeiten, seine dramatischen Funktionen und auch ein paar seiner Schwachpunkte im Rahmen der Live-Kommunikation beleuchten, um ein paar Kriterien herauszuarbeiten, mit denen wir den Einsatz von Menschen als Medien auf unserer Veranstaltung betrachten können.

5.1 Von Menschen für Menschen

► Kommunikationsveranstaltungen werden von Menschen für Menschen gemacht. Mag der Inhalt einer Präsentation oder der gewählte Inszenierungsmix noch so technisch und materiell sein, letztlich haben wir doch immer Menschen vor uns, die nicht nur rational bestimmt sind. Wollen wir deren Seele berühren, müssen wir immer wieder die psychologische und emotionale Wirksamkeit aller Medien und Inszenierungen in Frage stellen. Dazu gehört auch, alle auf unserer Bühne auftretenden Personen als Medien unserer Story zu betrachten, und, soweit sie *gesetzt* sind (Vorstände, Ehrengäste, Fachleute), ihre Stärken und Schwächen zu analysieren und zu überlegen, wie man die Person ideal inszenieren kann.

Gleichzeitig steht uns ein Arsenal professioneller Unterhalter, Showkünstler und Artisten zur Verfügung, mit denen wir unsere dramatischen Figuren besetzen oder Elemente unserer Erzählung symbolisieren können.

5.1.1 Der Mensch fasziniert den Menschen

Im Menschen erkennen wir uns selbst, nehmen ihn unterbewusst zum Maßstab für unsere idealen Vorstellungen, sehen in ihm unsere Einstellungen repräsentiert oder eben nicht. Wir sind fasziniert von Ausstrahlung und Können eines Anderen, aber genauso registrieren wir mit Schadenfreude oder Entsetzen seine Unfähigkeit. Wir lassen uns von der Begeisterung und vom Optimismus eines Anderen anstecken oder nehmen seine Niedergeschlagenheit zum Anlass, uns in uns selbst zurückzuziehen. Wir nehmen seine Souveränität als Beweis für die Richtigkeit seiner Aussagen oder lassen uns von seiner Unsicherheit anstecken.

Dabei wirkt der Mensch auf andere als multimediales Wesen, das alle Ebenen unserer Wahrnehmungen anspricht. Man sieht und hört einen Menschen, man glaubt, seine Gegenwart zu spüren, man beobachtet seine Bewegung im Raum und in der Gruppe. Man schließt vom Ausdruck und der dramatischen Inszenierung eines Menschen auf die Bedeutung und Wichtigkeit seiner Worte und Handlungen und trifft entsprechende Zuordnungen, nicht zuletzt auch beeinflusst durch eigene Vorurteile und die Meinungen anderer Anwesender. Und wir lassen uns sehr gerne von den außergewöhnlichen Fähigkeiten eines Menschen zum Staunen bringen.

Das gilt nicht nur für Sportler, Künstler und Artisten, sondern für jeden, der in irgendeiner Weise etwas Außergewöhnliches tut. Wie groß diese Faszination durch den Menschen ist, lässt sich gut am „Guinness-Buch der Rekorde" oder an Deutschlands erfolgreichster Fernsehshow „Wetten, dass?" belegen: Beide haben eigentlich nichts anderes als die ungewöhnlichen Fähigkeiten und Leistungen von unbekannten Menschen zum Erfolgsprinzip gemacht.

5.1.2 Unsere Repräsentanten

Alles, was ein Mensch auf unserer Eventbühne oder in der persönlichen Begegnung repräsentiert und uns durch Auftreten und Körpersprache vermittelt, beeindruckt uns in irgendeiner Art und Weise. Wir können kaum anders, als diese Eindrücke zur Bewertung unseres sachlichen und emotionalen Verhältnisses zu dieser Person mit ihrer Wertewelt, und damit auch zu dem von dieser Person repräsentierten Unternehmen, heranzuziehen. Und wir neigen sehr schnell dazu, Menschen als Ausdruck oder gar Symbol des Wertekanons eines Unternehmens wahrzunehmen, schon weil wir uns ein Unternehmen aufgrund seiner Komplexität nicht so greifbar vorzustellen vermögen.

Dies ist einer der Gründe, warum Firmen mit charismatischen Repräsentanten und Führern trotz vielleicht schlechterer Performance viel höher angesehen werden. So einfach macht sich ein Publikum manchmal die Bewertung. Der Mensch als Repräsentant unseres Unternehmens und als Medium unserer Botschaft spielt also eine wesentliche Rolle, egal wie sehr die Gesamtinszenierung von den Personen abzulenken oder sie zu unterstützen vermag.

5.2 Der Mensch als Medium

▶ Nichts fasziniert den Menschen so sehr wie der Mensch. Unsere Aufmerksamkeit und unser starkes Interesse an der Erscheinung, am künstlerischen und gestalterischen Können, aber auch am Verfehlen und Scheitern anderer Menschen, machen einen großen Teil dieser Faszination aus. Wir beobachten uns gegenseitig bei allem, was wir tun, und wir nehmen dabei nicht nur die Aktionen des anderen wahr, sondern viel wichtiger noch, die Art und Weise sowie den Grad der Emotion, mit dem er seine Handlungen ausführt. Das macht den Menschen in der Rezeption zum idealen Medium. Aber nur, wenn er dem Anspruch der Zielgruppe gerecht werden kann.

5.2.1 Die Bühnenprofis

Aufgrund dieses großen Interesses ist der Mensch im Rahmen jeder Veranstaltung ein vielseitig einsetzbares Medium. Menschen transportieren Botschaften mit Leib und Seele. Sie sprechen, singen, tanzen, stellen dar, sie zeigen als Artisten ihren Wagemut und ihre Geschicklichkeit, sie spielen Rollen in Bühneninszenierungen, sie halten Vorträge und weihen ihr Publikum in Wissen ein. Und sie vermitteln Emotionen durch ihre eigenen Emotionen, sie lachen und weinen, freuen oder ärgern sich, versuchen die anderen mitzureißen oder sich dezent im Hintergrund zu halten.

Alle diese Fähigkeiten und Gefühlsausdrücke kommen in der Live-Kommunikation fast zwangsläufig zum Einsatz; sie sind im positiven Fall eine der größten Stärken einer Inszenierung, und im negativen Fall leider auch oft genug ihr Knackpunkt. Dazu an anderer Stelle mehr.

5.2.2 Auftrittsformen

Die medialen Fähigkeiten eines Menschen auf einer Bühne könnte man grob in zwei Bereiche unterteilen.

▶ Zu den Fähigkeiten, die Inhalte transportieren können, gehören Rede, Gesang, Schauspiel sowie alle Arten des sprachbegleiteten Entertainments wie Comedy oder Zauberei, unter Umständen auch bildgestalterische Fähigkeiten wie zum Beispiel das Showzeichnen. Diese Kategorie wird später im Kapitel Business-Entertainment noch exemplarisch vorgestellt.
Andere künstlerische Fähigkeiten wie Tanz, Pantomime sowie instrumentale musikalische und artistische Darbietungen eignen sich eher als Analogien zu Inhalten, mit denen z. B. Prozesse und Stimmungen bebildert werden können. All diese nonverbalen Darbietungen werden durch den jeweiligen Inszenierungsrahmen in einen inhaltlichen Bedeutungsraum gestellt, d. h. der Inhalt erschließt sich dem Publikum dann eher durch Deutung des Kontexts.

Die medialen Fähigkeiten der Bühnenprofis werden ergänzt durch die Stile und Stilmittel, also durch ihren persönlichen Ausdruck:

▶ Der *Ausdruck* eines Menschen, d. h. seine emotionale Selbstinszenierung, die sich an die intuitive Wahrnehmung des Publikums richtet und die jeglichem Inhalt seine emotionale Bedeutung zuordnet. Dieser Ausdruck hat seinen Spielraum zwischen dem Ernsthaften und Launigem, dem Tragischen und Komischen, der Begeisterung und dem Unterkühlten, dem Bedeutenden und Unbeutenden, dem Erlogenen und Wahrhaftigen, dem Glaubwürdigen und dem Unglaubhaften. Er vermittelt dem Publikum, wie Aussagen und Inhalte zu deuten sind.

Können und Intention eines Menschen sind im Ausdruck eng miteinander verknüpft und zeigen sich in der inszenierten Situation, d. h. mit ihren Rollen im gemeinsamen Spiel oder durch Übertragung in ein technisches Medium gewinnen die Fähigkeiten und der Ausdruck des Einzelnen eine zusätzliche Bedeutung durch und für die Inszenierung. Hinzu kommen noch, wie wir später sehen werden, die mediale Fähigkeiten des Menschen, die sich in Text oder bildenden Künsten niederschlagen und so stellvertretend Inhalt und Ausdruck für das Publikum übersetzen.

5.2.3 Die richtige Rolle

Wie alle anderen Medien auch unterliegt der Mensch in seiner medialen Funktion der Beurteilung durch sein geschultes Publikum, d. h. dessen Media-Literacy greift natürlich auch in diesem Punkt. Intuitiv eingesetztes Vorwissen über die medialen Fähigkeiten des Menschen und deren Wirkung wird zur Wertung herangezogen. Das bedeutet, dass auch auf die Menschen, die wir als Medien einsetzen, Kriterien der Dramatischen Denkweise anzuwenden sind. Es gilt also, das dramatische Muster seiner Rolle, die persönlichen Stilmittel und die medialen Fähigkeiten zu betrachten, wenn man Menschen in Veranstaltungen einsetzt.

Egal aber, welche Rollen wir den Menschen in unserem Event zuweisen, sie sollten inhaltlich und emotional sinnvoll in die Gesamtdramaturgie eingepasst werden bzw. wenn es sich um eine zentrale Figur unserer Veranstaltung handelt, sollte diese durch die Dramaturgie und Inszenierung in die richtige Position gesetzt werden.

> **Fazit**
>
> Der emotionale Eindruck, den das Publikum durch den Menschen vermittelt bekommt, ist trotz aller übrigen möglicherweise eingesetzten Medien und Inszenierungen entscheidend für die Bedeutungszuordnung der Gesamtveranstaltung.

5.2.4 Sprache, Ansprache, Körpersprache

Um Fähigkeiten und Eignung eines Menschen als Medium für eine Botschaft ehrlich zu beurteilen, bedarf es des Blicks eines erfahrenen Regisseurs oder eines Präsentationstrainers. Der Regisseur macht sich anhand von Demomaterial früherer Auftritte und durch ein persönliches Briefing-Gespräch mit den auftretenden Menschen ein Bild von der Sprache (Stimme, Wortwahl, Syntax), der Ansprache (Authentizität, Glaubwürdigkeit des Erzählstils) und der Körpersprache (Bühnenpräsenz, Ausstrahlung, Charisma) seiner *Darsteller*.

Da wir nicht wie beim Film oder Theater erst ein Drehbuch verfassen und dann die Rollen nach Typen ideal besetzen können, sondern von Auftraggeberseite bestimmte Personen (wie Vorstände, Gastredner) zwingend gesetzt sind, müssen wir uns parallel zur Entwicklung unserer Dramaturgie auch mit diesen Personen und ihren tragenden Rollen beschäftigen. Je nach Thema, Nachricht und Art der Veranstaltung sind diese Personen sehr wichtige Bausteine, und wenn wir ehrlich sind, müssen wir zugeben, dass viele Firmenevents fast ausschließlich um diese wesentlichen Personen herum gestaltet werden. Die Tatsache, wer wann welche Rolle einnimmt, wird dann häufiger von Hierarchie und Politik als von der Dramaturgie bestimmt.

In vielen Fällen ist die Beurteilung dieser Personen hinsichtlich der besseren Dramaturgie durch den Umstand belastet, dass es zumeist die Führungspersönlichkeiten eines Unternehmens sind, die zu einem in bedeutenden Rollen auftreten sollen, zum anderen auch über die Auftragsvergabe an den Eventverantwortlichen entscheiden. So manches offene Wort, das eigentlich gesprochen werden müsste, scheitert in dieser Konstellation entweder an der Umsatzorientierung der Akquisiteure der Agenturen oder an den falschen Ängsten der internen Eventverantwortlichen vor ihren Chefs.

5.3 Die Macht des Wortes und die Kunst der Rede

Ein offener Umgang mit den Stärken, Schwächen und Wünschen sollte aber nicht nur im Interesse dieser führenden Persönlichkeiten liegen, sondern ist zumindest meinem Verständnis nach wichtiger Teil der Konzeption einer Veranstaltung.

Warum? Ein geübter Regisseur kann mögliche Schwächen eines Repräsentanten in der Inszenierung auffangen und selbst nicht ganz so charismatische Menschen auf der Bühne gut aussehen lassen; man muss ihm aber auch die Möglichkeit dazu geben.

5.2.5 Der prominente Bote

Ähnliches gilt auch für die in der Werbung wie auch in der Live-Kommunikation zuweilen eingesetzten prominenten Persönlichkeiten. Auch diese Menschen werden letztlich als Medien benutzt, um dem Publikum durch ihre Präsenz Bedeutungen und bestimmte Zuordnungen zu vermitteln.

Ein solcher Sympathie- oder Kompetenzübertrag funktioniert aber nur, wenn die gewählte Konstellation zwischen Unternehmen, Thema und Prominenz dem Publikum glaubwürdig erscheint und der Prominente seine Fähigkeiten angemessen einsetzen kann. Oft sind solche Prominente, wenn sie durch Tätigkeiten im Bereich der Medien bekannt geworden sind, fest mit Formaten verbunden, so etwa ein Nachrichtensprecher mit dem Überbringen von Nachrichten, ein Gameshow-Moderator mit bestimmten Spiel- und Quizformaten, ein Sänger mit Art und Stil seines sonstigen Auftretens.

Es empfiehlt sich, aus Gründen des angepeilten Imagetransfers diese Prominenten auch mit ihren gewohnten Formaten zu präsentieren und die Inhalte des Unternehmens in diesen Formaten unterzubringen. Grundsätzlich sollte sich ein Eventkonzeptionist darüber im Klaren sein, dass die Ursache für Prominenz zumeist in einem spezifischen Können einer Person liegt und dass es selten Sinn macht, eine solche Persönlichkeit außerhalb des von ihr beherrschten Formats und abseits der öffentlichen Wahrnehmung dieser Person einzusetzen. Das kompliziert nicht nur die Probenarbeit mit Prominenten, die oft sowieso wenig Zeit aufbringen können, sondern birgt auch die Gefahr, dass sie in dieser neugeschaffenen Situation ihre Kompetenz verlieren – und damit genau eine der Qualitäten, aufgrund derer man diese Person als Medium einsetzen wollte.

Im Folgenden wollen wir unabhängig von Prominenz oder Stellung die persönlichen Fähigkeiten von Menschen in ihren inhaltlichen und emotionalen Qualitäten betrachten, angefangen mit Sprache und persönlichem Auftreten, dann in den Dimensionen der darstellenden Künste, des Entertainments und der Animation.

5.3 Die Macht des Wortes und die Kunst der Rede

▶ Die einfachste – und damit vielleicht auch zugleich die schwerste – Form des Auftritts eines Menschen vor Anderen ist die Rede. Einen glänzenden Redner mit Charme und Charisma in seinen eigenen Reihen zu wissen, kann einem Unternehmen vor allem auf Veranstaltungen viel Geld sparen, aber um einen schlechten Redner herum zu inszenieren, bringt immer einen gewissen Aufwand mit sich.

5.3.1 Charisma schafft Werte

Wie wichtig ein guter Auftritt der Führung für die Bewertung eines Unternehmens sein kann, hat eine Untersuchung der Bertelsmann-Stiftung gezeigt: Unternehmen mit charismatischen Führern haben im Schnitt trotz vielleicht schlechterer Performance bis zu fünfzehn Prozent höhere Börsenbewertungen, umgekehrt werden Unternehmen trotz guter Performance wegen schlechter persönlicher Präsentation bis zu fünfzehn Prozent schlechter bewertet. Sie sehen, nichts fasziniert den Menschen so sehr wie der Mensch. Und wenn wir jetzt noch überlegen, wie viel Anstrengungen eine dreißigprozentige Steigerung unseres Börsenwerts sonst bedarf, dann sollten wir mit einem Lächeln das Geld für gute Redenschreiber und Medientrainer investieren.

Wer die Kunst der Rede aufs Beste beherrscht, bedarf so gut wie keiner Unterstützung durch Inszenierung. Wenn Sie ein solcher Mensch sind oder einen solchen in Ihren Reihen haben, dann können wir Ihnen nur raten, dieses Talent so oft und so gezielt wie möglich einzusetzen. Ein guter Redner unterhält, berührt und führt zum Ziel, er fängt die Menschen ein und leistet unter Umständen mehr als so manche Multimedia-Show.

Das große Problem vieler Veranstaltungen ist allerdings, dass schon ein einzelner schlechter Redner genau das Gegenteil leistet, und mehrere schlechte Redner eine geradezu desaströse Wirkung auf jedes Publikum haben. Ich sage das so unverblümt, weil das Publikum in Deutschland an einer Unzahl wenig charismatischer bis gnadenlos langweilender Redner zu leiden hat. Es ist sicher eine Folge des englischen Schulsystems, das Stimmbildung (Chorgesang) zum Pflichtfach und die freie Rede vor der Klasse seit der Grundschule zur ständigen Pflichtübung macht, dass es dort so viel mehr gute Redner gibt, ganz abgesehen von der schönen Tradition der Debattierklubs an englischen Universitäten.

Trotzdem bleibt es ein Rätsel, warum so viele deutsche Manager und Unternehmensführer trotz unbestritten großer Sachkenntnis und Kompetenz so wenig souverän wirken, wenn man sie auf eine Bühne stellt. Hilfe naht aber mit dem professionellen Dramaturgen, der eine Reihe von Kniffen beherrscht, wie man auch einen nicht so begabten Redner gut aussehen lassen kann.

5.3.2 Sprache statt Schriftsprache

In der kleinen Veranstaltungsgeschichte wurde vom wissenschaftlichen Kongress als Ideal der seriösen Veranstaltung gesprochen, und es ist nicht zu leugnen, dass dieses Ideal nach wie vor Redeweise und Sprachwahl vieler Redner wesentlich bestimmt. Doch das halbstündige Verlesen von verschachtelt formulierter Schriftsprache, die jede Dissertation zie-

5.3 Die Macht des Wortes und die Kunst der Rede 137

ren könnte, hat oft wenig oder gar nichts mit der Art von Sprache zu tun, die das Publikum begeistern kann, und die oft auch nicht – das soll hier auch als Kritik für Heerscharen von Ghostwritern stehen – irgendwie zur Person des Redners selbst passt.

Wir können hier jedem Redner nur mit Nachdruck empfehlen, sich von einem Sprechtrainer oder Schauspiellehrer schulen zu lassen und sich mit seinem Redenschreiber sehr genau darüber zu unterhalten, welche Sprache mit der eigenen Person stimmig und für die Zielgruppe verständlich und glaubwürdig ist. Das wären die ersten notwendigen Schritte, bevor wir daran denken, unser Unternehmen von einem mäßigen Redner auf einer Bühne repräsentieren zu lassen.

Natürlich kann man den Auftritt eines Redners auch technisch unterstützen, z. B. durch den Einsatz eines Teleprompters über einen Monitor im Rednerpult, in die Scheibe vor einer Kamera eingespiegelt oder einfach groß an die Rückwand hinter dem Publikum projiziert, von wo der Redner es dann erhobenen Hauptes ablesen kann. Mit einem entsprechenden Training kann man auch mit einem Knopf im Ohr und einer Souffleuse arbeiten. Solche Techniken machen vor allem dann Sinn, wenn man in einer fremden Sprache vorträgt oder – wie etwa bei einer Aktionärsversammlung – juristisch korrekte Formulierungen verwenden muss, aber es sind eben auch Techniken, deren Gebrauch durch den Redner geübt werden muss, damit der Auftritt dadurch tatsächlich souveräner wirkt.

Probezeiten freischaufeln Aus Sicht des Eventprofis ist dies auch in der Planung, mehr aber noch im Umgang mit seinem Kunden einer der schwierigeren Situationen. Selbstverständlich spielen Redner, die das veranstaltende Unternehmen repräsentieren, eine wichtige, nur schwer ersetzbare Rolle in den meisten Veranstaltungen.

Aber gerade aufgrund ihrer aktiven Position im Unternehmen haben diese Redner oft nicht die Zeit, sich wirklich gut auf die eigene Rede vorzubereiten, also unter Anleitung eines Profis zu üben, oder – und auch das gehört zu den Fallen eines falschen Selbstverständnisses – sie belügen sich selbst, was ihre Redeschwäche betrifft. Ich kann nur empfehlen, dem Problem offen ins Auge zu schauen und die richtigen Schlüsse daraus zu ziehen. Eine gute Möglichkeit, mit der eigenen Redeschwäche umzugehen, ist, sich an ein paar einfache Grundregeln zu halten.

5.3.3 Grundregeln

Ob wir es nun mit begabten oder steifen Rednern zu tun haben, jede Rede sollte nach den unten aufgezählten Grundregeln verfasst und gehalten werden, damit sie ihre Aufgabe im LK-Konzept zielgenau erfüllen kann.

▶ **Konzentration aufs Wesentliche** Konzentrieren Sie sich auf das Wesentliche. Überlegen Sie sich, was das wirkliche Ziel Ihrer Rede ist und wie Sie das Publikum schnell, überzeugend und unterhaltsam zu diesem Punkt führen können. Überlegen Sie mit Ihrem Eventkonzeptionisten, welche Nachrichten Sie tatsächlich persönlich überbringen müssen und welche in begleitenden Medien oder gar in anderen Veranstaltungsteilen besser dargestellt oder untergebracht werden können.

▶ **Klare Abläufe** Auch eine Rede braucht eine klare Dramaturgie. Üblicherweise entscheidet man sich entweder für Argumentation (die Gründe für das Projekt), Diskussion (das Pro und Kontra des Projekts), Chronologie (vom Start des Projekts bis zum Abschluss oder aktuellen Stand) oder Highlight-Analyse (vor allem bei sehr komplexen Themen sollte man sich auf einige Höhepunkte und die wichtigsten Effekte des Projekts beschränken).

Sofern nicht durch einen Moderator angekündigt, sollten Sie immer mit einer kurzen Selbstvorstellung beginnen und dann einen gegliederten Ausblick auf Ihre Rede geben. Zum Ende fassen Sie immer die wichtigsten zwei, drei Punkte nochmals zusammen und geben einen Ausblick auf die weitere Entwicklung des Projekts. Danken Sie Ihren Zuhörern für die Ihnen entgegengebrachte Aufmerksamkeit.

▶ **Das wichtigste Wort** Nehmen Sie *einen* hervorragenden Satz oder ein einprägsames Bild (Chart, Foto, Grafik), die Ihre zentrale Aussage auf den Punkt bringen, und kommen Sie immer wieder darauf zurück. Nutzen Sie hierzu am besten einen Begriff, ein Motto oder einen Slogan, der im Zusammenhang mit der gesamten Veranstaltung und ihrem Inhalt steht. Nutzen Sie zur Einleitung eine möglichst pointierte Antithese. Dramaturgisch betrachtet ist das im besten Fall eine Sprachformel, die im Vorfeld angekündigt bestimmte Erwartungen und Assoziationen bei Ihrem Publikum hervorruft, die Sie dann in Ihrer Rede mit einer neuen, überraschenden Bedeutung aufladen können. Beenden Sie Ihre Rede mit einer pointierten Variante Ihres Kernsatzes.

▶ **Der glaubwürdige Stil** Bleiben Sie in Ihrer Sprachwahl und Sprechweise stets authentisch. Benutzen Sie keine Beispiele oder Analogien aus der Welt der Oper, wenn jeder weiß, dass Sie Fußballfan sind. Suchen Sie sich einen Schreiber, der Ihren ganz persönlichen, glaubwürdigen und zu Ihrem Auftreten passenden Sprachstil versteht und in Text umsetzen kann. Lassen Sie Ihre Rede in kurzen Sätzen und klaren Abschnitten abfassen. Geben Sie Ihrer Rede einen Rhythmus.

▶ **Lieber gut statt lang** Fassen Sie sich kurz! Reden Sie nicht länger als nötig. Eine gute Rede muss nicht unbedingt dreißig Seiten haben (*eine Rede mit dreißig Seiten ist erst einmal nur eine lange Rede, aber nicht zwangsläufig eine gute*). Verfallen Sie nicht dem oft ritualisierten Irrglauben, der Redner mit der längsten Rede wäre der wichtigste. In Wahrnehmung und Erinnerung des Publikums ist der Redner mit der beeindruckendsten Rede und der zentralen Aussage der wichtigste.

Und ganz wichtig: Reden Sie nicht, wenn Sie nichts zu sagen haben. (*Ihr Dramaturg findet dann eine bessere Rolle für Sie.*)

▶ **Reden statt Vorlesen** Vorausgesetzt Sie reden in Ihrer Muttersprache, lesen Sie den Redetext nach Möglichkeit nicht ab. Wann immer Sie können, formulieren Sie frei. Oder

5.3 Die Macht des Wortes und die Kunst der Rede   139

wenn das Ihr Talent ist, lernen Sie Ihre Rede so auswendig, dass Sie nur noch ein paar Stichworte auf einem Zettel benötigen, um das zu sagen, was Sie zu sagen haben.

Der große Vorteil der freien Rede ist nicht nur die größere Souveränität, sondern eine höhere Authentizität und Glaubwürdigkeit.

▶ **Unterhaltsam und sympathisch** Achten Sie darauf, dass Sie mindestens alle 90–120 s etwas Unterhaltsames oder Pointiertes einflechten, etwas, das Ihr Publikum zum Mitdenken anregt, vielleicht sogar schmunzeln lässt. Wenn Sie einen Fehler machen oder sich verhaspeln, korrigieren Sie den Fehler in aller Ruhe und kommentieren Sie ihn mit feiner Selbstironie. Ihr Publikum wird dies nicht als Blöße verstehen, sondern Sie in sein Herz schließen. Wenn es die Bühnensituation erlaubt, wechseln Sie öfter Ihre Position. Bewegen Sie sich ruhig, aber regelmäßig. Diese Bewegung erhöht die Aufmerksamkeit der Zuschauer.

▶ **Vertrauen Sie auf sich selbst** Zeigen Sie ruhig Ihre Gefühle beim Reden. Seien Sie ganz Sie selbst. Vergessen Sie nie, Sie sind gut in dem, was Sie tun – sonst würden Sie ja Ihr Unternehmen nicht repräsentieren. Es kann Ihnen also nichts passieren, solange Sie sich auf das beschränken, was Sie wirklich wissen und beherrschen. Versuchen Sie sich nicht als wandelnde Enzyklopädie. Kompetenz kommt nicht durch viel Wissen, sondern dadurch, dass man das, was man weiß, verständlich rüberbringt und es richtig für sein Unternehmen oder seine Zielgruppe einsetzt.

▶ **Beziehen Sie die Zuhörer ein** Tun Sie all das stets unter der Maßgabe der allerwichtigsten Regel: Es ist nicht das gesprochene, es ist das verstandene Wort, das zählt!

Also: Sprechen Sie in einer Sprache, die Ihr Publikum versteht. Beziehen Sie das Publikum immer in das Thema Ihrer Rede ein. Belehren Sie Ihr Publikum nicht, lassen Sie es selbst wichtige, weil offensichtlich vorbereitete Schlüsse ziehen.

Geben Sie dem Publikum eine Rolle in Ihrer Rede. Wenn Sie über eine Idee reden, loben Sie sich nicht selbst für die Schönheit der Idee, sondern zeigen Sie die Relevanz der Idee für Ihr Publikum auf. Wenn Sie über Ihr Unternehmen reden, betonen Sie die Wichtigkeit des Publikums für Ihre Firma und für den Erfolg Ihrer Idee. Und belegen Sie dies mit Fakten und Argumenten, damit man Ihnen keine Anbiederung oder Schmeichelei vorwirft.

5.3.4 Die Inszenierung der Rede

Nach diesen kurzen, persönlichen Hinweisen können wir nun wieder unseren Blickpunkt verändern. Wie geht das Eventkonzept mit den Rednern um?

Hat man also nicht das Glück, einen guten Redner ins Feld führen zu können, sollte man sich über die Inszenierung des Redners wirklich gründlich Gedanken machen. Die Reflexhandlung geht hier allzu oft in dieselbe Richtung: Der Vortrag des als schwächer eingestuften Redners wird mit Medieneinspielungen aufgepeppt. Die beliebten PowerPoint-Charts, flotte Videoeinspieler oder gar die Verzahnung mit kleinen Bühneninszenierungen sollen dem Publikum über den hölzernen Redner hinweghelfen – und sie schaffen dies auch, wenn sie gut gemacht sind. Aber auch hier gilt: Alle eingesetzten Medien müssen zum Redner und zum Inhalt seiner Rede passen. Erfinden Sie keine Charts, nur um welche zu haben. Sind es nur zwei Übersichten, die Sie benötigen, dann benutzen Sie auch nur diese zwei. Und: Egal, welche unterstützende Medien Sie auch benutzen werden, achten Sie darauf, dass Sie den Redner nicht entmündigen und ihn zum Vorleser degradieren.

Was den Sportreporter gut macht

Auch hier eine einfache Regel für den Redner: Wenn Sie ein Bildmedium benutzen, begreifen Sie es immer als Ergänzung, nie als Ersatz für rhetorische Überzeugungskraft. Achten Sie darauf, dass die Leinwand nicht die Bühnenmitte einnimmt, denn dort ist Ihr Platz. Kommentieren Sie möglichst nicht, was Ihr Publikum im Bild sieht. Reden Sie über das, was Ihre Zuhörer nicht im Bild sehen.

Anhand einer Sportreportage im Fernsehen kann man diese Regel leicht nachvollziehen. Sie sehen ein Fußballspiel, der Bildausschnitt zeigt, wie Özil gerade einen Pass zu Gomez spielt. Der schlechte Reporter sagt dann: „Özil spielt den Ball zu Gomez." Er doppelt die sich für den Zuschauer durch das Bild selbst erklärende Information. Nicht gut.

Der gute Sportreporter hingegen kommentiert, was man nicht im Bild sieht. Er sagt: „Vorne läuft sich gerade Müller frei!" Er erklärt dem Zuschauer, was außerhalb des für ihn einsehbaren Bildausschnitts abläuft. Der Zuschauer wird in seiner inneren Beteiligung aktiviert, weil er sich nun mittels seiner Fantasie versucht, ein Bild von dem zu machen, was die Kamera nicht zeigt. Und vielleicht, weil er nun hofft, Özil möge nun den frei gelaufenen Müller mit einem tödlichen Pass bedienen. So funktioniert eine gute Reportage.

Nicht anders ist es bei einem Wirtschaftsvortrag. Ein gut gemachtes Chart erklärt sich dem Zuschauer selbst, der Redner kann erklären, was außerhalb dieses Bildes abläuft, sprich: dem Chart Bedeutung zuzuordnen, indem er für seine Zuhörer zwischen den Zeilen liest. Der Zuschauer setzt diese beiden Informationen selbständig zu einer zusammen. Er involviert sich geistig und fühlt sich sofort besser unterhalten.

Voraussetzung hierfür sind natürlich klare, einfache und augenfällig gestaltete Charts und Einspieler. Ebenso wichtig ist aber auch die Einhaltung der richtigen Reihenfolge. Tragen Sie zunächst vor und machen Sie Informationen im Bild erst dann sichtbar, wenn Sie darauf Bezug nehmen. Im umgekehrten Fall werden Ihre Zuhörer die Charts lesen, statt Ihnen mit ungeteilter Aufmerksamkeit zuzuhören. Anders ist es, wenn wir ein Bild oder Foto zeigen. Das kann man schon zeigen, bevor man die Bezüge im den Vortrag auflöst.

5.3.5 Moderierte Reden

Neben den technischen Medien gibt es aber auch die Möglichkeit, eine Rede mit anderen Menschen zu inszenieren. Ein versierter Moderator zum Beispiel kann einen Redner im Rahmen eines Interviews gut durch seinen Inhalt hindurchlotsen und ihn dabei sehr gut aussehen lassen. Er sorgt für eine Leichtigkeit und Unterhaltsamkeit in Sprache und Präsentation, die der Redner selbst vielleicht nicht hat, während sich der Redner auf seine wesentlichen Aussagen konzentrieren kann.

Natürlich wird eine moderierte Rede zuvor auch durchgetextet und muss dann mit dem Moderator gemeinsam geprobt werden. Es versteht sich von selbst, dass ein solches Gesprächsformat nicht mit abgelesenen Texten funktioniert. Das Unfaire dabei ist, dass man dem Moderator verzeiht, wenn er Moderationskarten in der Hand hat. Das gehört zu seinem professionellen Bild. Wenn Sie also nicht ganz ohne Spicker können, dann entweder mit Stichworten auf einem versteckten Bühnenmonitor oder auf der Rückseite eines Kartons, aus dem Sie am Ende Ihrer Interviews irgendeinen kleinen Anker herausholen, damit sich die Existenz des Kartons in Ihrer Hand erklärt. Am besten legt man sich vorher noch zwei, drei nette Pointen zurecht, mit denen man immer wieder auf den Gesprächsfaden zurückkommen kann.

▶ Die Möglichkeit einer moderierten Rede sollte man vor allem dann in Betracht ziehen, wenn man eine andere als die eigene Muttersprache zur Repräsentation nutzen muss. Lassen Sie sich dann lieber nach guter Absprache und Script von einem fremdsprachigen Moderator leiten und beschränken Sie sich auf die abgesprochenen, gut pointierten Antworten.

5.3.6 Begleitete Reden

Gute Erfahrungen haben wir mit der beiläufigen Inszenierung der Rede mit einzelnen Künstlern gemacht. So kann man zum Beispiel die Inhalte eines Vortrags in zwölf Karikaturen festhalten. Während der Rede erstellt ein Showzeichner die zwölf Motive so, dass der Redner auf die Motive und ihre Entwicklung Bezug nehmen kann. Gleichzeitig wird der Karikaturist als Person so unauffällig eingesetzt, dass er die Aufmerksamkeit nicht vom Redner weglenkt.

Auch Pantomime oder eine bestimmte Art von Schauspiel können ein hervorragendes stilles Ausdrucksmittel sein, mit dem sich eine Rede einfach und für den Redner unkompliziert kombinieren lässt. Für einen Redner haben wir einmal das „Gebäude seiner Gedanken" während seiner Rede aus großen Styroporblöcken entstehen lassen. Drei Tänzerinnen haben die Bausteine seiner Rede zu einem Gebäude zusammengeführt.

5.3.7 Der wichtige Redner

Wenn man eine Veranstaltung mit mehreren Wortbeiträgen hat, ist es ratsam, sich die Position der wichtigen Reden gut zu überlegen und die Redner im dramatischen Spannungsbogen der Tagung dementsprechend zu platzieren.

Es gibt eine ganze Reihe von Vorurteilen darüber, was eine Rede bedeutend erscheinen lässt und wie man sie einbettet. Leider werden Rederecht und -zeit allzu oft nach politischen statt nach kommunikativen oder dramatischen Aspekten vergeben. Dies ist vor allem deshalb fragwürdig, weil man dem „so Geehrten" oft einen Bärendienst erweist. Wenn wir einem schlechten Redner die gleichen zwanzig Minuten zuteilen wie seinem brillant redenden Vorstandskollegen, können wir ihn auch – verzeihen Sie den drastischen Vergleich – gleich ohne Hose auf die Bühne schicken. Der Effekt ist letztlich der gleiche.

Wichtig ist, dass wir jedem Redner die Chance geben, souverän zu erscheinen. Drei Minuten Souveränität an der dramatisch richtigen Stelle im Programm überzeugen wesentlich mehr als drei Minuten mehr Redezeit im Vergleich zu anderen. Geradezu entwaffnend ist die weitverbreitete Unsitte, einen schwachen Redner mit einem gutgemachten Film oder einer tollen Show einzuleiten, damit er wichtiger erscheint. Ein Schuss, der oft nach hinten losgeht: Je besser der Film, je mitreißender die Show ist, desto mehr muss der folgende Vortrag gegen diese Ankündigung ankämpfen.

Wo Film und Show viele Sinne des Publikums gleichzeitig ansprechen und aktivieren, fällt eine Rede fast zwangsläufig in ihrer Qualität ab, da sie sich auf die Wirkung des Menschen und seiner Worte reduziert. Tatsächlich ist es so, dass man wichtige Reden besser mit stillen Künsten, beruhigender Musik oder mit Sprache einleitet, also mit Medien, die auf das Gehör fokussieren und die anderen Sinne abschwächen.

Es kann aus dramaturgischer Sicht durchaus der bessere Weg sein, die Spannung beim Publikum nicht künstlich durch reißerische Videos hochzupuschen, sondern im Gegenteil die Erwartung abzubauen und die Konzentration des Publikums auf das Zuhören zu lenken, bevor unser Redner die wichtigsten Worte spricht.

5.3.8 Fürs Zuhören begeistern

Es gibt gute Tricks, mit denen man seinem wichtigsten Redner leicht den Hof bereiten kann. Sprache ist ein oft gebrauchtes, zuweilen langweiliges und damit auch oft überhörtes Medium der Kommunikation, vor allem, wenn der Teilnehmer einer Veranstaltung mit einem Blick ins Programmheft der entmutigenden Ankündigung von acht oder zehn Rednern gewahr wird, von denen er weit mehr als die Hälfte von vorneherein unterstellt, sie werden ihn langweilen.

Um den Zuhörer die Bedeutsamkeit der Sprache wieder zu näherzubringen, setzen wir gerne kleine Akzente mit Sprechkünstlern, manchmal mit Gedichten, manchmal mit passenden Dada-Texten. Diese perfekt vorgetragenen Miniaturen lösen das Publikum aus ihrer Erwartung gegenüber dem gesprochenen Wort, irritieren es vielleicht ein wenig, sen-

5.3 Die Macht des Wortes und die Kunst der Rede 143

sibilisieren es aber für die Sprache als Medium. Die Aufmerksamkeit gegenüber dem gesprochenen Wort steigt spürbar. Wenn diese kleinen Szenen nun noch dem nachfolgenden Redner einen Rückbezug ermöglichen, ist viel erreicht.

5.3.9 Der falsche Professor

Ein weiteres Mittel, bei dem die Erwartung gegenüber Sprache zum Spielball einer Inszenierung wird, ist der Auftritt eines „pretense speakers", eines Komödianten, der das Publikum nach den ersten fünf Vorträgen aus seiner Erwartungslethargie reißt.

Der „falsche Professor" kann in seinem Vortrag ebenfalls den Inhalt einer Veranstaltung thematisieren, sorgt aber auf jeden Fall dafür, dass die Aufmerksamkeit für Sprache wieder hochschnellt. Zusätzlich ermöglicht das offensichtlich Humorige eines solchen Redners den ein oder anderen Aspekt unseres Themas, der nicht der offiziellen Lesart zuzuordnen ist, aber dennoch unausgesprochen in den Köpfen unserer Veranstaltungsgäste herumschwirrt, mit den Mitteln der satirischen Übertreibung oder Verkehrung auszusprechen und damit das Gefühl zu vermitteln, auch abwegige Ideen und Meinungen Anderer seien im Vorfeld betrachtet worden.

Aus dramaturgischer Sicht bietet ein „falscher Professor" auch die Möglichkeit, einen Gegenspieler zu etablieren, der das Thema bewusst falsch oder negativ darstellt und mit widerläufigen Behauptungen unterlegt. So rückt er in der Dramaturgie der Veranstaltung unseren eigentlichen Redner eindeutig in die Rolle des Protagonisten, der für das Gute steht und die Wahrheit spricht.

5.3.10 Briefing-Profile

Das soll aber an dieser Stelle genügen. Man könnte locker ein ganzes Buch darüber schreiben, wie man Reden am besten konzipiert und auch nicht ganz so tolle Redner unglaublich gut dastehen lässt; letztlich handelt es sich hierbei um aber eine extrem persönliche Angelegenheit, die sich auch nur im individuellen Fall klären lässt. Was für den einen Redner in einer Situation gut und passend sein kann, wirkt beim nächsten schon wieder aufgesetzt und unglaubwürdig. Wichtig für die Eventplanung ist nur, dass das Thema Rede und Redner stets besondere Aufmerksamkeit verdient und dass derjenige, der als Redner auf die Bühne geht, sich auch hier an professionellen Rat und Regie hält.

Es empfiehlt sich, die bereits angesprochenen „character sheets" auch zur Charakterisierung Ihrer wichtigsten Redner anzulegen und als Briefing-Profile für Ihre Eventkonzeptionisten und Redenschreiber bereit zu halten. Sollte eine solche Vorgehensweise aufgrund interner Widerstände nur schwer umzusetzen sein, dann sollte man zumindest kurze Videobänder mit exemplarischen Ausschnitten der wichtigsten Redner anlegen. Ein so gebriefter Konzeptionist kann diese Redner dann besser in die Gesamtdramaturgie einarbeiten.

5.4 Die Rolle der Moderation

▶ Moderator ist keine geschützte Berufsbezeichnung. Hier tummeln sich eine ganze Reihe von Menschen unterschiedlichster Provenienz und ebenso deutlich unterschiedlicher Qualität – von der fröhlich inspirierten Plaudertasche bis zum systemgeschulten Großgruppenmoderator, vom Bierzelt gestählten Zoten-reißer bis zum themenorientierten Fachjournalisten. Die meisten Moderatoren sind Autodidakten, die vielleicht mal ein paar Nachhilfestunden bei anderen Autodidakten genommen haben.

Der passende Moderator sollte also mit Bedacht ausgewählt werden. Auch hier gilt: Der Moderator muss seine Rolle in der Dramaturgie ausfüllen können. Und das kann er nur, wenn die Dramaturgie auch die Funktionen und Spiel-möglichkeiten der Moderation gut zu platzieren weiß.

5.4.1 Qualitäten des Moderators

Dieselben Gründe, die hierzulande zur chronischen Unterversorgung mit guten Rednern führen, haben auch einen Mangel an guten Moderatoren zur Folge: mangelnde Stimmbil-dung und fehlende Übung im freien Formulieren und Sprechen. Beides sind neben einem ansprechenden, gepflegten Äußeren erste Voraussetzungen, um ein guter Veranstaltungs-moderator zu werden, aber beileibe nicht die einzigen.

Aus unserer Sicht gehört noch vieles mehr dazu: durch Schauspieltraining erworbene Bühnenfähigkeiten und Körpersprache, geschultes Sprachverständnis und eine schnelle Auffassungsgabe sowie grundlegende Kenntnisse der wichtigsten Moderationsmethoden und der im Bühnenumfeld eingesetzten technischen Medien.

Einiges davon kann man vielleicht lernen, vieles ist aber auch im Charakter eines Men-schen angelegt: Verbindlichkeit gepaart mit einem gewissen Charme, interpersonales Ge-schick und die Fähigkeit, Andere glänzen zu lassen. Bei Showmoderationen kommt viel-leicht noch dazu, sich für das Können der anzusagenden Künstler begeistern zu können und vielleicht selbst auch etwas Humor in die Waagschale werfen zu können.

Dies sind die ersten Anforderungen, die von der Person des Moderators oder der Mo-deratorin für die verschiedenen Situationen erfüllt werden sollten, für internationale Ver-anstaltungen vielleicht noch um den Aspekt der Mehrsprachigkeit ergänzt.

5.4.2 Den Modus bestimmen

Wer moderiert, muss aber nicht nur eine gewisse Begabung dafür mitbringen, er sollte auch die Funktion der Moderation in unterschiedlichen Veranstaltungsabläufen verstehen und im Idealfall auch verschiedene Moderations- und Interviewtechniken beherrschen.

5.4 Die Rolle der Moderation

145

▶ **Ablaufmoderation** Zu den leichteren Übungen gehört sicher die Ablaufmoderation, bei der ein Moderator durch ein Programm führt, allerdings ohne sich explizit zum Inhalt zu äußern oder womöglich Interviews zu führen. Eine solche Ablaufmoderation ist auf das Ansagen der verschiedenen Programmpunkte beschränkt. Hat man den Stil der Veranstaltung festgelegt, sucht man hierfür einen zum Stil passenden Zeremonienmeister (im Englischen MC, Master of Ceremonies genannt).

▶ **Spielmoderation** Ähnliches gilt für die Funktion eines Spielmoderators, wie man ihn oft auf Messeständen und anderen öffentlichen Veranstaltungen einsetzt. Hier sind meist weniger Intellekt als Menschenfreundlichkeit und eine aktive, animative Ansprache des Publikums erforderlich. Die wiederum sollte durch Training geschult sein, denn solche Spielmoderationen in direkter Interaktion mit dem Publikum erfordern Sprachwitz und Improvisationstalent. Zu diesen Spielmoderationen gehören auch das Durchführen von Tombolas, Quizspielen oder Versteigerungen.

▶ **Interview und Diskussionsleitung** Bei Tagungsveranstaltungen kann dem Moderator die Aufgabe zufallen, einen oder mehrere Fachleute zu interviewen oder womöglich eine Talkrunde zu leiten. Beides erfordert ein grundsätzliches Verständnis der Materie, der zentralen Inhalte und vorherige Kenntnis der Aussagen der interviewten Personen. Ein einzelnes Interview lässt sich nach entsprechender Vorbereitung und abgesprochen Dialogen vielleicht noch durchführen, eine Talkrunde oder Podiumsdiskussion ist ohne Sachkenntnis zum Thema jedoch nicht zu bewerkstelligen.

Hier ist es hilfreich, wenn derjenige selbst Fachmann in bezug auf das Thema ist oder zumindest die journalistische Aufbereitung eines solchen Themas als Handwerk erlernt hat. Andererseits darf ein solcher Moderator auch von seinem Auftraggeber ein gut vorbereitetes, tiefgehendes Briefing erwarten, notfalls durch einen beigestellten Redakteur, der die journalistische Aufbereitung des Themas vorbereitet hat.

▶ **Gruppenarbeit moderieren** Die größte Herausforderung stellt wohl das dar, was dem eigentlichen Wortsinne der Moderation am nächsten kommt: Der Moderator bestimmt den Modus, also die Art und Weise einer ergebnisoffenen Diskussion des Themas sowie das Anleiten von Arbeitsgruppen in Workshops und von interaktiven Aktionen, die eine Auseinandersetzung mit der Materie und dem Inhalt der Veranstaltung zum Ziel haben.

Von einem solchen Moderator muss man erwarten, dass er die gängigen Szenarien solcher Gruppenarbeiten kennt, mit den verschiedenen Tagungstechniken, Workshop-Mechaniken und Kulturübungen vertraut ist und sie auch in solchen Gruppen einsetzen kann, die verschiedene Meinungen gegenüber der Materie vertreten.

▶ **Großgruppenmoderationen** Vor allem, wenn es um Techniken der Großgruppenmoderation geht, also das Moderieren von Arbeitsverfahren mit 500, 1000 oder mehr

146 5 Der Mensch Im Mittelpunkt

Tagungsteilnehmern, sollten wir auf ausgewiesene Spezialisten zurückgreifen. Ein Groß-gruppenformat wie das World Café scheint intellektuell leicht verständlich, zur Durch-führung gehört aber Erfahrung, Erfahrung und nochmal Erfahrung. Da sollte man nicht jemanden nehmen, der im Fernsehen das Wetter *moderiert* oder auf Messeständen Fach-leute interviewt. Die Systematik verstanden zu haben und sie in einer Halle mit 1000 Teil-nehmern durchzusetzen, sind zwei völlig unterschiedliche Dimensionen derselben Sache.

5.4.3 Positionierung der Moderation

Aus Sicht der Dramaturgie kann die Moderation in einer Veranstaltung unterschiedlich positioniert sein. Es gehört zu den dramatisch-strategischen Überlegungen, welche Rolle der Moderator zwischen Veranstalter, Bühnengeschehen und dem Publikum einnimmt. Er kann in die Rolle des Gastgebers schlüpfen, also als Identifikationsfigur für den Veran-stalter gelten. Er kann auch die Position des Publikums einnehmen und dem Veranstalter fragend gegenübertreten.

Darüber hinaus kann der Moderator auch eine dritte Position als Vermittler zwischen beiden annehmen oder gar als unabhängige Instanz über beiden platziert werden. Er kann aber auch völlig zurückgezogen und neutral agieren und nur als Richter über die Spielre-geln wachen.

Jeder dieser Positionierungen hat ihre Vor- und Nachteile für die mögliche Drama-turgie einer Veranstaltung, und es liegt am Verhältnis von Veranstalter und Zielgruppe, welche Platzierung dem Kommunikationsziel am zuträglichsten ist. Erst, wenn die drama-turgische Position festgelegt ist, kann die Suche nach dem geeigneten Moderator beginnen.

Pro und Contra

Eine oft unterhaltsame Möglichkeit ist es, mit zwei Moderatoren zu arbeiten, von denen Einer die Position des Veranstalters und der andere die der Zielgruppe einnimmt. Diese Möglichkeit bietet sich an, wenn es gilt, einen bestehenden Konflikt zwischen Veran-stalter und Zielgruppe zu thematisieren und damit zu „moderieren".

Hier sucht man am besten nach einem eingespielten Team, damit sich die Modera-toren auf die Dramaturgie konzentrieren können und ihr Zusammenspiel nicht erst proben müssen.

Der Objektive

Manchmal kann es aus Gründen der Glaubwürdigkeit wichtig sein, eine übergeordnete Instanz einzusetzen. Je nach Thema kann es schwierig werden, einen geeigneten Mo-derator zu finden, der gleichermaßen beredt und inhaltlich glaubwürdig ist. Es ist na-türlich besser, wenn der Moderator mit dem fraglichen Thema fest in Verbindung steht, es geht aber auch einfach nur aus der journalistischen Position des Fragestellers heraus.

5.5 Alte Medien: die Bühnenkünste

Auch hier hilft dann oft eine Kombination aus zwei Personen: einem Moderator in der Vermittlerrolle und einem prominenten Fachmann, der nicht im Verdacht steht, von vornehereim für den einen oder anderen Partei zu ergreifen. Für und Wider müssen also nicht zwangsläufig an den Positionen von Gastgeber und Zielgruppe festgemacht werden.

5.4.4 Auswahl des Moderators

Die Moderation spielt oft eine zentrale Rolle bei der erfolgreichen Durchführung einer Kommunikationsveranstaltung und will darum mit Bedacht besetzt sein. Vorbereitende Briefings und eine enge Zusammenarbeit mit Konzeption und Regie sind hier wichtig.

Gute Moderatoren sind rar und deswegen teuer. Das sollte aber nicht dazu führen, dass wir auf die notwendigen Termine zur Vorabsprache und Entwicklung des Moderationsleitfadens verzichten. Gerade bei sehr prominenten, weil fernsehbekannten Moderatoren ist der Terminkalender so dicht, wie das Selbstvertrauen groß ist. Ich kann Ihnen aus eigener Erfahrung bestätigen, dass ein schnelles Briefing in der Limousine auf dem Weg vom Flughafen zur Veranstaltung manchmal eben nicht ausreicht. Wenn sich dann plötzlich beim prominenten Moderator Unsicherheit einstellt, weil er eben doch nicht alle Informationen parat hat, wird er – das ist nur menschlich – sich auf das zurückziehen, was er kann und was ihn in seiner Fernsehrolle auszeichnet. Und das muss nicht immer das sein, was in diesem Augenblick gut für die Veranstaltung wäre.

Stammmannschaft Hinzu kommt, dass auch die Bühnenchemie zwischen Moderator und den Repräsentanten unseres Unternehmens stimmen sollte. Auch das lässt sich nur durch ein vorheriges Kennenlernen und kurzes Durchspielen der Situation austesten.

Da es sich hier um eine sehr komplexe Repräsentationsaufgabe handelt, kann man nur empfehlen, dass sich ein Unternehmen einen kleinen Stamm von internen und externen Moderatoren aufbaut und diese über Jahre in die eigenen LK-Maßnahmen einbindet. Durch diese Art von Kontinuität kann man Unsicherheitsfaktoren in dieser wichtigen Funktion gut eingrenzen oder ganz ausschalten.

5.5 Alte Medien: die Bühnenkünste

▶ Veranstaltungen werden von Menschen für Menschen gemacht, da liegt es nahe, dass man auch Menschen als Attraktionen und Medien einsetzt. Ein breites Spektrum von Bühnenkünstlern versetzt uns in die Lage, unser Publikum mit besonderen Fähigkeiten und Geschicklichkeiten zu unterhalten und dramaturgische Elemente mit unterschiedlichen menschlichen Darbietungen umzusetzen. Wir stellen die einzelnen Möglichkeiten vor, kategorisieren sie und zeigen ihre Stärken und mögliche Schwächen auf.

5.5.1 Die Kinder der Musen

Der Begriff Alte Medien umfasst für uns alle traditionellen Künste, von Musik, Tanz und Gesang angefangen über die Bühnenkünste des klassischen und modernen Schauspiels bis zu den verschiedenen Arten des Varieté und Entertainments wie Artistik, Jonglage, Zauberei und Slapstick, d. h. weniger die technisch hergestellten Shows, sondern Darbietungen, die hauptsächlich mit dem Medium Mensch inszeniert werden.

Dabei hat jede dieser alten Künste ihre eigenen Stärken. Mit Tanz und Akrobatik zum Beispiel lassen sich eher Gefühle von Dynamik und Teamarbeit vermitteln als konkrete Produktinformationen. Mit den Mitteln des Theaters lassen sich vor allem Verhältnisse, situatives Verhalten und der Ablauf von Prozessen und Dienstleistungen vorspielen. Wie wir aber später noch sehen werden, sind es nicht nur die darstellenden, sondern auch die bildenden Künste, die uns bei der Durchführung von LK-Maßnahmen gute Dienste leisten können.

5.5.2 Die Bühnenkünstler

Viele dieser Bühnenkünste können uns als Kommunikationsmittel zur Inszenierung von Inhalten und Emotionen dienlich sein. Diejenigen, die man im Rahmen einer Veranstaltung auf Bühnen zur Unterhaltung einsetzt, sind für gewöhnlich Menschen, die eine sehr spezielle Fähigkeit erworben und gut austrainiert haben. Wir nennen diese Leute im Weiteren Bühnenkünstler.

In ihren medialen Fähigkeiten sind diese Bühnenkünstler unter den Gesichtspunkten der Dramatischen Denkweise ebenfalls erst einmal ohne eigenen Inhalt, ohne eigene Botschaft, also ein leeres Gefäß, das im Rahmen des dramaturgischen Eventkonzepts mit einer Rolle, einem Inhalt sowie mit Stil und Stilmitteln gefüllt wird. Wenn wir Stil und Stilmittel auch in diesem Zusammenhang bewusst nennen, dann um zu verdeutlichen, dass die Eingrenzung des richtigen Stils und der Mittel den Schritt vor der Auswahl nicht nur der geeigneten Medien, sondern auch der geeigneten Menschen darstellt.

Diese Betrachtung der Menschen als Medien ist zunächst nur allgemein, in der Praxis gibt es aus der Persönlichkeit und den Fähigkeiten des jeweiligen Bühnenkünstlers heraus einige Restriktionen. Die meisten Bühnenkünstler repräsentieren einen gewissen Stil, beherrschen nur bestimmte Stilmittel und werden vom Publikum unter Umständen und je nach Prominenz und Historie auch fest mit bestimmten Inhalten in Zusammenhang gebracht.

Das bedeutet, dass wir erst nach Festlegung von Inhalten, Stil und Stilmitteln und nach den sich daraus ergebenden Kriterien die Rollen im Rahmen der Dramaturgie besetzen können. Praktisch heißt das, dass wir uns genau anschauen, welche Qualitäten und welcher Ausdruck durch den Künstler glaubhaft repräsentiert werden, und danach entscheiden, ob er sich für einen Einsatz bei der Inszenierung des Konzepts empfiehlt. Dabei ist es fast immer so, dass Solisten und Künstler mit eigenen Programmen stärkere Restriktionen einbringen als Ensembles, in denen der einzelne Künstler nicht so stilprägend wirkt.

5.5 Alte Medien: die Bühnenkünste 149

5.5.3 Theatralische Inszenierungsformen

Bühnenkünste, die meist im Ensemble aufgeführt werden, sind Musik, Tanz, Gesang und Schauspiel, aus denen sich die verschiedenen Formate wie Ballett, Theater, Musiktheater, Musical, Oper und Performance zusammensetzen. Hierin lässt sich jeder Inhalt ausdrücken und der Grad der gewünschten Emotion in fast jeder beliebigen Art und Weise einstellen. Eine Story, die mit solchen Medien inszeniert wird, kann das gewählte dramatische Muster umsetzen, sich dabei vieler Stilmittel bedienen und ein großes Spektrum von Emotionen inszenieren.

Ein Drehbuch legt diese Dimensionen der Inszenierung fest und weist über die Musikregie, Choreografie und Spielregie jedem Darsteller im Ensemble seine Rolle und seinen Ausdruck zu. Gute Schauspieler, Sänger und Tänzer verfügen über genügend Handwerk, die ihnen zugewiesenen Rollen im Sinne der Inszenierung zu erfüllen. Wir sollten aber bei der Auswahl des Casts darauf achten, dass die ausgewählten Bühnenkünstler auch mit der Eventsituation zurechtkommen. Schnelles Begreifen unseres Inhalts, flüssiges Rollenstudium und Textsicherheit sowie kurze Probezeiten sind Kriterien, die von Bühnenkünstlern im Eventbereich erfüllt werden sollten, sonst lässt sich eine solche Aufführung im Bereich der Live-Kommunikation nur schwer darstellen.

Alles in allem finden wir in den Bühnenkünsten viele Möglichkeiten, um ein angestrebtes Kommunikationsziel sinnvoll zu unterstützen. Voraussetzung dafür ist eine saubere Konzeption des aufzuführenden Stückes, seine gute Umsetzung in ein Drehbuch und seine der Eventsituation angepasste Aufführung. Dabei ist zu bedenken, dass die Größen des Ensembles und der Bühnenfläche in einer gewissen Proportion zum Publikum stehen sollten und für solche Inszenierungen oft einiges an Vorbereitungen, Nebenräumen und technischen Hilfsmitteln benötigt wird.

Fazit

Ansonsten haben wir gute Erfahrungen mit solchen Inszenierungen gemacht. Gerade in Situationen, in denen komplexe Themen, Verhältnisse oder Veränderungen mit einer hohen emotionalen Qualität kommuniziert werden sollen, wo es um die Bewegung von Identität und Unternehmenskultur geht, leisten Inszenierungen von Theaterstücken zuverlässig gute Dienste, vor allem, wenn man wie bei Musical oder Oper das stark emotionalisierende Element der Musik miteinbindet.

5.5.4 Konzertante Aufführungen

Man kann auch das Gewicht auf diesen emotionalen Aspekt verlagern, indem man die Musik in den Mittelpunkt stellt. Ein Konzert mit Gesang oder eine konzertante Aufführung bettet mittels des Texts den Inhalt in die eigens komponierte Musik ein.

Das Stilmittel einer rein musikalischen Erzählung funktioniert aber zum Transport von Inhalten nur dann, wenn sie in begleitenden Medien erklärt wird. Für eine solch inhaltliche Ergänzung eignen sich ein gut gemachtes Programmheft, eine Dia-Show oder eine multimediale Begleitung. Und natürlich ist das Zusammenspiel eines Orchesters mit Chor und Solisten auch immer eine verständliche und daher beliebte Analogie für die ineinandergreifenden Strukturen in vielen Unternehmen.

5.5.5 Tanz

Tanz ist ein sehr eigenes Medium. Die Fähigkeit der Tänzer, innere Zustände durch Bewegung, Choreografie und szenische Darstellung zu verdeutlichen, ist zwar faszinierend, fördert aber nicht bei vielen Zuschauern das Verständnis von Inhalten. Die Vermittlung von konkreteren Inhalten wird zumeist mit begleitenden Medien und assoziativen Bildräumen erreicht.

Für viele Zuschauer erhält der Tanz seine emotionale Deutung zum großen Teil aus dem Ausdruck der Tänzer und der Musik, zu der getanzt wird, stets gepaart mit einer entsprechenden Ausstattung und Beleuchtung. Tanz eignet sich dort als Medium, wo abstrakte Werte wie Kraft, Dynamik, Zusammenspiel oder Bewegung an sich, zum Beispiel bei der Präsentation eines Fahrzeugs, umgesetzt werden sollen. Man kann aber z. B. gruppenspezifische Vorgänge oder soziale Aspekte einer Identität durchaus mit dem Medium Tanz und einer entsprechenden Kostümierung versinnbildlichen, was neben einem talentierten Choreografen und guten Tänzern auch ein durchdachtes Aufführungskonzept erfordert.

Am häufigsten wird Tanz dort als Medium eingesetzt, wo es um Sportartikel, Mode oder inhaltsarme Lifestyle-Produkte geht. Hier kommen die leicht verständlichen Ausdrucksmöglichkeiten des Tanzens gut zur Geltung.

Fazit

Das Medium Tanz bietet vom klassischen und modernen Ballett, über Standards und Formation bis hin zum Hiphop und Street Dance genügend Stile, um sich dem Publikum in geeigneter Weise darzustellen. In manchen Situationen kann der kulturelle Anspruch an den Tanz ein großer Vorteil sein, um das Publikum zu unterhalten und emotional einzufangen. Auch die überraschende Kombination zweier scheinbar gegenläufiger Stile, zum Beispiel Breakdance zu klassischer Musik, lässt sich mit dem Medium Tanz gut inszenieren.

5.5.6 Stummes Theater

Ähnlichen Einschränkungen wie der Tanz unterliegen die Pantomime und andere sprachlose Bühnenformate wie zum Beispiel das schwarze Theater. Sie können unterhalten und emotionalisieren, aber die konkrete Vermittlung von Inhalten funktioniert zumeist nur über eine parallele oder verzahnte Inszenierung mit anderen Medien.

5.5 Alte Medien: die Bühnenkünste 151

Als Bausteine im Rahmen einer Gesamtdramaturgie können diese Darstellungsformen aber sehr geeignet sein, um bestimmte dramatische Muster und Assoziationen zu bedienen. Richtig eingesetzt kann das Stumme der Pantomime zum Beispiel als dramatisches Element eine große Wirkung erzielen, etwa bei der Vorbereitung des „wichtigsten Wortes". Ein Problem ist aber oft, geeignete Künstler für gutes Mimentheater zu finden. Die sind rar gesät.

5.5.7 Akrobat schön!

Wenn wir uns ein bisschen von den Vorstellungen klassischer Bühnenformate befreien, finden wir noch eine Reihe anderer Auftrittsformen, die ähnliche Ansprüche wie der Tanz oder das wortlose Theater erfüllen. Hierzu gehören artistische und circensische Darbietungen zum einen wie die Aufführung von sportlichen Leistungen und Geschicklichkeiten zum anderen, die ebenfalls als Analogien für bestimmte Prozesse oder Dimensionen von Produkten und Leistungen eingesetzt werden können.

Wie bei den stummen Theaterformen auch muss hier der Kontext zumeist durch Dramaturgie, begleitende Medien oder Moderation hergestellt werden. Das Beeindruckende und Unterhaltende dieser Darbietungen kann aber sehr wohl zur sinnvollen Aufmerksamkeitssteuerung und zur Vorbereitung auf die zentrale Aussage genutzt werden oder diese versinnbildlichen. Zum Beispiel wenn es um Assoziationen wie Kraft, Geschicklichkeit, Beweglichkeit, Balance, Eleganz, Teamwork und ähnliches geht, lassen sich Zirkuskünstler spektakulär einsetzen.

Wem der Zirkus mit seiner Glitterattitüde nicht so liegt, findet die etwas modernere Version solcher Akrobatiken bei den Ausnahmekönnern der jugendlichen Trendsportarten wie BMX, Skating, Blading, Parcours und ähnlichem. Aber auch im Cirque Nouveau, also der theatralisch erneuerten Version des Zirkus, finden sich viele Darbietungen, die sich den Arenastaub etwas abgeklopft haben.

Fallhöhe produzieren Hier gibt es auch ein stille Aufführungen, die durch ihre Langsamkeit und Schönheit faszinieren. Im Gesamtablauf von Galashows lassen sich solche ruhigen Darbietungen als Atempause einsetzen, um das Publikum ein wenig aus dem Feiermodus herunterzufahren, bevor es auf den nächsten Höhepunkt zugeht – quasi ein Minimaleinsatz von dramaturgischer Fallhöhe während einer klassischen Abendgesellschaft.

5.5.8 Theater und Business Theater

Das Sprechtheater kennt eine ganze Reihe von Formen, die sich für die Inszenierung von Inhalten auf Events anbieten. Hier werden in Handlungen, Rollen und Texten realistische oder analogische Situationen inszeniert, die einen konkreten Inhalt abbilden und ihn durch das Spiel der Darsteller in einen vorbestimmten emotionalen Bedeutungsraum stellen. Dabei kommt es in der Konzeption zuerst auf die Qualität der Dramaturgie von Text und Handlung an, in der Umsetzung dann auf eine gute Regie und überzeugende Schauspieler.

Text vermittelt Inhalt Die Stärken des Sprechtheaters liegen selbstverständlich im Einsatz der Sprache als rationales und argumentierendes Mittel sowie des Schauspiels als emotionaler Interpretation des Texts. Es eignet sich durch die szenische Umsetzung zur Abbildung selbst komplexer Prozesse in Kommunikation, Produktion und Dienstleistung.

Durch Rollenverteilung und Spiel lassen sich konkrete Aussagen manifestieren und sogleich mit möglichen Interpretationen und Meinungen bespiegeln. Handlungsabläufe und Auflösung des Stückes legen dann einen Schluss nahe, wie die zentrale Aussage vom Publikum verstanden werden kann. Aufgrund der möglichen Perspektivwechsel im Verlauf eines Stücks oder bei der Wiederholung einer Szene eignet sich das Theater sehr gut zur emotionalen Vorbereitung von Interventionen.

Breites Spektrum der Einsatzmöglichkeiten Was das Business-Theater darüber hinaus zu einem beliebten Medium für Veranstaltungen macht, ist seine große Variabilität im Stil und in den notwendigen Umständen. Manches lässt sich sogar unter Verzicht auf Bühne und Beleuchtung nur mit zwei Darstellern mitten im Publikum inszenieren, was im Rahmen des Begriffs Theater per se keinen negativen Rückschluss auf Anspruch und Qualität impliziert. Ein so *günstig* produziertes Video hingegen würde uns sofort als „unprofessionell" vorgehalten werden.

Anderseits sollte ein Business-Theater, wenn wir es als solches ankündigen, schon eine rudimentäre Ähnlichkeit mit der allgemeinen Erwartung vom Theater haben. Eine einfache Bühne mit Beleuchtung, kleine Kulissenteile und Requisiten sowie eine erkennbare Kostümarbeit sind ein Rahmen, der es auch den Schauspielern leichter macht, die Magie des Theaters entstehen zu lassen und mit dem eigens für die Zielgruppe geschriebenen Stück zu überzeugen.

Aber Achtung: Fast nichts ist schlimmer als ein schlecht geschriebenes oder talentlos aufgeführtes Theaterstück. Einen schlechten Sänger oder eine langweilige Zirkusnummer mag uns der eine oder Zuschauer noch verzeihen (weil man hier einen gewissen geschmäcklerischen Spielraum annimmt), aber ein schlechtes Theaterstück bringt selbst den größten Stoiker gegen uns auf.

Theater auf Zuruf Ein erweiterndes Kriterium ist die durchaus mögliche Interaktivität theatralischer Aufführungen. Als erstes Beispiel fällt da das sogenannte Improvisationstheater ein, bei dem sich die Schauspieler vom Publikum Assoziationen, Stile und Formate zurufen lassen, um dann den gesetzten Inhalt in dem sich aus den Anweisungen ergebenden Format zu präsentieren. Die große Spontanität der Darsteller und der sich direkt abbildende Einfluss des Publikums auf die Darbietung haben eine positive Emotionalisierung zur Folge.

5.5.9 Puppentheater

Ein besonderes Format, das mit allen oben genannten Mitteln arbeiten kann, oder sagen wir mal, mit der Imitation all dieser Mittel, ist das Puppentheater. Im ersten Augenblick mag Ihnen der Einsatz dieses Mediums vielleicht für die Live-Kommunikation als nicht besonders geeignet erscheinen, da es mit Vorurteilen belastet ist. Die Entscheidung darüber, ob es als Medium geeignet ist, sollte aber nicht unter Vorurteilen, sondern unter dem Aspekt der tatsächlichen Sinnhaftigkeit gefällt werden.

Puppentheater ist schon längst keine Sache nur für Kinder mehr, es gibt mittlerweile fantastische Formen des Puppentheaters für Erwachsene, vom Hochkulturellen bis hin zum Erotischen. So wurden Puppen zuletzt bei Faust-Inszenierungen im Goethejahr oder beim erfolgreichen Musical „König der Löwen" eingesetzt. Auch Eröffnungsfeiern von Fußballweltmeisterschaften und Olympischen Spielen wurden mit Hilfe überdimensionaler Puppen inszeniert.

Die Belebung toter Gegenstände Wie aber kann uns das Puppenspiel in der Eventkommunikation helfen? Eine traditionelle Stärke des Puppenspiels ist die Belebung toter Gegenstände, eine Eigenschaft, die sich gerade bei der Inszenierung von Produkten gut einsetzen lässt.

> **Beispiel**
>
> Eine einfache Variation dieses Puppenspiels stellt die Kunst der Bauchrednerei dar. Hier steht der Puppenspieler mit auf der Bühne, er kann aus seiner Rolle heraus einen konkreten Bezug zum Produkt aufbauen und so auf unterhaltsame Art einen Nutzen hervorheben.

Ganz klein, ganz groß Ein weiterer Vorteil liegt in der Möglichkeit der freien Dimensionierung des Puppenspiels. So könnte der Einsatz von Puppen in Situationen mit chronischem Platzmangel wie z. B. auf Messeständen sinnvoll sein oder ganz im Gegenteil durch riesenhafte Puppen eine gute Fernwirkung quer durch die Messehalle erzielen.

Darüber hinaus kann das Puppentheater auch alle anderen Mittel des Bühnentheaters zur Inszenierung benutzen, also Licht, Bühneneffekte, Sprache und Musik. Als weiterer Vorteil mag gelten, dass jedes Medium, das wie das Puppenspiel in der Live-Kommunikation bisher so gut wie gar nicht benutzt wurde, bei einem Einsatz die Außergewöhnlichkeit und damit die Chance der Erinnerungswürdigkeit erhöht.

5.5.10 Tradierte Theaterformen

Das Beispiel Puppentheater soll hier auch für eine in diesem Buch propagierte Denkweise dienen: Gerade im Bereich der Medien sollte man Vorurteile über Bord werfen und sich allein von den zielgerichteten strategischen und dramatischen Überlegungen der Live-Kommunikation leiten lassen. Alles, was uns nützt, das angestrebte Kommunikationsziel zu erreichen, eignet sich auch zur Inszenierung einer Veranstaltung.

▶ Bei der Betrachtung aller möglichen theatralischen Formen sollte man sich aber der nationalen und kulturellen Unterschiede bewusst sein. Manche Formate erfüllen in ihren Kulturen mehr als nur den Zweck der Unterhaltung, haben vielleicht traditionelle oder gar rituelle Bedeutung, andere folgen starren Regeln in Rollen, Sprache und Abfolge.

  Man sollte sich bestmöglich über die Hintergründe informieren, bevor man solche Formate auf internationalen Veranstaltungen benutzt. Hier geht es aber nicht nur darum, möglichst korrekt mit dem kulturellen Erbe einer Zielgruppe umzugehen, sondern zu überlegen, ob das Publikum überhaupt mit dem gewählten Format etwas anfangen kann.

5.6 Business-Entertainment

▶ Im öffentlichen Veranstaltungsmarkt versteht man Entertainer als reine Unterhaltungskünstler. In der Live-Kommunikation aber betrachten wir die Leistungen und Fähigkeiten dieser Menschen wiederum nur als eine mögliche Form, in der Inhalte einem Publikum dargeboten werden können. Es ist also vor allem das „Wie" und nicht das „Was", das den Entertainer in der Live-Kommunikation auszeichnet. Den Inhalt des Entertainments wollen wir erst einmal zur Disposition stellen, und das, wie Sie sicher jetzt schon ahnen, aus gutem Grund.

5.6.1 Der Entertainer

Der Begriff Entertainment umschreibt also das „Wie" eines Auftritts in der Öffentlichkeit, und natürlich assoziieren wir damit hauptsächlich positive Dimensionen: Entertainment ist künstlerisch, entspannend, angenehm, faszinierend, es interagiert mit dem Publikum, bringt Ihre Gäste zum Staunen und Lachen, gibt ihnen ein gutes Gefühl.

Hinter einem guten Entertainment steckt, neben harter Arbeit, viel psychologisches Geschick seitens des Entertainers. Er lenkt die Stimmung und die Erwartungen im Publikum, erhöht die Spannung und die Aufmerksamkeit in den entscheidenden Situationen seines Auftritts. Im Gegensatz zu den nahezu frei bestimmbaren Formaten, die wir im vorigen Kapitel besprochen haben, bringen Entertainer aber stark eigene Formate, Stile und Stilmittel mit in die Inszenierung ein.

Die Auswahl des richtigen Entertainers spielt also eine wichtige Rolle. Auf der anderen Seite liegt gerade in diesen austrainierten Formaten, Stilen und Stilmitteln die große Qualität dieser Darbietungen. Konzeptionist, Dramaturg und Regisseur Ihrer Veranstaltung müssen diese Stärken nur richtig einzusetzen wissen. Business-Entertainment steht also für den Einsatz eines Entertainers zur Präsentation unserer Inhalte, wobei sich der Künstler unserem Image anpasst.

Der Unterschied zwischen Unterhaltungskunst als Selbstzweck und Business-Entertainment ist vergleichbar mit jenem zwischen einem Kinofilm von Ingmar Bergman und einem Werbespot. Beide bedienen sich der gleichen Techniken wie Bauten, Licht, Kamera, Schauspieler, Text und Musik. Wo der Spielfilm aber künstlerische Inhalte problematisiert, präsentiert unser Werbespot unser Produkt, unsere Dienstleistung oder unser Image.

> **Fazit**
>
> Business-Entertainment lässt sich also, ähnlich wie ein Prospekt oder ein Spot, nach den Vorgaben unserer allgemeinen Kommunikationsstrategie gestalten und sinnvoll einsetzen. Der Business-Entertainer ist dabei ein Präsentationsspezialist, unser professioneller Unterhalter. Er vertritt uns, d. h. unsere Firma oder Marke, vor unserer Zielgruppe. Er setzt seine Fähigkeiten wie Unterhaltungskunst, Präsentationstechnik und Animation ein, um das Publikum von sich, und somit von uns, zu überzeugen.

5.6.2 Die Auftragskünstler

Eine solche Verbindung von Werbung und Unterhaltungskunst ist keine Erfindung unseres Jahrhunderts. Schon im Mittelalter schickten betuchte Fürsten ihre Minnesänger unter das Fenster ihrer Angebeteten, wo sie die Schönheit der jungen Dame und die besonderen Qualitäten ihres Auftraggebers besangen.

So wie schon damals schlägt der Auftragskünstler auch heute eine Brücke zwischen dem, der etwas zu sagen hat, und dem, der dies hören soll. Und genau das ist die Aufgabe des Business-Entertainment: Inhalte werden mit Hilfe von Komödianten, Varieté-Künstlern und Entertainern leichter, da unterhaltsamer, an den Mann gebracht.

Zu den wenigen professionellen Anbietern aus der Pionierzeit des Business-Entertainments haben sich mittlerweile eine ganze Reihe von spezialisierten Kleingruppen und Einzelkünstlern gesellt, die im Schnitt ein recht ordentliches Niveau solcher Umsetzungen erreichen. Wie bei den anderen Medien auch, bieten natürlich die sprachgebundenen und didaktisch aufgebauten Unterhaltungsformen größere Möglichkeiten, Inhalte durch Benennung zu vermitteln.

Zu diesen Unterhaltungskünsten gehören Lesung, Conference, Kabarett, Stand-up-Comedy, Bauchrednerei, Zauberei (Manipulations- und Mentalmagie), Unterhaltungsgesang sowie jede Mischform von Text- und Showdarbietungen wie etwa eine Wortjonglage oder das Showzeichnen. Auch moderierte Spiele kann man hier zuzählen, sofern die didaktische Struktur des Spieles einen sinnvollen Textbezug zum Inhalt ermöglicht und der Spielleiter seine Unterhaltungsmöglichkeiten auch zu nutzen weiß.

Wie auch bei den mit Ensemble aufgeführten Formaten gibt es auch bei den Entertainern eine Reihe von nicht so inhaltsstarken Darbietungen, die aber durchaus dramatische, analogische und emotionale Qualitäten haben. Lassen Sie uns ein paar exemplarische Möglichkeiten aus der weiten Palette des Business-Entertainments herausgreifen.

5.6.3 Magische Kommunikation

Unter den didaktisch einsetzbaren Formaten ist aus unserer Sicht die Manipulationszauberei interessant, also jene Sparte der Zauberei, bei der mit Seilen, Karten und sonstigen Kleinrequisiten gearbeitet wird. Zauberei beruht wie kaum eine andere Unterhaltungskunst auf einer erstaunlich präzisen Psychologie der Publikumsbeeinflussung. Ein guter Zauberer geht mit den Erwartungen seiner Zuschauer effizient um und arbeitet mit einer konzentrierten Aufmerksamkeitssteuerung.

Im Gegensatz zum eher spektakulären Illusionismus mit verschwindenden Elefanten und fliegenden Magiern kommt die Manipulation ohne große Tricktechnik und doppelten Bühnenboden aus. Sie entsteht nach den Prinzipien der dramatischen Täuschung eigentlich in den Köpfen der Zuschauer, und die wesentlichen Mittel des Zauberers sind sein händisches Geschick und der raffinierte Einsatz von Sprache.

Wer sich ein bisschen mit der präzisen und anspruchsvollen Dramaturgie dieser Art des Zauberns beschäftigt, kann hier viel über die Prinzipien der Dramatischen Denkweise lernen. Die Prinzipien der Täuschung beruhen zum großen Teil darauf, dass der Zuschauer dramatische Muster in den Tricks und der begleitenden Sprache zu erkennen glaubt und so auf mögliche Lösungen spekuliert, während der Zauberer stets zwei Ebenen gleichzeitig ablaufen lässt: eine, auf der der Zuschauer über das Drama spekuliert, und eine zweite, auf der der eigentliche Trick passiert.

Mitwissen schafft Verbundenheit Ein weiterer Grund für meine Vorliebe für diese „kleine" Zauberei ist die einprägsame Verquickung von Trickmechaniken und Inhalten. Für fast jede Art von Prozess oder Funktion gibt es eine Analogie in dieser Zauberei. Diese Tatsache gepaart mit der Möglichkeit, über die Sprache inhaltliche Anbindungen zu schaffen und mit kleinen Interaktionen das Publikum gezielt zu involvieren, macht die Zauberei zu einem sehr gut einsetzbaren Medium.

Ein psychologisch starkes Element liegt hier in dem Prinzip der Komplizenschaft, die dadurch entsteht, dass man einen anderen in geheimes Wissen einweiht. Wie bei einem Schneeballprinzip kann man mit eigens entwickelten Zaubertricks Produkt- und Gesprächsschulungen durchführen und sie den Vertriebsmitarbeitern so beibringen, dass diese die Tricks später im Verkaufsgespräch in gleicher Form und mit demselben emotionalisierenden Effekt einsetzen können. Damit ist gleichzeitig ein sehr guter Anker gesetzt: Der Trick in Form eines Give-aways wird vom Zuschauer immer wieder vorgeführt, da

5.6 Business-Entertainment

er damit nicht nur eine Erinnerung verbindet, sondern auch ein geheimes Wissen und Können erlangt hat, mit dem er sich in einer anderen Situation gut darstellen kann. Dies ist Event-Continuity in bester Form.

Die Manipulationszauberei ist also eine Form, die als Medium nicht nur einen beliebigen Inhalt auf faszinierende Weise präsentiert und das Publikum dabei psychologisch geschickt durch verschiedene Stimmungen und Aufmerksamkeitsphasen führt, sondern sie hat – richtig eingesetzt – vor allem eine intensive, weiterführende Wirkung.

Und der Vollständigkeit halber: Die Mentalmagie kommt ohne zauberische Requisiten aus und verblüfft mit Voraussagen oder Gedankenlesen. Auch hier lässt sich Information geschickt unterbringen, denn der Mentalmagier sorgt dafür, dass seine Voraussagen auch eintreffen und dass seine Mitspieler im Publikum das Richtige denken.

5.6.4 Comedy

Die zweite Gattung von Business-Entertainment, die sich in vielen Situationen bewährt hat, ist die Comedy, vor allem das aus dem Amerikanischen entlehnte Format der Stand-up-Comedy. Es hat in der Werbung Stärken bei der Präsentation von Massenprodukten; in der Live-Kommunikation hat sich die Comedy als geeignetes Mittel erwiesen, um interne wie im Verhältnis zu Externen bestehende Schwierigkeiten zu thematisieren oder Identitäten auf lockere Art und Weise zu präsentieren.

Das erstere hat viel mit der tradierten Rolle des Hofnarren zu tun. Er ist derjenige, der dem König sagt, wie es wirklich um sein Land, sein Volk und seine Produkte steht, der den König auch mal vom Thron holt und ihn menscheln lässt. Dabei wird ein guter Comedian niemals verletzend sein oder mit dem Finger auf jemanden zeigen.

Stand-Up als komödiantisches Format funktioniert im besten Sinne so: Der Comedian erzählt über sich selbst, über seine eigenen Fehler, Schwächen und Missgeschicke (im Umgang mit den jeweiligen Inhalt), die von den Zuschauern nach und nach als Analogien für ihre eigenen Fehler, Schwächen und Missgeschicke aufgefasst werden. Das gemeinsame Lachen – auch über sich selbst – löst die Hemmung, sich selbst ehrlicher zu betrachten, und schafft eine Grundlage für eine tiefergehende Kommunikation.

Diese Ehrlichkeit, die aus richtig eingesetztem Humor entstehen kann, steht manchen Produkten sehr gut, hilft aber vor allem bei der Auflösung von Konflikten. Ein gutes Team von Autor und Comedian entlarvt alle dramatischen Muster im zu präsentierenden Inhalt und setzt diese in komische Szenen um. Gerade dort, wo sich Leistungen und Produkte immer ähnlicher werden oder gar nicht mehr zu unterscheiden sind, schafft Comedy oftmals eine neue Brücke zum Kunden.

Fazit

Richtig eingesetzt bestätigt die Comedy zunächst die Vorurteile des Nutzers gegenüber dem Produkt, macht sich zum Komplizen des Zuschauers und gewinnt so seine

5.6.5 Kabarett

Das Kabarett kann in der Funktion der Stand-up-Comedy sehr nahe kommen, unterscheidet sich aber in Stil und Format. Es ist als Kunstform enger gefasst, ist oft deutlich strenger in der Sprache, spielt mehr mit Wortwitz denn mit szenischer Inszenierung und richtet sich dabei zumeist eher nach außen. Es ist gewissermaßen eine aggressivere Form des Humors und eignet sich dann, wenn man Komplizenschaft gegen einen gemeinsamen Feind als Kommunikationsmittel einsetzen möchte. Durch gezielten Spott und komische Ausgrenzung eines Dritten (der gemeinsame Antagonist) stößt es den Schulterschluss zwischen Veranstalter und Publikum an. Das hört sich nicht so freundlich an, kann aber in manchen Situationen genau das richtige psychologische Moment sein, um das Kommunikationsziel zu erreichen.

Aber Vorsicht, die meisten Kabarettisten sehen sich in der Tradition kritischen Geists und eignen sich daher nicht immer zum Einsatz als Business-Entertainer. Der künstlerische Selbstanspruch, sprich der Eigenanteil an Inhalten und deren ideologische Wertung, ist gerade bei erfolgreichen Kabarettisten hoch. Hier gilt es, mit der gebotenen Offenheit und Sensibilität über Inhalte und Ziele des Einsatzes zu reden und im Vorfeld festzustellen, ob sich der ausgewählte Künstler als Medium für Ihre Sache begreifen kann und will. Gibt es aber ohnehin eine Kongruenz zwischen seinem Werk und Ihren Inhalten, dann kann der Kabarettist ein hervorragender Fürsprecher für Ihre Sache sein.

> **Gegen die alleinige Meinungshoheit** Es funktioniert aber auch andersherum. Wenn wir in der Sache keinen Konflikt scheuen oder gar den kontroversen Dialog als positive, den gesamten Prozess aktivierende Kraft sehen, dann können wir den Kabarettisten auch als offenen Gegenspieler einsetzen.
>
> Die von ihm vorgetragene Gegenargumentation zeigt dann unseren Gästen, dass wir auch mit der Meinung anderer leben können, wir uns also trotz unserer Überzeugung in der Sache nicht den demokratischen Spielregeln des Dialogs entziehen wollen. Es kann in der strategischen Dramaturgie mit der Zielgruppe sehr nützlich sein, wenn wir als Veranstalter nicht den Eindruck alleiniger Meinungshoheit vermitteln.

5.6.6 Lesung

Unter den oben aufgelisteten Business-Entertainments ist die Lesung vielleicht diejenige, die man sich zu allerletzt als unterhaltsam vorstellt. Wahrscheinlich verbindet man damit zunächst stickige Literaturlokale, unverständliche Texte und gepflegte Langeweile – und schon ist man erneut den eigenen Vorurteilen aufgesessen. Gerade im letzen Jahrzehnt sind sogenannte Poetry-Slams sehr beliebt geworden. Nicht selten hört man die Meinung, dass solche Lesungen gerade bei kritischen Stoffen viel authentischer, glaubwürdiger und tragender wirken als zum Beispiel die mittlerweile zu Tode vermarktete Rockmusik.

Aus Sicht der Dramatischen Denkweise sind Lesungen also auch nur ein Medium, und es liegt am Veranstaltungskonzept, es zielgerichtet einzusetzen. Sie können gerade aufgrund des dramatischen Stilmittels der Reduktion auf einfache Formen sehr intensive Stimmungen kreieren und so ein kleines Publikum in eine andere, eben in unsere Welt versetzen.

Unsere Business-Entertainer sind hier ein guter Autor oder Dramaturg sowie ein oder mehrere stimmgewaltige Sprecher oder Schauspieler. Ähnlich wie beim Business Theater werden unsere Inhalte hier in eine Geschichte verpackt, die in didaktischen Abschnitten spannend und unterhaltsam interpretiert wird; allerdings sparen wir Aufwand und Kosten für eine szenische Bühneninszenierung.

Vorhandene Literatur Eine Lesung könnte unsere Inhalte aber nicht nur mit einer durchgängigen Geschichte auf einen einzigen Höhepunkt, dem Einsatz unseres Produktes oder unserer Dienstleistung hinarbeiten, sondern sie auch in mehreren kurzen Geschichten in verschiedenen Stilen und von verschiedenen Seiten beleuchten.

Geht es um die Kommunikation von abstrakten Inhalten wie Gerechtigkeit, Partnerschaft oder Durchsetzung von Innovationen, die unsere Wertewelt vermitteln sollen, so kann der Dramaturg auch aus dem reichen Fundus der Literaturgeschichte schöpfen. So könnten zum Beispiel zu einem Thema wie der Veränderung des Denkens Texte über historische Persönlichkeiten wie Platon, Galileo oder Columbus herangezogen werden. Geht es um Strategie als solche, gibt es faszinierend klare Passagen von Caesar, Napoleon oder Blücher.

Auch wenn wir Brücken zu ausländischen Partnern schlagen wollen, kann man diese anhand von Literatur aus deren Herkunftsländern exemplarisch belegen: Man stellt inhaltlich gleiche Aussagen anhand von Passagen aus den Werken abendländischer, arabischer und fernöstlicher Literatur in eine Reihe, um Gemeinsamkeiten zu betonen.

Es liegt am dramaturgischen Konzept, den entsprechenden Kontext zu unseren Inhalten herzustellen. Die vortragenden Schauspieler setzen dann ihre Fähigkeiten ein, um den Texten durch die Interpretation den gewollten Ausdruck und somit die gewünschte emotionale Bedeutung zu verleihen. Eine Voraussetzung für den Erfolg einer solchen Inszenierung ist allerdings eine gewisse räumliche Nähe des Publikums zu den Interpreten. Wenn eine Publikums- oder Raumgröße erreicht wird, bei der man automatisch an eine Video-Übertragung denkt, verlässt man den Bereich, in dem eine Lesung ihre Stärken wie Nähe und Intimität ausspielen kann.

Hörspiel zum Zuschauen Eine erweiterte Variante der Lesung ist das live aufgeführte Hörspiel, hier verstanden als eine Mischung aus Lesung und Inszenierung. Auf der Bühne bilden wir eine Studiosituation mit Sprechern und Geräuschemachern an Tischen ab. Vor ihnen sind Mikrophone, auf den Tischen sorgen kleine Leselampen für eine anheimelnde Atmosphäre.

Zur erzählten Geschichte kommt hier noch das durchaus unterhaltsame Vergnügen, hinter die Kulissen einer Studioproduktion schauen zu dürfen und die Geräuschemacher (Foley Artists) bei ihrem Handwerk zu beobachten. Wobei darauf zu achten ist, dass es sich um klassisches Geräuschemachen mit Requisiten handelt und nicht um die mittlerweile übliche digitale Version, denn die ist wenig interessant zu beobachten. Eine sehr vergnügliche Version ist der Einsatz eines Stimmkünstlers, der das Hörspiel zur Verblüffung der Zuschauer nur Kraft seiner eigenen Stimme vertont. Einer anderen Variante des Hörspiels werden wir später noch im Kapitel Tonspur begegnen.

5.6.7 Mit Stift und Papier

Nach diesem kleinen Ausflug in ein wenig beachtetes Medium nun wieder zu einer offensichtlicheren Art des Business-Entertainments, dem Showzeichnen. Die Stärke eines solchen Entertainers liegt nicht nur in der unterhaltsamen Bebilderung der Inhalte, sondern selbstverständlich auch in seiner faszinierenden Fähigkeit, den Entstehungsprozess der Bilder vor den Augen des Publikums ablaufen zu lassen.

Das Werden eines Bildes berührt tiefliegende dramatische Muster und spielt auf effektive Weise mit der Vorausahnung der Zuschauer. Beim Showzeichnen involviert sich der Zuschauer fast automatisch, und je weniger Striche der Entertainer braucht, um ein bestimmtes Bild in den Köpfen der Zuschauer entstehen zu lassen, desto faszinierter ist das Publikum.

Dem Werden zusehen Es gibt eine Reihe von Möglichkeiten, diese Kunst als Medium einzusetzen. Der Zeichner hat nach dem Briefing eine Reihe von Illustrationen entworfen, die nun parallel zu einer Rede entstehen und deren Inhalte in einprägsame Bilder umsetzen. Dabei ist es egal, ob er selbst den Text dazu wiedergibt oder ob er damit nur einen anderen Redner begleitet. Eine andere Möglichkeit ist, erst ein oder mehrere Bilder vom Showmaler in einem offenen Atelier, zum Beispiel während einer Messe oder in Tagungspausen, erstellen zu lassen und den Kontext dann in einer abschließenden Präsentation zu erläutern.

Das Schöne an diesem Ablauf ist, dass er den Kern der dramatischen Denkweise umsetzt. Durch das Entstehen der begleitenden Zeichnungen wird ein außergewöhnliches Erlebnis geschaffen, das die Zuschauer positiv emotionalisiert, gleichzeitig einen erklärbaren inhaltlichen Bezug herstellt und schließlich auch noch einen hochwertigen Anker für die Event-Continuity produziert: Die entstandenen Zeichnungen finden sich später in den Tagungsunterlagen wieder und holen die Teilnehmer so in das begeisternde Erlebnis zurück. Wenn wir zum Thema Bildende Künste als Medien kommen, werden wir diesem psychologisch effektiven Muster nochmals in anderer Form begegnen.

5.7 Animationen mit Sinn   161

5.6.8 Die Auswahl der Künstler

Diese Beispiele sollen genügen, um die Funktion des Business-Entertainments zu illustrieren. Professionelle Business-Entertainer sehen sich selbst als menschliches Medium und stellen ihre vielfältigen Fähigkeiten in den Dienst unserer Kommunikationsziele. Dies können sie allerdings nur, wenn sie in Bezug auf Inhalt, Argumentation und Kommunikationsstil seitens des Auftraggebers gut gebrieft werden.

Andererseits müssen sich Konzeptionist oder Regisseur vergewissern, ob der Künstler das Briefing auch wirklich versteht und sich in seiner Rolle als Medium begreift. Denn so sehr sich die Künstler und ihre Agenten im Gebrauch bestimmter Vokabeln auf ihre neue lukrative Klientel eingestellt haben, so selten verstehen sie tatsächlich etwas von den Anforderungen des Marketings und der Unternehmenskommunikation.

▸ Unverzichtbar beim Business-Entertainment ist der Einsatz eines Konzeptionisten, der beide Seiten verinnerlicht hat, der die Wirklichkeit industrieller Kommunikation begreift und der die Fähigkeiten eines vortragenden Künstlers einschätzen und zielgenau einsetzen kann.

5.7 Animationen mit Sinn

▸ Eine andere Situation, in der Menschen eine wichtige Rolle spielen, ist der direkte Kontakt zu den Gästen unserer Veranstaltung. Zuvorkommende Freundlichkeit und Höflichkeit gelten als selbstverständlich für Hostessen wie für das Catering-Personal. Auch sie sind letztlich Medien unserer Botschaft und stehen als Symbol für unseren Corporate Spirit.

Eine besondere Aufgabe in diesem direkten Kontakt zu Ihren Gästen fällt aber den Animateuren zu. Denken Sie dabei aber bitte nicht an die typischen Einheizer in Club- und Hotelanlagen; die Animateure, die auf Marketingevents eingesetzt werden, haben dann doch eine andere Aufgabe in einem anderen Stil zu erfüllen.

5.7.1 Die emotionale Abholung

Psychologisch ist der Empfang, der Beginn einer Veranstaltung immer eine Herausforderung. Die Gäste kommen im Allgemeinen aus den unterschiedlichsten individuellen Situationen auf unsere Veranstaltung. Sie haben lange oder kurze Wege hinter sich, haben zu Hause Ärger oder Stress im Büro, sind frisch verliebt oder haben gerade im Lotto gewonnen, haben ein lockeres oder angespanntes Verhältnis zum Gastgeber, kurz: Jeder einzelne befindet sich in seiner eigenen Gefühlswelt.

Die Zeit des Empfangs ist die Zeit, die wir benötigen, jeden einzelnen unserer Gäste vorsichtig und sensibel aus seiner Gefühlswelt herauszulösen, emotional abzuholen und in eine gemeinsame Stimmung hinüberzuleiten. Diese freundliche, unterbewusst ablaufende Formierung unserer Gäste zu einer möglichst homogenen Gruppe ist oft Grundvoraussetzung für das Gelingen des weiteren Programms. Wir müssen aus unseren Gästen ein Publikum machen, damit wir sie als Gruppe durch die weitere Inszenierung führen können.

Die emotionale Abholung sollte im besten Fall so individuell ablaufen, wie es unsere Gäste sind. Hier ist die Animation gefragt, die Kunst, Menschen von Angesicht zu Angesicht zu empfangen, zu unterhalten und im besten Falle im Wortsinn zu beseelen. Leider ist die Animation eine Kunst, die sich sehr oft aus schlechten Darstellern und albernen Einfällen rekrutiert, sodass man auf Veranstaltungen viel zu oft eine Art laufenden Kalauer sinnlos in der Gegend herumchargieren sieht, meist auf der verzweifelten Suche nach einem schnellen Lacher. Dies ist so wenig sinnvoll wie die unbewegten Puppenmenschen, die man allenfalls als gelungene Dekoration, nicht aber als Animation – und schon gar nicht als Pantomime – betrachten kann.

Zeichen hinterlassen Intelligente und emotional wirksame Animationen dienen nicht dem schnellen Lacher oder dem kurzen Staunen, sondern der emotionalen Abholung unserer Gäste. Es sind kleine, individuelle Shows für jeden einzelnen Gast, sie haben den Sinn, jeden einzelnen persönlich willkommen zu heißen und ihn in eine positive Stimmung zu überführen. Gute Animateure bieten unseren Gästen ausgeklügelte Animationen, die gleichzeitig unterhaltsam und psychologisch wirksam sind, so zum Beispiel eine Reihe von Animationsmechaniken, die mit Polaroids, mit Orden oder anderen kleinen Ankern zu tun haben, die sich auf das jeweilige „Zielgefühl" hin adaptieren lassen.

Solchen Animationen ist gemein, dass sie in der Durchführung zwar mit individuellen Improvisationen ablaufen, ihr Ziel ist jedoch, gemeinsame Zeichen und Spuren bei den Gästen etablieren und somit Brücken zum gemeinsamen Gefühl zu schlagen. Lassen Sie uns an dieser Stelle zwei kleine Beispiele betrachten, die sowohl in der Empfangsphase eines Events wie auch in einer Messesituation funktionieren, um den Gedanken der intelligenten Animation zu konkretisieren.

5.7.2 Animation mit Fotografie

Ein Animationsteam, bestehend aus zwei, drei kostümierten Models und einem Fotografen, macht Sofortbilder mit den Gästen. Die Gäste werden auf witzige und freundliche Art animiert, sich mit den Animateuren gemeinsam ablichten zu lassen. Dabei sind die Animateure so kostümiert, dass sie einen gestalteten Rahmen für den Gast bilden. Gleichzeitig stehen den Fotografen mit einer speziell umgerüsteten Fachkamera eine Auswahl verschiedener fotografischer Effekten zur Verfügung, zum Beispiel Wischeffekte oder leichte optische Verzerrungen, die den entstehenden Fotos noch einen entsprechenden fotokünst-

5.7 Animationen mit Sinn   163

lerischen Reiz verleihen. Es geht nicht um einen Schnappschuss, sondern um ein bewusst gestelltes Foto, bei dem die Animateure den Gast besonders gut aussehen lassen. Es soll ein besonderes Foto mit einem gewissen unterhaltsamen oder künstlerischen Wert entstehen, also das Gegenteil von den typischen Gesellschaftsfotografien der meisten Veranstaltungen. Das Foto ist überdies mit direkter Ansprache in einem dramatischen Miniablauf verbunden, dessen Höhepunkt nun das gemeinsame Warten auf die Sofortentwicklung des Bildes ist. Diese kleine Spannung ist ein wichtiges Element.

Hat sich das Bild entwickelt, wird es von den Animateuren wie ein Fachdia in ein Papierrähmchen gepackt und mit einer Acetathülle umgeben, wie man es im professionellen Bereich macht. Dadurch erhält das Bild eine besondere, vom Gast nicht gekannte Haptik, und das bedruckte Papierrähmchen dient zur Markierung. Hier wird eine Botschaft untergebracht, die im Kontext mit der Veranstaltung und dem Veranstalter steht. Jeder Ihrer Gäste erhält nun ein hochwertiges Foto von sich selbst als Erinnerung an ein charmantes Erlebnis: der Besuch Ihrer Veranstaltung oder Ihres Messestandes. Soweit, so gut, aber worin besteht nun die Intelligenz der Aktion?

Zeig doch mal dein Bild! Hier fließen ein paar sehr schöne Elemente zusammen. Das Foto erhält durch den Kostüme, die Models und seinen fotografischen Anspruch und Präsentation eine künstlerische Qualität, seine Bedeutung gewinnt es jedoch durch den Ablauf und den fortführenden Effekt. Die Gäste wurden zwar individuell abgeholt, aber dabei gleichzeitig auf eine gleiche Ebene gebracht. Sie haben nach und nach alle diesen kleinen Event durchlaufen, sie teilen das gleiche Erlebnis. Man zeigt sich gegenseitig die Fotos und tauscht sich über das Erlebnis aus. So entstehen in der Empfangsphase Anknüpfungspunkte unter den Gästen und letztlich eine Vergemeinschaftlichung.

> ►   Darüber hinaus fungiert das Bildchen für die Zeit nach dem Event als langfristiger Anker, denn so gut wie niemand zerstört ein Bild von sich selbst; also bleibt es als Erinnerungsstück erhalten und wird wegen des Motivs immer wieder vorgezeigt – ein Anlass, sich wieder an die Erlebnisse des Events zurückzuerinnern.

5.7.3 Kleine Ehrungen

Eine in ihrer Wirkung ähnliche Animation ist eine Aktion, die wir „Ordensverleihung" nennen. Hier werden extra für den Event angefertigte Orden am Band den Besuchern in lustigen Animationen als eine Art Materie gewordenes Kompliment „verliehen", zum Beispiel für „die schönste Frisur", „den lockersten Gang", „die bunteste Krawatte", „den elegantesten Schuh", „das netteste Lächeln". Kurz, jeder wird für das gelobt, was er in seiner individuellen Selbstinszenierung an sich selbst gerne herausstellt. Mit geschultem Blick erkennen die Animateure die Besonderheiten jedes einzelnen Gasts und loben dafür in einer spaßigen Animation jeweils einen Orden aus.

Der psychologische Effekt auch dieser Aktion ist so einfach wie wirkungsvoll: Die Gäste fühlen sich persönlich angenommen und respektiert – und sie erhalten ein kleines Give-away, das sie in eine besondere Lage versetzt: Im Kontakt mit den anderen Gästen, die ebenfalls bereits die Animation durchlaufen haben (was man gut am angesteckten Orden erkennt) können sie nun auf das Kompliment in der Selbstdarstellung zurückgreifen. Jeder kann sich mit einem Vorzug darstellen, ohne sich selbst zu loben, da der andere ja wissen will, wofür er denn nun seinen Orden bekommen hat.

Öffnung der Privatsphäre Ein wirksames psychologisches Spiel, da nun im gegenseitigen Austausch der netten und lustigen Anekdoten aufgrund des sehr persönlichen Lobs eine völlig andere Situation zwischen den Gesprächspartnern entsteht. Wenn man sich über persönliches Lob austauscht, tut man das auch in einer Sprache, die eher ins Private gehört. Das löst bei beiden Gesprächspartnern unwillkürlich eine größere Nähe und Vertrautheit aus. Die öffentliche Sphäre rückt zugunsten der privaten in den Hintergrund. Vervielfältigt sich diese Situation, natürlich angeschoben durch die Animateure, entsteht eine sehr freundliche Atmosphäre.

5.7.4 Der Effekt einer intelligenten Animation

Solche Aktionen sind also deswegen intelligente Animationen, weil sie dramatisch und psychologisch durchdacht sind:

> ▶ Gute Animationen holen individuell ab, markieren, katalysieren Gespräche der Gäste untereinander, etablieren Privatsphäre und Gemeinschaft und setzen auch noch Anker für die Zeit nach dem Event.

Wichtig ist, dass solche Aktionen mit Stil, Witz und viel Charme durchgeführt werden und dass die kleinen Give-aways anspruchsvoll gestaltet sind. Es gibt noch andere, medial inszenierte Erlebnisse, die ähnliche Effekte auf ein sich sammelndes Publikum haben und auf die wir noch zu sprechen kommen werden, aber die große Kraft der Animation ist der direkte Kontakt, der hier zwischen Menschen aufgebaut wird.

Weitere Möglichkeiten, Animation als Medium sinnvoll einzusetzen, sind Kombinationen mit Spielmechaniken und Kunstwerken, die wir im Weiteren noch betrachten werden.

5.8 Mitarbeiter als Botschafter

> ▶ Auch wenn unsere Mitarbeiter vielleicht keine künstlerischen Fähigkeiten in die Waagschale werfen können, so hat doch auch ihre Anwesenheit jederzeit Einfluss auf den Verlauf und das Erleben einer Veranstaltung durch die Zielgruppe. Sie sind, wenn sie nicht selbst die Zielgruppe einer internen Veranstaltung sind, ebenfalls ein menschliches Medium zur Inszenierung einer Veranstaltung.

5.8.1 Gastgeber und Markenbotschafter

Gehen wir mal grundsätzlich davon aus, dass unsere Mitarbeiter sich mit den Werten und Ideen unseres Unternehmens positiv identifizieren, also das erfüllen, was man heute Markenbotschafter nennt. Sollte dem nicht so sein, empfiehlt es sich, dieses Problem zu lösen, bevor man sie mit anderen Zielgruppen zusammenzubringt. Aber selbst wenn unsere Mitarbeiter im Allgemeinen die Corporate Identity verinnerlicht haben, sollten wir sie über ihre konkrete Rolle in einer Veranstaltung für Kunden oder Partner unseres Unternehmens aufklären.

Es ist sinnvoll, sie im Vorfeld nicht nur über Inhalt, Ziel und Ablauf der bevorstehenden Ereignisse zu informieren, sondern ihnen auch ihren emotionalen Einfluss auf das Publikum und somit den Gesamtverlauf der Veranstaltung zu verdeutlichen.

Schwarmgefühle Stellen wir uns kurz alle Anwesenden auf einer Veranstaltung als Fischschwarm vor. Mittels eines speziellen Sinnesorgans synchronisieren die Fische wie magisch ihre Bewegungen. Ähnliches geschieht mit den Teilnehmern einer Veranstaltung auf emotionaler Ebene. Das gemeinsame Erleben beeindruckt Menschen sehr und verstärkt oft das Empfinden des einzelnen.

Im Gegensatz zum Fischschwarm, in dem scheinbar alle Fische gleichzeitig auf Ereignisse in ihrer Umgebung reagieren, haben wir aber nun mit unseren gut gebrieften Mitarbeitern eine Gruppe von Agenten im Publikum, die dieses gemeinsame Erleben durch ihre eigene Haltung und Reaktionen mit steuern und damit auch zum Erreichen des Kommunikationsziels aktiv beitragen.

Das Phänomen, von dem ich hier rede, kann man mit Massenpsychologie, Empathie und interpersonaler Intelligenz erklären, vielleicht sogar mit der Reaktion auf pheromonale Botenstoffe durch die Nähe der Menschen im Publikum untereinander, oder wenn Sie wollen mit einem *sechsten Sinn* – ähnlich dem Seitenlinienorgan der Fische –, mit dem wir die emotionale Bewegung einer Menschenmasse wahrnehmen.

5.8.2 Die Anklatscher

Zur Verdeutlichung ein paar Beispiele, wie unsere Mitarbeiter als Agenten funktionieren können. Das einfachste sind die *Claqueure*, eingesetzt von Theaterproduzenten, um das Publikum und die Kritik von der Qualität des Stückes zu begeistern. Das Publikum weiß noch nicht, wann es lachen oder applaudieren soll, also setzen die Claqueure die Bewegung in Gang: Sie lachen an den richtigen Stellen und heizen den Applaus an.

Natürlich muss man hier aufpassen, dass es nicht allzu offensichtlich und damit peinlich wird, also nicht so wie die eingespielten Lacher bei TV-Comedys. Wenn wir im Rahmen einer Veranstaltung unser Publikum räumlich bewegen müssen, setzen sich unsere Mitarbeiter auf ein verabredetes Signal hin zuerst in Bewegung und ziehen so die Gäste mit sich. Das erspart uns gestelzte Ansagen oder den obligatorischen Gong. Oder nehmen wir ein Fußballstadion. Hier sind unsere Agenten diejenigen, die die La Ola starten. Es sind also immer Dinge, die eine kleine Gruppe im Publikum beginnen muss, um die große Masse mitzunehmen. Das ist einfach, wirkt fast immer, erfordert aber die Vorbereitung der eigenen Mitarbeiter auf diese Rolle.

5.8.3 Die Sprachfähigkeit der Botschafter

Wichtiger als die einfachen Bewegungen in diesen Beispielen sind jedoch die inhaltlichen Kenntnisse und emotionalen Bewegungen der Masse. So oft es geht planen wir im Veranstaltungsablauf eine Probe ein, bei der die Mitarbeiter auf Inhalte und Verhaltensmöglichkeiten gebrieft werden.

Eröffnet man zum Beispiel eine Ausstellung oder ein Firmenmuseum für die Zielgruppe, führt man die eigenen Mitarbeiter unbedingt vorher durch die Räume und erläutert dabei die Exponate, damit sie nachher bei der gemeinsamen Begegnung mit der Zielgruppe sprachfähig sind und die Ausstellung selbst erklären können. Dasselbe gilt für inhaltslastige Präsentationen oder Aufführungen wie zum Beispiel einem Business-Theater. Hier lassen wir die Mitarbeiter nicht nur der Generalprobe beiwohnen, Autor und Regisseur geben zusätzlich eine kurze Einführung in die Dramaturgie, Analogien und Interpretation, damit die Mitarbeiter die Wirkung später in Gesprächen mit den Gästen verstärken können.

Bei Veranstaltungen für externe Zielgruppen betrachten wir unsere eigenen Mitarbeiter also als wichtige Mitspieler in unserer Gesamtdramaturgie, die diese Funktion übrigens am besten wahrnehmen können, wenn sie mit den Gästen räumlich gut durchmischt sind. Wenn wir sicher sind, dass unsere Gesamtinszenierung zielgenau wirkt, und zwar bei allen Anwesenden, Mitarbeitern wie Gästen, können wir selbstverständlich darauf verzichten, Mitarbeiter als Agenten einzusetzen, und genüsslich darauf warten, dass sie die nötigen Reaktionen von selbst zeigen. Das funktioniert aber nur dann zuverlässig, wenn unsere Inszenierung einfach großartig und mitreißend ist oder sich die Mitarbeiter gleichermaßen wie die Zielgruppe von der Dramaturgie angesprochen fühlen, sich also die Ansprache auch an beide richtet.

5.8.4 Mitarbeiter briefen und einbinden

Die eigenen Mitarbeiter indes nicht zu informieren und sie nicht auf ihre Rolle in der Veranstaltung zu briefen, kann ein schlimmer Fehler sein. Es ist peinlich, wenn sich die eigenen Mitarbeiter von der Veranstaltung inhaltlich, emotional oder auch nur räumlich beiseitegelassen fühlen.

Mit großemSchrecken und einem anhaltenden Gefühl von Fremdschämen erinnere ich mich an Veranstaltungen, auf denen man Gäste als VIPs behandeln wollte und ihnen einen von den Mitarbeitern abgeketteltten Bereich zugewiesen hat; hier ein gesetztes Fünfgangmenü für 300 VIPs, dort ein großes Schlachtplattenbuffet für alle 2000 Mitarbeiter bei einer Jubiläumsfeier in einem Hangar. Diese Ausgrenzung war so peinlich, dass genau der gegenteilige Effekt des oben beschriebenen Schwarmphänomens eintrat. Die offensichtliche Ausgrenzung der eigenen Mitarbeiter quittierten diese mit Abkehr von der Veranstaltung, offen zur Schau gestellt durch sichtbares Desinteresse an Reden und Show bis hin zur massenhaften Abwanderung mitten in der Veranstaltung.

Der Effekt auf die 300 VIPs sah folgendermaßen aus: Die Hälfte der Ehrengäste weigerte sich in dem so demonstrativ abgegrenzten Bereich Platz zu nehmen, die übrigen fanden sich mitten in der Veranstaltung in einem halbleeren VIP-Bereich und einer ebenso halbleeren Halle wieder.

Ähnliche Situationen kann man auch bei Neuproduktpräsentationen erleben: Stolz zeigt ein Entwicklerteam seine neueste Errungenschaft vor Zielgruppe und eigenen Mitarbeitern, die leider noch gar nichts über das neue Produkt wussten. Danach, von den Gästen zum Neuprodukt gelöchert, konnten sie nichts darüber sagen. Was man Mitarbeitern hier antut, ist der Verlust ihrer Kompetenz vor ihren Kunden. Wie dumm das ist, muss man eigentlich nicht weiter erklären. Es ist eine direkte Folge, wenn man vergisst, dass die eigenen Mitarbeiter Medium der Botschaft und Mitspieler in der Inszenierung sind.

> **Fazit**
>
> Unsere Repräsentanten und Mitarbeiter, die auf Veranstaltungen Kontakt zu unserer Zielgruppe haben, sind Botschafter unseres Unternehmens. Wir sollten ihnen das immer bewusst machen, sie vernünftig auf ihre Rolle briefen und notfalls trainieren.

5.9 Der falsche Mann am falschen Ort: die schönsten Fehler

▶   Da wir gerade bei den Negativbeispielen angekommen sind, wollen wir zum Abschluss dieses Abschnitts über den Menschen als Medium von Botschaften ein paar weitere unterhaltsame Beispiele anführen, bei denen sich die Veranstalter vielleicht vorher mehr Gedanken hätten machen sollen, wen und in welcher Rolle sie auf der Bühne einsetzen.

5.9.1 Falsche Proportionen

Nie werde ich den Auftritt zweier prominenter Personen auf einer Motorshow vergessen. Zwei sehr sympathische Persönlichkeiten, ein hochgewachsener Olympiasieger im Hochsprung und ein über achtzig Jahre alter Volksschauspieler, der es ebenfalls noch auf eine stattliche Größe brachte, eingebettet in eine schlechte Kopie einer Fernsehsportschau, die zur Einführung eines kleinen, jugendlichen Cabrios inszeniert wurde.

Natürlich stellte der Auftritt der beiden Stars einen Höhepunkt im Showkonzept des Unternehmens dar, und man hatte auch keine Mühe gescheut, um das Ganze wie eine Fernsehproduktion wirken zu lassen. Sogar ein ebenfalls sehr bekannter Sportmoderator wurde verpflichtet, um die beiden Stars zu interviewen. Leider hatte man nicht nur vergessen, Interview-Inhalte zuvor im Detail abzusprechen, man hatte auch bis zum entscheidenden Augenblick nicht bedacht, dass beide Stars so überhaupt nicht zum Fahrzeug passten. So kam es zu einem unfreiwillig komischen Höhepunkt, als die beide Hünen ein Interesse am neuen Fahrzeug verneinten, der eine mit dem wörtlichen Hinweis, es sei einfach nicht groß genug für ihn, der zweite mit der fröhlichen Bemerkung, er sei mit seinen weit über achtzig Jahren dann doch zu alt für so ein Spielzeug.

Die Fehlbesetzung war offensichtlich; es hätte noch nicht einmal geholfen, wenn beide für ihren Auftraggeber Interesse am Fahrzeug geheuchelt hätten. Dadurch wäre nur noch zusätzlich ihre Glaubwürdigkeit unterminiert worden. Vor solchen Fehlbesetzungen muss man sich also hüten. Auf die Prominenz einer Person kann man nur dann aufbauen, wenn das Publikum den eingesetzten Star auch mit dem Wertekanon des Veranstalters und dem Inhalt der Veranstaltung sinnvoll in Verbindung bringt. Ach ja, und Körpermaße und Alter sollten glaubwürdig zum beworbenen Produkt passen.

5.9.2 Die Folienschlacht

Ein ebenfalls grauslicher Fehler, der sich leider allzu oft wiederholt: Ein mit Statistiken, flachen Schaubildern (Charts) und dem von einem Spezialisten vorgeschriebenen Vortrag ausgestatteter Vorstand hält eine Rede vor Gästen des Unternehmens – allesamt Spezialisten, die letztlich viel besser wissen, wovon der Gastgeber da redet.

Der Präsentator wiederum lässt sich davon nicht irritieren und belehrt seine Gäste über dieses Geschäftsgebiet, das zwar in seine Verantwortung, aber nicht in seine Kompetenz fällt. Es kommt, wie es kommen muss: mit den ersten Verwechslungen und Versprechern bei Fachbegriffen, die nun mal nicht seiner Routine entstammen, bricht die ganze Illusion der Fachmannschaft zusammen. Das Publikum schwankt zwischen peinlicher Berührtheit und Verärgerung über die laienhafte Ansprache. Die deutlich sechsstellige Summe für diese Einladung hätte der Mann seinem Unternehmen lieber ersparen sollen.

> Hier gilt: Wenn man keine Ahnung hat, sollte man ruhig die Kunst des Schweigens pflegen. Es hätte zwei, drei bessere Wege gegeben. Er hätte einen Mitarbeiter aus seinem Unternehmen, der fachlich auf Augenhöhe mit den Gästen ist, reden lassen können. Oder er lädt einen Gastredner ein, der von allen als Kapazität auf dem fraglichen Gebiet wahrgenommen wird und nun beiden, Gastgeber wie Gästen, Neues zum Thema offenbart.
>
> Verwegen, aber auch nicht schlecht: Er stellt sich auf die Bühne und sagt die Wahrheit: „Liebe Gäste, von unserem gemeinsamen Thema haben Sie viel mehr Ahnung als ich, denn Sie sind die Spezialisten. Aber ich freue mich jetzt

5.9 Der falsche Mann am falschen Ort: die schönsten Fehler

schon darauf, wenn wir als Unternehmen und ich als Ihr Partner in gemeinsamen Projekten von Ihnen lernen können. Ich erhebe mein Glas auf Ihr Wohl." Keine Minute Text, souverän vorgetragen, die Zielgruppe gelobt, die wesentliche Nachricht von der Geschäftsabsicht untergebracht. So einfach kann es sein.

Resümee

Trotz dieser Fehlversuche, der Mensch bringt als Medium eine ganze Reihe von Qualitäten mit sich, die sich bei entsprechender Auswahl und Vorbereitung gezielt und erfolgreich in unserer Kommunikation einsetzen lassen.

Das Multimediale Handwerkszeug

6

Inhaltsverzeichnis

6.1	Ein Event für alle Sinne	174
	6.1.1 Die fünf Sinne	174
	6.1.2 Das Sehen	174
	6.1.3 Das Hören	176
	6.1.4 Das Riechen	177
	6.1.5 Das Schmecken	178
	6.1.6 Tasten und Spüren	179
	6.1.7 Der sechste Sinn?	180
	6.1.8 Das Wunder der Wahrnehmung	181
	6.1.9 Die Sinne befriedigen	182
6.2	Die wunderbare Welt der Technik	182
	6.2.1 Technik erschafft eine künstliche Umwelt	182
	6.2.2 Das verknüpfte Arsenal	183
	6.2.3 Grundsätzliche Überlegungen zur Technik	185
	6.2.4 Technik planen	187
6.3	Der erzählende Ort: Rauminszenierung	187
	6.3.1 Logistische Anforderungen drängeln sich vor	187
	6.3.2 Orte erzählen Geschichten	188
	6.3.3 Definition des Ortes	188
	6.3.4 Spektakuläre Orte	189
	6.3.5 Der Ort als Spielraum	190
	6.3.6 Die Grundregeln	191
	6.3.7 Der Raum und die Spielrichtung	192
	6.3.8 Der gerechte Ort	193
6.4	Es werde Licht!	194
	6.4.1 Vielfältige Aufgaben	195
	6.4.2 Architektur ist umbautes Licht	195
	6.4.3 Die Struktur der Lichtplanung	196
	6.4.4 Die erzählerische Qualität des Lichts	197
	6.4.5 Die Lichter tanzen	197

A. Gundlach, *Wirkungsvolle Live-Kommunikation,*
DOI 10.1007/978-3-658-02549-6_6, © Springer Fachmedien Wiesbaden 2013

	6.4.6	Wenn Dinge erstrahlen	198
	6.4.7	Was das Licht erzählt	198
	6.4.8	Technische Überlegungen	198
	6.4.9	Licht steuert das Zeitempfinden	199
	6.4.10	Lichtdesign ist Teamarbeit	200
6.5	Bildmedien: im Kampf gegen Hollywood		201
	6.5.1	Bilder ohne Worte	201
	6.5.2	Bilderwelten	202
	6.5.3	Grundregeln	203
	6.5.4	Dia- und Slideshows	204
	6.5.5	Imagefilme, Spots und Einspieler	205
	6.5.6	Verzahnung mit dem Bühnengeschehen	206
	6.5.7	Video als Bühnenbild	207
	6.5.8	Live-Bilder	208
	6.5.9	Liveschaltung	209
	6.5.10	Online-Events	209
	6.5.11	Dokumentation	210
	6.5.12	Bilder benutzen	211
6.6	Das schöne Detail: die Ausstattung		212
	6.6.1	Kleider machen Rollen	212
	6.6.2	Alltagsgarderobe	213
	6.6.3	Von weitem hui, von nahem pfui?	214
	6.6.4	Wer macht was	214
6.7	Das Geheimnis der Tonspur		215
	6.7.1	Events als Stummfilme?	215
	6.7.2	Die Tonspur	216
	6.7.3	Die Musik macht den Ton?	216
	6.7.4	Die wichtigsten Kriterien	218
	6.7.5	Musik sehen	220
	6.7.6	Das Lieblingslied der Firma	220
	6.7.7	Image Musicals	221
	6.7.8	Das Hörspiel	222
	6.7.9	Corporate Radio	223
	6.7.10	Corporate Audio Imaging	223
	6.7.11	Das Ohr denkt mit	224
6.8	SFX – das Wunder der Spezialeffekte		225
	6.8.1	Das Wunder im Auge	226
	6.8.2	Das Regal der Wunder	226
	6.8.3	SFX-Kameras und Videoeffekte	227
	6.8.4	Interaktive Installationen	228
	6.8.5	Lasershows	229
	6.8.6	Pyrotechnik	230
	6.8.7	Wasserspiele	232
	6.8.8	Rides	232
	6.8.9	Magnetfeld und Rauchentwicklung: Die schönsten Fehler	233
6.9	Kunst als Muster und Instrument		234
	6.9.1	Freie Kunst und Auftragskunst	234
	6.9.2	Kunst und Gesellschaft	235
	6.9.3	Kunst als Kommunikationsmedium	235
	6.9.4	Kulturzeuge oder Kulturwerkzeug	236

6 Das Multimediale Handwerkszeug 173

	6.9.5	Sammlungen	237
	6.9.6	Kunstwettbewerbe	237
	6.9.7	Thematisierte Ausstellungen mit freier Kunst	238
	6.9.8	Kommunikation mit Auftragskunst	238
	6.9.9	Kunst schafft Ambiente	239
	6.9.10	Kunst als Mittel der Bühneninszenierung	240
	6.9.11	Von der Kunst lernen	241
6.10		Spielend lernen	242
	6.10.1	Das Spiel probt den Ernstfall	242
	6.10.2	Spiel als Messeshow	243
6.11		Wie man mit den eigenen Produkten unterhält	244
	6.11.1	Souveränität im Umgang mit sich selbst	244
	6.11.2	Dekoration und Bühnengestaltung	245
	6.11.3	Instrumentenbau	246
	6.11.4	Installationen mit Produkten	246
	6.11.5	Modenschau	247
	6.11.6	Musikclip oder Kunstvideo	247
	6.11.7	Mut und Können	247
6.12		Essen und Trinken im Auftrag der Dramaturgie	248
	6.12.1	Küchenbau	248
	6.12.2	De gustibus non est disputandum..	248
	6.12.3	Das Auge isst mit	249
	6.12.4	Stille Budgets heben	249
	6.12.5	Das Lieblingsgericht	250
	6.12.6	Gemeinsam Kochen für die gute Sache	251
	6.12.7	Schmecken lernen	251
	6.12.8	Unsichtbar und Klar	252
	6.12.9	Dippegucker und Showcooking	253
	6.12.10	Gebt dem Koch eine faire Chance	253
	6.12.11	Die schönsten Fehler	254
6.13		Medienmix: das Geheimnis des Crossovers	255
	6.13.1	Reduktion im Sinne der Qualität	255
	6.13.2	Überraschende Neukombinationen	255
6.14		Der Mensch hinter der Maschine	256
	6.14.1	Die unsichtbare Hand	256
	6.14.2	Zwischen SciFi und Steam Punk	257
	6.14.3	Der Knigge gilt auch für unser Personal	257
6.15		Mit Spatzen auf Kanonen: die schönsten Fehler	258
	6.15.1	Revolver ohne Munition	259
	6.15.2	Die Bilder gibt es!	259
	6.15.3	Das Straflager	260

▶ Die Kapitel des nachfolgenden Abschnittes über das multimediale Handwerkszeug beschäftigen sich mit all den verschiedenen technischen Medien und Mechaniken, die uns im Bereich der Live-Kommunikation zur Verfügung stehen. Doch so beeindruckend diese Medien, Special Effects und all die computergesteuerten Wunderwerke moderner Veranstaltungstechnik auch sein mögen, es ist und bleibt doch oft der Mensch selbst, der mit seiner Leistung,

174   6 Das Multimediale Handwerkszeug

seinem Ausdruck und seiner Wirkung andere Menschen am leichtesten beeindruckt und emotional einfängt.

6.1 Ein Event für alle Sinne

▶ Wie im Kapitel über die vollständige Kommunikation bereits erwähnt, berührt
jede Veranstaltung zunächst einmal alle Ebenen der Wahrnehmung, solange
wir keine bewusst inszenierten Reduktionen vornehmen. Zuerst benutzt der
Besucher einer Veranstaltung alle seine ihm zur Verfügung stehenden Sinne,
um sich ein Abbild der ihn umgebenden Realität zu erstellen. Dieses sich fortlaufend entwickelnde, subjektive Abbild zieht er dann zum rationalen Verständnis und zur emotionalen Bewertung der Ereignisse und der Absichten dahinter
heran, wobei er seine verschiedenen Intelligenzen einsetzt und gleichzeitig
seine erinnerten Gefühle und Erfahrungen mit seinen Erwartungen abgleicht.
Daraus entsteht schließlich sein individuelles Erleben und Bewerten.

6.1.1 Die fünf Sinne

Der Zusammenhang zwischen unseren fünf organischen Sinnen, unseren nicht organisch
bedingten sensiblen Fähigkeiten und dem individuellen Erleben ist so eng geknüpft, dass
es schwer fällt, Tasten, Schmecken, Riechen, Sehen und Hören aus dem Zusammenhang
herausgelöst zu betrachten. Trotzdem möchte ich den folgenden Abschnitt über die technischen Medien mit ein paar Bemerkungen zu unseren Sinnesorganen einleiten, ohne allerdings allzu tief in neurophysiologische Grundlagen einzusteigen. Uns soll die Betrachtung
grundsätzlicher psychischer Funktionen genügen, die hilfreich sein können, den Umgang
mit den einzusetzenden Medien dramatisch zu durchdenken.

6.1.2 Das Sehen

Die Augen waren lange Zeit das einzige Sinnesorgan des Menschen, das man als direkten
Teil des Großhirns bezeichnete. Auch wenn es viele Tiere gibt, deren Sehkraft, Sehschärfe
oder dreidimensionales Sehen besser ausgebildet sind, so ist es doch der Mensch, der seinen Augen zu einer überragenden Stellung im Reich der Sinne verholfen hat.

Dabei ist es vielleicht das Geheimnis unseres Sehens, dass wir nie nur das eine Bild sehen, das sich vor unseren Augen präsentiert, sondern dass wir dieses Bild noch im selben
Augenblick mit einer Vielzahl von Bildern aus unserem Gedächtnis vergleichen und es
darum relativ schnell in seinem komplexen Sinn erfassen und einer Bedeutung zuordnen
können. So betrachtet ist der Sinn des Sehens beim Menschen mehr eine unbewusst erlernte oder bewusst trainierte Fähigkeit als bloß eine angeborene Fähigkeit. Im Verlauf

6.1 Ein Event für alle Sinne 175

unseres Lebens haben wir gelernt, bei der rationalen Beurteilung unserer Umwelt auf unsere Augen zu vertrauen. Diese liebgewonnene Gewohnheit führt uns zu einem Schluss, der sich in unserer medialen Welt allerdings immer öfter als Trugschluss erweist: „Ich sehe es, also ist es wahr!"

Wahrheit und Trugbild Die Geschichte des Trugbildes ist schon ein bisschen älter, schließlich haben Zauberer und Zeremonienmeister schon im alten Ägypten mit visuellen Tricks gearbeitet, um das Auge zu täuschen und das Publikum etwas für „wahr" halten zu lassen. Aber erst mit der flächendeckenden Verbreitung der Massenkommunikationsmedien hat das „falsche" Bild seinen Siegeszug angetreten. Heutzutage sind wir von einer Unmenge von Bildern umgeben, die nicht „wahr" sind, sondern die entweder eine Wahrheit nur imitieren oder gar eine Unwahrheit durch inszenierte Muster des Wahren als wahr erscheinen lassen.

Der moderne, aufgeklärte Mensch weiß das im Grunde. Er wähnt sich darauf trainiert, die wahren von den falschen Bildern zu unterscheiden. Er sieht einen Nachrichtenbeitrag und hält die Bilder für wahr, und er sieht einen Spielfilm und weiß, dass die Personen in dem Film nicht real sind. In beiden Fällen ist es nicht die Tatsache, dass er die Bilder als lediglich zweidimensionalen Ausschnitt im Fernseher sieht, an den er das Kriterium wahr/unwahr anlegt, sondern es sind Inszenierung, Machart und Kontext, die ihn das eine Bild als wahr, das andere als unwahr erachten lassen. Sein trainiertes Sehen stattet ihn mit dieser Fähigkeit aus.

Nichtsdestotrotz können auch unwahre Bilder „wirklich" sein, d. h. sie rufen emotionale Reaktionen hervor oder triggern sogar unwillkürliche Handlungen, Prinzipien, mit denen man in der Produktion von Medien und bei der Inszenierung von Events ständig arbeitet. Das permanente Spiel mit Wahrheit und Illusion von Bildern ist ein Grundmuster, mit dem wir auf der Ebene der Inszenierung und der Kommunikation bewusst umgehen müssen.

Das Auge folgt der Bewegung Für Konzeptionist und Regisseur eines Events sind darüber hinaus noch folgende Aspekte des Sehens relevant: Unsere Augen folgen instinktiv jeder Bewegung im Bild, d. h. sie achten immer auf den Teil im Blickfeld und Gesichtsfeld, der sich verändert.

Je schneller die Bewegung, desto mehr wird der Blick davon unwillkürlich angezogen – eine Funktion, mit der man den Blick wunderbar lenken kann. Packt man jedoch zu viele Bewegungen in schnellem Takt in eine Bilderfolge, ist das Auge schon nach kurzer Zeit überfordert. Es kann sich angesichts der Vielzahl von Bewegungen und Bildwechseln kaum noch orientieren. Das Auge lässt sich also über Geschwindigkeit und Takt von Bewegungen führen, eine Tatsache, die sich vor allem Zauberer und Filmemacher zunutze machen.

Aus diesem Grund achtet man bei Pack-Shots in Spots darauf, dass sich das Produkt stets in irgendeiner Art und Weise bewegt oder eine Rahmenbewegung das Produkt fokussiert. Die berühmte Zeitlupe vom Fall der Lenor-Flasche in einen Stapel sich verformender Handtücher ist ein perfektes Beispiel dafür. Während des Falls zoomt die Kamera auf die

Flasche und hält sie so gut lesbar in der Bildmitte, während die Umgebung das Auge mit einer gleichmäßigen Bewegung in Zeitlupe festhält. Unsere Augen suchen also die Veränderung im Bild, und eine gute Inszenierung setzt solche Veränderungen gezielt ein. Für einen Redner bedeutet das zum Beispiel, dass es von Vorteil ist, wenn er sich auf der Bühne bewegt. Verharrt er bewegungslos hinter seinem Rednerpult, sucht sich der Betrachter bald etwas anderes, das sich bewegt, und sei es nur die Hostess mit dem Mikrophon an der Saalseite. Notfalls blickt er aus dem Fenster und beobachtet einen vorbeifliegenden Vogel, was natürlich seine Aufmerksamkeit vom Redner ablenkt. Dieser Ablenkungsfaktor des Sehens sollte bei jeder Inszenierung von Räumen und Auftritten beachtet werden.

Das Auge sucht Bilder Ein immer gleicher Anblick ermüdet das Auge, totaler Stillstand im Blickfeld wird leicht zur Qual. Wenn wir uns über Stunden in einem statisch beleuchteten Tagungsraum aufhalten und sich auf der Bühne immer das gleiche Bild von Redner und Charts bietet, suchen unsere Augen fast verzweifelt nach Bewegung, nach neuen Bildern. So entsteht eine innere Unruhe, die es uns oft schwer macht, uns weiterhin auf Inhalte zu konzentrieren.

Wie unwillkürlich diese Ablenkung funktioniert, erkennen wir schon daran, dass wir selbst oft automatisch die Augen schließen oder versuchen, das Bewegungssehen auszublenden, wenn wir uns stark konzentrieren müssen. Für eine Inszenierung kann das bedeuten, dass wir an wichtigen Stellen die Wirkung von Bildern für kurze Zeit so weit wie möglich zurückdrängen, den Augen also eine Pause geben, damit unser Publikum den Inhalt verinnerlichen kann.

6.1.3 Das Hören

Während wissenschaftlichen Studien zufolge das rationale Begreifen zu gut vier Fünftel vom Sehen abhängt, so wird die emotionale Bewertung zu vier Fünftel vom Hören beeinflusst. Das Ohr ist zwar kein Bestandteil des Großhirns, ist aber direkt mit dem Limbischen System verbunden, einem sehr alten Teil unsere Gehirns und nach dem aktuellen Stand der Forschung Sitz eines Großteils unserer Emotionen.

Alles, was wir hören, wird zunächst im Limbischen System wahrgenommen, aber nur bestimmte Teile des Gehörten, zum Beispiel Sprache, Betonung und zentrale musikalische Elemente, werden ins Bewusstsein überstellt. Andere akustische Eindrücke wie zum Beispiel Stimmklang, Raumklang, Hintergrundmusik oder auch nur das undefinierbare Gemurmel in einer Messehalle werden zwar nicht direkt bewusstgemacht, aber dennoch ständig unterschwellig wahrgenommen. Nach einer gewissen Einwirkzeit jedoch durchbrechen diese Nebengeräusche die Zensur und beginnen Einfluss auf die Gefühlswelt zu nehmen.

Steuergeräusche Wie beim Sehen so gibt es auch vom Gehör unwillkürlich getriggerte Reaktionen, zum Beispiel Stressreaktionen auf Lautstärke, Herzrhythmusstörungen

6.1 Ein Event für alle Sinne

bei längerer Einwirkung von ungewohnten Rhythmen oder auch Fluchtreaktionen auf bestimmte Signalgeräusche wie Schüsse oder Schreie.

Auf der anderen Seite kennen wir aber auch die beruhigende Wirkung von tieffrequenten Klängen oder die Begünstigung von tranceartigen Zuständen durch ständig retundierende Rhythmuspattern. Darüber hinaus gibt es eine Reihe von archaischen Geräuschen und Klängen, die ebenfalls unwillkürliche emotionale Reaktionen hervorrufen wie etwa Herzschläge, Babylaute oder Naturklänge wie Wind und Wellen.

Räumliches Hören Eine weitere Fähigkeit des Gehörs ist die räumliche Zuordnung von Klängen – keine besonders präzise Fähigkeit, aber eine die ebenfalls emotionale Wirkungen begünstigt. Aufgrund der seitlichen Position der Ohren am Kopf trifft der Schall je nach seiner räumlichen Quelle zeitlich verschoben auf beide Ohren. Aus dieser Verschiebung errechnet das Gehirn die Richtung, aus der das Geräusch kommt. Und obwohl unsere Ohren nach vorne gerichtet sind, scheint es doch so, dass wir Geräusche hinter uns besser hören. Dies ist evolutionär bedingt: Während das Auge das Gefahrenfeld vor uns abtastet, war es die Aufgabe der Ohren, Gefahren außerhalb des Gesichtsfeldes wahrzunehmen. Ein Grund, warum in modernen Kinos – und auf guten Veranstaltungen – gerne mit Surroundsoundsystemen gearbeitet wird.

▶ Die wichtigsten Kriterien der räumlichen Zuordnung von Klängen sind jedoch Nähe und Ferne, die wir aufgrund unseres Erfahrungsschatzes mit bestimmten Situationen verknüpfen. So signalisiert uns eine sehr nahe, unverhallte Stimme fast immer eine intime Situation. Moderne Tontechnik gibt uns die Möglichkeit, das Ohr mit solchen Geräuschen und Klangeffekten gezielt zu bespielen.

Der Ton macht das Bild Augen und Ohren sind in ihren Funktionen bestens aufeinander abgestimmt. Ihr Zusammenwirken steuert zum Beispiel unser Gleichgewicht. Für die Inszenierung einer Veranstaltung ist der Zusammenhang zwischen über das Auge vordringlich rational wahrgenommenen und über das Gehör emotional bewerteten Informationen wesentlich. Wie bei dem schon einmal angeführten Experiment, bei dem eine Filmsequenz mit verschiedenen Tonspuren versehen wird, hilft uns das Gehör, die eigentliche Bedeutung inszenierter Bilder zu begreifen. Fast alle technischen Medien, die wir während einer Veranstaltung einsetzen, gelten daher den Augen und den Ohren. Das heißt aber nicht, dass die anderen Sinne unwesentlich wären.

6.1.4 Das Riechen

Wie man heute weiß, ist der Riechkolben, der über den Olfaktorischen Cortex mit dem Großhirn zusammenhängt, ebenso ein direkter Teil unseres Großhirns wie das Auge. Evolutionär betrachtet war die Notwendigkeit zum besseren Riechen wahrscheinlich der Hauptgrund für das überdimensionale Wachstum der Säugetiergehirne. Gleichzeitig ist das Riechhirn auch mit dem Limbischen System verbunden. So kommt es, dass Gerüche oft mit prägenden Erinnerungen und starken Emotionen verknüpft werden.

Auch hier kennen wir unwillkürliche Reaktionen und vor allem die spontane Aktivierung von Erinnerungen. Dass Gerüche bei der Inszenierung von Veranstaltungen dennoch nur eine geringe Rolle spielen, liegt zum einen an der noch in den Kinderschuhen steckenden Technik zur gezielten Beduftung, zum anderen aber – und das ist die viel größere Schwierigkeit – an der Tatsache, dass Assoziationen zu allen möglichen Gerüchen sehr individuell sind, d. h. allgemeine und archaische Muster, wie wir sie in Bild- und Tonwelten vorfinden, gibt es, abgesehen von Warngerüchen von Feuer und Giften, in der Welt der Gerüche nur wenige.

Laut Stand der Forschung vermittelt der Mensch mit seinem Eigengeruch eine Art genetisches Abbild, auf dessen Grundlage wir unterbewusst den besten Paarungspartner auswählen. Anhand dieser Theorie lässt sich eine gute Vorstellung davon gewinnen, wie individuell der Geruchssinn ist. Wenn wir also spezielle Gerüche während eines Events einsetzen, können wir nie wirklich sicher sein, welche Reaktionen wir damit auslösen. Es werden auf jeden Fall sehr individuelle Reaktionen sein, was sich auf die notwendige Zusammenführung der Gäste zu einer Event-Community nicht positiv auswirken wird. Nichtsdestotrotz sollte man Geruchsbelästigungen jeder Art auf Veranstaltungen vermeiden und notfalls bekämpfen. Hier gilt vorerst noch: je neutraler, desto besser.

Es gibt aber auch Erlebnissituationen wie zum Beispiel *Rides* in Vergnügungsparks, bei denen man zur Verstärkung der visuellen Eindrücke Düfte und Gerüche durchaus wirksam einsetzen kann. Wenn wir dreißig Mitfahrer auf einer Taumelscheibe in einem Panoramatheater haben, dann lässt sich der relative kleine Raum recht gut beduften. Da diese Rides sowieso meist mit dem Effekt der Geschwindigkeit spielen, fällt es kaum auf, wenn zwischen den zu den Bildern passenden Signalgerüchen mal ein kräftiger Wind bläst, der einen Geruch aus dem Raum schiebt, um für den nächsten Platz zu machen. Aber das ist wirklich etwas, das nur in kleinen Räumen funktioniert.

6.1.5 Das Schmecken

Der Geschmackssinn, der nach wissenschaftlicher Betrachtung eine Kombination der vergleichsweise wenigen Rezeptoren auf unserer Zunge und dem Geruchssinn ist, kann mit seinen ca. 350 verschiedenen Rezeptoren ca. 10000 unterschiedliche Gerüche und eben auch Geschmäcke identifizieren. Genau genommen unterscheidet unsere Zunge nur zwischen salzig, süß, sauer, bitter und umami (diese kürzlich entdeckten Rezeptoren reagieren auf bestimmte Proteine, womit man den typischen Fleischgeschmack wahrnimmt).

Alle Geschmacksinformationen auf der Zunge setzen sich lediglich aus diesen fünf Geschmäcken zusammen, wobei sich unsere Vorlieben im Verlauf unseres Lebens durch die Veränderung der Geschmackszonen auf der Zunge verschieben. Die bei Kindern noch großflächige Süßzone weicht beim Altern nach und nach der Bitterzone. Schärfe ist übrigens keine Geschmacksrichtung, sondern nur eine Überreizung bestimmter Rezepto-

6.1 Ein Event für alle Sinne 179

ren. Soweit zu den organischen Funktionen des Schmeckens, das aber größtenteils vom Riechhirn geleistet wird, was erklärt, dass auch der Geschmack gewisse Warnfunktionen beinhaltet und ebenso unwillkürliche Reaktionen hervorrufen kann.

Kulturelle Prägung des Geschmacks Den weit bedeutungsvolleren Teil unseres eigenen Geschmacks machen aber die geprägten und erlernten Fähigkeiten des Schmeckens aus. Hier gibt es einige für bestimmte Kulturräume übliche Geschmacksarten, die mit dem Würzen, der Haltbarmachung, der Vergärung und anderen Zubereitungsarten von Speisen und Getränken zu tun haben und die kulturell und individuell geprägt wurden – und oft auch durchaus gewöhnungsbedürftig sind.

Letztlich ist das Schmecken nicht weniger individuell als das Riechen, aber aufgrund der Konventionen, denen vor allem das gemeinsame Essen unterliegt, ist hier schneller ein Konsens erreicht. Für den, der die Probleme des Caterings für mehrere tausend Gäste kennt, scheint die Gefahr eines Anschlags auf unseren Geschmackssinn durchaus gegeben zu sein, im Großen und Ganzen aber stehen uns alle Mittel zur Verfügung, um den Gaumen unserer Gäste angemessen zu verwöhnen.

Unter dem Gesichtspunkt der Inszenierung von Inhalten bringt uns der Geschmackssinn so gut wie nichts, es sei denn, es handelt sich bei unserem Inhalt selbst um etwas, das verköstigt wird. Trotzdem taugt das Catering auch zum Medium, zwar nicht zur Vermittlung von Inhalten, aber wie der Tastsinn doch zur Vermittlung von kulturellen und emotionalen Wertigkeiten in der Beziehung zwischen Veranstalter und Publikum. Wir werden uns später nochmals mit dem Thema Catering unter diesem Aspekt beschäftigen.

6.1.6 Tasten und Spüren

Der Tastsinn ist besonders ausgeprägt an Finger, Zehen und Zunge, aber auch der Hautsinn, der uns mit Informationen über Feuchtigkeit, Temperatur, Windstärke und -richtung versorgt, gehört dazu. Er ist über das zentrale Nervensystem mit dem Großhirn verbunden und hat, wenn wir dem Kleinkindalter entwachsen sind, offenbar einen abnehmenden Einfluss auf unsere Gefühle. Die Prägungen allerdings, die wir als Kleinkinder über den Tastsinn erfahren haben, bestimmen auch im Erwachsenenalter, welches Hautklima und welche Oberflächen und Objekte unsere Erinnerungen positiv aktivieren und unser Wohlgefühl verstärken.

Auch solche meist unterbewusst ablaufenden Wahrnehmungen können uns bei der Inszenierung einer Veranstaltung durchaus hilfreich sein, zum Beispiel, wenn wir eine schaurige Szene mit einem Kältestoß aus der Klimaanlage verbinden oder die Gäste sich blind durch ein Sensorium tasten lassen, um sie für den nächsten Akt der Dramaturgie zu sensibilisieren. Wichtiger ist allerdings der umgekehrte Fall, nämlich die Herstellung eines Umfelds, das den Tastsinn nicht irritiert, damit sich die Teilnehmer der Veranstaltung wohlfühlen.

Begreifen hilft Verstehen Vor allem im Bereich der Produktpräsentation kann dem Tastsinn im dramaturgischen Sinne eine wichtige Rolle zufallen. Etwas mit den eigenen Händen anzufassen, fördert das Verstehen (weswegen wir es ja auch oft *Begreifen* nennen). Funktion und Qualität vieler Produkte erschließen sich der Zielgruppe oft am eindrucksvollsten, wenn sie Hand anlegen kann. Darüber hinaus ist das Ertasten für den Gast ein unterbewusstes Signal für seine Beteiligung am Geschehen.

Bei einigen der Animationen, die ich Ihnen vorgestellt habe, ist die besondere Haptik der durch die Animateure überreichten Objekte mit Absicht so gewählt, dass sie als außergewöhnlich oder handschmeichlerisch auffallen. Auch alle anfassbaren Gegenstände, wie etwa Bestecke, Drucksachen und Stoffe, die auf einer Veranstaltung zum Einsatz kommen, kann man in seiner Qualität bewusst bestimmen. Generell sollte man eine gewisse Sorgfalt bei der Auswahl walten lassen: Beschaffenheit, Gewicht und Geschmeidigkeit vermitteln stets einen Eindruck davon, wie edel oder wie billig eine Veranstaltung aufgehängt ist, und somit: wie wichtig der Gast dem Veranstalter ist.

6.1.7 Der sechste Sinn?

Gibt es noch weitere Sinnesorgane als die großen Fünf? Man kann das Innenohr mit dem Gleichgewichtsorgan dazuzählen. Wer mal auf dem Rummel in einem Fahrgeschäft, auf einem elektrischen Bullen oder in einem Flugsimulator saß, versteht sofort, dass es Inszenierungen gibt, die bewusst mit dem Gleichgewichtssinn spielen.

Solche Inszenierungen, die wir vor allem in Vergnügungsparks und auch schon mal im einen oder anderen Firmenmuseum vorfinden, nennt man heutzutage *Virtual Rides.* Gemeint ist damit eine Kombination aus dreidimensionaler Bewegung und umgebenden Bewegtbildern, die dann durch Stimulation oder Irritation des Gleichgewichtssinns anders wahrgenommen werden. Dabei wirkt das Gleichgewichtssystem direkt auf unseren Muskeltonus, speziell den der äußeren Augenmuskulatur, auf unseren Drehbewegungssinn zur Steuerung der Kopfbewegungen und unsere Körperbalance.

Aus der Bewegung heraus All dies hat interessanterweise direkte emotionale Folgen, denn unser Körperbewusstsein – und damit auch unser tiefes Selbstvertrauen – hängt sehr stark an der Fähigkeit, unsere Bewegungen selbst koordinieren zu können. Wird diese Fähigkeit durch Irritation des Gleichgewichtssinns gestört – zum Beispiel durch den übermütigen Gebrauch von Alkohol –, schränkt sich auch die Emotionsfähigkeit ein.

Andererseits kann die Auswahl von Sitzmöbeln (Sitzbälle, Swopper, Dreh- oder Schaukelstühle), die eine ständige Balance erfordern, den Gleichgewichtssinn positiv stimulieren; mit der Folge, dass der Tagungsteilnehmer selbstsicherer und aufmerksamer, aber eben auch gefühlsbereiter wird. Hier hilft es, sich immer wieder vor Augen zu halten, dass der Begriff Emotion übersetzt *aus der Bewegung heraus* bedeutet. Wir kommen im Kapitel Bewegungsspiele wieder darauf zurück.

6.1 Ein Event für alle Sinne 181

6.1.8 Das Wunder der Wahrnehmung

Jetzt haben wir uns den Luxus erlaubt, die Sinnesorgane und ihre Funktionen einzeln zu betrachten, unsere Wahrnehmung der Welt um uns herum ist aber immer ein komplexes Zusammenspiel aller Sinne, die sich gegenseitig unterstützen und viele Wahrnehmungen auch nur durch Abgleich und Verknüpfung ihrer sensorischen Informationen realisieren können.

So sind an der Fähigkeit zu motorischer Bewegung nicht nur das Sehen, der Gleichgewichtssinn und ständige taktile Stimuli beteiligt, sondern auch der wenig bekannte Spannungs- und Stellungssinn, der seine Information aus Spannungsrezeptoren in Sehnen und Muskeln erhält (Tiefensensibilität). Diese motorischen Fähigkeiten werden schon beim Verfolgen des Bühnengeschehens oder beim Mitlesen von Charts verlangt, selbst wenn wir ruhig auf unserem Stuhl sitzen.

Sinnliches Gedächtnis Unsere Wahrnehmung der Außenwelt hat aber nicht nur physiologische, sondern auch psychologische Elemente. Allen äußeren Eindrücken haben wir im Verlauf unseres Lebens bereits gemachte Erfahrungen, Erinnerungen und innere Gefühle zugeordnet. Wenn wir die leckere Torte von der Großmutter zum zweiten Mal essen, haben wir geschmackliche, haptische, situative und emotionale Vergleichswerte angesammelt, die einerseits eine Erwartung über das anstehende Erlebnis, andererseits einen Kontrollvergleich ermöglichen.

Dieses angesammelte Wissen verharrt jedoch nicht in der Schublade *Omas Kuchen*, sondern wird wahrnehmungspsychologisch nun auch zur Beurteilung anderen Gebäcks, sei es von der Tante anderer Leute oder dem eines Veranstaltungscaterers, herangezogen. Dabei bilden Wahrnehmungsorgane und -gedächtnis ein untrennbares Netzwerk, bei dem unsere Psyche vice versa tatsächlich auch die Funktion unserer Sinnesorgane aktiv beeinflusst.

Sinnestäuschungen Ein legendärer Versuch beweist das für den Bereich des Sehens. Man gab den Probanden die Aufgabe, in einem Video von einem Basketballspiel die Anzahl der Pässe zu zählen und versprach denjenigen, die am nächsten dran sein würden, ein Stück von Omas Kuchen. Danach fragte man sie, ob sie den Mann im Gorillakostüm gesehen hätten, der tatsächlich in aller Seelenruhe drei Minuten lang zwischen den Basketballern umhergelaufen war. Gesehen hatte ihn unter dem Druck der psychischen Disposition und der Aufgabenstellung so gut wie keiner. Als man ihnen das Video ein zweites Mal vorspielte, jetzt mit der Information ausgestattet, dass da ein falscher Gorilla durchs Bild läuft, waren die Probanden fast geschockt, dass sie den Affen nicht gesehen hatten.

> **Fazit**
>
> Auf diesem Trick, die Wahrnehmung durch psychische Disposition gezielt zu steuern, basiert übrigens ein Großteil der Zauberei. Und so wie der Zauberer in seiner Insze-

6.1.9 Die Sinne befriedigen

Stets alle Sinne bedienen zu müssen, kann eine sehr mühsame, aber auch eine sehr dankbare Aufgabe für Regisseure und Eventkonzeptionisten sein. Was nichts anderes bedeutet, als dass wir das komplette Spektrum aller sinnlich erfahrbaren Medien ausnutzen können, um das vorgegebene Kommunikationsziel zu erreichen.

Als kleine Einschränkung bleibt, dass der Veranstaltungsteilnehmer zwar stets alle Sinnesorgane einsetzt, dass aber die klassischen Mittel einer Inszenierung vordringlich den Augen und Ohren des Publikums gelten. Hier verfügen wir heutzutage nicht nur über die wesentlichen dramatischen Möglichkeiten, sondern auch über die ausgereifteste Medientechnik.

Leider können wir Menschen nicht mit solch interessanten Sinnen zur Wahrnehmung des Magnetfelds der Erde, dem Seitenlinienorgan der Fische oder der Sonar-Ortung der Fledermäuse aufwarten. Aber wenn dem so wäre, müsste unsere Inszenierung sich auch über die Stimulation dieser Sinnesorgane Gedanken machen.

Nachdem wir Wesentliches zur Funktion der Sinne und unserer komplexen Wahrnehmung erfahren haben, wollen wir im Folgenden einen Überblick über all die technischen Medien und Möglichkeiten der Inszenierung mit ihren jeweiligen Qualitäten geben, mit denen wir die wahrnehmbare Welt im Sinne unserer Dramaturgie gestalten können – und natürlich ein paar Tricks aus unserer Praxis verraten.

6.2 Die wunderbare Welt der Technik

▶ Moderne Showtechnik gibt uns die Möglichkeit, unsere Veranstaltungsumwelt fast beliebig unserer Dramaturgie anzupassen, die Aufmerksamkeit zu lenken, Kleines größer und Leises lauter zu machen. Sie hilft uns, alle möglichen inszenatorischen Elemente zu einem multimedialen Ereignis zu verschmelzen. Für Dramaturgen und Regisseure ist die Technik ein Segen, ein großer Farbkasten, mit dem sich trefflich große Bilder malen lassen. Aber sie ist nie Selbstzweck, sondern immer Erfüllungsgehilfe im Sinne des *story telling*.

6.2.1 Technik erschafft eine künstliche Umwelt

Das Zusammenspiel vieler in Abläufen geordneter oder gleichzeitiger Sinneseindrücke und Ereignisse ist schon immer ein wesentliches Merkmal von Veranstaltungen aller Art

6.2 Die wunderbare Welt der Technik   183

gewesen. Schon die Zeremonienmeister früher Kulturen beherrschten die Kunst, alle ihnen zur Verfügung stehenden Mittel zur Inszenierung einzusetzen, wobei sie sich nach
Möglichkeit sogar vorhandene Naturphänomene zunutze machten. Musik in Form von
Rhythmus und Gesang spielte als begleitendes Medium schon damals eine wichtige Rolle.
Aber auch zauberische Effekte und raffinierte Kinetiken kamen zum Einsatz, wie etwa bei
den faszinierenden mechanischen Tempelmaschinen des Heron von Alexandria.

Im Gegensatz dazu weisen unsere heutigen Veranstaltungen den nicht zu unterschätzenden Vorteil auf, dass wir dank zahlreicher moderner Medien, Materialien, Maschinen
und technischer Möglichkeiten viel präziser als je zuvor Bild, Klang und Umweltbedingungen einer Veranstaltung inszenieren können. Wir beherrschen den Raum, das Klima,
das Bild, das Licht und den Ton, und – wenn Sie so wollen – wir machen uns unsere Naturphänomene anhand ausgetüftelter Spezialeffekte selbst.

6.2.2 Das verknüpfte Arsenal

In den meisten Fällen bedeutet eine Veranstaltungsproduktion, dass man sich gleichzeitig
mit den technischen Gegebenheiten und den Möglichkeiten der medialen Ausdrucksmittel auseinanderzusetzen hat, da diese sich oft gegenseitig bedingen oder einschränken.

Theoretisch ist mittlerweile fast alles Vorstellbare machbar, solange man finanziell aus
dem Vollen schöpfen kann. Mit der richtigen, allerdings ein paar Millionen Dollar teuren Technik kann man sogar einen kompletten Eisenbahnwagon vor den Augen seines
erstaunten Livepublikums verschwinden lassen, wie David Copperfield eindrucksvoll bewiesen hat. Den meisten Events ist aber durch das Budget eine klare Grenze gesetzt, und
darum ist es wichtig, sich bei der Auswahl der Medien und der Technik nicht von Wünschen, sondern von Realitäten in der Machbarkeit leiten zu lassen.

> ▶ Die gängigen Techniken der Inszenierung sind Bühnenbau sowie die Gestal
> tung und Bewegung von Kulissen, Objekten und Requisiten, die Beleuchtung
> der Szenerie und des Veranstaltungsraumes, die Projektion von Filmen, Dias,
> Videobildern und datengenerierten Bildern, eingespielte oder live-gespielte
> Musik sowie eine Reihe von Spezialeffekten wie 3D-Projektionen, Nebel
> maschinen, Laserkanonen und Pyrotechnik.

Der unsichtbare Meister Fast alle technischen Mittel sind im letzten Jahrzehnt durch
eine digitale und kinetische Revolution gegangen, sodass dem Eventregisseur heutzutage
eine Vielzahl von Möglichkeiten offensteht, von denen man vor nicht allzu langer Zeit nur
träumen konnte. Dank modernster digitaler Technik und motorischer Bewegung ist eine
zeit- und ortsgenaue Steuerung der einzelnen Medien möglich geworden.

Auch die *timecode*-gesteuerte Kopplung fast aller Gewerke ist theoretisch kein Problem
mehr, wenn es auch in der Praxis immer wieder eine kleine Herausforderung darstellt,
dies tatsächlich zu Wege zu bringen. Die Geräte sind bei Verleihern zwar in großer Zahl

vorhanden, gut ausgebildete Techniker indes, die die Vielzahl der Hardware- und Softwarelösungen in ihren Schnittstellen auch beherrschen, sind immer noch Mangelware. Den entsprechenden Ausbildungsweg zum Schnittstellentechniker für Eventtechnik gibt es noch nicht so lange.

Die Synchronizität der Ereignisse Tatsächlich ist die über einen *timecode* – eine Art digitaler Taktgeber – realisierte Steuerung aller Gewerke eine beeindruckende Möglichkeit, auch in der Livesituation eine Synchronizität der Ereignisse zu herzustellen, wie sie der Zuschauer früher nur vom Kinofilm kannte. So können bei technisch vollständig ausgestatteten Bühnenproduktionen alle Licht- und Lasereffekte, alle Projektionen von Bühnenbildern sowie alle kinetischen oder sonstigen Spezialeffekte mit der Musik oder der Bildfrequenz gekoppelt werden.

Den schwierigsten Job – neben den Technikern, die alle verschiedenen Programmwelten zu synchronisieren haben – bekommt bei uns regelmäßig der Dirigent des Liveorchesters. Er ist eine Art „human interface". Er dirigiert nicht mehr vom Blatt, sondern liest die Musik von einem Computermonitor ab, auf dem die Noten in der vom *timecode* vorgegebenen Geschwindigkeit ablaufen. Da er die Zeitverzögerung zwischen dem Computertakt und seinen Anweisungen für die Musiker einberechnen muss, dirigiert er immer um ein paar Wimpernschläge vor dem Takt, damit die Musik synchron wirkt. Damit alle Musiker und Darsteller den Dirigenten dabei gut sehen können, wird er gleichzeitig mit einer Videokamera aufgenommen und auf in der Bühnenkulisse und im Saal verteilten Monitoren ausgesendet. So können die Darsteller spielend singen, ohne immer wieder zum Dirigenten zu schauen, während sich um sie herum Bilder bewegen, Kulissenteile fahren und Lampen framegenau aufleuchten.

Kompatibilität herstellen Solch eine Steuerung über einen gemeinsamen *timecode* funktioniert aber nur, wenn zuvor auch alle einzelnen Medien für einen solchen Einsatz produziert und programmiert worden sind. Das bedeutet für alle Gewerke, dass sie alle auf denselben elektronischen Takt gebracht oder für die gemeinsame Ansteuerung durch einen Taktgeber vorbereitet sein müssen. Eine solche Produktion benötigt eine entsprechend präzise Vorbereitung durch den Regisseur und sein technisches Regieteam. Dies bedeutet auch, dass die spätere Abspielmethode der Produktion zuvor im Detail festgelegt wird und alle einzelnen Medien und Effekte schon vorher daraufhin erstellt werden sollten.

Dies wiederum hat unter Umständen Einfluss auf die Auswahl der Programme, mit denen Videoprojektionen erstellt, gesteuert und abgespielt werden. Hier kann es zu Einschränkungen kommen, die bestimmte gestalterische oder künstlerische Ansätze nicht zulassen. Oft haben wir es mit dem typischen elektronischen Wirrwarr zu tun, den ein freier Weltmarkt nun mal produziert: endlos viele elektronische Taktformate und Bildauflösungen, verschiedene Videoformate und Animationsprogramme, Bildquellen in verschiedenen Bildgrößen auf verschiedenen Systemen verschiedener Länder und so weiter und so fort. Oft muss die technische Konstellation von Produktion zu Produktion umge-

6.2 Die wunderbare Welt der Technik 185

stellt werden, um die Kompatibilität aller Daten und die synchrone Funktion aller Medien zu gewährleisten.

Medienwirrwarr Die Realität wartet dann oft mit solchen Anforderungen auf: Anlässlich eines internationalen Architektursymposiums starteten wir zum x-ten Male den hoffnungsvollen Versuch, die Vorträge und Medien von allen 17 Rednern schon ein paar Tage vorher zu erhalten, um sie dann auf nur ein oder zwei Formate zu konvertieren. Das war natürlich illusorisch, denn die meisten solcher Vorträge entstehen erst in den letzten Tagen vor dem Kongress und die endgültige Version hat der Referent bei Anreise in seinem Koffer. Also sah die technische Konstellation so aus: Doppeldiaprojektion für drei der Redner, natürlich blendbar, Datenbeamer-Projektion für fünf weitere Redner, von denen vier unterschiedliche Programme für ihre Charts oder animierten Architekturmodelle benutzten, Videoprojektion teils von NTSC, teils von PAL, natürlich einmal von VHS, einmal von Beta und einmal von DVpro, Overheadprojektion für zwei Redner, einer zeichnete live unter einer Kamera und für einen anderen wurde ein Modell auf die Bühne gebracht, das mit einer Fingerkamera abgefilmt wurde.

Die übrigen hielten ihre Vorträge ohne Bildmedien, benutzten also nur das Medium der Sprache, die selbstverständlich von mehreren Simultandolmetschern übersetzt wurde. Jeder Gast erhielt einen mehrkanaligen Empfänger, auf dem er dann seine Sprache anwählen konnte.

Sie sehen, für Techniker kann ein internationales Symposium ein echt abwechslungsreiches Vergnügen sein. Zum Glück einigt man sich aber zunehmend auf kompatible Formate.

6.2.3 Grundsätzliche Überlegungen zur Technik

Ein solcher Einsatz von Technik ist heutzutage bei so gut wie jeder größeren Veranstaltung vonnöten. Darum auch hier wieder ein paar grundsätzliche Hinweise, die helfen sollen, das Thema Technik sinnvoll zu strukturieren:

▶ **Technik ist kein Selbstzweck** Auch wenn der Übergang manchmal fließend erscheint, ist die Eventtechnik nicht das Medium selbst, sondern lediglich das technische Mittel, mit dem das eigentliche Medium erfahrbar gemacht und inszeniert wird. So faszinierend eine technische Idee auch sein mag, Technik sollte nie zum Selbstzweck werden, sondern richtet sich immer nach den Anforderungen, die durch das jeweilige Medium und dessen dramaturgischer Rolle gestellt werden.

▶ **Technik und Medium bedingen sich** Nicht alle Techniken sind mit jedem vorproduzierten Medium beliebig kompatibel. Wenn also eine Entscheidung über die einzusetzenden Medien gefällt wird, sollte man sich gleichzeitig über die technischen Erfordernisse im Klaren sein. So bedingen sich Eventtechnik und Medium zuweilen gegenseitig, oft aber hat man die Wahl zwischen mehreren technischen Wegen, mit denen man ein Medium abbilden kann. Dann kann von der Inszenierung, vom Budget oder von der Kompatibilität her über das jeweilige einzusetzende technische Mittel entschieden werden.

▶ **Technik im Verhältnis zu Raum** Ein wichtiges Kriterium bei der Planung des Technikeinsatzes ist stets die Größe des Publikums und der Veranstaltungslokalität. So wie bei der Auswahl der Medien muss die Eventtechnik angemessen dimensioniert und an die spezifischen Eigenschaften der Räumlichkeiten angepasst werden.

▶ **Ein Plan für Raum, Zeit und Energie** Jede Eventtechnik hat einen generellen logistischen Planungsbedarf sowie einen Zeit-, Raum-, Wege-, Energie- und Personalbedarf für Auf- und Abbau, Verkabelung und Vernetzung sowie für seine Inbetriebnahme vor Ort. Je komplexer die Eventtechnik angelegt wird, desto notwendiger ist auch eine logistische Planung der Anlieferung, der Reihenfolge von Auf- und Abbauten sowie die Abstimmung der Inbetriebnahme und Steuerung unter Leitung eines technischen Regieteams, vor allem, wenn wie bei vielen Hotelbauten der Architekt die Größe der Lastenaufzüge, die Anzahl der Hängepunkte und die Anzahl der Stromanschlüsse nicht wirklich auf die Anforderungen moderner Eventtechnik ausgelegt hat.

▶ **Spezielle Technik braucht spezielle Bedingungen** Die meisten technischen Spezialeffekte benötigen nicht nur spezielle Vorbereitungsmaßnahmen inklusive eventuell notwendiger behördlicher Abnahmen, sondern auch geeignete Bedingungen vor Ort. Müssen neben der eigentlichen Effekttechnik auch erst noch die notwendigen Rahmenbedingungen geschaffen werden, tappt man schnell in eine Budgetfalle.

▶ **Faszination der Technik** Im Gegensatz zur Betrachtung als rein funktionales Übertragungsmittel hat die eine oder andere Technik durchaus eine eigene Faszination zu bieten, die als emotionalisierendes Element in eine Inszenierung mit einfließen kann. Gerade technische Mittel, die mit kinetischen Effekten versehen sind, wie etwa motorisch bewegte und farbwechselnde Lampen, Laser oder Videoprojektoren, verblüffen durch Bewegung und Synchronizität und rufen als Gegenstände selbst eine gewisse Faszination hervor. Auch der Einsatz einer Technik, die dem Publikum so bisher nicht bekannt war, bringt zumeist die emotionalisierende Komponente der Sensation ins Spiel.

▶ **Frühzeitige Abstimmung** In vielen Fällen liegen die inhaltsgebundene und kreative Gestaltung der Medien und deren technische Umsetzung vor Ort bei verschiedenen Designern und Dienstleistern. Diese Arbeitsteilung erklärt sich aus den stark unterschiedliche Leistungen des gestalterischen Kreativen und des technischen Ausstatters, deren Kommunikationsbedarf mit dem Veranstalter auf verschiedenen Ebenen liegt. Die richtige Hierarchie ist dabei eigentlich Inhalt, Dramaturgie, Gestaltung, Technik. In der Praxis der Eventplanung vernetzt sich das schon früh.

6.3 Der erzählende Ort: Rauminszenierung 187

Wenn man nicht ohnehin dem Regisseur und seinem Kreativteam die Auswahl der technischen Zulieferer überlässt, dann sollte man für eine frühzeitige Abstimmung zwischen Kreativen und Technikern sorgen.

6.2.4 Technik planen

Eine gut funktionierende Technik ist für jeden Veranstalter wichtig, vor allem aber, wenn das veranstaltende Unternehmen selbst für technische Kompetenz steht, sollte auch die Veranstaltungstechnik angemessen eingesetzt werden und tadellos funktionieren.

Es ist eine wichtige Voraussetzung, dass unser Planungsteam mit Konzeptionist, Dramaturg und Regisseur technische Grundkenntnisse besitzt, damit hier nicht Ideen geboren werden, die nachher entweder technisch oder im Rahmen des Budgets nicht umgesetzt werden können. Das Problem ist nämlich nicht, irgendeine spektakuläre Idee zu haben – die hat fast jeder mal –, sondern eben *die eine*, in die Gesamtdramaturgie passende und technisch realisierbare Idee im finanziell abgesteckten Rahmen des Events.

6.3 Der erzählende Ort: Rauminszenierung

▶ Mal abgesehen von rein virtuellen Events findet jede Veranstaltung an irgendeinem Ort statt, seien es nun Räumlichkeiten oder Freiflächen. Auch der Ort, an dem wir Inhalte inszenieren, funktioniert als Medium der Botschaft. Der Veranstaltungsort gibt den Rahmen für jegliche Inszenierung vor, im besten Fall beeindruckt er das Publikum durch seine Qualitäten und beeinflusst so das Kommunikationsergebnis positiv.

6.3.1 Logistische Anforderungen drängeln sich vor

Wie wichtig der Ort für eine Veranstaltung erscheint, kann man schon daran ablesen, dass sehr viele Eventplanungen mit der Frage nach dem Ort beginnen. Das ist verständlich, wenn man die logistischen Notwendigkeiten größerer Veranstaltungen betrachtet. Schon eine Einladungsliste mit 500 Gästen schränkt die Auswahl der möglichen Locations deutlich ein. Die eventuell benötigte Verkehrsgünstigkeit oder einfach nur die Pflicht, 500 Gäste adäquat und gleichwertig in Hotels unterzubringen, sind Probleme, die oft zuerst gelöst werden wollen.

Aus dramaturgischer Sicht aber sollte man wann immer möglich versuchen, zuerst das Kommunikationsziel zu formulieren und einen dramatischen Ansatz zu finden, um dann über geeignete Orte nachdenken.

6.3.2 Orte erzählen Geschichten

Im Sinne der Dramatischen Denkweise erzählt jeder Ort eine erfahrbare Geschichte. Wenn wir in einem Kino sitzen, nehmen wir eine feste Position ein und die Geschichte läuft vor uns in bewegten Bildern auf der Leinwand ab. Wenn wir einen Ort betreten, ist es umgekehrt: Die Geschichte hat eine starre Form angenommen und wir bewegen uns durch sie hindurch. Das perfekte Beispiel hierfür sind didaktisch aufgebaute Ausstellungen und Installationen (information walks), wie sie vor allem in Showrooms, Firmenmuseen und Expo-Pavillons inszeniert werden.

Hier bewegen wir uns auf vorgeplanten Wegen durch die Architektur, die entweder eine Abfolge von Räumen oder auch eine Art Labyrinth mit mehreren Zugängen vorgibt. In jedem weiteren Raum, den wir uns erobern, lernen wir etwas dazu. Diese Abfolge von Ereignissen und Erfahrungen in einer gut gemachten Ausstellung ist nichts anderes als eine erzählte Geschichte. Es gibt einen Inhalt, mehrere Akte, handelnde Charaktere, Verwicklungen und Lösungen, die uns am Thema emotionalisieren und am Schluss über das Erlebnis zu einer Erkenntnis bringen sollen.

Genius loci Was für die von uns gemachten Orte gilt, gilt aber auch für die Orte, die wir vorfinden. Jedes Hotel, jede Halle, jede Stadt erzählt seine eigene Geschichte, und wir müssen entscheiden, ob uns diese Geschichte im Rahmen unserer Gesamtdramaturgie weiterhilft. Ähnlich wie bei den dramatischen Mustern von Geschichten lesen wir auch die dramatischen Muster eines Ortes, vergleichen diese mit erinnerten Mustern und aufgebauten Erwartungen und leiten daraus eine Bedeutung ab, die uns in einer Stimmung einfängt, wenn man so will: der genius loci!

Die dann unter dem Eindruck des Ortes gemachten Erfahrungen erhalten ihre Bedeutung auch unter Einbeziehung dieser Stimmung. Deswegen ist der Ort nicht nur eine logistische Notwendigkeit, sondern ein dramatisches Element bei der Konzeption einer Veranstaltung.

6.3.3 Definition des Ortes

Die wesentlichen Kriterien bei der Betrachtung eines Ortes sind seine Lage in Stadt oder Landschaft samt Panorama, die Höhe, Weite, Tiefe und die Anordnung der Räume sowie ihre logistische Anbindung mit Wegen, die Qualität der architektonischen und stilistischen Gestaltung und der verwendeten Materialien sowie das Klima, die Akustik und die Lichtsituation. Hinzu kommen die zeitpsychologischen Wirkungen des Ortes, d. h. wie lange es dauert, den Ort zu erfahren, sich eine innere Landkarte (cognitive map) vom Ort zu erstellen und sich so zurechtzufinden, sowie seine historische Bedeutung.

Fast alle diese Teilaspekte haben auch dramatische Qualitäten, und aus der gegebenen Inszenierung all dieser Dimensionen setzt sich die Ausstrahlung eines Ortes zusammen. Diese Strahlkraft ist also entweder durch den Ort bereits vorgegeben oder kann zu Teilen

6.3 Der erzählende Ort: Rauminszenierung 189

nach dem Konzept gestaltet werden. Je mehr unveränderbare Faktoren vor Ort vorhanden sind, desto größer ist – aus dramaturgischer Sicht – die vorbestimmte Bedeutung eines Raumes oder einer Location.

Ob alte Industriehalle im Hafen oder Ritterburg, ob supermodernes Convention-Center oder Messegelände, Stadthotel oder Kloster, Multimediatheater oder Opernhaus, Wallfahrtsstätte oder Disneyland – jeder Ort vermittelt über seine Selbstinszenierung und Historie bestimme Inhalte und Werte. Der Gast einer Veranstaltung zieht sein Vorwissen sowie die vom Veranstalter vorab vermittelten Informationen über den Ort heran und assoziiert das sich daraus ergebende dramatische Muster mit seinem spontanen Eindruck zur emotionalen Bewertung der Location. Diese Emotionalisierung durch den Ort ist unvermeidlich, und man sollte sich jeder Zeit bewusst sein, was sie für die eigene Dramaturgie bedeutet.

Wählt man sich einen solchen bereits gekennzeichneten Ort aus, dann sollte man also darauf achten, dass die bekannte oder erfahrbare Bedeutung des Ortes sinnvoll in die eigene Dramaturgie eingepasst werden kann. Dazu vergleichen wir das Muster eines Ortes, seinen dramatischen Inhalt und seine begleitenden Werte auf Übereinstimmungen mit unseren Inhalten und Werten und überprüfen anhand dieses Vergleichs, wie sehr sich der Ort eignet, um das Erreichen unseres Kommunikationszieles zu unterstützen.

Orte sind fast immer Kompromisse Aus Sicht der dramaturgischen Konzeption gibt es zwei Ansätze, mit einem Ort umzugehen. Wir können uns nach der Erstellung unseres LK-Konzepts einen Ort suchen, der die geplante Veranstaltung durch seine günstige Lage und passende Kapazität einerseits und die angestrebte Dramaturgie durch seine vorhandene Gestalt und seine emotionale Bedeutung andererseits sinnvoll unterstützt. Oder wir suchen uns einen möglichst gestalts- und bedeutungslosen Ort und verwandeln diesen nach den Maßgaben des dramatischen Konzepts in einen bedeutungsvollen Raum, der einen Rahmen für die Kommunikation inszeniert. Die praktische Antwort liegt zumeist in der goldenen Mitte zwischen der Erfüllung logistischer Zwängen und der idealen Situation.

Bei den folgenden Betrachtungen zum erzählenden Ort werden wir logistische und budgetäre Zwänge zunächst außer Acht lassen um die dramatischen Eigenschaften und Möglichkeiten der Inszenierung des Ortes zu beleuchten.

6.3.4 Spektakuläre Orte

Für bestimmte Veranstaltungen kann es nützlich sein, sich einen besonders spektakulären Veranstaltungsort zu suchen, auch wenn sein Zweck und seine Geschichte zunächst erst einmal nichts mit unserem Unternehmen gemein hat.

Wahrzeichen wie die Opernhäuser von Sydney, Valencia oder Oslo haben eine große Strahlkraft aus ihrer Architektur heraus, ihre große Bekanntheit lässt unsere Veranstaltung attraktiv erscheinen, auch wenn wir keine Oper singen. Andere Gebäude wie Industriedenkmäler, Museen oder die Frankfurter Paulskirche triefen vor geschichtsträchtiger oder nationaler Bedeutung und eignen sich für Festakte und Jubiläen. Die Aula einer bekannten Universität oder eine Kongresshalle auf einem Forschungsgelände hilft uns vielleicht, uns als zukunftsorientiertes Unternehmen darzustellen.

Freiluftarenen wie die Berliner Waldbühne oder über der Loreley, die Bregenzer Seebühne oder einfach nur ein schöner Biergarten betonen unsere Naturverbundenheit. Mythisch anmutende Orte wie die Ruinen in Pompeji, Neuschwanstein oder das Heidelberger Schloss öffnen Tür und Tor für romantische Fantasien. Sogar fahrende Orte wie Schiffe oder Züge können in Frage kommen, wenn wir unsere Zielgruppe mit auf eine (Gedanken-)Reise nehmen wollen. An diesen Beispielen sieht man, wie sich das vorhandene Image oder Flair eines Ortes für unsere Zwecke oberflächlich nutzen lässt.

Benutzen oder Bebauen Ein ganz anderer, leider meist viel aufwändigerer Ansatz ist, einen solchen Ort von Bedeutung selbst zu schaffen, sei es durch Einbau in eine vorhandene Halle oder das Aufstellen fliegender Bauten wie Zelte, Traglufthallen oder Expop-Pavillons. Hier können wir den Ort frei nach unseren Vorstellungen gestalten, ihn in spektakulärer Landschaft platzieren und ihm durch Inszenierung genau jene Bedeutung aufsetzen, die unserer Projektstory nützt.

Der große Aufwand, einen solch atemberaubenden Ort für einen kurzen Zeitraum und offensichtlich nur zu diesem Zweck zu errichten, wird von unserem Publikum mit einem besonderen Gefühl der Gegenwärtigkeit belohnt. Die Gewissheit, dass all dies nur hier und jetzt und nur für sie passiert, diese Flüchtigkeit des Moments kann die Emotionalität unserer Gäste so verstärken, dass wir einen wirklich tiefen Eindruck hinterlassen. Psychologisch betrachtet nutzen wir hier die Tatsache, dass der Teil unseres Gehirns, der neurophysiologisch für die Wahrnehmung und Erfassung von Umgebung zuständig ist, Sinneseindrücke gleichzeitig rational verarbeitet und emotional verortet. Auf dieser Brücke platzieren wir unsere Nachricht.

6.3.5 Der Ort als Spielraum

Verlassen wir aber jetzt wieder die Sphären der architektonischen Dramaturgie und wenden uns dem Veranstaltungsalltag zu. Aus der Sicht des Dramaturgen ist es für die Umsetzung eines Events ideal, wenn Ort und Raum eine gewisse Wandelbarkeit aufweisen oder die Inszenierung eines Wandels zulassen. Zum einen kann die Dramaturgie des Events von einer Spannung profitieren, die sich sowohl aus der Deckung als auch aus dem Widerspruch zwischen dem Ort und dem eigenen Thema ergibt, zum anderen kann die Wandlung eines Ortes während des Events ein sehr starkes Mittel der Inszenierung sein.

Vor allem für längere Veranstaltungen wie mehrtägige Konferenzen ist es günstig, wenn es die Möglichkeit eines Ortswechsels oder einer Verwandlung innerhalb der ausgewählten Location gibt, um das Publikum in wechselnde, an die jeweilige Phase der Dramaturgie angepasste Situationen bringen zu können.

6.3 Der erzählende Ort: Rauminszenierung 191

Der Eventraum sollte also so gewählt oder gestaltet sein, dass er als Bühnenraum fungiert und die emotionale Führung durch die Dramaturgie des Events sinnvoll unterstützt. Dabei ist es immer wieder ein schöner, magischer Effekt, wenn sich ein Raum, den das Publikum bereits in einer Ausstattung kennengelernt hat, beim zweiten Betreten in etwas Anderes verwandelt hat. Auch so lässt sich, wenn auch in leicht abgeschwächter Form, der oben beschriebene, psychologische Effekt erreichen.

6.3.6 Die Grundregeln

Was wir aus dramatischer Sicht unter der Inszenierung des Raumes zu beachten haben, soll wieder in ein paar Grundregeln zusammengefasst werden:

▶ **Der Ort ist ein Medium** Der Ort ist nicht nur Aufenthaltsraum, sondern auch ein Medium zur Vermittlung von Inhalten oder Werten wie andere Medien zur Inszenierung einer Geschichte. Orte und Räume sind damit fester Bestandteil eines Eventkonzepts. Ihre Auswahl und Ausstattung geben einen Rahmen für die dramatische Inszenierung und unterstützen somit das Kommunikationskonzept.

▶ **Orte beeinflussen Menschen** Viele Menschen haben einen Instinkt für den sie umgebenden Raum; sie empfinden Orte. Sie setzen ihre räumliche Intelligenz nicht nur zur Orientierung ein, sondern auch, um aus der Anordnung von Bühnen, Objekten und Menschen Hinweise auf die Funktion des Ortes für Geschichte und Bedeutung der Veranstaltung abzuleiten. Gleichzeitig wirkt der Ort mit Rahmenbedingungen wie Weite, Lichtsituation und Raumakustik auf das Verhalten der Gäste zurück. So können zum Beispiel Enge und ein bestimmter Raumklang ein Gefühl der Vertrautheit begünstigen. Diese Dimensionen des Ortes sind nach den Vorgaben der Dramaturgie auszuwählen oder zu gestalten.

▶ **Mittel der Rauminszenierung** Zur Rauminszenierung stehen uns, neben einer Abschwächung oder Stärkung der am Ort vorhandenen Geschichte und ihrer Elemente, eingebrachte Bauten wie Bühnen, Bühnenbilder, Ausstellungen und Installationen sowie Dekorationen und natürlich auch Licht, Ton- und Bildmedien zur Verfügung. All diese Elemente sollten die Gesamtinszenierung des Konzepts unterstützen.

▶ **Das Medium vor Ort** Jedes in einen Ort eingebrachte Medium hat einen eigenen Raumbedarf, zum einen für die notwendige Technik, zum anderen für eine angemessene Rezeption durch die Gäste. Zum Beispiel braucht eine große Videoprojektion nicht nur eine freie Projektionsgasse, sondern eben auch einen entsprechenden Abstand zum Publikum, damit der Zuschauer das Bild in seinem Blickfeld auch erfassen kann. Es gilt, die logistischen Gegebenheiten jeder Location daraufhin zu überprüfen, ob der geplante Einsatz von Medien, Einbauten oder Aufführungen vielleicht eingeschränkt oder gar unmöglich gemacht wird.

▶ **Die Markierung des Ortes** Jeder Ort, den wir für einen Event vereinnahmen, braucht eine entsprechende Markierung, ein unternehmensbezogenes Design und/oder eine themenbezogene Führung durch Symbole und farbliche Gestaltungen. Ein Over-Branding des Ortes sollte aber vermieden werden. Wir sollten überlegen, ob wir die Markierung immer mit unseren Logos und Slogans verbinden müssen oder ob und für welche Zielgruppe es nicht ratsamer wäre, die eigene Markierung zugunsten der Projektstory und der angestrebten Event-Community zu reduzieren.

▶ **Räumliche Anforderungen** Selbstverständlich muss der Veranstaltungsort in seiner Kapazität, Struktur und Wegeführung allen organisatorischen und inszenatorischen Anforderungen genügen. Bei den Raumgrößen ist an den Platzbedarf für alle Veranstaltungsteilnehmer, das Mobiliar und die Flächen für Bühnen und Inszenierungen zu denken. Gleiches gilt für die Verbindungswege, vor allem, wenn sich die Veranstaltung zwischen Plenum, Gruppenräumen, Foyers und Cateringflächen hin und her bewegen soll.

▶ **Logistische Anforderungen** Und natürlich genauso wichtig wie alles Vorgenannte: Laderampen, Lkw-Parkplätze, Kistenlager, breite Türen, eine gute Bodentraglast, eine ausreichende Anzahl belastbarer Hängepunkte sowie ausreichende Stromversorgung erfreuen jeden technischen Leiter. Auch das Vorhandensein digitaler, maßstabgetreuer CAD-Pläne von Gebäuden und Gelände werden heutzutage gern gesehen, vor allem, wenn sie auf dem aktuellen Stand sind. Eine ausreichende Anzahl Garderoben, Platz für das Crew-Catering und funktionierende Toilettenanlagen sind nützlich.

In der Praxis ist es oft so, dass zunächst ein Ort ausgesucht und das dramatische Konzept erst dann nach den Voraussetzungen des Ortes entwickelt wird – eine sehr intuitive Vorgehensweise, die zwar aus logistischen Gründen legitim, aber nicht immer unproblematisch ist. Die gegebene Selbstinszenierung und Ausstrahlung eines Ortes können thematisch und stilistisch so bestimmend sein, dass es schwer wird, das aus kommunikativer Sicht richtige Drama zu inszenieren. Andererseits kann man einiges an Aufwand sparen, wenn die Gegebenheiten des Ortes aus sich heraus das gefasste Eventkonzept dramatisch unterstützen.

6.3.7 Der Raum und die Spielrichtung

Ein in den meisten Fällen wesentlicher Teil der Raumgestaltung sind Bühnen und Bühnenbilder. Bei vielen Veranstaltungsformaten fokussiert sich hier das Geschehen, sodass sie in dramaturgischer Hinsicht selbst ein Medium darstellen.

Im Gegensatz zu klassischen Theaterproduktionen in festen Häusern, bei denen dank vorhandener Seitenbühnen, großer Drehscheiben, hoher Schnürböden und eigener Werk-

6.3 Der erzählende Ort: Rauminszenierung   193

stätten leichter mit kunstvoll gestalteten Kulissenteilen gearbeitet werden kann, werden die meisten Eventbühnen von großen Prospekten, Leinwänden, flächigen Bühnen aus Standardelementen und breiten Treppen beherrscht. Das macht Sinn, da die baulichen Elemente oft im Baukastenprinzip flexibel zu gestalten sind und in standardisierten Systemen angemietet werden können. Selbstverständlich gibt es auch im Eventbereich sehr aufwändige Bühnengestaltungen mit bewegten Kulissen und Bühnenelementen, aber meist wird der dramaturgische Szenenwechsel doch durch Beleuchtung und Videozuspielung bewerkstelligt.

Form und Funktion Die Funktionalität jeder Bühne richtet sich nach den Anforderungen der Inszenierung. Bei kleineren Tagungen reicht meist eine dreigeteilte Bühne mit einer Rednerposition, die etwas versetzt zum Präsentationsmedium platziert ist, eine Sitzgruppe oder ein Stehtisch für Talkrunden und eine meist zentrierte Freifläche für Moderation, Ehrungen oder kleine Aufführungen. Kommen Elemente wie Livemusik, artistische Darbietungen mit speziellen Aufbauten, raumgreifende Shows oder große Präsentationsobjekte wie Autos oder Maschinen hinzu, muss hier Platz geschaffen oder ein intelligenter Umbauablauf ermöglicht werden.

Doch gleich welche Elemente der Inszenierung im Verlauf des Events eingesetzt werden, die Bühne sollte als gesamtes eine ausdrucksvolle Ästhetik bekommen, die auf den Anlass und die Umsetzung der Dramaturgie einzahlt. Ob festlich pompös oder nüchtern elegant, ob mit offener oder versteckter Technik, ob bescheiden schlicht oder fröhlich bunt – die Gestaltung des Bühnenbilds trägt die zentrale Message und prägt die Stimmung der Inszenierung deutlich mit, vor allem, wenn sie über Stunden im Blickfeld der Zuschauer bleibt.

▶ Je länger aber eine Veranstaltung dauert – große Tagungen und Kongresse ziehen sich ja manchmal über Tage –, desto wandelbarer sollten das Bühnenbild und der gesamte Veranstaltungsraum konzipiert werden, um nicht nur Bildinhalte in Projektionen, sondern auch das Raumgefühl unserer Gäste verändern zu können.

Salopp formuliert: Wenn der Raum um uns herum immer gleich bleibt, erleidet unser Gehirn schnell einen Ermüdungsbruch und das Aufmerksamkeitslevel geht in den Sinkflug.

6.3.8 Der gerechte Ort

Aus massenpsychologischer Sicht gibt es einen wichtigen Aspekt bei der Auswahl des Ortes und der Gestaltung des Szenarios. Alle Inszenierungen müssen von allen Anwesenden gleichermaßen erlebbar sein. Es sollte nach Möglichkeit keine „schlechten" Plätze geben, gleich ob das Geschehen auf einer Schaukastenbühne, auf mehreren Bühnen, auf einer durchgehenden Straße oder wie in einer Zirkusarena zentriert abläuft.

Was ein Theaterbesucher vielleicht hinnimmt, weil er weiß, dass er nur die Hälfte des Parkettpreises bezahlt hat, empfindet der Gast unserer Veranstaltung möglicherweise als Herabsetzung. Wenn wir eine Reihe von Gästen aufgrund der Raumsituation hinter Säulen oder gar in Nebenräumen verstecken müssen, fühlen sie sich bald nicht mehr der Event-Community zugehörig und machen sich schnell ihre eigene Version der Veranstaltung. Wir sollten also stets darauf achten, dass sich niemand zurückgesetzt fühlt.

Die besten Plätze Ein Trugschluss ist es übrigens, dass vorne die besten Plätze für Ehrengäste sind. Hier haben sie zwar den kurzen Weg auf die Bühne, meist aber den schlechteren Raumton und den aufgrund des verkürzten Abstands wesentlich anstrengenderen Blickwinkel auf Bühnengeschehen und Videoleinwände. Oft empfiehlt es sich, wichtige Gäste eher in der vorderen Mitte eines Saales zu platzieren, auch weil sie dann viel eher als Teil des Publikums wahrgenommen werden.

Dezentrale Raumsituationen sind eine besondere Herausforderung an ein Eventkonzept, weil sich das Publikum nicht so gut zu einer einzigen Gruppe zusammenführen und durch eine Inszenierung leiten lässt. Die Dramaturgie für eine dezentrale Inszenierung muss dann mit vielen parallelen Strängen arbeiten oder die erzählte Geschichte wie ein Puzzle aus in sich geschlossenen Versatzstücken zusammensetzen.

Die Verantwortung des Bühnenmeisters Bühne und Bühnenbild werden vom Bühnenbildner in Absprache mit der Regie und den technischen Gewerken geplant und meist von einer Kombination aus Techniklieferant und Dekorationsbauer aufgebaut. Für die technische Sicherheit sowie die Einhaltung behördlicher Vorschriften bei Bau und Inbetriebnahme ist ein Bühnenmeister verantwortlich, der in vielen Ländern einen entsprechenden Bühnenmeisterschein vorweisen können muss.

Zwar haben viele Standardbauteile wie Bühnenbodenelemente und Trusssysteme auch Standardabnahmen, trotzdem muss ein kombinierter Aufbau im Zweifel vorher in Abstimmung mit dem örtlichen Location-Management als genehmigungsfähiger Plan vorgelegt und von den zuständigen Behörden freigegeben werden. Dies gilt vor allem für die Statik von Aufbauten, dem Brandschutz sowie der Betriebssicherheit kinetischer Elemente und verwendeter Spezialeffekte, weitet sich aber dank der Fluchtwegeverordnung gerne auch in den Zuschauerraum und andere für den Event genutzte Flächen aus.

6.4 Es werde Licht!

▶ Licht schafft Sichtbarkeit. Wo Menschen zu einer Tagung oder einer Festveranstaltung zusammenkommen, ist Licht nicht nur notwendigerweise allgegenwärtig, sondern eben auch stimmungsvoll, spektakulär, atemberaubend schön und manchmal sogar tiefgründig. Moderne Lichttechnik gibt uns mit ihren vielen unterschiedlichen Scheinwerfern, Lampen und Lichtquellen geradezu fantastische Möglichkeiten der Gestaltung.

6.4.1 Vielfältige Aufgaben

Wir können dank der automatisierten Steuerung des Lichts sowohl Außenbereiche, Umraum und Bühnenbild mit ihren baulichen Akzenten als auch die einzelnen Elemente unserer Dramaturgie in Szene setzen und so ihre Wirkung sinnvoll verstärken. Wir können nachts Gebäude und umgebende Natur als faszinierende Kulissen erstrahlen lassen, wegeführende Signale in den Himmel setzen und Flächen mit gebrandeten Gobos markieren. Und nicht zuletzt steuern wir mit der Lichtstimmung auch unterbewusst die innere Uhr der Veranstaltungsteilnehmer und unterstützen das Wohlbefinden in Spannungs- und Entspannungsphasen.

So erfüllt das Lichtdesign für die Inszenierung unserer Heldengeschichte mehrere dramaturgische Funktionen: Es widmet die gegebene Architektur um und kreiert eine Grundstimmung am Ort des Geschehens. Es teilt und gestaltet den Bühnenraum und schafft Perspektiven durch Licht und Schatten. Es setzt punktuelle Akzente und steuert so den Blick und die Aufmerksamkeit der Zuschauer während einer Aufführung. Es hilft uns, mit assoziativen Lichtszenarien unsere Geschichte zu erzählen. Darüber hinaus kann das Licht dank innovativer Effekttechnik auch losgelöst von der Aufgabe der Beleuchtung ein beeindruckender Showeffekt sein.

6.4.2 Architektur ist umbautes Licht

„Licht erschafft Raum" lernt der Architekturstudent: Das Spiel mit Licht und Schatten an Fassaden, in Foyers und Gängen sowie in den Veranstaltungsräumen selbst; der Rhythmus der Fenster, Öffnungen, Durchbrüche und des Lichts, das durch sie ins Gebäude fällt sowie auch der Bildausschnitte im natürlichen Umgebungslicht davor; und selbstverständlich das ergänzende Konzept der künstlichen Beleuchtung innerhalb und außerhalb des Gebäudes. All dies ist meist schon vor Errichtung eines Gebäudes in einem Lichtkonzept geplant worden und gibt dem Veranstaltungsort zunächst eine vom Architekten gewollte Lichtsituation.

Es ist natürlich günstig, wenn in diesem Konzept möglichst flexibel einsetzbare Beleuchtungstrecken vorgesehen sind, am besten dimmbar und farbwechselnd, und wenn es für die in moderner Architektur so beliebten Glasfassaden und Oberlichter fest eingebaute und automatisch fahrbare Verdunkelungen gibt. Sollte sich aber ein Bereich nicht vom Tageslicht abschotten lassen, lässt sich eine gute Darstellung von Filmen und Charts nur durch den Einsatz stärkerer Projektoren oder tageslichtgeeigneter Videowände oder LED-Paneele erzielen. Darüber hinaus ist es stets eine angenehme Überraschung, wenn für eventuell nötige Lichttrussen ausreichend Hängepunkte und Starkstrom vorhanden sind.

Die Arbeit am Lichtdesign beginnt also mit der Betrachtung des Veranstaltungsorts, der vorhandenen Lichtverhältnisse und der technischen Vorbedingungen. Zuerst gibt es aber gewisse Notwendigkeiten zu bedenken. Welche Bereiche und Fluchtwege müssen aus Sicherheitsgründen ausreichend erhellt bleiben? Müssen im Tagungssaal gut beleuchtete

Arbeitssituationen geschaffen werden, um es den Teilnehmern zu ermöglichen, Unterlagen zu lesen und Notizen machen zu können? Welche Bereiche müssen im Gegenzug verdunkelbar sein, um die Wirkung von Projektionen zu erhöhen?

6.4.3 Die Struktur der Lichtplanung

Sind solche Grundbedingungen geklärt, gilt es, im Sinne der Inszenierung zu analysieren, ob und wie wir die von der Architektur gesetzten Effekte sowie die bereits eingebaute Lichttechnik mitsamt ihren Gestaltungsmöglichkeiten für die Umsetzung unseres Veranstaltungskonzepts nutzen können. Oder wo wir wiederum gestaltend eingreifen müssen, um die von uns gewünschten Stimmungen zu inszenieren.

Aus praktischen wie auch budgetären Gründen trennt man die Veranstaltungslocation oft in drei Bereiche:

▶ Einen, in dem man die vorhandene Lichtsituation belässt und das Hauslicht nutzt,

▶ einen zweiten, in dem man lediglich auf dekoratives, atmosphärisches Licht, zum Beispiel in Foyers und Gängen, setzt,

▶ sowie einen dritten Bereich, meist der zentrale Veranstaltungsraum, in dem die wesentlichen Präsentationen mit komplett steuerbarem Showlicht inszeniert werden.

Licht und Bühne „Licht erschafft Bühnenraum", lernt auch der Bühnenbildner. In diesem Punkt wird die Verwandtschaft von Architektur und Bühnengestaltung deutlich, denn auch Bühnenbilder können eigentlich nur in ihrer Wechselwirkung mit Licht geplant werden. Bei der Gestaltung von Events mit ihren typischen offenen Bühnen, großen Prospekten und Projektionsflächen ist es meist die ausgeklügelte Beleuchtung, die den Bühnenraum gestaltet. Die klassische, bemalte Theaterkulisse kommt heutzutage eher selten zum Einsatz.

Licht gibt uns wunderbare, abstrakte Möglichkeiten, einen Bühnenraum zu gestalten. Hier betreten wir den Bereich der artifiziellen Bildwelten, etwa der modernen Malerei oder einem architektonisch modernen Verständnis von Licht. So lassen sich zum Beispiel mit Auflicht und Hinterlicht auf transparenten Materialien faszinierende Raum- und Tiefeneffekte gestalten.

Dabei nutzen wir kaltes oder warmes, weißes oder farbiges Licht, um gewisse, zur wechselnden Szenerie passende Grundstimmungen zu schaffen. Auch eine Reihe von dimbaren Leuchtmitteln, hochreflektierenden sowie lichtspeichernden, phosphorisierenden Materialien lassen sich als dekorative Elemente des Bühnenbildes einsetzen.

▶ Das Licht zeigt dem Zuschauer den bedeutenden Platz im Raum und lenkt seine Aufmerksamkeit auf den entscheidenden Punkt.

6.4.4 Die erzählerische Qualität des Lichts

Der zeitgenössische Zuschauer besitzt selbstverständlich auch dem Licht gegenüber eine Media-Literacy. Auch wenn wir den größten Teil unserer evolutionären Entwicklung im Sonnenlicht oder eben im Dunkeln im Schein von Lagerfeuer, Öllampen oder Kerzenlicht verbracht haben: Über hundert Jahre Film und Fernsehen und unsere nachts gut beleuchtete Umwelt haben uns ein breites Spektrum von stigmatisierten Lichtstimmungen geschenkt, die man in der Inszenierung vielfältig einsetzen kann. So wird zum Beispiel der Schattenwurf eines leicht bewegten Vorhangs im Film immer wieder benutzt, um die innere Unruhe des Helden zu symbolisieren.

Die im Umraum und auf der Bühne eingesetzten Lichtstimmungen spielen oft auf natürliche Lichtphänomene an und arbeiten mit daraus ableitbaren Assoziationen oder dramaturgischen Brüchen. Große weiße Flächen mit Glittereffekten und kaltes, blaustichiges Licht vermitteln uns die Einsamkeit einer Winterlandschaft, rotes Licht mit bodennahem Flimmern versetzt uns in die Wüste. Jedes Licht, das eine solche natürliche Stimmung imitiert, löst auch über ihre Symbolik entsprechende Gefühle aus.

Dasselbe gilt auch für archaisch geprägte oder kulturell gelernte Bilder. Gleißende Strahlen von oben kündigen schon seit der klassischen Malerei die Erscheinung des Göttlichen an und symbolisieren Erlösung oder Inspiration. Eine Reihe von Lampen zeichnet den Rhythmus von Straßenlaternen auf eine leere Bühne, schon sind wir im Randbezirk einer Stadt. Ein Blitzlichtgewitter kündigt die Ankunft einer wichtigen Person an. Eine flackernde Neonschrift ist ein fast klassisches Filmsymbol für Vergänglichkeit. Die Regie nutzt solche symbolischen Lichtsituationen, um dramaturgische Abschnitte voneinander abzusetzen und einzelne Ereignisse sinnbildlich zu verstärken.

6.4.5 Die Lichter tanzen

Abgesehen von den verschiedenen Lichtquellen selbst ist alles, was wir sehen, reflektiertes Licht. Diese Grundregel bedeutet im Umkehrschluss, dass von Lasern und Scheinwerfern ausgestrahltes Licht auch immer ein Medium braucht, durch das es sichtbar wird. Wenn es nicht auf eine Baute oder einen Stoff trifft, dann wird zumindest Nebel, Rauch oder Dunst benötigt, um es sichtbar zu machen.

Von einer Lightshow geht eine magische Wirkung aus, nicht zuletzt weil es auf den archetypischen Mythos der Beherrschung des Feuers zurückgeht. Lampen wechseln per Mausklick Farbe, Muster, Leuchtkraft und Kegel, und sie sind so motorisiert, dass man sie in einem weiten Radius automatisch ausrichten kann. Die verschiedenen Effektlampen bekommen ihren gleichzeitigen Steuerbefehl von einem Mischpult, sodass man mit Strahlen, Gobos und Flächen ständig neue Situationen schaffen und die *choreografierten* Bewegungen als solche zur Inszenierung werden lassen kann.

Mit Musik synchronisiert kann gesteuertes Licht so attraktiv gestaltet werden, dass es für sich alleine genommen einen eigenen Unterhaltungscharakter erhält: Licht wird zur Lightshow!

6.4.6 Wenn Dinge erstrahlen

Eine noch lange nicht ausgereizte Technik stellt hier die LED-Technik dar, die es ermöglicht, kleinste Lichtpunkte zu faszinierenden Lichtbildern zusammenzusetzen oder Gegenstände in selbstleuchtende Objekte zu verwandeln. Merke: Was von selbst leuchtet, muss nicht angestrahlt werden. Eine Möglichkeit, die sich in jüngster Zeit auch das Kostümdesign zu eigen macht, in dem es LED-Technik in Kostüme einbaut und per Funktechnik fernsteuert. Hier werden Effekte erreicht, die zwar auf den althergebrachten Prinzipien des Schwarzen Theaters basieren, aber durch die synchronisierte Technik fantastische neue Inszenierungen hervorbringen.

6.4.7 Was das Licht erzählt

Die dramatischen Qualitäten des Lichts liegen natürlich im Wechsel zwischen hell und dunkel, in der Farbigkeit und dank moderner Technik auch in der rhythmischen Steuerbarkeit sowie in der Beweglichkeit der Lichtstrahlen selbst. Die Dinge, die durch Licht sichtbar gemacht werden, erlangen durch die Beleuchtung eine abstufbare Wichtigkeit, genauso wie durch das Dunkel bestimmte Dinge verborgen werden sollen. Beim schwarzen Theater wie auch in der klassischen Bühnenzauberei zum Beispiel findet dieses Prinzip ständig Anwendung. Licht begleitet mit Verfolgern die Position von Rednern und die Bewegungen von Darstellern und Tänzern auf der Bühne und hebt sie so hervor.

So wie man in der Musik den einzelnen Figuren ein musikalisches Thema zuordnen kann, ermöglicht heutige Lichttechnik auch eine Zuordnung von Farben, Mustern und Lichtstimmungen zu Szenen und Charakteren der Inszenierung. Abel Gance hat schon vor der Einführung des Farbfilms in seinem Film-Opus „Napoleon" die Schwarzweißszenen des Films in verschiedenen Tönen monochrom eingefärbt, um die Szenen über psychologische Motive des Titelhelden zu vernetzen. So war alles, was seinen Ehrgeiz gereizt hat, gelb unterlegt. Seine familiären Beziehungen hatten eine Farbe, was Mut erforderte, wieder ein andere. So ähnlich detailliert könnte man heute auch eine Live-Inszenierung mit einem Farbcode versehen - und man müsste sich nicht mal dieselbe Mühe wie Abel Gance machen, der seinen Filme Bild für Bild mit Retusche eingefärbt hat.

Die moderne, computergesteuerte und synchronisierte Lichttechnik ermöglicht es, fast jeden inszenatorischen Einfall umzusetzen.

6.4.8 Technische Überlegungen

Jeder Einsatz von Licht auf einer Veranstaltung ist mit optischen und technischen Überlegungen verbunden. Abgesehen von den verschiedenen Lichtquellen selbst ist alles, was wir sehen, reflektiertes Licht.

Diese erste und einfachste Grundregel bedeutet im Umkehrschluss, dass von Lampen und Scheinwerfern ausgestrahltes Licht auch immer ein Medium braucht, durch das es sichtbar wird. Wenn es nicht eine Baute oder ein Stoff ist, dann wird zumindest Nebel, Rauch oder Dunst benötigt, damit man das ausgestrahlte Licht überhaupt sehen kann. Eine andere Tatsache hat es schon lang zum Sprichwort geschafft: Wo Licht ist, ist auch Schatten! Licht zu gestalten bedeutet auch, mit dem jeweiligen Schatten und der umgebenden Dunkelheit bewusst umzugehen.

Auch die in Lux gemessene Leuchtkraft und die Lumen bezifferte Lichtausbeute müssen auf die Rahmenbedingungen und die jeweiligen Aufgaben des Lichts in der Inszenierung abgestimmt werden. So ist es zum Beispiel ein deutlicher Unterschied im Lichtdesign, ob wir eine Theateraufführung lediglich für das anwesende Publikum beleuchten oder ob diese gleichzeitig auf Video übertragen werden soll. Für viele Videokameras reicht die Leuchtkraft des Theaterlichts nicht aus, um genügend helle Aufnahmen zu machen. Hier muss dann zumeist eine Entscheidung gefällt werden, ob die Schönheit der Aufführung für die Zuschauer im Saal oder ihre Liveübertragung und Aufzeichnung wichtiger sind; alternativ muss das Videoequipment qualitativ an die Lichtverhältnisse angepasst werden.

Es sollte hier nicht vergessen sein, dass auch alle eingesetzten Dia- und Videoprojektionen eine Lichtquelle darstellen und die Leuchtkraft dieser Projektoren auf die Gesamtsituation Einfluss nimmt. Umgekehrt muss darauf geachtet werden, dass die verschiedenen, in einem Veranstaltungsraum eingesetzten Lichtquellen sich nicht gegenseitig ins Gehege leuchten. Selbst so kleine Lichtquellen wie Kerzen können, wenn sie zu hunderten auf Tischen stehen, andere von Dunkelheit abhängige Lichteffekte beeinträchtigen.

6.4.9 Licht steuert das Zeitempfinden

Es gibt noch eine andere wichtige Eigenschaft des Lichts, die wiederum tief in unserer Neurophysiologie vergraben ist. Licht beeinflusst mit seiner Farbigkeit und Intensität über die Aktivierung neurochemischer Abläufe in unserem Gehirn nicht nur unser Wohlbefinden, es funktioniert schon seit Urzeiten als Steuerung unserer inneren Uhr. Wie bei vielen anderen Umweltbedingungen muss man sich auch mal zum Thema Licht verdeutlichen, dass wir in den Jahrmillionen unserer Entwicklung ausschließlich den natürlichen Abläufen von Tageslicht und Nachthimmel sowie des Feuers ausgesetzt waren.

Das Licht, das mit Erfindung der Elektrizität und der Glühbirne nun unseren Planeten und damit unser aller Leben beleuchtet, existiert in dieser kontrollierten Form erst seit relativ kurzer Zeit – evolutionspsychologisch betrachtet eine viel zu kurze Zeitspanne, um unsere instinktiven Reaktionen auf Licht den neuen Gegebenheiten anzupassen. Auch hier gibt es also einen Bereich archaischer Reaktionen, von denen einige nach wie vor unwillkürlich erfolgen.

Die innere Uhr Über das Tageslicht, den Wechsel der natürlichen Lichtstimmungen und die Anzahl der Lichtstunden wird demnach unsere innere Uhr gesteuert. Dies mag bei kurzen Events nicht ins Gewicht fallen, aber bei ein- oder gar mehrtägigen Veranstaltungen spielt dieser Aspekt des Lichts eine wichtige Rolle, was zum einen das Wohlbefinden der Teilnehmer, zum anderen auch deren Aufmerksamkeitsfähigkeit betrifft. Sie kennen das sicher von sich selbst: Trübes, farbloses Licht macht uns dröge, lähmt unseren Geist, wohingegen frische Farben durchaus das Gegenteil bewirken können. Wir wollen jetzt hier aber nicht in die Farbpsychologie einsteigen, sondern auf den Aspekt der Steuerung der inneren Uhr hinweisen.

Veranstaltungen von einer gewissen Dauer benötigen daher neben den an Höhepunkten eingesetzten Showlichteffekten ein wechselndes Grundlicht. Eine fast unmerkliche, aber permanente Veränderung des Stimmungslichts im Saal, mit der die natürlichen Lichtschwankungen im Verlauf eines Tages imitiert werden. Mit dieser Art des Lichteinsatzes, der heutzutage mit einem überschaubaren Aufwand an moderner Beleuchtungstechnik effektiv inszeniert werden kann, wird die innere Uhr der Anwesenden bespielt. Bei der Inszenierung von Tagungen sorgen solche Lichtveränderungen für eine Steuerung von Spannungs- und Entspannungsphasen – ein Effekt, der sich zum Beispiel durch den Einsatz von Trickfilmen mit Zeitraffer- und Zeitlupeneffekten noch verstärken lässt.

6.4.10 Lichtdesign ist Teamarbeit

Da alles, was gesehen werden soll, in einem Bezug zum Licht steht, muss die Lichtdramaturgie im Team von Regie, Lichtdesign, Bühnen- und Kostümbild geplant werden. Vor allem aber die Absprache mit der AV-Technik ist sehr wichtig, nicht nur weil eine Liveübertragung des Bühnengeschehens mit üblichem Videoequipment mehr Helligkeit als das menschliche Auge benötigt, sondern weil auch Projektionen und LED-Wände markante Lichtquellen im Bühnenbild sind.

Die Simulation künftiger Lichtereignisse Dank moderner Computerprogramme ist es heutzutage im Vorfeld von Veranstaltungen möglich, die geplanten Räume und Bühnenbauten dreidimensional darzustellen und in diesem virtuellen Modell die Lichteinbauten und -abläufe realitätsnah zu simulieren. So kann man nicht nur die Effektivität der technischen Planung erhöhen, sondern auch das Zusammenspiel aller Medien wie Projektionswände und selbstleuchtende Dekorationsbauten mit den Personen auf der Bühne im Vorfeld überprüfen. Solche Simulationen ermöglichen es, die für moderne Lichtsteuerungen notwendige Programmier- und Einleuchtungszeit vor Ort zu reduzieren, was während der oft knapp bemessenen Aufbau- und Probenfenster einer Veranstaltung für Entlastung sorgt.

Dass sich in solche Vorschauprogrammen auch andere Lichtquellen wie LED-Wände und Videoprojektionen mit bewegten Bildern einspeisen lassen, erweitert die Gestaltungsmöglichkeiten und lässt die Technikwelten von Licht und Video näher aneinanderrücken. Schon heute benutzen Lichtdesigner verstärkt Videoquellen als Steuerungssignale zum Beispiel für LED-Wände und LED-beleuchtete Objekte, was eine nähere Zusammenarbeit von Lichtdesign und Videoregie im Vorfeld bedingt. Womit wir schon halb im nächsten Thema wären.

6.5 Bildmedien: im Kampf gegen Hollywood

▶ Auf Veranstaltungen lassen sich die Bildmedien nicht mehr nur in Foto, Film und Video unterteilen. Oft haben wir es mit einer wahren Bildmaschinerie zu tun, die sich aller nur erdenklichen Quellen von dokumentarischem Material bis hin zu computeranimierten Grafiken bedient und diese mit vorproduzierten Videos und Livebildern zu einer Multimedia-Show verbindet und mit der Lichtgestaltung auf der Bühne verschmilzt.

So erfüllen Bilder eine ganze Reihe von Aufgaben in der Inszenierung: Sie transportieren Inhalte, gestalten den Bühnenraum, bringen uns die handelnden Personen näher, halten die Geschehnisse fest, verbinden uns mit der Außenwelt und umgekehrt. Sie geben uns die Möglichkeit, Verfahren zu visualisieren, Erklärinhalte und Vorgänge zu raffen und einen genaueren Blick auf vergangene Ereignisse und visionäre Entwicklungen zu werfen. Bilder können Geschichten erzählen und mit ihrer Aussage unser Publikum emotionalisieren.

In der Live-Kommunikation sind sie ein allgegenwärtiges Hilfsmittel; da Veranstaltungen aber keine Kinobesuche sein sollten, sind die Bilder fast immer mit dem Bühnengeschehen verzahnt.

6.5.1 Bilder ohne Worte

Das Bild ist das vorherrschende Kommunikationsmittel dieser Zeit. Oft heisst es, ein Bild sagt mehr als tausend Worte, allerdings sagt man dies auch häufig zu Unrecht. Was schon zu Zeiten des Kleinbildfilms inflationär war, hat sich durch die Digitalisierung der Fotoapparate und den Einbau eines Kameramoduls in quasi jedes Handy nochmals milliardenfach vervielfacht – und trotzdem sind bei der ganzen Knipserei wahrscheinlich nicht viele Bilder dabei, die tatsächlich „mehr als tausend Worte" sagen.

Kaum anders sieht es bei der massenhaften Herstellung von Kino- und Fernsehfilmen und vor allem den Bildprodukten industrieller Kommunikation aus. In der Masse lässt die Qualität doch zu wünschen übrig. Trotzdem, und dies ist durchaus ein Problem bei der Produktion von Veranstaltungen, sind wir alle ständig von einer Flut von hochprofessionell und künstlerisch anspruchsvoll gestalteten Bildern umgeben und die Qualität dieser Bilder setzen in der Spitze den Maßstab für die Erwartungen unseres Publikums. Darum ist jeder Einsatz von Bildern auf unserer Veranstaltung auch stets ein Kampf gegen das visuelle Niveau der Unterhaltungsmedien.

Das Wirrwarr der Formate Im diesem Kapitel wollen wir die verschiedenen Arten von Bildmedien mit ihren technischen Produktionsbedingungen, Einsatzkriterien sowie ihren Stärken und Schwächen in der Live-Kommunikation untersuchen. Und zuerst auf den mittlerweile am häufigsten auftretenden Denkfehler aufmerksam machen: Wenn wir irgendwo mal etwas auf einem Monitor oder als Projektion gesehen haben, dann bedeutet dies beileibe nicht, dass es in der gleichen Qualität auf jedem anderen Medium genau so zu sehen sein wird.

In der digitalen Welt gibt es nicht mehr nur vier oder fünf gängige und sinnvolle Bildformate, sondern das Dreißig- oder Vierzigfache. Jedes dieser elektronischen Datenformate mag für das jeweilige Programm und eine bestimmte Anwendung das richtige sein und auf drei oder fünf anderen Programmen laufen, mit vielen anderen steht es aber auf Kriegsfuß, d. h. es ist nicht mit der vor Ort eingesetzten Abspieltechnik kompatibel. Wie zahlreich solche Bildformate und Programmwelten sind, versteht man sofort, wenn man ein international besetztes Symposium technisch gleichzurichten hat.

6.5.2 Bilderwelten

Grundsätzlich entsteht die Bildwelt einer Veranstaltung aus der Architektur der Location, den eingebrachten Bauten, Bühnenbildern und Dekorationen, dem Lichtdesign und eventuellen Spezialeffekten sowie den gedruckten und projizierten Bildern. Bei den letzteren unterscheiden wir wiederum zwischen unbewegten Bildern wie Fotografien, Grafiken und Illustrationen (Stills) einerseits sowie bewegten Bildmedien wie Film, Trickfilm und Video oder computergenerierten Animationen (Movies) anderseits. Jedes Bildmedium hat seine eigenen Regeln der Gestaltung und Produktion und benötigt eine spezifische Technik zur Erstellung.

Auch die vor Ort jeweils benötigten Präsentationstechniken unterscheiden sich. Stills lassen sich nicht nur projizieren, sondern auch als Drucke präsentieren, wohingegen Movies immer von einer Übertragung auf Monitore und einer Film- oder Videoprojektion abhängig sind. Natürlich kann man mittlerweile auch Stills ohne nennenswerte Qualitätseinbußen über solche Endgeräte für Bewegtbilder zeigen. Dies hat den Vorteil, dass sich verschiedene Bildformate auf digitalem Weg und über moderne Multimediaanwendungen (Bildsteuerungen wie z. B. Watch-out, Pandora's Box) miteinander verknüpfen und zusätzlich animieren lassen, und dies nicht nur über einen Projektor, sondern über viele miteinander verknüpfte Bilddarstellungssysteme. Hier ist vieles machbar, was vor zehn Jahren noch Utopie war, allerdings ist dies nur mit einem größeren Vorbereitungsaufwand und Mehrkosten für die Technik umsetzbar.

Lichtleistung berechnen Gerade bei Projektionen kommt es oft zu Missverständnissen über Lichtleistung und Flächengrößen der verschiedenen Projektionstechniken und Projektoren. Nicht nur dass die Einstreuung und Reflexion anderer Lichtquellen bedacht werden wollen, es ist auch die Leistung des Projektors selbst, die im Verhältnis zur Flächengröße der Projektion passen muss. In puncto Bildhelligkeit spielt der Abstand des Projektors zur Leinwand dabei übrigens keine große Rolle. Die Größe der Leinwand in Relation zum Abstand des Projektors beeinflusst zuerst die Wahl des Objektivs.

6.5 Bildmedien: im Kampf gegen Hollywood

6.5.3 Grundregeln

Bei allen Bildmedien, die wir auf einer Veranstaltung einsetzen können, sind in der Konzeptionsphase zunächst folgende Aspekte zu betrachten, die sich ebenfalls alle wenn nicht bedingen, dann doch gegenseitig beeinflussen:

▶ **Die dramatische Einbindung** Zunächst müssen wir uns über die Art und Weise der dramatischen Einbindung der Bilder in die Inszenierung Gedanken machen. Welche Bilder und Bildaussagen benötigen wir, um unsere Geschichte zu erzählen und glaubhaft zu machen oder um das allgemeine Bühnengeschehen im Sinne der Dramaturgie einzurahmen?

Gibt es eine Affinität des Veranstalters zu bestimmten Arten von Bildern, zum Beispiel durch eine in Anzeigen und Spots oder durch das allgemeine Corporate Design eingeführte Bildsprache, so kann das in diese Überlegungen mit einfließen.

▶ **Der technische Vorgang der Präsentation** Danach überlegen wir, welche Gerätekonstellation von Bildquelle (Abspielgerät) und Präsentationsmedium (z. B. Projektion mit Leinwand, LED oder Plasma-Monitore) geeignet ist, die Bilder gemäß der Anforderungen der Gesamtinszenierung für unsere Gäste in Lichtstärke, Bildgröße und Betrachtungsabstand sinnvoll sichtbar zu machen; das Wörtchen *sinnvoll* bezieht sich hier auch auf die Beachtung der Budgetgrenzen.

▶ **Der technische Vorgang der Erstellung** Kennen wir die technischen Voraussetzungen und Möglichkeiten der Aufführung der Bildmedien, müssen wir ein entsprechendes Produktionsverfahren auswählen, mit dem wir Bilder für die Abspieltechnik kompatibel gestalten können. Ein ganz wichtiger Aspekt hierbei ist die Auflösung der Bilder. Ein Videobild, das auf unserem Computermonitor gut aussieht, muss sich nicht zwangsweise auch für eine große Projektion oder eine Splitwand aus vielen Monitoren eignen. Merke: Alle Videos müssen immer in der Auflösung produziert werden, die von der Abspieltechnik auf unserer Veranstaltung realisiert werden kann.

▶ **Die bildkünstlerische Gestaltung** Sind die dramatische Integration und die technischen Anforderungen geklärt, können wir anfangen, uns über die eigentliche bildkünstlerische Gestaltung Gedanken zu machen, d. h. über Stil, Farbigkeit, Bildaufteilung, Schnitt, Nachbearbeitung und dergleichen. Auch hier stehen uns von der filmischen oder elektronischen Bildaufzeichnung bis hin zur computeranimierten Generierung von Bildern mehrere Möglichkeiten zur Verfügung, wobei jedes Verfahren verschiedene Stärken, Produktionsbedingungen und Aufwände nach sich zieht. Falls wir keinen Stummfilm planen, geht dies auch mit der Produktion einer entsprechenden Tonspur einher.

▶ **Die Budget-Relevanz** Alle diese Schritte und dazu angestellten technischen Überlegungen sollten von Anfang an auch unter Budgetaspekten angestellt werden. Dies ist eigentlich nur sinnvoll zu leisten, wenn die Bildkreation und die Abspielung von vorneherein auf einander abgestimmt werden. Oft genug wird, zum Beispiel auf Messeständen, in hochwertige, schön designte Flatscreens und LED-Wände großzügig investiert, um dann festzustellen, dass es an geeigneten Bildinhalten fehlt, mit denen man die Technik auch adäquat bespielen kann.

Wechselt man von der Konzeption in die Realisation, dreht sich die Reihenfolge quasi um. Die Bilder werden gestaltet und dabei oft auch gleichzeitig technisch produziert, dann folgt der Aufbau der Präsentationstechnik, anhand derer man die Bilder dann in die Gesamtinszenierung integriert. Es kommt oft vor, dass für einen Part der Veranstaltung eine bestimmte Technik unbedingt benötigt ist, zum Beispiel ein Beamer zum Abspielen eines Videos. Ist dies der Fall, sollte man sich Gedanken machen, wie das ohnehin vorhandene Medium auch für die anderen Veranstaltungsteile sinnvoll nutzbar gemacht werden kann.

Im Umkehrschluss gilt: Hat man zum Beispiel eine große Leinwand auf der Bühne, muss man sich unbedingt etwas einfallen lassen: entweder wie man das Ungetüm schnell von der Bühne bekommt oder wie es noch genutzt werden kann. Sonst hat man einen großen toten Raum auf der Bühne, was für das Auge des Publikums sehr unbefriedigend sein kann. Wenn wir die verschiedenen Möglichkeiten der dramatischen und stilistischen Integration im Hinblick auf ihre besonderen Stärken vorstellen, werden wir auch überlegen, wie man eine solche Projektionsfläche sinnvoll nutzen kann.

6.5.4 Dia- und Slideshows

Die unbestrittene Stärke und dramatische Qualität der Fotografie ist der eingefrorene Moment, die Verewigung des kurzen Augenblicks. Während beim bewegten Bild die Ereignisse vor uns ablaufen, betrachten wir eine einzelne Fotografie eher wie einen Ort. Wir versuchen uns im Bild zu bewegen und zu orientieren, um so Stimmung, Geschichte und möglichen Fortgang dieses Augenblicks zu ergründen („one moment in time"). Dies braucht für gewöhnlich ein paar Sekunden, und wir sollten dem Zuschauer diese Zeit auch geben. Die Entdeckung der Langsamkeit und die Bedächtigkeit sind die starken Muster, die hier unterbewusst anschlagen. Das bewusste Betrachten eines gut gemachten, erzählenden Fotos ist oft sehr viel interaktiver als ein Video, weil die Eigenbeteiligung des Zuschauers an der Bedeutungszumessung höher ist. Mit jedem weiteren Bild machen wir einen kleinen Sprung in der Geschichte, und der Zuschauer muss diesen Sprung intellektuell und emotional nachvollziehen. Er ist herausgefordert, sich das Ganze aus den einzelnen Momenten der Geschichte zusammenzusetzen.

Die Freiheit der Langsamkeit Eine Dia-Show eignet sich zum Beispiel dann als Stilmittel, wenn es um emotional schwierige Themen geht, bei denen der Zuschauer gerne viel Selbstbestimmung behält. Wir spielen mit seiner Fantasie und überlassen ihm weitestgehend die rationale Wertung des Gesehenen, nutzen aber eine Tonspur, um die Bedeutungszumessung emotional anzuleiten. Der dunkle Raum hilft uns bei dieser Stimmungssteuerung zusätzlich.

6.5 Bildmedien: im Kampf gegen Hollywood   205

Eine unserer bevorzugten Konstellationen ist eine Dia-Show in Verbindung mit Audiosphären und einem stummen Bewegungstheater (Pantomime), wobei die Darsteller auf der Bühne „gesichtslos" agieren, während die Mimik zuvor in Porträts festgehalten wurde. Die Spannung, die zwischen den Mimen und ihren portraitierten Gesichtern entsteht, bringt in kurzer Zeit eine hohe emotionale Dichte hervor.

Digital oder Analog Noch was zur Technik: Bei der heutigen Steuerungstechnik liegt es nahe, eine *Slideshow* aus dem Rechner mit einem Videobeamer abzuspielen, zumal die Auflösung guter Digitalfotos auf einer HD-Projektion mittlerweile beachtliche Qualität erreicht hat. Und man erspart sich die Mühe, das Rasseln und Klacken der Diakarusselle unterdrücken zu müssen. Doch auch die analoge Technik hat noch ihren Charme, denn echte Dias haben zumindest für Liebhaber der Fotografie immer noch die ganz eigene Ästhetik des Filmmaterials.

6.5.5 Imagefilme, Spots und Einspieler

Filme, die nicht eigens für einen speziellen Event gedreht werden, sind zumeist in sich vollständig abgeschlossene Medien. Sie erzählen, ob als Image-Video in 10 min oder als Spot in 45 Sekunden, mit eigenen Mitteln eine eigene Geschichte.

In der Veranstaltung ist es ihre Aufgabe, vor Ort nicht darstellbare Prozesse oder Produkte zu zeigen und sie mit einem gewünschten Markenbild zu verbinden. Sollen sie sinnvoll im Rahmen einer Veranstaltung eingesetzt werden, müssen diese Vorführungen thematisch eingebettet werden, d. h. der Zusammenhang mit der Dramaturgie des Events wird durch richtige Platzierung, Anschluss oder Erklärung hergestellt. Meist geschieht dies durch Moderation oder durch Ankündigung aus einer Rede heraus.

Der Einsatz solcher in sich abgeschlossenen Filme bietet sich vor allem auf Großveranstaltungen und Messen mit hohem Anteil an Laufpublikum an. Hier wirkt der Film als ständig wiederholbares Medium als Stellvertreter für eine persönliche Präsentation, was angesichts der Masse des Publikums vernünftig erscheinen mag.

Wenn wir aber den Einsatz solcher für den allgemeinen Einsatz erstellten Filme von der Veranstaltungsseite her betrachten, bleibt immer die berechtigte Frage, ob und wie uns der Film in der tatsächlichen Eventsituation nützen kann oder ob er mit seinen bereits feststehenden Inhalten nicht gegen die angelegte LK-Dramaturgie arbeitet. Hinzu kommt noch die generelle Überlegung, ob auf einer Veranstaltung nicht die Chance einer persönlichen Präsentation des Inhalts genutzt werden sollte, d. h. nicht einer Liveinszenierung der Vorzug gegeben werden sollte, um die eventtypischen Kommunikationseffekte besser ausnutzen zu können.

Auch hier ist die beste Möglichkeit, mit dem Medium umzugehen, es nach den Anforderungen der Dramaturgie zu gestalten und als Teil des Gesamterlebnisses einzusetzen. Die unersetzliche Aufgabe des Films, Inhalte im Bild zu zeigen, die wir aufgrund ihrer Größe, Prozessdauer, Ortsgebundenheit oder den damit verbundenen Kosten auf der Veranstaltung nicht live zeigen können, sollte wahrgenommen werden, die zur Präsentation dieser Inhalte zu produzierenden Filme stehen jedoch nicht für sich, sondern sind dann Teil der Eventdramaturgie.

Alle für den Event produzierten Einspieler sind Elemente der Gesamtdramaturgie und müssen eine logische, also intellektuell nachvollziehbare Einbindung in die Präsentation erfahren. Sie sollten möglichst in einem die Gesamtinszenierung ergänzenden Stil gehalten und im rhythmischen Wechsel mit dem Bühnengeschehen einzusetzen sein.

Zwischen Hollywood und Home-Video So schön der Einsatz eines eigens produzierten Films auch sein mag, wir sollten uns immer vor Augen halten, dass gerade bei filmischen Erzeugnissen oder animierten Grafiken die Media-Literacy unseres Publikum sofort greift: Gerade weil wir überall von professional gemachten Bildern umgeben sind, wird die Qualität unserer Bilder immer mit der eines Kino- oder Fernsehfilms verglichen – ein Vergleich, der für uns meist nicht gut ausgehen wird, denn bei einem internationalen Spielfilm wird oft mehr Geld für eine einzige Einstellung ausgegeben als die meisten Industriefilme insgesamt kosten.

Und ja, das sieht man deutlich im Bild: die Bewegung der Kamera, das Licht auf den Personen und vor allem im Hintergrund, die Qualität der Darsteller und die Choreografie der Komparserie und, nicht zu vergessen, die Qualität der Nachbearbeitung. Nicht alle Leinwandhelden haben von Natur aus strahlende Augen und Zähne oder schöne, gesunde Haut.

Es ist also klüger, den stilistischen Vorlagen des Mainstream-Kinos aus dem Weg zu gehen, um in einem direkten Vergleich nicht die Qualität unserer Botschaft durch die mangelnde Qualität des Videos zu beschädigen.

Noch ein Hinweis zu den Filmemachern: Film ist in sich ein sehr komplexes Medium, und es bedarf neben einer guten Ausbildung auch Jahre der Erfahrung, bis man endlich eine Geschichte in eigenen Bildern erzählen darf. Klar, dass dann die Filmleute auch die volle Breite ihres Handwerks anwenden und einen in sich geschlossenen Film abliefern wollen. Auf Veranstaltungen stehen Filme jedoch meist nicht für sich selbst, sondern sind Teil der Gesamtdramaturgie. Um sie gut verzahnen zu können, müssen sie oft in ihrer Gestaltung reduziert und an das Gesamtgeschehen angepasst werden. Folglich sollte der Dramaturg und Regisseur unserer Veranstaltung in das Briefing oder die Produktion der Einspieler einbezogen werden.

6.5.6 Verzahnung mit dem Bühnengeschehen

Um das Medium ein wenig aus seiner Zweidimensionalität zu befreien, bietet es sich auf Veranstaltungen an, Ebenen eines normalen Films aus der Filmproduktion auszuklammern und live zu inszenieren, um so einen über die normale Konstellation des Mediums hinausgehenden Eventcharakter zu gewährleisten. So kann man dank moderner Splitbildtechnik und Multimediasteuerungen die Videosequenzen auch für eine räumliche Anordnung von Projektionen, Monitoren und LED-Tafeln bearbeiten und das normale Kinobild zu einem räumlichen Erlebnis aufwerten.

6.5 Bildmedien: im Kampf gegen Hollywood 207

Schön ist auch immer die Verzahnung mit live inszenierten Elementen, die den Film ergänzen. Recht einfach lässt sich die Musik zu diesen Einspielungen live spielen oder der Kommentar von einem Sprecher auf der Bühne live dazu sprechen. Noch intensiver wirkt eine Interaktion zwischen Darstellern auf der Bühne und Darstellern im Film, um den Eindruck des Einzigartigen, nicht beliebig Wiederholbaren beim Publikum zu verfestigen.

Wenn wir den üblichen Rahmen eines Films auf diese Art und Weise aufbrechen, ernten wir noch einen weiteren positiven Effekt: Der Film wird als Werk von den Zuschauern nicht mehr an den Maßstäben eines teuren Kinofilms oder Werbespots gemessen, sondern dem Gesamterlebnis des Bühnengeschehens zugeschlagen. So wird es leichter, dem Anspruch des Publikums an das Medium gerecht zu werden. Immerhin kosten wenige Minuten Spielfilm in Hollywood-Qualität unter Umständen schnell mehr als ein eigens für den Event geschriebenes und aufgeführtes Musical.

6.5.7 Video als Bühnenbild

Eine große Stärke des Mediums Video auf Veranstaltungen ist sein Einsatz als zentrales Gestaltungsmittel im Bühnenbild und in der Raumgestaltung. Die Aufgabe des Bühnenbilds ist in erster Linie, die Illusion eines Ortes entstehen zu lassen, in dem die Handlung eine bestimmte Bedeutung erlangt, sowie diese Illusion des Ortes mit dem Fortgang der Geschichte zu verändern, sprich zehn oder zwanzig solcher verschiedenen Illusionen zu schaffen.

Wer einmal das Vergnügen hatte, den baulichen, technischen und personellen Aufwand in Augenschein nehmen zu dürfen, mit dem eine Szenerie während der Aufführung einer Oper mit klassischen Kulissen ausgetauscht wird, lernt diese Qualität des Mediums Video auf Unternehmensveranstaltungen ganz schnell zu schätzen. Was bei einer herkömmlichen Theaterproduktion mit einem Aufwand von mehreren Monaten Arbeitszeit, jeder Menge Material und enormer Arbeitskraft geleistet werden muss, lässt sich mit Bewegtbildmedien in kurzer Zeit zu einem Bruchteil der Kosten bewerkstelligen.

Beispiel

Während einer Firmenpräsentation sollen 14 Produktionsstandorte mit den jeweiligen Maschinen vorgestellt werden. In einem Image-Musical sollen entscheidende Phasen aus der Geschichte eines Unternehmens in Dekadensprüngen zur jeweiligen Zeit passend gezeigt werden. So schön die Kunst des Kulissenbaus auch sein mag, hier ist sie aufgrund des enormen Aufwands untauglich.

Setzen wir das Medium Video zur Gestaltung des Bühnenbildes ein, sind der Fantasie und der dramaturgischen Kongruenz zum Inhalt fast keine Grenzen mehr gesetzt. Digitale Bildbearbeitung, computergenerierte Bilderstellung, klassische Filmtechniken und künstlerische Tricktechniken geben uns jede Möglichkeit, die Illusion eines Ortes nach der Vorgabe der Geschichte aufs allerbeste vor den Augen unseres Publikums entstehen zu lassen.

Und das zu einem im Vergleich zur klassischen Bühnenkulisse geringen Aufwand an Zeit, Geld und Arbeitskraft und in jedem irgendwie denkbaren Stil.

Die Aufgabe des klassischen Kulissenbaus wird hier auf die Kaschierung der Leinwände und die Schaffung von Auftrittsgassen reduziert. Hinzu kommt die Eigenschaft des Mediums Video, völlig irreale, abstrakte und sich fortlaufend verändernde Bühnenbilder zu schaffen, was dem Gesamterlebnis einer Inszenierung völlig neue und bisher wenig ausgereizte Qualitäten bietet – und uns vor allem die Chance gibt, der Vergleichbarkeit mit den uns alltäglich umgebenden Bilderwerten elegant auszuweichen.

Zeitfunktion Wie über das Licht lässt sich die Zeitfunktion der inneren Uhr auch per Video bespielen. Langsam laufende Trickfilme und Animationen werden als Rahmen für die Präsentationsmedien eingesetzt, diese wiederum werden in Fenstern platziert. Neben dem schönen Vorteil, dass solche Videos in den häufig in Qualität und Stil wechselnden Bildwelten einer Tagung mit vielen Rednern der Beruhigung dienen, rhythmisieren sie darüber hinaus den Veranstaltungsablauf.

Im besten Fall klammern sie mit ihrer fast unmerklich langsamen, aber steten Bewegung (wie die Zeiger einer Uhr) mehrere Präsentationen zu einem Block zusammen, bevor das Schlussbild erreicht wird. Zum Abschluss dieses Blocks lassen wir dann den Trickfilm nochmals in einer 60-Sekunden-Version mit Musik durchlaufen und zeigen so die Beendigung des Veranstaltungsteils an.

6.5.8 Live-Bilder

Ein weiterer typischer Veranstaltungseinsatz des Mediums Video ist die Übertragung der Redner oder des Bühnengeschehens auf große Projektionen. Der Vorteil liegt klar auf der Hand: Gerade bei großen Veranstaltungen sitzen viele Zuschauer so weit weg von der Bühne, dass sie vom bedeutungsvollen Mimenspiel der Redner oder Darsteller unter Umständen nichts mehr mitbekommen. Die Liveübertragung holt diese Akteure ganz nah an die Gäste heran. Dies ist eine nicht zu unterschätz ende Funktion, denn wenn die hinteren Reihen von einer bestimmten Erlebensqualität ausgeschlossen werden, gehen sie bald der Event-Community verloren und schaffen sich ihre eigene Version der Veranstaltung.

Laien vor der Kamera Trotzdem bringt eine solche Vergrößerung per Video auch ein paar kleine Probleme mit sich. Nicht jeder Redner ist telegen. Nicht viele Redner sind kamerageschult und arbeiten bewusst mit dem Auge der Kamera. Und ohne Routine fällt es auch schwer, sich bei einer Übertragung mit mehreren Kameras an eine vorher geprobte Schaltchoreografie zu erinnern (wenn das rote Aufnahmelicht aufleuchtet, ist es meist zu spät). Das Publikum ist aber ein trainiertes Fernsehpublikum und hat von daher einen erlernten Anspruch an die Qualität solcher Bilder. Ein gutes Bild ist in diesem Fall oft ein Zusammenspiel von einer auf Redner, Hintergrund und Kamera abgestimmten Beleuchtung sowie der entsprechenden Schminke. Und gerade die Notwendigkeit des Letzteren

6.5 Bildmedien: im Kampf gegen Hollywood 209

lehnen viele Redner ab. Das Ergebnis ist dann ein Bild, das deutlich unter dem gewohnten Niveau liegt und schon deswegen keinen guten Eindruck mehr machen kann.

Dies gilt umso mehr, je höher die Auflösungsqualität des Abspielmediums ist. Gerne verlangt ein Vorstand den Einsatz von HD-Technik, um bezüglich der Veranstaltungstechnik state-of-the-art zu sein. Meistens wissen sie nicht, dass man bei HD-Produktionen die Schauspieler heutzutage nicht mehr schminkt, sondern mit Airbrush lackiert, und dass auch sie sich im Zweifel diesem zeitaufwändigen Prozess unterziehen müssen, wenn sie in hoher Auflösung richtig gut aussehen wollen. Ein weiterer Fehler ist, dass die Wichtigkeit von Kamerapositionen unterschätzt wird. Oft stimmt ihre Sichtachse nicht mit der des Publikums überein, was die direkte Ansprache des Publikums durch die Mimik des Redners abschwächt.

6.5.9 Liveschaltung

Liveübertragungen dienen nicht nur zur Vergrößerung des Bühnengeschehens, je nach Inhalt und Konzept lässt sich eine Liveschaltung auch in eine Präsentation einbauen. Die starke, dramatische Funktion live-geschalteter Bilder ist in diesem Fall die Vergegenwärtigung eines anderen Ortes. Psychologisch gesehen kann die Verbindung zu einem anderen Ort das Geschehen am Veranstaltungsort stark aufwerten, etwa im Sinne von „Wenn das, was wir hier tun, für jemanden relevant ist, der nicht anwesend ist, dann kann es nicht so unwichtig sein!"

Je nach Inhalt und Situation kann eine Liveschaltung zu einem hochrangigen Vertreter von Politik, Showbusiness oder des eigenen Unternehmens eine schönes Element der Inszenierung darstellen – eine Funktion, die auch schon früher mit einer rein telefonischen Schaltung erfüllt werden konnte. Bei einer Tagungsserie haben wir die Gäste regelmäßig den Börsenabschluss in New York tippen lassen und das kleine Gewinnspiel abends um 22.00 Uhr mit einer Liveschaltung nach Übersee aufgelöst. Heutzutage machen wir dergleichen natürlich per Skype oder Livestreams mit dem Gesprächspartner im Bild.

Nicht leicht zu realisieren, aber immer wieder ein starkes inszenatorisches Element ist, auf überraschende Art und Weise mit dem Livebild (und gleichzeitig mit der Media-Literacy des Publikums) zu spielen. So kann man in die anscheinend durchgehende Übertragung in derselben Szenerie voraufgezeichnete Passagen vom selben Redner so hinzumischen, dass es an einem kritischen Punkt der Rede plötzlich zu einem kurzen Dialog zwischen dem Redner und seinem Ebenbild kommt – eine dramatische Inszenierung des Zweifels und der Überwindung desselben.

6.5.10 Online-Events

Über die Sinnfälligkeit von Liveübertragungen ins Internet muss von Fall zu Fall entschieden werden. So wichtig die Informationen, die auf einem Event vermittelt werden, auch für eine Gruppe Abwesender sein mag, so wenig wird sich doch mit nur einer blossen Einstellung von der Bühne die eigentliche Stimmung und somit der tatsächlich angestrebte psychologische Effekt per Internet vermitteln lassen.

Voraussetzung dafür wäre eine eigene Regie, die die Ereignisse für den Livestream entsprechend aufbereitet und so verpackt, dass der Streamnutzer nicht nur den informativen Vortrag, sondern auch die emotionale Rezeption nachvollziehen kann. Ein solcher Stream müsste letztlich die Qualität einer Liveübertragung eines Show- oder Sportereignisses erhalten, mit Ankündigung (Trailer), Einstimmung und Vorberichterstattung (Warm-up), Livebericht mit Kommentation, Stimmungsbildern aus dem Publikum sowie einer Nachberichterstattung mit Interviews (Meinungsspiegel).

Damit wäre dann die Qualität einer Fernsehübertragung erreicht. Zu einem echten Online-Event wird es aber erst, wenn man das Netz interaktiv nutzt, also den Abwesenden die Möglichkeit gibt, sich in Bild und Ton zu Wort zu melden, Fragen an Redner und Diskussionsrunden zu stellen oder an Abstimmungen teil zu nehmen. So werden aus stillen Beobachtern dann echte Veranstaltungsteilnehmer, aber auch das zieht personelle Konsequenzen nach sich, weil man der Online-Regie dann zwingend auch eine online-Redaktion beistellen muss.

Die Falle der Öffentlichkeit Technisch lässt sich so etwas an Orten mit guter Internetanbindung mit entsprechenden Übertragungsraten leicht realisieren, und für entlegene Orte gibt es immerhin die zwar kostspieligere, aber gut funktionierende Möglichkeit eines Satelliten-Downlinks. Nichtsdestotrotz hat eine solche Liveübertragung ins Internet auch immer noch eine andere Dimension, und zwar die der Sicherheit und Geheimhaltung.

Nicht jede Veranstaltung gehört auch ins Netz. Wer einmal die Demonstration eines Sicherheitsspezialisten erlebt hat, der sich mit seinem Smartphone in wenigen Minuten in die Email-Accounts beliebiger Online-Teilnehmer gehackt hat, dem ist klar, dass jeder Stream ins Internet einer Veröffentlichung gleichkommt. Je nach Veranstaltungsart und Tagungsinhalten sollte man sich das also auch unter diesem Aspekt überlegen.

6.5.11 Dokumentation

Vor allem im Hinblick auf eventuelle Continuity-Maßnahmen ist die Dokumentation eines Events mehr als nur eine lästige Pflicht; sie hilft uns, Anker und verteilbare Medien zu erstellen, um unseren Gästen im Nachgang der Veranstaltung die positiven Eindrücke des Events immer wieder ins Gedächtnis zu bringen. Wenn wir nur 5 % der Kosten für den eigentlichen Event in gut gemachte Dokumentationen stecken, können wir den Effekt der Veranstaltung leicht verdoppeln. Allerdings muss das jeweilige zur Dokumentation eingesetzte Medium auch das Niveau der Veranstaltung halten.

Foto-Dokumentation Fotografische Dokumentationen der Ereignisse können wir für verschiedene fortführende Medien benutzen. Hier entsteht Material für Eventzeitungen

6.5 Bildmedien: im Kampf gegen Hollywood 211

und Alben, Mitarbeiter- und Kundenmagazine, Internetseiten und Cover-Designs möglicher Videos.

Aber Achtung, nicht jeder Kamerabesitzer ist auch in der Lage, eine Veranstaltung zu dokumentieren. Es gehören viel Kenntnis und fotografisches Vermögen dazu, die schwierige Lichtsituation eines Events richtig einzufangen und eben nicht überall dazwischenzublitzen. Und auch bei der Behandlung Ihrer Gäste ist ein gewisses Feingefühl gefragt, das nicht jeder aufbringt. Es gehört zu einer angemessenen Vorbereitung, dass der Fotograf zuvor ein Briefing bekommt, welche Situationen bedeutend sind und welche Fotos für die Nachbearbeitung des Events wichtig und gewünscht sind.

Auch das Zustandekommen eines geeigneten Pressefotos sollte nicht so sehr dem Zufall überlassen werden, wie das oft geschieht. Wenn man sich die Mühe macht, dieses Foto in die Dramaturgie der Veranstaltung einzubauen, sowie Licht und Hintergrund für den entscheidenden Moment zu gestalten, kann man sich und seinen Ehrengästen einen großen Gefallen tun. Statt des üblichen Schnappschusses aus der Froschperspektive der vorderen Bühnenkante bekommen die Fotografen ein vernünftig ausgeleuchtetes Bild geboten, auf dem die wesentlichen Personen besser rüberkommen. Den dafür nötigen kleinen Umbau auf der Bühne kann man mit ein wenig Vorbereitung als choreografierten Tanz in 90 Sekunden inszenieren und so dem Foto eine zusätzliche Bedeutung im Veranstaltungsablauf verleihen.

Videodokumentation Für eine Videodokumentation gilt dasselbe wie für die Fotografie: einfach nur draufhalten bringt nicht viel. Die Stimmung und das Erleben des Zuschauers auf einer Veranstaltung in anspruchsvoller Art und Weise festzuhalten, ist eine Kunst für sich.

Eine Videodoku ist nicht nur ein Abfallprodukt aus den Mitschnitten der für die Projektion benötigten Kameras: Wir müssen uns vorher überlegen, welche Produkte wir am Ende aus den Aufnahmen fertigen wollen. Hier reicht die Spanne von kleinen Berichten und dem beliebten Making-of bis hin zu einer Nachbereitung in Spielfilmlänge. Der Einsatz eines Videoteams sollte unabhängig von Übertragungskameras sein. Gleichzeitig braucht ein solch eigenständiges Dokumentationsteam eine redaktionelle Vorbereitung und sollte von diesem Redakteur auch während der Veranstaltung begleitet werden, damit am Ende das gewünschte Material zur Verfügung steht.

Dabei sollten wir immer daran denken, dass Fotografie und Videoaufzeichnung sehr viel mit dem Licht im Saal zu tun haben. Eine entsprechende Abstimmung zwischen Dokuteams und Lichtdesigner kann für die Ergebnisse viel Positives bewirken.

6.5.12 Bilder benutzen

Dank des Internets lässt sich heutzutage bei professionellen Archiven fast zu jedem Thema eine Unzahl von Bildern und Bildsequenzen einsehen und gegen Entgelt herunterladen. Von dieser Möglichkeit wird weidlich Gebrauch gemacht, mit dem Effekt, dass sich mittlerweile viele PowerPoint-Präsentationen und Projektionsgestaltungen auf Events sehr angeglichen haben. Hier sei daran erinnert, dass Stil keine Frage der Verfügbarkeit von Bildern ist, sondern des eigenen Gestaltungswillens. Wenn wir das Besondere wollen, sollten wir es nicht nur im Discountmarkt suchen.

Darüber hinaus werden immer wieder Bildinhalte von allerlei frei erhältlichen Quellen benutzt, um Tagungen und Reden mit etwas Abwechslung fürs Auge zu unterlegen. Beliebt sind hier auch Zusammenschnitte und Neuvertonungen von Spielfilmsequenzen. Dass sich dies in einem urheberrechtlichen Dunkelraum vollzieht, dürfte jedem im Zuge der aktuellen Urheberrechtsdebatten klar geworden sein, scheint aber trotzdem selten zu stören. Grundsätzlich hat jedes Bild einen Urheber, und die Bearbeitung und Verwendung dieser Bilder bedarf einer entsprechenden rechtlichen und finanziellen Würdigung. Auch die Personen, die auf den dokumentarischen Aufnahmen unserer eigenen Veranstaltung zu sehen sind, haben ein Recht an ihrem eigenen Bild, und so bedarf es eigentlich jeweils einer Genehmigung oder einer vorherigen Abtretung der Bildrechte, wenn wir diese Bilder dann in einem anderen Kontext benutzen wollen.

Da es nicht wie für die Benutzung von Musik eine GEMA gibt, die dies allgemein regelt und den Urhebern entgilt, müsste theoretisch für jedes Bild eine eigene Regelung getroffen werden. In der Praxis geschieht dies zu selten. Darum sei der Ordnung halber darauf verwiesen, dass wir grundsätzlich – auch wenn die Gefahr der Kontrolle gering erscheint – Gefahr laufen, in einen rechtlichen Graubereich abzugleiten.

6.6 Das schöne Detail: die Ausstattung

▶ Zwar nicht so übermächtig wie die technischen Bildmedien, aber doch nicht gänzlich unwichtige Elemente der visuellen Inszenierung sind die Ausstattung der Darsteller mit Kostümen und Masken sowie die Gestaltung der Requisiten, des Bühnenmobiliars und kleiner Dekorationen.

6.6.1 Kleider machen Rollen

Vor allem Inszenierungen mit Darstellern, Sängern und Tänzern können von einem künstlerisch wertvollen Kostümdesign wesentlich profitieren; manchmal macht das Kostüm sogar die wesentliche Faszination einer Präsentation aus, zum Beispiel bei Stelzenläufern oder Straßentheaterparaden. In vielen asiatischen Theaterformen sind Charaktere fest an tradierte, symbolhafte Verkleidungen und Masken gebunden, wie wir sie auch in den Tribal Arts anderer Kontinente wiederfinden.

Aber auch im eher künstlerischen Theater Europas gehört das, was die Darsteller auf der Bühne tragen, fest zur Definition ihrer Rolle und hat somit Einfluss auf die Bewertung ihrer Handlungen und Aussagen in der erzählten Geschichte. Kleider machen Leute, auch auf einer Bühne. Unser Publikum erwartet auch hier gute Ideen und kreative Umsetzun-

6.6 Das schöne Detail: die Ausstattung 213

gen, da die Figuren einer Aufführung zwar als Menschen wahrgenommen, aber eben auch als überzeichnete Rollen betrachtet werden.

Wo Kostümdesign zur Kunst wird Wie außergewöhnlich man mit Kostümierung arbeiten kann, sieht man an den *Triadischen Balletten* des Bauhaus-Künstlers Oskar Schlemmer, den fantasievollen Paraden des *Wearable Art Festivals* in Australien oder den Tierkostümen in Disneys *König der Löwen*, bei denen eine überraschende Mischung aus Puppenspiel und Tanz umgesetzt wurde. Hier finden sich zahlreiche Anregungen, um mit den Formen und Farben des eigenen Firmendesigns zu spielen oder auch eigene Produkte und Materialien in der Bühnenausstattung zu verarbeiten.

Fast schon in den Bereich der Spezialeffekte, aber doch noch zur Ausstattung gehörig, sind auch solche Kostüme oder Requisiten, die dank moderner Technik mit integrierten Leuchtmitteln und deren funkgesteuerter, synchron programmierter Schaltung wahrlich unerwartete Lichteffekte auf die Bühne bringen. Kombiniert mit klassischen Kunstgriffen des Schwarzen Theaters tut sich hier gerade wieder ein neues Feld von faszinierenden Elementen der Inszenierung auf. Beispiele hierfür findet man unter dem Stichwort Trondance im Netz.

Der schnelle Kleiderwechsel Eine Bühnendarbietung, die sich wesentlich durch das Kostüm definiert, ist die Travestie, hier bitte nicht als plumpe Verkleidung von Männern als Frauen, sondern als aus der Zauberkunst entwickelte Verwandlungsshow (*quickchange routine*) verstanden. Gute Travestiekostüme sind oft aus extra dünner Seide gefertigt und werden kunstvoll gefaltet in vielen Schichten übereinander angezogen. Sie ermöglichen dem Künstler, sich durch wenige Handgriffe auf offener Bühne und während seiner Aufführung von einer Figur in eine andere zu verwandeln. In einer solchen, meist tänzerisch, manchmal auch komödiantisch vorgetragenen Travestie geschieht dieser magische Effekt acht bis zehnmal innerhalb kürzester Zeit und sorgt für eine wirklich faszinierende Show – die dann auch nichts mit dem zu tun hat, was man nachts in schummerigen Clubs unter den Namen Travestie präsentiert bekommt.

6.6.2 Alltagsgarderobe

Günstiger ist selbstverständlich eine überall erhältliche Alltagsgarderobe, die sich gut in Comedy, Businesstheater und bei Flash-Musicals einsetzen lässt. Andere theatralische Stile erfordern aber eine ihrem jeweiligen Anspruch angemessene Kostümage. Manches ist bei großen Kostümverleihern vorhanden und muss dann den jeweiligen Darstellern und Tänzern angepasst werden.

In den meisten Fällen sollten die Kostüme aber eigens entworfen und gefertigt werden, damit die Formensprache und Farbigkeit der Kostümage und der Requisite nachher mit Bühnenbild, Projektionen und Lichtdesign interagieren, d. h. am Ende im Auge des Betrachters zu einem Bild verschmelzen. Es ist darum sinnvoll, alle am Zustandekommen des Gesamtbildes beteiligten Gewerke im Entwurfsstadium zusammenzuführen. Es ist die Aufgabe der künstlerischen Regie, eine klare, stilistische Vorgabe für alle beteiligten Gewerke zu entwickeln.

6.6.3 Von weitem hui, von nahem pfui?

Für alle Ausstattungsgegenstände gilt das Prinzip des Betrachtungsabstands. Je weiter der Zuschauer entfernt sitzt, desto größer und eindeutiger sollten Kostüme und Requisiten gestaltet sein; je näher der Zuschauer herankommt, desto besser müssen sie gearbeitet sein. Es ist für die Finanzplanung einer Bühnenproduktion nicht unerheblich, sich zuvor darüber Gedanken zu machen, in welcher Entfernung der Betrachter platziert sein wird.

Ausstattung ist oft ein direkt erfahrbarer Qualitätsmaßstab einer Veranstaltung. Dies gilt insbesondere für alle Details der Dekorationen, die sich im Griffbereich der Zuschauer befinden, also etwa Tischdekorationen, Gläser, Bestecke und alle Drucksachen wie Tischkärtchen, Speisekarten und Programmhefte. Diese Dinge müssen nicht nur dem Auge, sondern auch den Händen gefallen. Ein schönes Element der Ausstattung ist z. B., wenn sich die Haptik unserer Produkte auch in den Gegenständen der Dekoration wiederfindet oder aus unserem CD oder Produktdesign bekannte Formen, Farben und Begriffe künstlerisch interpretiert im Kostümdesign aufgegriffen werden.

Gerade über die haptischen Details der Ausstattung und des Mobiliars vermittelt sich die Wertigkeit einer Veranstaltung. Das bedeutet nun aber nicht, dass man überall nur edelste Materialien einsetzen darf; wenn es dramaturgisch logisch und intellektuell nachvollziehbar ist, dann essen unsere Gäste auch mit Freude aus emaillierten Blechnäpfen oder beklatschen Kostüme, die aus Bauwerkstoffen gefertigt wurden. Dies ist eine in vielen Bereichen auftretende Qualität einer perfekt inszenierten und psychologisch wirksamen Dramaturgie; sie hilft hie und da auch mal Geld zu sparen.

6.6.4 Wer macht was

Erledigt werden die anfallenden Arbeiten von einer ganzen Reihe von Spezialisten. Der Kostümbildner entwirft nach Absprache mit der Regie, umgesetzt wird dann vom Schneider. Der Kostümdesigner macht dasselbe, hat aber keine diesbezügliche Lehre oder Studium abgeschlossen.

Bei Werbung und Film kümmert sich meist der Stylist um das Gesamtbildnis der Darsteller, d. h. er kombiniert Kostüme mit Maske, Schminke und Frisur. Der Maskenbildner malt die Darsteller nicht nur an, oft verändert er auch die Gesichtskonturen mit vergrößerten Nasen, spitzen Ohren und Glatzen oder gar kompletten, gegossenen Latexmasken. Der Requisiteur bekommt seine Anweisungen vom Regisseur oder Bühnenbildner und setzt diese dann selbst oder mit Hilfe spezialisierter Handwerker um. Der Ausstatter wiederum

6.7 Das Geheimnis der Tonspur 215

ist meist eine übergeordnete Funktion, der alle Bereiche von Kostüm, Requisite, Mobiliar und Dekoration im Blick hat.

Je nach Inszenierungsstil ist er vielleicht nur ein Beschaffer, der alles benötigte zusammen kauft oder leiht. Aber wer einmal 500 Komparsen für einen Nachkriegsfilm mit passenden Mänteln, Schuhen und Lumpen für einen Flüchtlingstreck ausgestattet hat, behält für den Rest seines Lebens großen Respekt vor dieser Aufgabe.

6.7 Das Geheimnis der Tonspur

▶ Im Gegensatz zu Licht und Bild wird dem Tondesign bei der Planung der Dramaturgie und der Veranstaltungstechnik oft nicht die Aufmerksamkeit zuteil, die es auf Grund der großen unterbewussten Kraft des Hörens verdient hätte.

Klang, Audiosphäre und Musik spielen eine wichtige Rolle bei der Gestaltung von Events und bei der Stimmungsführung. Das hat mit der bereits erläuterten Funktionsweise des Gehörs und seinem permanenten Einfluss auf das unsere Emotionen bestimmende Limbische System im menschlichen Gehirn zu tun. Dabei geht es nicht nur um das intellektuell Erfassbare des Gehörten, sondern um die Stimmungen und Bedeutungen, die sich durch die musikalische Führung und die Art des Klangs vermitteln.

6.7.1 Events als Stummfilme?

Dass der Ton das Bild nicht nur begleitet, sondern den wesentlich Impuls zur emotionalen Bewertung des Gesehenen geben kann, lernen junge Cutter beim Filmschnitt, in dem sie an einen kurzen Filmstreifen unterschiedliche Töne anlegen. Die gleiche Sequenz von Nachtbildern erscheint erst als friedliche Sommernacht, dann als Horrorszenario, dann als anheimelndes Stimmungsbild und schließlich als spannungsgeladene Vorbereitung für den Showdown.

Beispiel

Wie wichtig der richtige Ton zum Bild ist, lässt sich auch an den Raumschiffen der SF-Serien erkennen. Die eingesetzten Fluggeräusche sind im luftleeren Raum eine physikalische Unmöglichkeit, trotzdem wird jeder Auftritt eines Ufos mit einem entsprechenden Geräusch unterlegt. Erst der Sound vermittelt dem Zuschauer auf emotionaler Ebene, ob das Schiff bedrohlich, friedlich, im leeren Raum mächtig oder eher schmächtig, auf der Flucht oder im Geheimauftrag unterwegs ist und ob es sich im Moment bewegt. In der Filmtonsprache hat sich hier eine Mischung aus Audiosphären und Musiken bewährt.

6.7.2 Die Tonspur

Auf Events wird der Ton zumeist lediglich zur musikalischen Untermalung und für den geräuschvollen Auftritt des Hauptredners oder des Produkts eingesetzt: *Also sprach Zarathustra* und der *Walkürenritt* sind hier scheinbar immer noch unvermeidlich. Und das, obwohl beide Musikstücke durch berühmte Filme wie „Odyssee 2001" oder „Apokaypse Now" nicht unbedingt positiv besetzt sind.

Von Zeit zu Zeit kommt ein Kreativer immerhin auf die Idee, dass sein Kunde eine eigene Hymne und daraus abgeleitete Auftrittsjingles und Trailermusiken braucht. Viel weitreichender aber wäre die Erkenntnis, dass eine dramatisch inszenierte Veranstaltung genau wie jeder Film eine eigene „Tonspur" braucht, damit die Gäste Gesehenes und im Text Vermitteltes emotional in der gewünschten Form bewerten. Der Sprung, den dank der Digitalisierung auch Tontechnik und Musikproduktion in den letzten Jahren gemacht haben, öffnet bisher ungeahnte Möglichkeiten der Eventvertonung und damit der Stimmungsstimulation, zumal eine Synchronisierbarkeit aller eingesetzten Medien mit dem Ton zwar vorher abgesprochen werden sollte, aber heutzutage kein technisches Problem mehr darstellt.

6.7.3 Die Musik macht den Ton?

Es ist eben nicht nur die Musik, die die akustisch erfahrbare Welt unserer Veranstaltung bestimmt. Wir unterscheiden zwischen sieben Arten von Hörbarem, die wir im Hinblick auf ihre Qualitäten und Bedeutung kurz erfassen wollen:

► Der **Raumklang** beschreibt die akustische Qualität einer Location. Meist nimmt man den Eigenklang einer Örtlichkeit als architektonisch gegeben hin. Manchmal eignet sich dieser Raumklang aber wenig, um die gewollte Stimmung der Inszenierung zu unterstützen. Räume mit langem Nachhall können schnell zum Graus werden, vor allem, wenn man in ihnen lange Reden konzentriert aufnehmen soll. Ganz furchtbar wird es, wenn sich harte rhythmische Töne wie zum Beispiel ein Schlagzeug durch die baulich gegebenen Echoeffekte des Raums arrhythmisch verdoppeln.

Meistens wird man versuchen, einen solchen widrigen Raumklang durch bauliche Maßnahmen (Dämmungen, Vorhänge) in den Griff zu kriegen, es gibt aber auch die Möglichkeit, das Phänomen mit digitaler Technik anzugehen. Am einfachsten ist jedoch, sich bei der Auswahl, Komposition und Produktion der Musik auf den Klang des Veranstaltungsraumes selbst einzustellen oder umgekehrt, die Location auch nach ihren akustischen Eigenschaften passend zum Konzept auszusuchen.

► Unter **Audiosphäre** (akustische Atmosphäre) verstehen wir zusammengestellte Klänge, die dem Veranstaltungsraum eine hintergründige Klangwelt geben. Über die Audiosphäre treffen wir eine Art Ortsbestimmung, indem wir

6.7 Das Geheimnis der Tonspur   217

mit Geräuschen aller Art eine akustische Umwelt schaffen und damit die Gestaltung von Bauten und Dekorationen ergänzen. Ein paar Fotos von Bäumen und ein wenig wechselnde Lichtstimmung machen noch keinen beeindruckenden Herbstwald, sehr wohl aber das Rauschen der Blätter, das Knacken von Stöckchen, das Summen des Windes und ein paar weit entfernte Krähenschreie – schon steht man im Wald. So lassen sich Audiosphären sinnvoll zur Förderung der Gesamtdramaturgie einsetzen.

▶ **Bewegungsbegleitende Geräusche** (sound effects) bilden eine besondere Kategorie. Damit sind Geräusche und Klangeffekte gemeint, die wir zur Verdeutlichung von Bewegungen im Bild und auf der Bühne einsetzen. Wie bei den bereits erwähnten Raumschiffen nutzen wir solche synchronen Klänge, um auf der Bühne bewegte Objekte oder Lichteffekte wie beim Film in ihrer Bewegung zu unterstützen, ihnen Tempo zu verleihen und ihnen durch den akustischen Ausdruck Assoziationen zuzuordnen.

▶ Der **Sprachklang** ist ein weiteres, wichtiges Klangkriterium jeder Veranstaltung. Zum einen will man das gesprochene Wort gut verstehen können, zum anderen vermittelt der Klang einer Stimme im Raum auch unterschwellig die Nähe oder Entfernung des Redners zu seinem Publikum. So ist es nicht nur die Sprechweise des Redners auf der Skala zwischen vertraulichem Flüstern und forderndem Rufen, sondern auch der jeweils zur Dramaturgie passende Klangeffekt, der den Redner in seiner Intention unterstützen sollte. Hier gibt es unendlich viele Möglichkeiten, eine Stimme mit Effektgeräten zu bearbeiten und angemessen klingen zu lassen. Der Sprachklang ist aber allzu oft ein Stiefkind der technischen Planung.

In vielen Fällen wäre es wünschenswert, wenn die Redner sich mehr Zeit für eine erforderliche Klangprobe (Soundcheck) nehmen würden. Ein guter Tontechniker kann mit seiner modernen Technik wahre Wunder an der Stimme eines Redners bewirken, wenn man ihm die Chance dazu gibt. Der Lohn für diesen Aufwand ist ein wohltemperierter Stimmklang, der den Redner besser wirken lässt.

▶ Unter **Corporate Audio** und **Product Audio** versteht man zum einen spezielle, immer wiederkehrende akustische Kenner wie Audiologo und Jingles, also die Hörmarken eines Unternehmens oder des einzelnen Events, und zum anderen den typischen, eben unverwechselbaren Klang eines Produktes, wie etwa das Türschloss eines RollsRoyce, das Schnappen eines Zippo oder das Klacken eines DuPont-Feuerzeuges. Solche Geräusche sind entweder bereits vorhanden oder werden eigens gestaltet – sie lassen sich gut als Zitate in die Tonspur eines Events einarbeiten.

▶ Zur **Unterhaltungsmusik** gehören nach unserem Verständnis alle inhaltlich unabhängigen, aber zur Stimmungsförderung einsetzbaren Formen des musikalischen Entertainments und der Hintergrundbegleitung im Rahmen einer Veranstaltung. Solche Darbietungen wie Orchester- oder Gesangskonzerte, Tanz-, Bar- oder Dinnermusiken und auch der Einsatz einer Marching Band sowie eines DJs dienen der Unterhaltung mit eigenen Programmen meist im Sinne einer Zerstreuung.

Der Auftritt eines musikalischen Stargastes oder die Aufführung eines besonderen Konzerts eignen sich durchaus als unterhaltsamer Höhepunkt einer Festveranstaltung, tragen aber nur höchst selten zur Übermittlung eines konkreten Inhalts bei. Nichtsdestotrotz lässt sich die Unterhaltungsmusik bei entsprechender Auswahl zur dramaturgischen Stimmungsführung heranziehen, zum Beispiel, um über den Musikstil Assoziationen zu bestimmten Dimensionen einer Markenwelt anzudeuten.

Die ausgewählte Musik sollte stilistisch und qualitativ zu Veranstalter und Publikum passen. Sofern live gespielt ist sie auch immer ein visuelles Element der Bühne und des Raumes und sollte daher ins rechte Licht gerückt werden.

▶ Und zu guter Letzt: die **Eventmusik** (event score). Sie stellt wohl die wichtigste Klangwelt für die dramatische Inszenierung dar. Wie ein Filmscore wird die Eventmusik eigens für einen Event komponiert, arrangiert, betextet, produziert und nach Möglichkeit auch live aufgeführt. Diese musikalische Führung durch den Event oder durch die Höhepunkte dient dazu, die einzelnen Elemente der Dramaturgie mit emotionaler Bedeutung aufzuladen.

Mit ihren vielen klassischen, elektronischen und ethnischen Stilen, Formaten, Instrumenten und Darbietungsformen gibt uns die Eventmusik alle Möglichkeiten, das dramatische Geschehen auf der Bühne mit entsprechenden Stimmungen hintergründig zu begleiten oder gar konkret in eine musikalische Handlung umzusetzen, zum Beispiel mit einer Hymne, einem Konzert oder einem kompletten Musiktheaterstück.

Dabei wird die Eventmusik wie Sinfonie, Oper oder Musical als durchgängiges Werk mit Haupt- und Nebenthemen konzipiert, d. h. sie erhält eine vernetzte Struktur aus wiedererkennbaren Melodien und Klängen, die für Personen oder Umstände stehen. Variationen dieses Leitthemas können im Veranstaltungsverlauf als Jingles und Kenner und vorab auf akustischen Einladungen eingesetzt werden. So lässt sich während der Veranstaltung eine hohe emotionale Dichte sinnvoll mit dem Inhalt verknüpfen – und sich auch auf der musikalischen Ebene ein charakteristisches Vergnügen durchgängig inszenieren.

6.7.4 Die wichtigsten Kriterien

Ein Mensch ohne Gefühle würde uns wenig menschlich vorkommen, gleiches gilt auch für ein Unternehmen. Musik und Klänge geben unserem Zuschauer einen Eindruck von

6.7 Das Geheimnis der Tonspur 219

der Gefühlswelt, die hinter den Inhalten steht. Es gibt eine ganze Reihe von Möglichkeiten, Klangwelten und Musik auf einer Veranstaltung einzusetzen. Halten wir die wichtigsten Kriterien und Vorteile der Eventmusik nochmals fest:

▶ **Musik schafft Gefühle** Inhalte können nicht nur dramatisch und textlich inszeniert werden, auch Musik und Gesang transportieren notwendige Emotionen. Das Image-Musical hat seine Stärken vor allem in diesem Bereich der „weichen Faktoren" einer Unternehmenskultur. Ein gut erzähltes Stück schafft im besten Fall die Definition einer Corporate Emotion, die mit Worten allein selten erreicht wird: eine erlebbare Gefühlswelt, in der sich das Publikum beheimatet fühlen kann.

▶ **Musik macht Tempo** Eine wesentliche Qualität der Musik ist ihr Tempo, ihr Swing oder ihr Groove. Mit ihrem Rhythmus gibt die Musik einen Rhythmus für die Zeitwahrnehmung unserer Gäste vor, kann sie vor einem Höhepunkt aufputschen oder in eine Entspannungsphase entlassen. Der Rhythmus der Musik funktioniert hier als geheimer Taktgeber für unsere eigene innere Uhr. Bei vielen Menschen hat sich die innere Uhr schon nach dreißig Sekunden eines regelmäßigen Rhythmusses auf den vorgegebenen Takt eingestellt.

▶ **Große Gestaltungsmöglichkeiten** Dank moderner Technik und der großen Varianz von musikalischen Formaten, Musikstilen und Klangwelten ist die Gestaltungsfreiheit gegeben, um jedes Element einer Dramaturgie angemessen zu vertonen. Außerdem lassen sich auch Analogien zu bestimmten Themen durch die Art des Arrangements und der Aufführung vermitteln. So steht ein Orchester immer für das Zusammenspiel vieler mit einem Ziel, oder eine multikulturelle Besetzung mit vielen ethnischen Einflüssen kann Weltoffenheit und Internationalität signalisieren.

▶ **Musik ankert Erinnerungen** Ein weiteres Argument für den Einsatz solcher musikalischen Inszenierungen ist die Tatsache, dass sich das inszenierte Erlebnis optimal im Vorfeld ankündigen und Nachfeld fortsetzen lässt. Vorab produzierte Musikstücke oder Ausschnitte aus der späteren Aufführung werden als akustische Einladung eingesetzt. Ein später nachgereichter Livemitschnitt des Events auf CD, die nicht nur das Bühnengeschehen, sondern auch die Stimmung im Saal wiedergibt, ist eine perfekte Continuity-Maßnahme im allerbesten Sinne, da sie die Verknüpfung von Inhalt und Emotion bei jedem Wiederhören aufleben lässt. Auch ein temporärer Einsatz auf der Internetseite oder in der Telefonschleife hilft, die Continuity zu halten. Grundsatz dabei ist, dass möglichst jeder einzelne Song für den Kunden und für die individuelle Situation komponiert, betextet, arrangiert und produziert wird.

▶ **Unverwechselbarkeit und Verbindung** Eine eigens komponierte Eventmusik erhöht die Unverwechselbarkeit des Erlebnisses enorm. Außerdem lässt sich über die typische Musik schnell eine Verbindung zu anderen Marketing-Maßnahmen wie TV- und Radiospots schlagen. Bekannte Themen aus diesen Massenmedien können in der Veranstaltung

220 6 Das Multimediale Handwerkszeug

variiert werden und zur akustischen Markierung dienen. Hier gilt allerdings eine kleine Einschränkung: Bereits vorhandenes Material unterliegt dem Urheberrecht und muss für jede Bearbeitung beim Komponisten oder dessen Verleger angefragt werden.

6.7.5 Musik sehen

Wie war das? Nichts fasziniert den Menschen so sehr wie der Mensch. Zu den Möglichkeiten, die uns die Musik zur Gesamtgestaltung bereitstellt, gehört natürlich auch die visuelle Inszenierung, die Art und Weise, wie man die Musiker auf der Bühne einsetzt. Wie im Kapitel über die Fähigkeiten des Menschen als Medium angedeutet fasziniert der virtuose Musiker das Publikum allein durch sein Spiel.

Die verschiedenen Instrumente und Spielweisen haben ihre eigene, inhärente Ästhetik, und viele Zuschauer sind von ihr wie magisch angezogen – ein Grund, warum wir oft davon abraten, auf live gespielte Musik zu verzichten oder die Musiker womöglich unsichtbar in einen Orchestergraben zu verdammen. Die Aufführung von Musik ist eben auch ein visuelles Schauspiel, und die Platzierung von Bands, Orchester und Solisten sollte bei der Gestaltung des Bühnenbilds gut bedacht werden.

Eine weitere Qualität der visuellen Inszenierung von Musik ist der Einsatz außergewöhnlicher Instrumente wie etwa der riesigen japanischen Kodo-Trommeln oder der sehr künstlerisch anmutenden, aber voll funktionablen Klangskulpturen eines Ludwig Gris oder der Brüder François und Bernard Baschet. Gerade mit letzteren kann man auch klassischen Konzerten eine technisch innovative Note verleihen, ohne den gewünschten angenehmen Hörgenuss eines solchen Konzerts allzu modernen Kompositionen zu opfern.

Verstärken lässt sich die visuelle Inszenierung von Musik durch eine Liveübertragung mit kleinen Fingerkameras, die auf oder neben den Instrumenten so platziert werden, dass man das virtuose Fingerspiel der Musiker aus nächster Näher verfolgen kann. Das ist gerade bei klassischen Konzerten oder besonderen Instrumenten ein sehr schönes Element der Inszenierung.

6.7.6 Das Lieblingslied der Firma

Wie sagt man so schön: Böse Menschen haben keine Lieder, gut kommunizierende Marken haben ihre eigene Musik! Die kleinste Einheit ist eine Firmen-Hymne (Company-Song) oder einzelner Event-Song, ein schon seit einiger Zeit bewährtes Mittel zur Stimmungsförderung. Funktion und Einsatzmöglichkeiten dürften daher genauso bekannt sein wie die musikalische Stilbreite solcher Produktionen.

Zunächst ist es die Aufgabe von Komposition, Arrangement und Stimmführung eines Company-Songs, den Aussagen des Textes ein entsprechend emotionales Stimmungsbett zu geben. Durch diese Stimmungsführung wird die Bedeutung des gesungenen Worts, das im Kontext zumeist Aussagen über Identität, Befindlichkeit und Werte bebildert, in seiner gemeinten Emotionalität bestimmt. Der Company-Song wird so zu einem Abbild der

Corporate Emotion, dem nicht rationalen Teil der Identität des Unternehmens. Der Einsatz eines solchen Liedes macht also vor allem dort Sinn, wo der rational argumentierten und gestalterisch im Design ausgedrückten Identität eines Unternehmens ein erfühlbares Stimmungsbild beigestellt werden muss, um behauptete Werte und Leitsätze für eine Zielgruppe erfahrbar und *bedeutend* zu machen.

Im Idealfall ist das Zusammenspiel von Text, Harmonie und Melodie so markant angelegt, dass sich der Song passend zum Einsatzfeld und auch für wechselnde Zielgruppen in verschiedenen, aber immer gleich erkennbaren Stilvariationen umsetzen lässt. Nur dann kann man den Einsatz eines solchen Liedes dem tatsächlichen Medium oder der Rezeptionssituation anpassen, sei es als Streichquartett mit etwas klassisch oder soulig anmutenden Gesang, als mitreißender Popsong für eine Party, als angenehme Unterhaltung in der Warteschleife oder als Unterlegung und Audio-Logo für Funk- und TV-Spots.

Ein kurzes Wort aber zu den manchmal arg peinlichen Texten solcher Machwerke: Man kann nicht jeden Werbetexter an ein solche Aufgabe zu setzen. Ein guter Songtext ist nicht nur ein Minidrama im besten Sinne und unterliegt ähnlichen Regeln wie das Erzählen einer Geschichte, auch die Sprache selbst ist ein *musikalisches Element*.

Ein professioneller Songwriter ist hier die eindeutig bessere Wahl, nicht nur, weil er sich mit den sich schnell vermittelnden, lyrischen Sinnbildern (*hooks*) dieser Textkunst auskennt, sondern weil Sprache an sich mit ihrem eigenen Wortklang, Melodie, Rhythmus und Versmaß eine starke musikalische Komponente aufweist. Der Songtexter sollte in der Lage sein, diese Eigenheiten der Sprache gemeinsam mit dem Komponisten zu einem Song zu verbinden und dabei auch stets auf Wohlklang und Singbarkeit seines Textes achten, damit eine gewisse Qualität der Darbietung gesichert ist. Dies gilt selbstverständlich auch für größere zusammenhängende Werke.

6.7.7 Image Musicals

Aufgrund ihrer dramatischen Qualität und ihrem großen Unterhaltungscharakter lassen sich eigens komponierte Image-Musicals und Musical-Perfomances sehr gut auf LK-Events einsetzen. Die Stärke des Musiktheaters zeigt sich dann, wenn es in Verbindung mit einer Inhaltsverschiebung darum geht, dem Publikum emotionale Sprünge zu vermitteln. Schwierige Situationen müssen erst einmal auf der Gefühlsebene entstresst werden, bevor man wieder rational argumentieren kann. Veränderungen in Image und Selbstverständnis zu begründen und emotional nachvollziehbar zu machen, gehört zu den herausragenden Fähigkeiten solcher musikalischen Inszenierungen.

Beispiel

Ein solcher Fall war die Zusammenführung der IG Metall West und Ost nach dem Mauerfall. Das hier aufgeführte Singspiel thematisierte die verschiedenen Probleme innerhalb der Gewerkschaft auf für alle Seiten verträgliche Art: Jung gegen Alt, Ost gegen

West, Arbeiter gegen Angestellte, Basis gegen Funktionäre, Einheimische gegen Ausländer. Die schwelenden Konflikte wurde in der Art eines Reigens auf die Bühne gebracht und so die innere Spannung der Gewerkschaft thematisiert. Zum Schluss blieb die Erkenntnis, dass die Lösung all dieser Konflikte jedem einzelnen Mitglied oblag. Das hoch emotionale, weil spannungslösende Finale entließ das Publikum mit der Hoffnung, all dies zum Besseren wenden zu können, und zwar gemeinsam.

Dass auch eine protokollarische Totenehrung in gesungener Form in das Musical eingebunden wurde, erhöhte die emotionale Spannung dermaßen, dass die Delegierten in Tränen ausbrachen. Innerhalb des Stückes wurde dann dieses gemeinsame Gefühl von Trauer in ein Gefühl von Mut und Optimismus umgewandelt. Diese tiefe Emotion, die von Musik und Text hervorgerufen wurde, vermittelte den Anwesenden ein stärkeres Zusammengehörigkeitsgefühl, als es eine flammende Rede allein vermocht hätte.

6.7.8 Das Hörspiel

Eine weitere veranstaltungstaugliche Variation des Themas Klangwelten stellt das Hörspiel dar. Klar, jede Geschichte lässt sich mit den Mitteln der Sprache, der Audiosphären und der Musik inszenieren, aber ein Hörspiel auf einer Veranstaltung? Der dramaturgische Kunstgriff liegt hier in der Reduktion der Inszenierung auf ein einziges Medium. Für eine gewisse Zeit lassen wir das Auge ruhen und konzentrieren uns ganz auf das Gehörte.

Die gewünschten Bilder zum Hörspiel entstehen dann zumeist ganz von alleine in den Köpfen der Zuhörer. Ideal ist es, ein solches Hörspiel in völliger Dunkelheit und über ein mehrkanaliges Soundsystem abzuspielen. Ein solches Soundsystem hat den nicht zu unterschätzenden Vorteil, den Geräuschen und Tönen auch eine räumliche Dimension zu geben und sie gegebenenfalls im Raum zu bewegen.

> **Beispiel**
>
> Auf einer Veranstaltung haben wir die Tagungsteilnehmer mit Schlafbrillen und Kopfkissen ausgestattet und sie sich auf den weichen Teppich eines leeren Hotelsaals legen lassen. Diese extrem ungewohnte und unkonventionelle Eventsituation begünstigte das Erlebnis auf stimmungsvolle Art und Weise.
>
> Das Publikum war nach dem etwa 60-minütigem Klangerlebnis auf einem außergewöhnlich hohen emotionalen Level angelangt. Die Diskussionen um das Gehörte zogen sich noch Stunden hin, wobei der Inhalt von vielen Seiten beleuchtet und mit jeder Menge individuell assoziierter Bilder in Zusammenhang gebracht wurde. Ein wahrhaft unvergessliches Erlebnis für die Tagungsteilnehmer, zum einen weil ihre Erwartung über den Ablauf dieses Events positiv gebrochen und zum anderen ihre eigene Phantasie so aktiv gefordert worden war.

6.7 Das Geheimnis der Tonspur   223

6.7.9 Corporate Radio

Ähnlich wie Mitarbeiterzeitungen informieren Corporate-Radio-Sendungen, zumeist auf CD ausgeliefert oder ins Intranet gestellt, die Mitarbeiter über Vorgänge im Unternehmen. Im Stile eines informativen Unterhaltungsmagazins gestaltet, nutzt es die radiotypischen Formate wie Nachrichten, Reportagen, Interviews, Hörergrüße, Musikwünsche, Comicals etc., um die Information lebendiger rüberzubringen. Der große Vorteil: Im Vergleich zum geschriebenen Text vermittelt sich über die gesprochene Sprache eben auch die Emotion, die sich hinter einer Nachricht verbirgt. So kann man vor allem bei Interviews mit Führungskräften die Informationen „zwischen den Zeilen" vermitteln.

Ist ein solches Corporate Radio im Hause eingeführt, kann es auf vielfältige Weise im Veranstaltungsumfeld nützen, zur Ankündigung und Continuity ebenso wie als Interaktion und Animation auf dem Event selbst, wo man mit dem Format der Umfrage und des Kurzinterviews mit dem Publikum arbeiten kann. Darüber hinaus bietet es sich als sinnvolles Workshop-Format für eine Tagung an (siehe Interaktionen im Teil 7).

Corporate Radio kann über CD für Aussendienstleister oder über die Netzwerke intern und die Homepage extern eingesetzt werden. Wie bereits im Kapitel Corporate Emotion erwähnt, kann ein solches Format mit seiner emotionalen Qualität auch dabei helfen, die Gefühlswelt eines Unternehmens zu erfassen.

6.7.10 Corporate Audio Imaging

Nun noch ein kleiner Blick über den Tellerrand des Eventmarketings zum Thema Corporate Audio Imaging. Bestimmte Töne haben wegen ihrer ständigen, unterbewussten Aufnahme eine hohe Memorabilität. Denken Sie an die Türen im Raumschiff Enterprise. Mittlerweile beschäftigen sich Akustiker im Dienste der Wirtschaft mit dem bewussten Design solcher Geräusche, an denen Produkte erkannt werden. So können Produktpiraten zwar das Aussehen eines Duponts-Feuerzeugs mit billigeren Materialien imitieren, den Klang jedoch nicht.

Dank digitaler Tontechnik und ausgefuchster Beschallungstechniken wird diese Entwicklung aber noch weitergehen. Mit erheblichem finanziellem und baulichem Aufwand ziehen Großbanken das Corporate Design in ihren Filialen durch, doch trotz immer gleicher Möbel, Schalter, Farbgebungen und Teppichbelägen fühlt man sich in jeder Filiale anders. Das hat weniger mit den unterschiedlichen Raumgrößen und Helligkeiten zu tun, es ist die stimmungsrelevante, aber meist fehlende Klangkonzeption. So ließe sich für eine Bank eine bestimmte Audiosphäre designen und in allen Filialen als Corporate Audiosphere reproduzieren. Nach einer Zeit des unterbewussten Trainings würden die Kunden ihre Bank an diesem unverwechselbaren Klang identifizieren, auch wenn sie die Filiale – oder vielleicht einen Messestand oder Veranstaltungsraum der Bank – mit geschlossen Augen beträten.

Voraussetzung für ein angewandtes Corporate Audio Imaging ist eine digitale Technik, die es in Gebäuden ermöglicht, Umweltgeräusche über Raummikrophone aufzunehmen und sie gleichzeitig wieder über ein Lautsprechersystem phasenverkehrt auszusenden. Die so behandelten Klangwellen überlagern sich und löschen sich dabei gegenseitig aus. Gleichzeitig wird die speziell gestaltete, in ausgesuchten und auf den jeweiligen Raumklang abgestimmten Frequenzbereichen vorproduzierte Audiosphäre über dasselbe Beschallungssystem ausgesendet. Nach einer kurzen Lernphase wird der Besucher seine Bank unterbewusst erkennen.

6.7.11 Das Ohr denkt mit

Anhand dieser kleinen Auflistung ist leicht zu erkennen, wie vielseitig und wichtig sowohl Musik als auch Klang als Medien der Stimmungssteuerung in der Live-Kommunikation sind. Bei allen Überlegungen zur Eventmusik darf nie vergessen werden, dass die starke Emotionalität von Musik in all ihren unterschiedlichen Stilen und Erscheinungsformen ebenso stark mit zeitlichen und kulturellen Zusammenhängen assoziiert wird. Hier gibt es gelernte und klischierte Bedeutungszuordnungen im kulturellen Kontext der jeweiligen Stilistik, mit denen es bewusst umzugehen gilt. Wenn man Musiken im Sinne der Dramaturgie einzusetzen gedenkt, empfiehlt es sich, nicht nur die Stilistik in Rhythmik, Harmonik, Instrumentierung und Arrangement, sondern eben auch die dahinterliegenden dramatischen Muster zu bedenken.

Die Mathematik der Musik Als Komponist und Tonproduzent betrachtet man Musik etwas anders als der normale Zuhörer: Eine Komposition ist zunächst eine relativ überschaubare Form von Mathematik, die nach feststehenden Regeln Harmonie, Melodie und Rhythmik zusammenfügt. Wobei nicht verschwiegen sein soll, dass es ethnische Unterschiede in der Harmonik (etwa Vierteltöne in der Arabischen Musik und andere, gelernte Tonfrequenzen in China) gibt, die sich für das westlich geprägte Ohr durchaus merkwürdig anhören, wie auch künstlerisch entwickelte Erweiterungen wie die Zwölftonmusik und der Free Jazz.

Im Bereich der Klassik und der populären Musiken, die im Allgemeinen auf Veranstaltungen, im Film oder in der Werbung zum Einsatz kommen, lässt sich eine Komposition durch Veränderung der Instrumentierung, des Arrangements und der Aufführungsform stilistisch den Anforderungen der Dramaturgie anpassen, ohne etwas an Harmonie, Melodie und Rhythmus zu verändern. Anspielungen, die ein gelehrter Komponist wie Bach auf der Ebene der eigentlichen Komposition machen kann, werden in der Regel nur von Musikgelehrten verstanden, weswegen die Muster, die auf dieser Ebene angesprochen werden, für die meisten Menschen kaum eine Rolle spielen (wenn sie nicht erklärt werden).

Die Freude am Stil Die dramatischen Muster, die viel eher erkannt werden, liegen im Bereich der Stilistik. Es sind die kontexturalen Assoziationen (wie Tradition, Rebellion,

6.8 SFX – das Wunder der Spezialeffekte

Protest, Trauer, Heimatliebe usw.), die Blues, Soul, Rock'n'Roll, Techno, Hip-Hop, Swing Jazz, Schlager, Volksmusik oder Death Metal – um nur einige zu nennen – als Stilmittel in einer Inszenierung unterscheiden, auch wenn die zugrundeliegende Komposition immer dieselbe sein kann.

Die sich daraus ergebende Problematik besteht darin, dass solche kontexturalen Assoziationen von jeder Zielgruppe anders getroffen werden können. So reagieren die Fans einer Stilistik für gewöhnlich anders auf eine Musik als jene Zuhörer, die eher eine andere Stilistik bevorzugen. Das bedeutet nichts anderes, als dass der Musikstil im Rahmen der Dramaturgie der jeweiligen Zielgruppe angepasst werden sollte.

Man könnte das nun als eine sehr komplizierte Umschreibung der simplen Tatsache abtun, dass die Musik dem Zuhörer gefallen muss; diese Erklärung soll aber verdeutlichen, dass uns mit der stilistischen Gestaltbarkeit von Musik nicht nur ein hervorragendes Medium an die Hand gegeben ist, Inhalte mit Emotionen zu unterlegen, sondern dass die Gestaltung von Musik ebenfalls unter dramaturgischen Mustern zu betrachten ist.

Musik ist überall Im Flugzeug soll sie uns durch sanftes Gesäusel die Angst nehmen, im Kaufhaus durch langsame Tempi zum Verweilen einladen, beim Autofahren wachhalten und auf einer Party zum Tanzen bringen. Musik ist so allgegenwärtig in unserem Alltag, dass man sich wie beim Bild in große Konkurrenz begibt, d. h. wenn man ein gewisses Niveau in den Ohren seiner Zuhörer unterschreitet, erfüllt das Medium seine Aufgabe nicht mehr. Dazu gehört auch die Auswahl der richtigen Instrumentalisten und Interpreten. Ob aus den eigenen Reihen oder ein gebuchter Sänger, die Person als solche muss durch Stimme und Auftritt eine emotionale Glaubwürdigkeit in Bezug auf den Liedtext und dessen Bedeutung aufbauen können.

Da die Musik als Medium und Ausdrucksform so emotional ist, stehen viele Musiker im Ruf, zu den eher sensibleren Menschen zu gehören. In der Vorbereitung eines Events gilt es da oft, die Solisten mit viel Feingefühl mit dem Zweck der Veranstaltung vertraut zu machen und ihnen ihre Rolle im Gesamtkonzept zu erläutern – am besten, bevor man sie engagiert.

6.8 SFX – das Wunder der Spezialeffekte

▶ Immer wieder gerne stöbere ich in der umfangreichen, antiquarischen Bibliothek des Zauberers Roberto Giobbi. Einigermaßen überrascht war ich allerdings, festzustellen, dass schon vor tausenden von Jahren mit raffinierten Spezialeffekten gearbeitet wurde.

Über eine mechanische Konstruktion wurden die Tore eines Tempels wie von Geisterhand bewegt. Offene Feuerschalen auf der Tempeltreppe erhitzten darunter verborgene Wassertanks, überlaufendes Wasser brachte Gewicht auf ein unterirdisches Rad, eine Mechanik übertrug die Kraft auf drehende Balken, an denen die Tore des Tempels aufgehängt waren. Hörte der Hohepriester das

6 Das Multimediale Handwerkszeug

Knarren des drehenden Holzes, beschwor er die Götter, den Tempel zu öffnen – und das Wunder geschah.

6.8.1 Das Wunder im Auge

Auch moderne Spezialeffekte haben keine andere Aufgabe als diese raffinierte Illusion aus dem alten Ägypten: Sie sollen uns verblüffen, in Erstaunen versetzen und uns an ein Wunder glauben lassen. Aus psychologischer und dramatischer Sicht ist die Geschichte der Spezialeffekte eng mit der Zauberei verbunden. Es gibt immer noch Bluff, Staunen und Wunderglauben, auch wenn wir aufgrund unserer alltäglichen Erfahrung mit solchen visuellen Effekten in Film und Fernsehen nicht mehr so leichtgläubig sind wie unsere Vorfahren. Die meisten Effekte erscheinen uns zwar nicht mehr so unerklärlich, trotzdem sind wir immer noch fasziniert, wenn wir dergleichen live erleben dürfen. Die dramatische Wirkung der Illusion ist immer noch vorhanden.

Alles nur Physik Alle zauberischen und speziellen Effekte sind nichts anderes als die konsequente Anwendung mechanischer, physikalischer, optischer oder chemischer Gesetze unter besonderer Anwendung dramatischer Regeln und einer inszenierten Aufmerksamkeitssteuerung. Findige Geister in allen Teilen der Welt beschäftigen sich tagein tagaus damit, uns mit neuen Tricks zu verblüffen, und selbst professionelle Eventmacher sind immer wieder fasziniert, welche neuartigen Effekte immer wieder bewerkstelligt werden.

Zu meinen Lieblingseffekten gehört eine Maschine, mit der die berühmte Performance-Künstlerin Laurie Anderson einen veritablen Miniwirbelsturm von fünf Metern Höhe auf der Bühne erscheinen ließ. Wenn das Publikum auch das Wunder schnell durchschaute, so war diese Westentaschenversion einer unbezähmbaren Naturgewalt doch ein Spezialeffekt im allerbesten Sinne: technisch faszinierend, wunderschön anzuschauen und wegen seines Symbolgehalts außergewöhnlich anrührend.

6.8.2 Das Regal der Wunder

Zu den fast schon standardisierten Spezialeffekten, die auf Veranstaltungen eingesetzt werden, gehören kinetische Effekte, also die Bewegung von Bauten, Objekten, Lampen und Videoprojektoren, pyrotechnische Effekte wie Feuerwerk und Explosionen, Rauch-, Nebel- und Dunstmaschinen, besondere Projektionsmedien wie Sprühwasservorhänge sowie videotechnische und optische Effekte. Die neueste Kategorie von Spezialeffekten hat mit interaktiven Steuerungen zu tun, die virtuelle Bilder je nach Einfluss durch einen Besucher oder des Publikums digital verändern.

Kinetik Unter Bühnenkinetik wird alles zusammengefasst, was an Bühnenteilen gehoben, gekippt und gedreht bzw. an Objekten, Prospekten oder Vorhängen bewegt wird. Dies ist ein typisches Mittel des Theaters, und wer einmal die faszinierende Maschinerie eines

6.8 SFX – das Wunder der Spezialeffekte

Bühnenhauses erkunden durfte oder ein Funktionsmodell des Kolosseums in Rom vor sich hatte, wird für immer beeindruckt sein, mit welchem Erfindergeist man schon vor Jahrtausenden solcherlei Bühnentechnik entwickelt hat.

Doch auch in diesem Bereich hat sich in den letzten Jahrzehnten sehr viel getan. Immer bessere und digital steuerbare Motoren haben eine ganze Reihe von Bühnenbewegungen, die früher mit hohem Personaleinsatz von Hand gemacht werden mussten, wesentlich vereinfacht und präzise steuerbar gemacht. So findet Kinetik in Form von Drehtellern auf Automobilausstellungen mittlerweile fast standardmäßig statt.

Robotik Vor allem aber der Fortschritt der Robotik hat im Eventbereich nicht nur bei der gesteuerten Bewegung von Licht völlig neue Möglichkeiten eröffnet, sondern auch schon dem ein oder anderen Produkt zu völlig neuem (Bühnen-)Leben verholfen. Ganze Objekte oder einzelne Teile beweglich zu machen, hilft uns unter Umständen, Produkte besser in bewegte Inszenierungen wie Tanzshows oder andere Aufführungen zu integrieren.

Darüber hinaus gibt es aus Sicht der dramatischen Inszenierung zwei Ansätze, mit der Bewegung auf der Bühne umzugehen: entweder, sie offen als Ergebnis von Arbeit zu zeigen, was immer dann gut ankommt, wenn unser Publikum selbst oft und viel Hand anlegt, oder eben das magische Moment der Bewegung wie von Geisterhand, bei dem die bewegende Energie dem Zuschauer verborgen bleibt. Letzteres wurde vor allem in den wunderbaren Szenenbildern des Opernregisseurs Robert Wilson umgesetzt, der gerne riesige abstrakte Objekte über die Bühne fahren und entschweben ließ. Auf Messen hat man gerade in den letzten Jahren öfter große Videomonitorwände in ähnlicher Weise gefahren.

▶ **Bewegung braucht Genehmigung** So wunderbar der Einsatz solcher kinetischen Effekte auch sein kann, so sind doch im Vorfeld einige Aspekte zu bedenken. Zum einen muss all dies erst gebaut, transportiert und auch wieder entsorgt werden, zum anderen benötigt Kinetik auch immer Platz vor Ort. Hinzu kommt, dass das Bewegen von Objekten gewisser Größe in Deutschland behördlichen Einschränkungen unterliegt und im Einzelfall genehmigungspflichtig sein kann.

Theater und Kongresszentren haben einerseits standardisierte Genehmigungen für ihre fest eingebaute Bühnenkinetik, doch das Bewegen von Gegenständen über den Köpfen des Publikums benötigt praktisch immer eine behördliche Sondergenehmigung, ebenso die Bewegung des Publikums durch verfahrbare Tribünenelemente oder Dreh- und Kipptribünen wie etwa bei Flugsimulatoren.

6.8.3 SFX-Kameras und Videoeffekte

Im Falle künstlerischer Inszenierungen bietet sich auch ein Spiel mit live aufgenommenen Bildern an. Hier kommen besondere elektronische oder optische Effektkameras zum Einsatz, die das aufgenommene Bild im selben Augenblick verfremden.

Da solche speziellen Kameras wie Finger-, Wärmebild- oder Kaleidoskopkameras verfremdete oder abstrahierte Bilder vom Bühnengeschehen liefern und dabei Aufnahme und Effekt gleichzeitig passieren, entsteht eine Spannung zwischen Original und Abbild, die unsere Lust am Erkennen reizt. Bestimmte digitale Effekte, die mit einem nachgeschalteten Bildmischer gemacht werden können, eignen sich vom Bild her auch, haben aber erfahrungsgemäß nicht die gleiche Wirkung, da das Zustandekommen eines solchen Effekts nicht offen auf der Bühne einsehbar und deswegen schlechter nachzuvollziehen ist.

Bewegte Videoprojektoren Eine andere Möglichkeit, den Medien Dia und Video zusätzliches Leben einzuhauchen, ist der Einsatz von in alle Richtungen steuerbaren Projektoren. Diese können ähnlich wie kopfgesteuerte Scheinwerfer motorisiert oder wie bei klassischen Verfolgerscheinwerfern von Hand bewegt werden, womit jeweils eine andere Projektionsfläche definiert wird.

Um diesem Effekt die Krone aufzusetzen, könnte man diese Projektoren wie bei einem Motion-Control-Kamerasystem auch noch fokussierbar, fahrbar und höhenverstellbar machen. Diese zusätzliche Steigerung der Flexibilität des Bühnenbilds lässt eine Reihe von noch nie dagewesenen Möglichkeiten der Inszenierung zu, angefangen von künstlerischen Ansätzen, die mit der synchronen Bewegung von Bildern auf bewegten Objekten spielen, bis hin zur Erschaffung einer theatralischen Version virtueller Welten.

SFX-Projektionen Videobilder müssen nicht zwangsweise auf eine Wand oder Leinwand projiziert werden, um sichtbar zu werden. 3D-Effekte und holografische Effekte benötigen meist ein eigenes Medium wie Dunst oder besonders präparierte Glasscheiben oder Folien, um einigermaßen zu funktionieren. Hier ist die Technik aber selten so weit ausgereift, dass man sie wirklich sinnvoll auf Events einsetzen kann; viele dieser Effekte sind entgegen den Beteuerungen der Anbieter oft nur aus einem sehr eingegrenzten Blickwinkel einzusehen.

Eher eignen sich Effekte wie die Projektion in Wasservorhänge oder in herabregnende Papierschnipsel. Große Hoffnungen darf man hier auf die jüngst entwickelten Laser-Videoprojektoren setzen, die sehr lichtstarke und in allen Tiefen scharfe Bilder projizieren können. Auch die in Entwicklung befindlichen, lichtreflekierenden Videokacheln, die sich in beliebiger Größe verfliesen und verbinden lassen, werden in naher Zukunft oft und gerne auf Events, vor allem im Messebau, Verwendung finden.

6.8.4 Interaktive Installationen

Sehr schöne Effekte lassen sich mit interaktiven Video-Installationen erreichen, die auf Bewegung, Berührung oder Sprachbefehle reagieren. Hier wird die Entdeckungslust des Zuschauers aktiviert, der seinen „magischen" Einfluss auf die Technik zu ergründen versucht und dabei Informationen aufnimmt oder unterhalten wird. Tatsächlich nimmt der Besucher einer solchen Installation ständig „angepasste Bewegungen" vor, was sich sehr posi-

6.8 SFX – das Wunder der Spezialeffekte

tiv auf seine Aufmerksamkeit und seine Emotionalisierung auswirkt. Erkenntnisse hierzu finden Sie unter dem Stichwort Integrations-Therapie in der psychologischen Literatur.

Beispiel für eine Installation

Auf einem Architektur-Symposium zum Thema Hochhäuser wurde ein falscher Bauaufzug aufgestellt, der die Teilnehmer in ein „Wolkenschloss" transportierte. Der Aufzug selbst stand auf Blattfedern und wurde mittels untergeschraubter Tieftöner in täuschend echte Vibration versetzt. Die Auffahrt konnten die Kongressteilnehmer durch die Fenster des Bauaufzugs, zwei große Flachbildmonitore, erleben.

Oben angekommen überquerten die Gäste ein windiges Baugerüst, bevor sie in eine Blue Box eintraten. Hier wurde ein Bild aus der Vogelperspektive aufgenommen und mit vorbereiteten Hintergründen verblendet, sodass die Gäste sich selbst in schwindelnder Höhe über die Stadt balancieren sahen. Gleichzeitig wurde das Bild noch in den Tagungssaal übertragen, wodurch jeder Gast seinen eigenen, ganz persönlichen und sehr sympathischen Auftritt bekam, bevor er den Saal betrat.

6.8.5 Lasershows

Lasershows sind seit mehr als dreißig Jahren ein beliebter Spezialeffekt, der allerdings in seiner Sinnhaftigkeit über den Zweck einer kurzen Lightshow selten hinauskommt. Auch die Möglichkeit, Bilderlinien und Comicfiguren zu zeichnen und zu animieren, kann nicht darüber hinweg täuschen, dass eine Lasershow nicht unbedingt viel dazu beiträgt, einen Inhalt zu transportieren.

Je nach den örtlichen Bedingungen eignen sich Animationen von Logos und Namen allerdings als Element der Markierung und Aufmerksamkeitssteuerung, vor allem in freiem Gelände bei Nacht. In geschlossenen Räumen ist moderne Videoprojektionstechnik in dieser Funktion jedoch wesentlich variantenreicher und von deutlich höherer Bildqualität.

Die Verteilung des Lichtstrahls Auch in der Lasertechnik gab es zuletzt durch Motorisierung und Digitalisierung deutliche Entwicklungssprünge, insbesondere durch den Einsatz der Glasfasertechnik, die es ermöglicht, nicht nur das Laserlicht verlustfrei auf viele Effektboxen zu verteilen, sondern auch Lichtaustrittspunkte in Kostüme und Objekte zu verlegen. Hier wird sich in den nächsten Jahren durch die Miniaturisierung portabler Technik noch einiges tun.

Wenn die technische Entwicklung der Glasfasertechnik ein bisschen weiter gediehen ist, dann liegen die weit größeren Möglichkeiten des gebündelten Lichts aber wohl im Bühnenbild: die lichtleichte und veränderbare Raumgestaltung mit Lichtwänden, Tunneln und geometrischen Objekten. Dies sind allerdings Effekte, die sich zum Leidwesen der meisten Lasershow-Anbieter fast wirkungsgleich mit modernen, steuerbaren Lampen herstellen lassen.

Auch wenn man nicht ihr größter Fan ist, Lasershows haben unbestreitbare Qualitäten. Zum einen sind die Menschen bei einer *Lightshow* von der Beherrschung des Lichts und seinen präzise synchronisierten Bewegungen fasziniert, zum andern lassen sich hier noch eine Reihe neuer Umgangsweisen mit dem Laser entwickeln. Bei Konzerten mit eigens gebauten Instrumenten oder künstlerischen Klangskulpturen zum Beispiel nutzen wir den Laser, um die Musik und den Klang der Instrumente oszillografisch direkt in visuelle Effekte umzusetzen.

▶ **Der Sicherheitsbeauftrage** Lasershows dürfen aufgrund der potentiellen Gefährlichkeit der Strahlen für das menschliche Auge nur nach kostenpflichtiger Abnahme durch einen staatlich bestellten Laserinspekteur eingesetzt werden. Dieser versichert sich, dass der Laser entweder in seiner Leistung entsprechend begrenzt oder nicht direkt ins Publikum gerichtet ist. Der Dienstleister braucht eine amtliche, technische Betriebsgenehmigung für seine Anlage.

6.8.6 Pyrotechnik

Pyrotechnik fasst all jene Effekte zusammen, die mit Feuer sowie brennenden und explosiven Materialien durchgeführt werden. Da sie meist von den gleichen Anbietern kommt, möchte ich Flitter- und Rauchkanonen mit in den Bereich der Pyrotechnik einordnen. Der wohl bekannteste pyrotechnische Effekt ist das Höhenfeuerwerk.

Kontrolliertes, offenes Feuer ist aufgrund seiner archaischen symbolischen Bedeutung ein wunderbares Element zur Inszenierung von Orten, und eine große brennende Bühne wie die, mit der der Countrysänger Garth Brooks auf Welttournee war, ist unbestreitbar ein faszinierender Rahmen für eine Aufführung. Es geht aber auch ein bisschen kleiner: Lauffeuer, Fackeln und Feuerschalen geben schnell eine anheimelnde Atmosphäre, und auch bestimmte raumgestaltende Feuerwerkseffekte wie das bekannte bengalische Feuer sind gute Mittel, einen Ort für kurze Zeit zu etwas Besonderem zu machen.

Schwer zu erinnern Das Höhenfeuerwerk ist oft ein nur schwer differenzierbares Element der Inszenierung, was vielfach an seiner Beliebigkeit von Formen und Farben und deren Flüchtigkeit liegt. Von vielleicht 250 Feuerwerken, die ich während meiner 30-jährigen Tätigkeit gesehen habe, kann ich gerade mal vier in meiner Erinnerung einem speziellen Ereignis positiv zuordnen, und dies auch nur, weil diese Feuerwerke entweder mit gigantischem Aufwand produziert wurden oder von nicht wiederholbaren, zufälligen Wetterbedingungen profitierten. Ich will aber auch nicht verschweigen, dass es vor allem in Japan wunderbare Feuerwerker gibt, die mit handgebauten Bomben wahre Bilder und erkennbare Symbole in den Nachthimmel zeichnen können. Diese Symbolfähigkeit macht das Feuerwerk als Element der Dramaturgie interessanter, leider steigen die Kosten dafür dann auch sofort in sechsstellige Bereiche.

Aus dramatischer Sicht ist der häufigste Fehler im Umgang mit dem Höhenfeuerwerk, dass es zumeist außerhalb einer Dramaturgie für sich selbst stehen soll. Wie für alle anderen Spezialeffekte auch ist aber eine dramatische Einbindung wichtig, wenn das Feuerwerk über die ersten dreißig Sekunden hinaus Sinn machen soll. Im Film wird ein solches Feuerwerk eigentlich nur als Symbol für die Spannungslösung nach der Auflösung der Geschichte eingesetzt, und zwar maximal 15–20 Sekunden lang. Dann hat es seiner Symbolkraft genüge getan.

So wird es letztlich meist auch auf Veranstaltungen benutzt – als feierlicher Abschluss. Oder dramaturgisch formuliert: als Symbol des *Happy Ends* nach dem *Showdown*.

Bei Großveranstaltungen wie Stadtfesten und Sportevents kann der Einsatz von Höhenfeuerwerk sehr sinnvoll sein, weil es bei großen Steighöhen von vielen Zuschauern gleichzeitig betrachtet werden kann. Auf Firmenevents setzt man es manchmal nur ein, damit es aufgrund der erlernten Funktion von öffentlichen Anlässen beim Publikum Größe und damit die Wichtigkeit der eigenen Veranstaltung betont.

Das Feuer steuern Auch in diesem Bereich hat sich durch die Digitalisierung in Sachen Steuerung und Synchronizität mit Musik und anderen Effekten viel getan. So ist die Einbindung von pyrotechnischen Effekten in den synchronisierten Gesamtablauf einer Inszenierung zeitgenau möglich, zumal die Steigzeiten und Explosionszeitpunkte vorher berechnet und im *timecode* entsprechend nach vorne gezogen werden können. Eine Verzahnung mit Lichtshows und kinetischen Effekten ist leicht realisierbar.

Jedes Höhenfeuerwerk hat einen großen Bedarf an Platz, Abstand zu Publikum und Bauten (wegen Sicherheit) und einer aufwändigen Verkabelung oder Verfunkung. Fast jeder Einsatz von Pyrotechnik erfordert eine Abnahme durch die örtliche Feuerwehr und die Anwesenheit des Brandschutzes sowie eine Genehmigung durch Stadt oder Landkreis; in der Nähe von Wasserwegen und Fernstraßen sind weitere Behörden zuständig.

Wo Feuer ist, ist meist auch Rauch Und selbst wenn es keine behördlichen Einwände gibt, bleibt noch die Frage der Geruchs- und Geräuschbelästigung. Schon öfter habe ich Veranstaltungen erlebt, bei denen eine Pyroshow den Gästen den Genuss der Speisen deutlich vermiest hat. Und auch die manchmal ohrenbetäubende Detonation einiger Pyro-Effekte wie stage bombs kann in geschlossenen Räumen für das untrainierte Ohr schlicht zu laut sein.

Manchmal wäre hier weniger mehr, vor allem in Bezug auf die Nebenwirkungen sogenannter Indoor-Feuerwerken. Wenn Sie ein solches Feuerwerk in einem geschlossenen Raum präsentieren wollen, sollten Sie sich zuerst von der Funktionstüchtigkeit der örtlichen Luftreinigungsanlage (Klima) überzeugen und wiederum beim Brandschutz anfragen, ob ein solcher Einsatz im fraglichen Raum genehmigt werden kann. Der Einsatz eines Indoor-Feuerwerks kann sich auch auf Bühnenbauten und andere Dekoelemente auswirken, wenn aufgrund des Einsatzes der Pyrotechnik teurere, brandsichere Materialien benutzt werden müssen.

6.8.7 Wasserspiele

Was schon vor hunderten von Jahren von findigen Kunsthandwerkern mit erheblichem architektonischen Aufwand in Brunnen- und Gartenanlagen großer Schlösser eingebaut wurde, ist heutzutage aufgrund leistungsstarker hydraulischer Pumpen, steuerbarer Ventile und transportabler Becken ein fast überall verfügbarer Spezialeffekt. Fontänen und Wasserstrahlen werden mittlerweile elektronisch programmiert und gesteuert, sodass wir das springende Wasser zu einem weiteren synchronisierten Element der Inszenierung machen können.

Wasser als Leinwand In den Bereich der Wasserspiele gehören auch Wassernebel, die bei günstigen Bedingungen als Medium für Lichteffekte und Videoprojektionen genutzt werden können: mit den digital gesteuerten Düsen kann man sogar Symbole und Schriften in den Wasservorhängen abbilden.

Solche tanzenden Wasser können aufgrund der Licht- und Musiksynchronizität wie etwa beim Bellagio-Casino in Las Vegas sehr spektakulär sein, aber ähnlich wie beim Feuerwerk greift diese Faszination erst richtig ab einer gewissen Flächengröße und Anzahl der Düsen. Oft werden die Wasserspiele mit Feuerwerk kombiniert, weil ja Feuer und Wasser so hübsche Gegensätze sind (wie ich schon öfter bei der Vorstellung von Eventkonzepten erfahren durfte). Wenn es allerdings wirklich beeindruckend sein soll, ist der Aufwand immer noch erheblich.

▶ **Amtliche Abnahmen** Ein kleines Hemmnis, das mit dem Einsatz einiger Spezialeffekte verbunden ist, stellt die zumindest in Deutschland notwendige, sicherheitstechnische Abnahme durch den zuständigen örtlichen TÜV, die Feuerwehr oder andere Ämter dar.

Diese Kontrollen sind selbstverständlich sinnvoll, wir müssen aber Zeit und Arbeitsstunden für die Kommunikation mit den Ämtern und zumeist auch Gebühren für die Abnahme vor Ort einberechnen. Damit alles ohne Schwierigkeiten abläuft, sollten alle generellen Bescheinigungen für die eingesetzten Materialien und Maschinen nicht nur beim jeweiligen Lieferanten, sondern auch beim Produktionsleiter und Bühnenmeister vorliegen.

6.8.8 Rides

Soweit zu einigen der wichtigsten Beispiele aus dem weiten Feld der Spezialeffekte. Wie weit der Bereich tatsächlich gefasst werden könnte, lässt sich in den Filmparks und einigen „Rides" in den Hotels von Las Vegas auskundschaften, wo man mit Kombinationen aus Flugsimulatoren, Projektionen, Robotik und *Animatronics* (die Belebung toter Gegenstände durch computergesteuerte Hydraulik, Pneumatik oder formerinnernde Werkstoffe) vollständig künstliche Welten erschafft.

6.8 SFX – das Wunder der Spezialeffekte

Grundsätzlich macht auch der Einsatz von Spezialeffekten nur dann Sinn, wenn sie entsprechend eingebunden an den Höhepunkten einer Dramaturgie eingesetzt werden können. Bei der Produktionskonzeption ist aber immer daran zu denken, dass jeder Spezialeffekt ebenso spezielle Voraussetzungen benötigt, um seine Wirkung auch voll entfalten zu können, und dass die Herstellung der geeigneten Umstände zuweilen mit einigem Aufwand verbunden sein kann. So kann zum Beispiel die für manche Lasershow benötigte Kühlwasservorrichtung in einer Wüste zuerst zu einem logistischen Problem und dann zu einem unangenehmen Kostenfaktor werden.

6.8.9 Magnetfeld und Rauchentwicklung: Die schönsten Fehler

So mancher Eventregisseur oder planender Techniker bekommt immer wieder Konzepte zur Realisation auf den Tisch, die von fantastischem und wohlklingendem Unfug nur so strotzen, die aber dem Kunden in erfolgreichen Präsentationen zuvor verkauft worden waren. Das Spektakuläre ist in unseren computeranimierten Medien so allgegenwärtig, dass viele Menschen das schon für real halten bzw. für etwas, das in der Realität genauso herzustellen wäre.

Es schwebt nicht!

Einer der Höhepunkte solcher Anliegen – das sei hier zu Ihrer Unterhaltung erwähnt – war der Wunsch einer Agentur, man möge doch ein Auto auf einem Messestand schweben lassen, und zwar so, dass man drumherum laufen könne und es von allen Seiten schweben sähe. Man vermutete, das müsse doch irgendwie mit einem Magneten zu machen sein. Nun, nicht nur, dass das Fahrzeug aus nicht magnetischem Aluminium bestand; ein Magnet, der stark genug wäre, um mehr als eine Tonne in der Luft zu halten, würde im Umkreis von zig Metern sämtliche Kreditkarten löschen und Herzschrittmacher ausschalten. Diese Präsentation wäre ein todsicherer Erfolg gewesen. Ganz davon abgesehen, dass Miete und Stromrechnung für einen solchen Magneten das Präsentationsbudget fast allein aufgefressen hätte. Natürlich hätte man dem Kunden mit Hilfe von Technikern, die Großillusionen für Zauberer bauen, seinen Wunsch erfüllen können, allerdings nur bei Verzehnfachung des verabschiedeten Budgets.

Da drinnen brennt's!

Zu denen sich auf magische Art und Weise immer wiederholenden Katastrophen, deren Zeuge ich bei Veranstaltungen werden durfte, gehören eine ganze Reihe sogenannter Indoor-Feuerwerke; nach Aussage der verantwortlichen Pyrotechniker eine echte Herausforderung für jeden Feuerwerker, entwickelt dieser Spezialeffekt schnell eine unangenehme Eigendynamik. Rauchentwicklung und Geruchsbelästigung sind erheblich.

Ich erinnere mich da an den Europa-Chef eines japanischen Autobauers, der seine Rede tapfer in den Qualm der soeben beendeten Feuershow sprach und erst 15 min später nach Abzug der Rauchschwaden bemerkte, dass die gut 1000 Gäste den Saal zwischenzeitlich aus Atemnot längst verlassen hatten.

Aber auch im Freien kann so ein Feuerwerk schnell zur Plage werden, wenn der Wind aus der falschen Richtung weht und der chinesische Cheffeuerwerker in Südafrika seine weitverstreuten Abschussrampen zuvor zum Schutz gegen den drohenden Regen mit Müllsäcken aus Plastik umwickelt. Dieses Feuerwerk hat sich sehr schnell in ein *Rauchwerk* verwandelt. Die Gäste mussten dann schnell aus der giftigen Plastikqualmschneise weggebeten und die Veranstaltung für etwa eine Viertelstunde unterbrochen werden.

6.9 Kunst als Muster und Instrument

▶ Kunst kann alles. Man kann von der Kunst viel lernen, denn sie ist in quasi allen Medien der Laborbetrieb, in dem die Fähigkeiten und Grenzen jedes Mediums ausgelotet werden. Sie bringt neue Ideen und Verfahren hervor und testet sie aus, lange bevor diese Medien dann in die allgemeine Wahrnehmung treten.

Kunst kann alles, sogar gezielt kommunizieren. Vor allem aus der Bildenden Kunst lassen sich Ideen und Verfahren ableiten, die wir als Elemente der Dramaturgie einsetzen können.

6.9.1 Freie Kunst und Auftragskunst

Eine kleine Anmerkung vorweg: So wie wir uns auf der Ebene des Events den Unterschied zwischen dem Event als Produkt und dem Event als Medium vor Augen gehalten haben, so muss man sich auch den Unterschied zwischen der Freien Kunst (im Sinne einer *L'art pour l'art*) und der Auftragskunst verdeutlichen, um ihre kommunikativen Qualitäten besser einschätzen zu können. Nicht zuletzt, weil der Rezipient die Kunstwerke auch unter diesem Aspekt betrachtet.

Will man Kunst als Kommunikationsmedium einsetzen, bedarf es einer gewissen Sensibilität gegenüber der Freien Kunst und ihrer gesellschaftspolitischen Bedeutung. Wenn wir im folgenden Kapitel Kunst als Muster und geeignetes Instrument für die Kommunikation betrachten, so geschieht dies nicht in Einschränkung der Freien Kunst oder in ihrer allgemeinen gesellschaftlichen Funktion. Freie und auch staatlich geförderte Kunst stellen einen großen Reichtum unserer Gesellschaft dar und sollten auf jeden Fall von Zensur, zielgerichtetem Auftrag und anderen Einschränkungen freibleiben. Es kann in einer Gesellschaft keine Freiheit der Seele geben, wenn ihre Kunst nicht frei sein darf.

Nichtsdestotrotz gibt das weite Feld der Kunst und des künstlerischen Arbeitens nicht nur Denkanstöße, sondern bietet auch eine Reihe von Möglichkeiten, die man konkret zur Kommunikation von Inhalten aller Art einsetzen kann. Wir haben Muster und Ausdrucksmittel von Kunst vor allem im Hinblick auf ihre Dramatisierungsmöglichkeiten untersucht, um sie für die Inszenierung von Kommunikationsmaßnahmen nutzbar zu machen und ihren kulturbildenden Wert für die Unternehmen unserer Kunden einsetzen zu können. Die dabei erzielten Erfolge zeigen, dass Kunst eine Reihe von interessanten Qualitäten für die Kommunikation und die Bildung von Identität mit sich bringt – vor allem im Hinblick auf die zur Zeit so gerne geforderte Nachhaltigkeit von LK-Maßnahmen.

6.9.2 Kunst und Gesellschaft

Kunst ist wie Forschung oder gutes Marketing ihrer Zeit immer ein Stück voraus. Kunst beschäftigt sich immer mit dem, was sein kann und sein wird: Sie versucht gedankliche und emotionale Lösungen für gesellschaftliche Konflikte, eben Kultur zu schaffen und diese nachvollziehbar in künstlerische und kommunikative Medien umzusetzen. Kunst stattet ihre Rezipienten mit Ansätzen und Möglichkeiten aus, individuelle und gemeinschaftliche Entwicklungen zu erkennen, zu reflektieren und voranzutreiben. Dabei pendelt der Künstler im Experimentellen oft zwischen den Extremen, arbeitet in der Umsetzung zugleich mit Realitäten und Idealen.

▶ Die Kunst arbeitet in ihrer Eigenverwirklichung mit den Mitteln der Psychologie, Dramaturgie und des geeigneten medialen Ausdrucks, also mit Mitteln, die ebenfalls in der Entwicklung von Corporate Identity, Unternehmenskultur, Marketing und Kommunikation eine gewichtige Rolle spielen. Dank der Ähnlichkeit der Strukturen lassen sich Ideen und Verfahren aus der Kunst auf Kommunikation, Projektentwicklung und Marketing übertragen. Kurz: Von der Kunst kann man lernen, und man kann sie aktiv für die Unternehmenskommunikation einsetzen.

Dies geschieht in der Praxis mittels einer konzeptionell gesteuerten, künstlerischen Auseinandersetzung mit Nachricht, Ziel und Identität des Auftraggebers. Eine entsprechende Beratung hilft, Konzepte im Hinblick auf unser Kommunikationsziel zu entwickeln, die richtigen Künstler und Produzenten auszuwählen, den handwerklichen, technischen und finanziellen Aufwand einzuschätzen und die jeweiligen Projekte in die Kommunikationsstrategie zu integrieren, zum Beispiel bei der Unternehmensdarstellung in Medien oder der Entwicklung von Bauvorhaben sowie der Gestaltung von Gebäuden. Vorzugsweise kommt sie in der LK bei der Vorbereitung und Durchführung von kommunikativen und kulturbildenden Interaktionen zur Geltung.

6.9.3 Kunst als Kommunikationsmedium

Auch wenn es nicht alle gern zugeben, für viele Menschen ist die bildende Kunst – zumal die moderne – ein Buch mit sieben Siegeln. Andererseits haben die meisten Menschen einen tief verankerten, fast archaischen Respekt für den Künstler und sein Werk. Einem schönen Kunstwerk mutet oft etwas „Engelhaftes" an, d. h. es wird als reine, unverfälschte Nachricht betrachtet.

Beide Voraussetzungen bilden aus Sicht des Kommunikationsdramaturgen eine ideale Grundlage für Kommunikation mit Kunst. Kunst kann Metaphern und Analogien für jeden Wert und jede Dimension von Produkten, Dienstleistungen und Unternehmensidentität schaffen. Sie eignet sich, um Muster aufzuzeigen, Denkanstöße zu geben und sogar konkrete Ideen für Unternehmenskultur und Kommunikation zu entwickeln.

Die wahlweise zur Ausstellung ausgewählte, im Auftrag erschaffene und dramatisch inszenierte Kunst fungiert dabei gleichzeitig immer auch als Zeuge für Leitbild und Wertekanon eines Unternehmens, und sie tut dies umso überzeugender, je mehr sie die Position der reinen, unverfälschten Nachricht behaupten kann. Vor allem aber bei den offensichtlich für einen vorgegebenen Kontext produzierten Kunstwerken helfen Interaktion und dramatische Inszenierung, um die „abgeschwächte Freiheit" der Kunst in ihrer Bedeutung und im Bewusstsein der Zielgruppe durch eine erlebbare Authentizität wieder aufzufangen.

Kurz: Das Medium Kunst sollte im besten Fall nach den formalen und rezeptiven Kriterien der Freien Kunst bestehen können, damit es als Medium seine volle Kraft entwickeln kann. Hier treffen wir auf dasselbe Phänomen wie bei Imagefilmen, Image-Musicals oder anderen Inszenierungen. Das Medium muss auch den eigenen Ansprüchen genügen und als Medium die Zielgruppe überzeugen, damit es kommunikativ wirksam werden kann.

6.9.4 Kulturzeuge oder Kulturwerkzeug

Da Kunst ein fester Bestandteil unseres gesellschaftlichen Kontextes ist, ist sie auch in vielen Unternehmen schon länger Bestandteil der Unternehmenskultur, wenn auch oft nur peripher und nicht besonders gut kommuniziert. Im Folgenden möchten wir die Kunst in verschiedenen Zusammenhängen mit einem Unternehmen kategorisieren und dann ihre Einsatzmöglichkeiten zur Inszenierung von Unternehmenskommunikation beleuchten:

▶ **Sammlungen** Bekenntnis zu einer ausgewählten Art von Kunst als identitätsvermittelndes Statement

▶ **Kunstwettbewerbe** Ausschreibung von Wettbewerben zu einzelnen Objekten oder zu thematisierten Förderpreisen

▶ **Kommunikation mit Freier Kunst** Ausstellungen, die je nach zu vermittelndem Thema aus am Kunstmarkt vorhandenen Exponaten zusammengestellt und inszeniert werden

▶ **Kommunikation mit Auftragskunst** Ausstellungen, die mit eigens für den Auftraggeber unter thematischen Vorgaben produzierten Exponaten inszeniert werden

6.9 Kunst als Muster und Instrument 237

▶ **Bildende Kunst als Mittel der Inszenierung** der Einsatz von dramatisierten, künstlerischen Arbeitsprozessen in Form von offenen Ateliers, Action-Paintings und Art-Performances

▶ **Interaktive Kunst-Happenings** mit Animationen verbundene Kunst-Happenings, bei denen die Eventgäste im Rahmen einer Vorgabe spielerisch-gestalterisch an der Entstehung des Kunstwerks teilhaben

▶ **Kulturübungen mit Bildender Kunst** Auseinandersetzung mit Kunst als Mittel der Identitätsentwicklung

Vor allem die vier letztgenannten Wege sind eventdramaturgisch und kommunikativ hochinteressant, wenn auch mit einigen psychologischen Klippen gespickt, die es zu umschiffen gilt.

6.9.5 Sammlungen

Mit Ausstellungen oder der Verleihung einer Sammlung sowie der begleitenden Kommunikation darüber bis hin zur eigenen Präsenz vor Ort stellt sich ein Unternehmen über die ausgewählte Kunst dar. Die Inhalte und Werte, die von der Kunst repräsentiert werden, werden als Aussage des Unternehmens über die eigene Identität angesehen, zumindest solange das Unternehmen nicht im Verdacht steht, ein kommerzieller Zweck der Sammlung als Wertanlage stünde im Vordergrund.

Die Präsentation solch einer Sammlung kann durchaus im Zusammenhang mit einer Kommunikationsstrategie stehen. Meist sucht man sich hierfür einen objektiven Präsenter, z. B. ein Museum oder eine sehr renommierte Galerie, und lässt das Engagement für die Kunst von einem PR-Konzept begleiten.

6.9.6 Kunstwettbewerbe

Ideenwettbewerbe für Großkunstwerke und die Ausschreibung von Förderpreisen im Namen des Unternehmens stehen irgendwo zwischen der Kommunikation mit Freier Kunst und der Auftragskunst. Die künstlerische Arbeit ist zwar in sich frei, aber Ausschreibungen und Wettbewerbe geben einen gewissen thematischen und oft auch formalen Rahmen vor, in dem sich die angesprochenen Künstler bewegen sollen. In den Teilnahmekriterien wird dann oft eine Thematik vorgegeben, mit der sich das ausschreibende Unternehmen identifiziert.

Hier liegt es am Unternehmen und an den eingesetzten Juroren, wie weit oder eng die Einschränkungen der Freien Kunst gefasst sind. Manch einer traut sich hier zu, dass sich die Freie Kunst auch kritisch oder kontrapunktisch mit der Identität des Unternehmens auseinandersetzt, empfehlenswert ist dies aber nur für gewisse Branchen oder bei Unternehmen, bei denen eine mögliche kritische Auseinandersetzung mit Inhalt und Identität gemeinschaftsfördernd ist.

Oft stehen Wettbewerbe und Förderpreise bereits in einem Zusammenhang mit Kunstsammlungen, die ein Unternehmen über einen längeren Zeitraum anlegt und im Rahmen seiner Öffentlichkeitsarbeit einsetzt. Kommunikativ ist bei solchen Maßnahmen stets eine professionelle Begleitung durch eine entsprechende PR-Arbeit vonnöten. Dass diese Kategorie insgesamt auch unter de Aspekt Live-Kommunikation fällt, liegt daran, dass die meisten Prozesse dieser Art mit einem Event und einer entsprechenden PR-Arbeit zur Preisverleihung oder Einweihung des Kunstwerks verbunden sind.

6.9.7 Thematisierte Ausstellungen mit freier Kunst

Der freie Künstler erwählt sich seinen Inhalt selbst und setzt ihn in seiner Art und Weise unter von ihm (oder der Kritik) festgelegten Deutungen um. Wie auch bei den Stars der darstellenden Kunst oder Entertainern mit starkem, eigenem Profil muss hier zunächst analysiert werden, ob es inhaltliche oder musterhafte Identifikationsmöglichkeiten zwischen dem Werk des Künstlers und der Identität und dem Inhalt unseres Unternehmens gibt.

Soll eine Ausstellung freier Kunst zusammengestellt werden, benötigen wir Künstler und Kuratoren, die sich der eigentlichen Aufgabe der Ausstellung bewusst sind. Dabei ist es nicht schwer, jemanden zu finden, der die ihn selbst betreffenden kommerziellen Belange einer solchen Ausstellung versteht. Wir müssen aber darauf achten, dass unser Anliegen und das kommunikative Ziel der Maßnahme von den Beteiligten aus der Kunst verstanden werden. Hat man das zu vermittelnde Thema festgelegt, kann man die Ausstellung aus am Kunstmarkt vorhandenen Exponaten zusammenstellen und für die Zielgruppe angemessen inszenieren.

Ausstellungen mit bekannten Künstlern laufen zumeist unter dem Aspekt des Sponsorings und bedürfen daher einer gutgemachten, begleitenden PR-Arbeit, die den Zusammenhang zwischen der gezeigten Kunst und dem Inhalt und den Werten unserer Unternehmensidentität herstellt.

6.9.8 Kommunikation mit Auftragskunst

Corporate Artworks funktionieren letztlich nicht anders als Business-Entertainment oder etwa Image-Musicals. Inhalte und Emotionen werden hier nur nicht in Show oder Musiktheater, sondern in Arbeiten bildender Kunst umgesetzt und dadurch erlebbar inszeniert. Die Künstler und ihre Kunstwerke fungieren dabei als Träger und Mittler unserer Botschaft. Dies kann mittels eines einzelnen Kunstwerks wie einer Skulptur vor dem Firmensitz oder im Foyer geschehen, wie es für öffentliche Bereiche und von Anforderungen des

6.9 Kunst als Muster und Instrument   239

Baugesetzes unterstützt seit langem üblich ist. Anstelle des oben genannten Wettbewerbs gibt dann ein genau gefasstes Konzept Inhalt, Stilistik und Interpretation vor.

Ein interessantes, weil wenig genutztes Medium sind Ausstellungen mit einer Reihe eigens für den Auftraggeber unter thematischen Vorgaben produzierten Exponaten. Eine solche Ausstellung erfüllt dann dieselbe Aufgabe wie ein Business-Theaterstück. Hier sitzt das Publikum und die Geschichte bewegt sich vorbei, während bei einer Ausstellung die Geschichte fest platziert ist und sich das Publikum durch die Geschichte hindurch bewegt. So kann eine Serie von zwanzig Bildern dieselbe Geschichte erzählen wie eine Bühneninszenierung mit zwanzig Szenen.

Das Interessante daran ist der hohe Anteil an eigener Aktivität, die das Publikum aufbringen muss: Es muss sich körperlich bewegen, was bei gut gemachter Wegeführung die Aufmerksamkeit und Emotionalität steigert, und es muss sich geistig bewegen, weil es die Lücken zwischen den Exponaten durch Assoziationen und das eigene Ergänzen der Geschichte auffüllen muss.

Dabei kann man das Publikum beim Gang durch die Ausstellung sich selbst überlassen oder durch eine technische oder persönliche Moderation durch einen „Museumführer" begleiten. Diese Moderation kann dann in abgestimmter Graduierung und Interaktion auf das „Ergänzen der Geschichte" in der Vorstellung der Besucher einwirken. Eine zusätzliche dramatische Qualität einer solchen Ausstellung kann darin bestehen, dass die Geschichte mehrere Auflösungen anbietet und der Gast sich an einer bestimmten Stelle zu entscheiden hat, welcher räumlichen Führung er folgt.

> **Fazit**
>
> Ob wir unsere Inhalte für eine solche Ausstellung in Foto- und Videokunst, Gemälden, Skulpturen, interaktiven Kunstwerken, illustrierten Texten oder Body-Paintings verarbeiten und inszenieren lassen, ist letztlich eine Frage des passenden Stils, d. h. angepasst an die Identität des Unternehmens, die Qualität der Zielgruppe und der Eventsituation. Manchmal gibt es in der Unternehmenshistorie schon Vorlieben für ein bestimmtes, künstlerisches Medium oder Sujet, das man aufgreifen kann, manchmal ermöglichen auch die Produkte einen direkten Bezug zu einer Kunstform, z. B. in Bezug auf ihr Design oder die verwendeten Materialien.

6.9.9 Kunst schafft Ambiente

Der Einsatz von künstlerischen Arbeitsprozessen in Form von offenen Ateliers bietet sich auch zur Inszenierung des Ortes an. Wir arbeiten mit Kunstwerken, die im Rahmen des Events entstehen, und inszenieren diese Entstehung nach Möglichkeit als work-in-progress in verschiedenen Stationen. Die Künstler arbeiten nach einem zuvor entwickelten Konzept, das sich selbstverständlich mit unseren Kommunikationsinhalten beschäftigt. Je nach Publikum und Kommunikationsziel können dies einfach nur schöne oder gefällige

Umsetzungen der Themen oder eben auch interessante und kontroverse Interpretationen durch die Künstler sein.

Den „Zauberern" unter Ihnen wird ein psychischer Effekt dabei bekannt vorkommen: wir legen den „Trick" offen, weihen die Gäste in geheimes Wissen ein, machen sie so zu Komplizen. Ach, so entsteht Kunst!, denkt der Betroffene bei sich; er überwindet seine Hemmung, die er aufgrund seines vermeintlichen Unwissens hat, und gibt sich ganz der Neugierde hin. Er verlangt zu wissen! Diesen inneren Zustand nimmt er dann aus der Tagungspause mit in den Vortragssaal – ein weiches Bett für unsere folgende Nachricht!

Beispiel

Für eine Präsentation von Farbkopieren auf einer Messe wurde eine solche Ateliersituation mit Skulpturen und Bildern inszeniert. Verbunden mit digitaler Fotografie konnten die Qualitäten der Kopierer in regelmäßigen Präsentationen demonstriert werden. Die Handouts waren kleine Kunstwerke, die von den auf der Bühne offen arbeitenden Künstlern signiert und verschenkt wurden. Gleichzeitig waren die Arbeiten der Künstler an den mannshohen Originalen zwischen den Präsentationen ein ständiger Anziehungspunkt für das Laufpublikum auf der Messe. Zusätzlich hatte das Konzept noch einen synergischen Mehrnutzen zu bieten: Nach der Messe gingen die entstandenen Skulpturen und Bilder als Leihgaben an die besten Händler.

6.9.10 Kunst als Mittel der Bühneninszenierung

Ein ziemlich überraschendes Mittel der Bühneninszenierung ist der Einsatz von dramatisierten, künstlerischen Gestaltungsprozessen in Form von Action-Paintings, Sculpturings und Art-Performances. Hier entsteht das Kunstwerk vor den Augen des Zuschauers und stellt nach seiner Fertigstellung ein Symbol dar, das durch den weiteren Verlauf der Veranstaltung eine Bedeutung erhält.

Beispiel

Ein Bildentwurf enthält eine abgestimmte Symbolik. Ein Schnellzeichner malt nun dieses Bild vor einer Videokamera in etwa 5 Minuten. Das Band geht ins Tonstudio und wird dort von einem Komponisten synchron vertont, d. h. jeder Strich auf der Leinwand erhält seinen Ton oder *Sound Effect*. Nun übt der Maler, das Bild zur fertigen Musik zu malen, und wiederholt dies solange, bis eine synchrone Choreografie entstanden ist.

Auf der Bühne wirkt das Ganze dann so wie eine Art Ballett der Pinsel und Farben. Der Künstler tritt vor die leere Leinwand, die Musik beginnt und unser symbolhaltiges Kunstwerk entsteht zur Verblüffung aller Zuschauer in kurzer Zeit vor ihren eigenen Augen.

6.9 Kunst als Muster und Instrument

Das entsprechende Dramatische Muster heißt „Zeuge der Geburt". Vor unseren Augen entsteht das Neue. Dies ist ein starkes emotionales Motiv, das sich durch die außergewöhnliche Inszenierung auf das Bild überträgt.

Eine solch faszinierende Inszenierung eines Kunstwerks beinhaltet aus kommunikativer Sicht mehrere Vorteile: Durch den unterhaltsamen und erlebbaren Entstehungsprozess erhält das Kunstwerk einen hohen Stellenwert, der sich dann auf seine Symbolfunktion überträgt. Durch die folgende Interpretation des Kunstwerks und seine Einordnung in die weitere Veranstaltungsinszenierung entsteht eine feste Verbindung zwischen dem Kunstwerk als emotionalem Symbol und dem Inhalt. Diese Bedeutungszuordnung nutzt uns vor allem im Nachfeld der Veranstaltung. Mit dem so etablierten Symbol können wir später weiter kommunizieren und so die Zielgruppe durch Erinnerung immer wieder in das Erlebnis des Events zurückholen.

6.9.11 Von der Kunst lernen

Für manche Mitarbeiterveranstaltungen bieten sich auch Kulturübungen mit Kunst an. In kleinen Gruppen können Workshops über Farbenlehre, abstrakte Malübungen und das Arbeiten mit schweren Materialien zu einem außergewöhnlichen Erlebnis werden, wenn es dem Kursleiter gelingt, die Faszination der Erfahrung kreativer Arbeit und ihrer befreienden Wirkung als Analogie deutlich zu machen. Es geht hier um die Auseinandersetzung mit dem Unbekannten. Sich unvoreingenommen einer Aufgabe anzunehmen, deren Lösung man in der eigenen Wahrnehmung nicht beherrscht, kann zu erstaunlichen und lehrreichen Selbsterfahrungen führen.

Ein weiterer Aspekt solcher Kulturübungen ist das „Verstehenlernen" am Beispiel von Kunstwerken. Es gibt hervorragende Kunstwerke, die auf den ersten Blick gefällig oder abstoßend sind, die aber genauer betrachtet erstaunlich tiefgründige Inhalte und Bedeutungen offenbaren.

Beispiel

Man kann beispielsweise eine Gruppe zunächst zur Betrachtung von Holbeins Gemälde „Zwei Kaufleute" einladen und sie dann Vermutungen über die Bedeutung des Bildes anstellen lassen. Nach einer kurzen Zusammenfassung der Vermutungen kann man anschließend die fast kriminologische Erforschung des Bildes erzählen, um dann der bass erstaunten Gruppe die eigentliche Tiefe des Bildes mit seinen versteckten Bedeutungen zu vermitteln.

Allein der verzerrte Totenschädel, den man 350 Jahre lang für eine witzige Signatur des Künstlers (als „Hohles Bein") hielt, eröffnet bei richtiger Deutung den Zugang zum Bild. Wie ein verzerrtes Werbebanner hinter dem Tor eines Fußballfelds, das nur aus der vorbestimmten Kameraperspektive als das gewohnte Logo zu erkennen ist, gibt der Totenschädel einen bestimmten Blickpunkt an, aus dem das Bild betrachtet werden muss, um es in seiner eigentlichen Bedeutung zu erfassen. Legt und dreht man nun das Bild und betrachtet es aus dem so angegebenen Punkt, erscheinen die eigentlichen, vom Künstler gewollten Bezüge.

Wenn man nun die zuvor von der Gruppe geäußerten Vermutungen und die wahre Bedeutung des Bildes vergleicht, stellt sich schnell ein wichtiger Lerneffekt ein. Fasziniert von der fast magischen Kunst Holbeins gesteht sich selbst der selbstsicherste Manager ein: Man sollte Dinge zunächst aus verschiedenen Perspektiven betrachten, bevor man sich eine abschließende Meinung bildet.

Die anschauliche Arbeit mit Kunst kann auf unterhaltsame und faszinierende Art und Weise eine ganze Reihe solcher, für die tägliche Arbeit wichtigen Einsichten vermitteln. Oder aus einer anderen Perspektive betrachtet: Für fast jedes Lernziel gibt es ein solch begeisterndes und verblüffendes Beispiel in der Kunst. Wir können guten Gewissens empfehlen, auch solche Kulturübungen in Gruppenarbeit und Tagungen zu integrieren. Sie sind nicht nur kurzweilig, unterhaltsam und lehrreich, sondern auch eine ideale Vorbereitung, bevor sich die Gruppe mit ihrem eigentlichen Tagungsziel beschäftigt.

6.10 Spielend lernen

▶ Wem schon die Arbeit mit der Kunst etwas suspekt erschien, der wird dieses Kapitel wahrscheinlich noch schneller überblättern wollen. Spielen ist albern und etwas für kleine Kinder, so das gängige Vorurteil. Aber, ähnlich wie die Kunst, bietet auch das Spielen eine Reihe von verblüffenden Möglichkeiten zur effizienten Kommunikation von Unternehmensinhalten.

6.10.1 Das Spiel probt den Ernstfall

Intelligent gestaltete Spiele sind nicht nur unterhaltsam und interaktiv, sie lassen sich ebenso wie eine erzählte Geschichte dazu nutzen, um Inhalten die gewünschten Emotionen zuzuordnen und sie in eine dramatische Beziehung zueinander zu setzen. Ein eigens auf unser Kommunikationsziel hin entwickeltes Spiel ist ein modernes und intelligentes Kommunikationstool. Gleichzeitig taugt es auch als hochwertiges Give-away oder als unterhaltsame Präsentationsoberfläche in Eventsituationen.

Ein Kommunikationsspiel transportiert nicht nur Inhalte auf spielerische Art und setzt sie durch spielstrategische Strukturen in Beziehung zu konkreten Zielen, sondern es involviert die Teilnehmer über seine vielen unterschiedlichen Reize in einen Prozess analogischen Denkens. Dabei kommt dem Anreiz, das Spielsystem zu durchschauen, eine große immersive Rolle zu. Ausgangssituation, Spielziele, Spielstrategie und begleitende Textkärt-

6.10 Spielend lernen

chen bilden konkrete Situationen des Alltags in grundlegenden Analogien ab, in Art und Weise der Ansprache und des Spieldesigns natürlich auf unsere Zielgruppe abgestimmt.

Spielfeld und Regelwerk geben einem Handlungsrahmen vor, das Bewegen der Spielfiguren setzt die taktischen Schritte (zum Beispiel des Marketings unseres Unternehmens) in konkrete Handlungen auf dem Spielbrett um. Spielmechanik und Ereigniskärtchen bringen viele konkrete Anweisungen und viel Humor ins Spiel, basierend auf der Terminologie des jeweiligen Fachgebiets und unter Einbeziehung des spezifischen Sprachgebrauchs. Weil sich das nun wieder sehr abstrakt anhört, will ich Ihnen verraten, wie wir darauf gekommen sind, Spiel als weiteres Medium der LK zu entdecken.

Beispiel

Ein Finanzdienstleister trat an uns mit der Aufgabe heran, eine Veranstaltungsreihe zu entwickeln, um den Mitarbeitern im Hause alternative Arbeitsmodelle wie Telezentrenarbeit, Heimarbeit, Teilzeitrente und ähnliches vorzustellen, auch unter dem Aspekt der Solidarität, da bei höherer Akzeptanz dieser Angebote der Mitarbeiterabbau eingedämmt oder gar vermieden werden konnte. Für den Arbeitgeber sachlich richtig berührt das Thema beim Mitarbeiter jede Menge Emotionen: Einfluss auf das Familienleben, Veränderung des sozialen Stands und Ansehens.

Nach dem Briefing kamen uns Zweifel, ob die psychologischen Aspekte dieses schwierigen Themas bei Mitarbeiterveranstaltungen im Hause überhaupt zum Tragen kämen: Wie ein Mensch sich mit seinem Arbeitsbild in der Gesellschaft situiert, schien uns ein sehr privates Thema zu sein, das man eher mit der eigenen Familie und nahen Freunden als im Schulungsraum der Firma ernsthaft diskutieren würde. Daraufhin kam uns die Idee, die komplexe Thematik zum Inhalt eines Gesellschaftsspiels zu machen, um die Diskussion dorthin zu verlagern, wo sie unserer Meinung nach eher und intensiver stattfinden würde: ins private Umfeld!

Die realen Situationen, die Alternativen sowie sämtliche Argumente und Gegenargumente zu den Arbeitsmodellen sowie auch die sozialen und privaten Möglichkeiten und Effekte wurden in ein unterhaltsames Gesellschaftsspiel gepackt und anstelle der zuerst geplanten Veranstaltungen als Kommunikationsaktion durchgeführt. Der Event fand nun tausendfach unter Anleitung durch das Spiel im privaten Umfeld der Mitarbeiter statt und brachte die notwendige Auseinandersetzung mit dem ernsten Thema an die richtige Stelle.

6.10.2 Spiel als Messeshow

Der Erfolg dieser Maßnahme ermutigte uns, die Qualitäten des Spiels und des Spielens als Kommunikationsmedium näher zu untersuchen und in weiteren Situationen einzusetzen. Für ein Konsortium von Immobilienunternehmen platzierten wir einen aufwendig gestalteten Spieltisch mit einem eigens entwickelten Immobilienspiel als Attraktor auf einem Messestand.

In diesem Spiel wurden die Leistungen aller sechs beteiligten Unternehmen als gleichrangige Funktionen ins Spiel integriert und so auf kurzweilige Art und Weise an die Besucher vermittelt. Angelockt und zum Mitspielen animiert wurden die Messebesucher durch unsere passend zum Spiel kostümierten Assistentinnen. Schnell erkannten die Messebesucher, am Spieltisch von witzigen Spielleitern unterhalten, dass das außergewöhnliche Spiel ihren Arbeitsalltag zum Inhalt hatte.

So kam es, dass der Spieltisch während der vollen vier Messetage von morgens bis abends umlagert war. Wer gut mitspielte, bekam natürlich ein Spiel als Give-away und nahm so das komplett argumentierte und in der Spielmechanik verankerte Leistungsspektrum unserer Kunden mit nach Hause. Kleiner Nebeneffekt: als Spieleinsatz akzeptierten wir Visitenkarten!

> **Fazit**

Die Erfahrungen mit den verschiedenen Spielen in unterschiedlichen Situationen haben gezeigt, dass sich das Spiel als kommunikatives Medium sehr wohl erfolgreich einsetzen lässt. Von den eingangs genannten Vorurteilen gegenüber dem Spielen war übrigens bei keinem unserer Auftraggeber nachher noch die Rede – was vielleicht am Ende daran liegt, dass der Mensch das Spielen von klein auf als sinnvolle und erfolgreiche Methode zur Erfahrung seiner Welt verinnerlicht hat.

6.11 Wie man mit den eigenen Produkten unterhält

> Wie Sie sicher schon gemerkt haben, bereitet es mir ein besonderes Vergnügen, alle möglichen Dinge unter dem Aspekt ihrer Einsetzbarkeit in der LK zu untersuchen. Als vorletzten Teil der Betrachtungen über die zur LK tauglichen Medien möchten wir in Konsequenz dieser Einstellung anregen, auch die eigenen Produkte einmal von einer ganz anderen Warte aus zu betrachten: unter dem Aspekt ihrer Eventtauglichkeit als Medium in eigener Sache, als überraschende Dekoration oder unerwartete Requisite der Inszenierung!

6.11.1 Souveränität im Umgang mit sich selbst

Aus Sicht der Dramatischen Denkweise kann es ein schönes Mittel sein, einem Produkt in einer Inszenierung eine völlig artfremde und somit verblüffende Funktion zu geben. Der besondere dramatische Effekt zielt zum einen auf die Überraschung des Publikums, zum anderen wird hier die Entdeckerfreude angesprochen. Unser Zuschauer erkennt das

6.11 Wie man mit den eigenen Produkten unterhält

gewohnte Produkt oder Bauelement in seiner *neuen* Rolle und macht sich nun eigene Gedanken über die zweckentfremdete, und damit auch über seine eigentliche Bestimmung hinausgehende Funktion. Er denkt mit, was seine Aufmerksamkeit und Emotionsbereitschaft erhöht.

Auch in Image-Dimensionen verbindet sich in diesem Umgang mit dem eigenen Produkt ein positiver Effekt. Es vermittelt Souveränität und eine sympathische Lockerheit, spielerisch mit den eigenen Produkten umzugehen. Die offensichtliche Zweckentfremdung zeigt der Zielgruppe unsere positive Identifikation mit unserem Produkt auf einer nicht-verkäuferischen Ebene.

Natürlich ist ein solcher Einsatz von zweckentfremdeten Produkten vom jeweiligen Produkt selbst oder seinen typischen Bauelementen abhängig und muss von Fall zu Fall neu kreiert werden. Um aber mal ein paar Denkanregungen zu geben und die Idee als solche zu illustrieren, hier nun ein paar Beispiele aus der Praxis.

6.11.2 Dekoration und Bühnengestaltung

Man sollte immer mal einen zweiten Blick auf Produkte, Bauteile und Materialien aus der eigenen Produktion werfen. In den Augen eines Bühnenbildners oder Requisiteurs eignen sie sich vielleicht, um auf überraschende Art in die Gestaltung unserer Veranstaltung eingebunden zu werden.

> **Beispiel**
>
> Für eine Veranstaltung eines Mineralwasserherstellers wurden sämtliche Räume mit gestapelten Wasserkästenpaletten gestaltet. Auf der Bühne wurden die Kästen seitlich gekippt in Bögen gestapelt und mit Kabelbindern fixiert. Ein spezielles Beleuchtungs- und Projektionskonzept ließ die so gestaltete Bühne wie ein Raumschiff im charmanten Sixties Stil der „Raumpatrouille Orion" erscheinen.
>
> Für einen Jeanshersteller wurden sämtliche Einrichtungsgegenstände in einer Location mit blauem Denim überzogen. Tischdecken, Sitzhutzen, Bühnenverkleidung bis hin zu den Schildern der Wegeführung – einfach alles wurde mit dem strapazierfähigen Stoff verkleidet. Hosen und Hemden des Herstellers wurden, in Polyesterharz getränkt, zu Vasen und Schalen für die Tischdekoration geformt.

Überhaupt gibt das Thema Tischdekoration mit dem Einsatz von kleinen Produkten oder Kleinteilen einiges her. Statt der üblichen Blumengestecke, Kerzenleuchter oder Gabelbänke lässt sich hier einiges aus unseren Produkten machen. Für einen Papierhersteller haben wir mal eine Origami-Künstlerin eingesetzt, die die gesamte Tischdeko mitsamt Blumen und Kerzenhaltern aus Papier hergestellt hat. So kam das Publikum auf ungewöhnliche Art mit den Produkten des Gastgebers in Kontakt.

6.11.3 Instrumentenbau

Staubsaugerdudelsack, Waschmaschinentrommelschlagzeug und Spülkastengitarre mit Spültaste als Wimmerhebel – mit Kreativität und gutem Handwerk lässt sich aus fast allen Produkten und Bauelementen zur Überraschung des Publikums so manches akustische Instrument herstellen. Und falls unser Produkt keinen rein akustisch produzierten Wohlklang ermöglicht, kann man heutzutage dank der elektrischen Tonabnahme durch Piezo-Sensoren aus fast jedem Gegenstand oder Produkt ein funktionierendes, digital ausgesteuertes Instrument bauen.

Musikauswahl, Komposition, Arrangement und Inszenierung helfen die Instrumente entsprechend hervorzuheben, eine punktuelle Beleuchtung fokussiert die klingenden Objekte.

> **Beispiel**
>
> Für einen Waschmaschinenhersteller haben wir anlässlich einer Messe ein kleines Konzert für acht Solisten und 100 kinetisch bewegte Waschmaschinen komponiert und täglich bis zu achtmal auf dem Messestand aufgeführt. Auch aus Badezimmerarmaturen und Sanitärelementen haben unsere Bastler ein komplettes Instrumentarium hergestellt, das zunächst auf einer Hausmesse zum musikalischen Einsatz kam, ehe die außergewöhnlichen Objekte im Showroom des Unternehmens auf Dauer ausgestellt wurden.

6.11.4 Installationen mit Produkten

Zusammen mit 600 Gästen eines Automobilherstellers wurde anlässlich einer Werseröffnung im Eingangsbereich eine große Skulptur erstellt. Diese bestand aus vierzig Einzelteilen, die von den Gästen in einer kurzen Aktion mit Miniaturmodellen eines neuen Fahrzeugs beklebt wurden. Während die Gäste dann der Eröffnungsveranstaltung lauschten, wurden die vierzig Teile heimlich zu einer drei mal vier Meter großen Skulptur zusammengefügt und zum Abschluss des Abends präsentiert. Tausende von aufgeklebten Modell-Autos gaben der Skulptur eine außergewöhnliche und sehr hübsch glänzende Oberfläche.

> ▶ In Zusammenarbeit mit Bildhauern und Installationskünstlern lassen sich spannende und überraschende Objekte aus fast allen Materialien und Produkten bauen. Die Künstler bringen dabei nicht nur die Ideen und ungewöhnlichen Konzepte ein, sondern vor allem auch den Art Appeal. Der Hintergrund des Künstlers wertet das so entstandene Objekt deutlich auf.

6.11.5 Modenschau

Viele industrielle Materialien und Zwischenprodukte eignen sich auch für die Gestaltung ungewöhnlicher Kostüme und sogenannter *wearable art*, also tragbarer Kunst. Mit einer kleinen Modenschau im Stile der Pret-à-porters der großen Modehäuser, mit Licht, Musik und Videowänden sowie einer Reihe hinreißender Models kann man die Materialien auf witzig elegante Art und Weise inszenieren. Auch hier nutzen wir unsere Produkte in einer artfremden Anwendung, zeigen damit gleichzeitig Humor und Sinn fürs Schöne.

Es müssen aber nicht immer komplette Kleider sein, je nach Produkt reicht es, auch nur Schmuck, Besatz oder Accessoires herzustellen und sie im gelernten Muster der Modenschau zu präsentieren.

6.11.6 Musikclip oder Kunstvideo

Viele Maschinen und Produktionsvorgänge haben ihre eigene Ästhetik. Den gesteuerten Abläufen liegt eine eigene Rhythmik zugrunde, gepaart typischen Geräuschen. Musiker und Videokünstler können daraus Ton- und Bildmaterial schaffen, das dann in einer Komposition vertont und zu einem Video zusammengeschnitten wird. Dabei können die Videokünstler Maschinen und Produktion mit modernen Kamerasystemen Makroaufnahmen, Zeitlupen, Wärmebildern und anderen Effekten in faszinierendem Licht erstrahlen lassen.

Auch in Kombination mit Tanz lässt sich die Bewegungsästhetik von Maschinen interessant und unerwartet umsetzen. Der Choreograph analysiert diese Bewegungen und lässt sie in Rhythmus und Dynamik von seinen Tänzern vor der Kamera umsetzen. Aufnahmen der Maschinen und Tänzer werden dann zu einer passenden Musik geschnitten. Solche Videos können wir bei Veranstaltungen in Tagungspausen auf einer Screen, auf Messemonitoren oder in einer Empfangshalle als Video-Installation einsetzen, aber auch abseits von Events lassen sich die interessanten Clips imagewirksam auf Webseiten platzieren.

Besonders wirkungsvoll ist das natürlich, wenn wir solche Clips auch live auf der Bühne einsetzen. Die Videosequenzen aus unseren Produktionshallen werden dann auf Leinwände, Gazen oder auf die Tänzer selbst projiziert.

6.11.7 Mut und Können

Aus meiner Erfahrung kann ich versichern, dass es für fast alle Produkte irgendeine überraschende Form der künstlerischen Interpretation gibt. Letztlich liegt es am Können und an der Kreativität der Künstler, mit denen wir zusammenarbeiten, um unsere Produkte in einem völlig ungewohnten Licht erscheinen zu lassen; und natürlich auch ein bisschen an unserem Mut, einen ungewohnten Umgang mit unseren Lieblingskindern zuzulassen.

248 6 Das Multimediale Handwerkszeug

Fazit

Für alle Ansätze, mit den eigenen Produkten in künstlerischer Art zu spielen, gilt vor allem, ein Overbranding zu vermeiden. Wenn wir unsere Produkte oder Materialien nur nutzen, um daraus ein überdimensionales Logo zu erstellen, dann verfehlen wir eine wesentliche Dimension von Kunst: den eigenen, künstlerischen Inhalt.

Anders sieht es natürlich bei Dekorationen und Bühnenbildern aus. Hier macht ein subtiles Branding eher Sinn.

6.12 Essen und Trinken im Auftrag der Dramaturgie

▶ Gemeinsam essen und trinken ist wohl eines der ältesten Rituale der Menschheit. Seinen Gästen zu essen anzubieten, das Essen miteinander zu teilen, ist fester Bestandteil aller Kulturen, was aber nicht heißt, dass Bedeutung und Rituale immer vergleichbar wären. Es gibt sicher ähnliche Motive und dramatische Grundmuster, aber auch genauso viele tradierte Unterschiede zwischen den Kulturen.

6.12.1 Küchenbau

Gemeinsam essen und trinken sind Bestandteil fast jeder Veranstaltung, müssen also personell, technisch, logistisch und gestalterisch sowie von den Zeitabläufen her mit in die Planung miteinfließen. Der Catering-Lieferant bringt jede Menge eigene Technik mit ein, belegt eigene Wege, Räume und Plätze vor Ort, benötigt eigene Strom- und Wasserkreisläufe sowie eine entsprechende Entlüftung. Eine Garderobe für die Schar der Kellner ist genauso notwendig wie entsprechende Lagerräume für Material, Leergut und Abfälle sowie Stellplätze für Fahrzeuge und oft auch ein nicht immer leises Stromaggregat.

Ich möchte jetzt zwar hier keine verzweigte Abhandlung über das Event-Catering als solches einflechten, sondern das Thema vor allem unter dem Aspekt seiner dramaturgischen Möglichkeiten betrachten, aber ein paar grundsätzliche Bemerkungen müssen sein.

6.12.2 De gustibus non est disputandum

… sagt zwar der Lateiner, aber hierin liegt heutzutage das größte Problem für Köche und Caterer, denn die Geschmäcker sind nicht nur verschieden, sondern sehr wohl auch streitbar. Wer den regen Email-Verkehr und die kulinarische Lyrik zur Planung einer Speisekarte mit dazugehöriger Probeverköstigung ein paarmal mitgemacht hat, weiß, wovon die Rede ist.

Geschmack ist aber nicht nur das individuelle Zusammenspiel von Zunge und Nase, unser Geschmackssinn ist sowohl genetisch veranlagt als auch persönlich, kulturell und

6.12 Essen und trinken im Auftrag der Dramaturgie 249

traditionell geprägt. Die zuständigen Rezeptoren melden ihre Eindrücke an einen sehr alten Teil des Gehirns – vom Limbischen System hatten wir es ja schon mal beim Thema Geruch – und sind dort auch unbewusst emotional verankert.

Rezept und Qualität einer Speise werden also von den Gästen einer Veranstaltung fast zwangsweise unterschiedlich bewertet, egal wie viel Mühe sich der Gastgeber geben mag. Zumal – das wird jeder Koch bestätigen – sich eine hochwertige Speise nur mit enormem Aufwand in beliebiger Anzahl zeitgleich produzieren lässt, sodass man in der Qualität im Vergleich zu einem À-la-carte-Menü in einem guten Restaurant immer Abstriche machen muss, wenn man 500 oder 1000 Gäste bewirten möchte. Damit müssen Koch, Caterer und Gastgeber leben.

In Wohlstandsgesellschaften haben wir es mit einem weiteren Phänomen zu tun. Viele Leute ernähren sich mittlerweile bewusster, meiden bestimmte Lebensmittel, leben Diät und interessieren sich schon deshalb nicht mehr so sehr für überladene Buffets wie die Nachkriegsgeneration. Und nicht zuletzt haben wir schon im Alltag eine so große Auswahl uns genehmer Lebensmittel und Restaurants, dass wir jede angebotene Speise oft mit dem vergleichen, das wir selbst mit Vorliebe auswählen.

6.12.3 Das Auge isst mit

Nun ist Essen aber nicht nur eine Frage des Geschmacks. Das Auge isst bekanntlich mit, und zwar sowohl im neurophysiologischen als auch im ästhetischen Sinne. Die Darreichung der Speisen und die gesamte Inszenierung des Essens sprechen wiederum eher Teile unseres kulturell geschulten Verstands an und sind insofern für Koch und Caterer sehr wichtig, weil sie hier nicht ganz so sehr dem individuellen Geschmack ausgeliefert sind. Die Gestaltung der angerichteten Teller und des gedeckten Tisches, das Zeremoniell des Servierens und die archaische Grundbedeutung des Essenteilens helfen dem Gastgeber, den individuellen Geschmack der Gäste aufzufangen und das Essen zu einem gemeinschaftlichen Erlebnis zu machen.

6.12.4 Stille Budgets heben

Trotz der Bedeutung des gemeinsamen Essens kann sich ein Veranstalter heutzutage kaum noch allein mit einem Fünfgangmenü oder einem ausladenden Buffet bei seinen oft verwöhnten Gästen profilieren. Aus diesem Grund reizt es, über das Catering anders nach zu denken, denn oft ist es einfach trotz allen Aufwands und bester Zubereitung unter dem Aspekt der Dramaturgie und der Sinnhaftigkeit zum kommunizierten Thema viel zu profan; eine Selbstverständlichkeit, die schnell auffällt, wenn sie fehlt oder schlecht gemacht ist. Aufgrund der großen Vergleichbarkeit ist schon ein großer Aufwand erforderlich, wenn sie eine kulinarische Besonderheit sein soll.

Catering Budgets sind deswegen für uns oft stille Budgets, weil sie nur dazu genügen, eine Notwendigkeit meist im Übermaß zu erfüllen, nicht aber unsere Botschaft effektvoll unterstützen und weitertragen. Hier wäre oft weniger mehr, vor allem, wenn man das beim Catering Eingesparte in kommunikativ wirksame Maßnahmen einsetzt. Als Dramaturgen suchen wir also, wie auch bei den zuvor vorgestellten Mittel und Medien, nach Möglichkeiten, auch das gemeinsame Essen auf unsere Gesamtdramaturgie und die gewünschten psychologischen Effekte einzahlen zu lassen. Hier ein paar kleine Beispiele aus der Schule der Dramatische Denkweise.

6.12.5 Das Lieblingsgericht

Bei einer jährlich zur Pflege wichtiger Kunden einer Handelsbank angesetzten Veranstaltung ging es vor allem darum, die professionelle Distanz zwischen Kunden und Beratern zu verkürzen und wenn möglich eine persönliche Nähe zu etablieren.

Beispiel

Zur Veranstaltung wurden die Mütter der Berater heimlich eingeladen, die dann mit Hilfe der Hotelköche eines 5-Sterne-Hauses die Lieblingsspeise ihres Kindes für jeweils einen Tisch vorbereiteten. Kunden und Berater nahmen an Zwölfertafeln Platz, wobei ein Platz vor Kopf freiblieb. Hier stand jeweils ein thronartiger Stuhl. Die Speisen und Mütter wurden hinter einem Vorhang versteckt, die Berater vom Moderator dann vor dem Vorhang platziert. Der Vorhang fiel, und die Berater waren fassungslos, ihre Mütter dahinter vorzufinden. Nun war es erst ihre Aufgabe, ihre Mutter an den Tisch zu begleiten und den Kunden vorzustellen. Dann servierten sie mit Unterstützung der Köche ihren Kunden ihre Lieblingsspeise.

Dramaturgisch sind Überraschung und Fassungslosigkeit des Beraters einkalkuliert. Unverschuldet wiederfährt ihm eine Überraschung, eine der Grundvoraussetzungen für den Aristotelischen Helden. Seine Kunden fühlen spontan mit ihm mit, denn auch sie haben eine Mutter und können sich schnell in seine Lage versetzen. Es entsteht ziemlich schnell eine Mimesis, die gepaart mit der großen Sentimentalität des Moments die Distanz zwischen Kunden und Berater aufhebt. Es entsteht eine private Atmosphäre, denn der Berater ist nun nicht mehr Berater, sondern Sohn, und er teilt seine Vorliebe für ein bislang geheimes Gericht mit seinen Kunden, wobei das Motiv der Komplizenschaft greift. Die Anwesenheit der Mutter am Tisch sorgt für das Übrige. Die Gespräche drehen sich um Lieblingsspeisen und Jugenderinnerungen aller Anwesenden.

Dies als kleines Beispiel, wie man ein Dinner dramaturgisch und psychologisch nutzen kann. Der Abend war für alle unvergesslich und das Verhältnis zwischen Kunden und Berater nachher deutlich persönlicher.

6.12 Essen und trinken im Auftrag der Dramaturgie 251

6.12.6 Gemeinsam Kochen für die gute Sache

Einen ähnlichen Effekt haben wir auf einem jährlichen Treffen eines Schmuckherstellers mit seinen besten Abnehmern erreicht. Die geladenen Großjuweliere waren aus den Vorjahren gewohnt, in ein europäisches Spitzenrestaurant eingeladen zu werden, und Auswahl und Folge edler Speisen war neben dem hochklassigen Champagner immer die Hauptattraktion des Abends.

Beispiel

In einem Jahr überraschten wir die Gäste damit, dass sie selbst mitkochen mussten. Es gab nur sehr einfache Sachen, leicht anzufertigende Tapas, Kartoffeln mit Quark, Himmel und Erde, Salate und dergleichen. Zusammen mit den Köchen des Restaurants bekochten sich die Gäste gegenseitig und hatten recht viel Spaß dabei, zumal am Champagner nicht gespart wurde.

Das eigentlich dramatische Element war aber die Auflösung im Anschluss. Statt des üblichen Sieben-Gang-Menüs hatten Essen und Trinken lediglich ein Viertel des sonst eingesetzten Budgets verschlungen. Nun trat der Gastgeber vor seine Gäste, erklärte die Ersparnis und holte dann eine Dame von einer Hungerhilforganisation dazu.

Hier kommt ein von der Dramaturgie gewollter Bruch in die Veranstaltung. Mit dem kurzen Vortrag der Dame über ihr konkretes Projekt bricht auf einmal eine Realität in die Stimmung des Abends ein, die hier normalerweise ausgeblendet ist. Die Gäste gehen in sich, lauschen fast bedrückt den Ausführungen der Rednerin. Dann tritt der Gastgeber wieder dazu und überreicht der Dame einen Scheck im mittleren fünfstelligen Bereich. Der Betrag entspricht der Summe, die am gemeinsamen Essen an diesem Abend aus dem Eventbudget gespart wurde, dank des Einsatzes der Gäste.

Hier liegt das große dramatische Element in dem gewollten Realitätsschock und der großen Fallhöhe. Mit der Überreichung des Schecks wurden die Gäste dann aber von anderen Gefühlen überwältigt: Hilfsbereitschaft, Solidarität, das Gefühl, gemeinsam etwas Gutes und Richtiges getan zu haben. Als Helden unserer Veranstaltung erlebten sie eine fast klassische Katharsis, die Reinigung der Seele nach Auflösung der Geschichte.

Auch hier wurde die professionelle Distanz der Geschäftsbeziehung aufgebrochen. In dieser Nacht noch einigten sich die Juweliere mit ihrem Gastgeber spontan, ihre Hilfe durch Spenden in den folgenden Jahren fortzusetzen. Sie können sich vorstellen, wie positiv sich das gemeinsame Engagement auf die weitere Kundenbeziehung ausgewirkt hat.

6.12.7 Schmecken lernen

Ein guter Ansatz sind auch Geschmacksseminare zu Beginn eines gemeinsamen Essens. Da der individuelle Geschmack wie bereits erklärt tief im Unbewussten vergraben liegt, ist es ein gutes Mittel, den Gästen durch aktive Übungen das Schmecken und Riechen ins Bewusstsein zu rufen.

Geschmacksseminare arbeiten oft mit einer Mischung aus süßen, sauren, salzigen und bitteren Flüssigkeiten und einem Teller mit Brot, Käse, Schimmelkäse, Apfel, Chili, Schokolade, süßen Früchten und anderen deutlich zu identifizierenden Geschmäcken. Im Kreuzversuch mit unterschiedlichen Weinen lernen die Gäste zu den Menügängen die gegenseitige Beeinflussung der Geschmäcke kennen und einzuschätzen, teils mit verblüffenden Ergebnissen.

Das dramatische Mittel ist hier die Verstärkung sowie Komplizenschaft durch die Einweihung in das geheime Wissen eines Sommeliers und Kochs. Das Essen und Trinken als solches wird in seiner Bedeutung zusätzlich erhöht, indem die Teilnehmer angeleitet werden, sich bewusst auf den Genuss zu konzentrieren. Wenn wir also ein besonderes kulinarisches Programm im Zentrum der Veranstaltung planen, dann kann eine solche Verstärkung durch ein Geschmacksseminar das bessere Essen angemessen inszenieren.

6.12.8 Unsichtbar und Klar

Schnell noch zwei Kleinode der dramatischen Inszenierung von Essen und Trinken.

Unsichtbar

Die *UnsichtBar* ist ein mobiles Restaurant, das von Blinden geführt wird. Hier werden die Gäste in einen komplett abgedunkelten Raum geleitet, gesetzt und bedient. Die ungewohnte Situation, nichts sehen zu können und sich den blinden Kellnern anzuvertrauen, verstärkt natürlich die Wahrnehmung des Geschmacks der dargereichten Speisen – ein faszinierendes Erlebnis.

Klar

Das *Klar* wiederum ist eine ganz besondere Cocktailbar. Alle gewünschten Cocktails werden hier aus farblosen Aromastoffen mit Wasser und Eis (und auf Wunsch auch mit Alkohol) zusammengemixt. Das Faszinierende dabei ist, dass egal welchen Cocktailklassiker man bestellt, man ein Glas mit einer klaren Flüssigkeit bekommt, die tatsächlich genauso schmeckt, wie man seinen Grashopper, Martini oder Tequila Sunrise im Gedächtnis hat.

Aber schon der Anblick der Klar! Bar ist faszinierend: in hunderten unettiketierten Flaschen sind nur durchsichtige Flüssigkeiten. Ds verblüfft nicht nur der Geschmack, sondern auch, wie sich die Barkeeper in ihren Zutaten orientieren. Eine tolle Show.

6.12.9 Dippegucker und Showcooking

Ähnliche Effekte bringt die offene Inszenierung der Küche. Wenn man den Köchen auf die Finger und in die Töpfe gucken und so die Feinheiten der Zubereitung nachvollziehen kann, dann wächst die Neugierde auf das Geschmackserlebnis. Mit kleinen Gruppen oder bei größerem Publikum mit der entsprechenden Übertragungstechnik lassen sich die verblüffenden Prozesse der Molekularküche zur Verstärkung nutzen.

Noch spektakulärer wird es, wenn man dann choreografierte Kochshows mit Musik, Akrobatik, Jonglage und fliegenden Messern auf die Bühne bringt. Das so inszenierte Showkochen ist dann die Ankündigung der tatsächlichen Gänge, die der Caterer rezeptgleich für die Zuschauer in entsprechender Menge vorbereitet hat.

Das Beste aus zwei Welten

So eine inszenierte Koch-Show kann man bei internationalen Mergern als interessante Analogie einsetzen. In zwei Küchen links und rechts auf der Bühne beginnen die Köche, einzelne Spezialitäten der beiden Herkunftsländer der zusammengehenden Unternehmen zuzubereiten, während eine Moderation, die die Küchenchefs zu ihren Traditionen und Kochverfahren interviewt, das Publikum in die Esskulturen einführt.

Ab einen bestimmten Punkt beginnen sich dann die Kochteams aus beiden Showküchen zu vermischen, tauschen Rezepte und Gewürze aus und stellen schließlich ein fusioniertes Menü aus beiden Landesküchen zusammen. Auch hier wird das Essen in der für das Publikum benötigten Menge in der Catererküche parallel produziert, sodass die Gänge nach Fortgang der Show serviert werden können.

Der dramatische Effekt ist offensichtlich. Anhand der kulinarischen Analogie wird gezeigt, wie die beiden Unternehmen nach dem Merger ihre Kulturen miteinander in Einklang bringen können – was aber nur funktioniert, wenn das Essen nachher auch hervorragend schmeckt.

6.12.10 Gebt dem Koch eine faire Chance

Dies also ein paar Anregungen, wie man das Essen und seine Zubereitung passend zu Thema und Zielen eines Events in die Gesamtinszenierung einarbeiten und so die Effekte aus der ohnehin unumgängliche Ausgabe für das Catering sinnvoll verstärken kann. In den meisten Fällen wird das Essen auf unserer Veranstaltung aber keine so zentrale Rolle einnehmen. Es bleibt vor allem bei Tagungen oft nur eine Frage der Ernährung und der vorausgesetzten Gastfreundschaft.

Hier wird man sich sicher mit der Frage beschäftigen müssen, ob man durch ein gesetztes Essen gezielt Gruppen zusammen bringt oder durch Buffet und alternativ durch Flying Food einer eher selbstbestimmte, flexible Situation für die Gäste vorgibt. Entschieden sollten solche Fragen aber je nach dem dramaturgischen Gesamtkonzept.

▶ Lassen Sie uns den Koch und Caterer als Spezialisten sehen, die wir unbedingt auf unsere vorgesehene Dramaturgie briefen müssen, die wir aber dann ihre sehr komplexe Aufgabe nach ihren gelernten Routinen lösen lassen.

Unsinnig, eigentlich auch abwertend, sind solche Angebote wie: *Meine Frau hat da tolle Rezepte für Kanapees, die können wir Ihnen ja mal mailen!* Oder: *Wir waren neulich in einem tollen Restaurant in Paris, meine Sekretärin schickt Ihnen mal die Adresse, damit Sie sich das Rezept für die Fischsuppe geben lassen!* Unsinn? Bei beiden Angeboten stand ich mehr als einmal staunend daneben, und schon sind wir bei den lehrreichen Negativbeispielen.

6.12.11 Die schönsten Fehler

u. A. w. g. – um Acht wird gegessen! Der kleine Scherz erinnert mich an einen Abend in Manhattan, als der deutsche Gastgeber seine amerikanischen Gäste eine Stunde vor dem gedeckten Tisch sitzen ließ, nicht ahnend, dass man in den USA um 7 pm und nicht um 20 Uhr zu essen pflegt.

▶ Dieser kleine Fauxpas soll als Warnung dienen: So sicher man sich vielleicht mit den Ritualen des eigenen Kulturraums auszukennen glaubt, so wichtig ist es, sich vor Veranstaltungen mit internationalem Publikum über die Gewohnheiten der Gäste zu versichern. Das Rindergulasch für die indische Delegation ist da so wenig geeignet wie die Schimmelkäseplatte für einige japanische Gäste.

Des Kaisers neue Speisen

Zum Abschluss des Kapitels noch eine Geschichte zur Belustigung. Vor einer Veranstaltung in einem abgelegenen Schloss erwarteten wir dringend die Ankunft eines renommierten Caterers, der Speisen und Material aus der nächstgrößeren Stadt anzuliefern pflegte. Schließlich kam der vom Produktionsleiter des Caterers sehnlich erwartete Lastwagen mit knapp einer Stunde Verspätung im Hof des Schlosses an.

Mit entschuldigenden Worten und ebenso ausdrucksstarkem Übereifer sprangen die Küchenhelfer aus dem LKW und öffneten mit Elan die Ladetüren – um im nächsten Augenblick in stiller Verzweiflung zu erstarren. Ein kurzer Blick in den Laster erklärte uns ihre entgleisten Gesichtszüge. Sie hatten mit viel Mühe und Akribie einen der firmeneigenen Lastwagen mit allem Nötigen beladen und waren dann mit einem anderen, vollständig leerem Wagen losgebraust. Das dazugehörige dramatische Muster hieß wohl: des Kaisers neue Speisen!

6.13 Medienmix: das Geheimnis des Crossovers

▶ In den Kapiteln der Letzen zwei Abschnitte haben wir das Instrumentarium an Medien und Inszenierungselementen betrachtet, das uns zur Verfügung steht, um einen Event zu inszenieren. So unterschiedlich Aufwand und Qualitäten all dieser Mittel auch sein mögen, sie alle haben gemein, dass sie sich gezielt zur Umsetzung der geplanten Dramaturgie einsetzen lassen. Im Normalfall werden wir es immer mit einer Mischung dieser Mittel zu tun haben, um eine mehrstündige oder gar mehrtägige Veranstaltung zu einem durchgängig gestalteten Erlebnis werden zu lassen.

6.13.1 Reduktion im Sinne der Qualität

Die Arbeit der Dramaturgen, Konzeptionisten und Regisseure besteht darin, diese Mittel im Vorfeld danach zu bewerten, welche der Dramaturgie am meisten nützen und ob sie im Rahmen des gesteckten Budgets qualitativ angemessen zu realisieren sind.

Hier gilt nicht immer *Viel nützt viel*, manchmal liegt der richtige Weg auch in der Reduzierung der Mittel. gerade wenn das Budget eher knapp ist, sollte man sich nicht scheuen, auf eine Vielzahl von Medien zugunsten einiger weniger zu verzichten, die sich dann in einer Qualität umsetzen lassen, die der Erwartung und dem Anspruch unseres Publikums gerecht werden.

6.13.2 Überraschende Neukombinationen

Unsere Zielgruppe hat im Zweifel schon sehr viel gesehen und erlebt, wird nicht nur von uns oder unseren Wettbewerbern auf Messen und Veranstaltungen umgarnt, sondern ist in unserer multimedialen Welt einem ständigen Strom von Bildern, Tönen und Ereignissen ausgesetzt. Wer zu unserer Veranstaltung kommt, erwartet vielleicht keinen Film mit Starbesetzung in Hollywood-Qualität, aber er hofft darauf, dass es uns gelingt, ihn zu überraschen und zu faszinieren. Wir sind froh, wenn wir ihn neugierig machen können, und er ist froh, wenn wir seine Neugierde dann auch befriedigen.

Eine ziemlich gute Möglichkeit für eine überraschende Inszenierung liegt im Mix zweier künstlerischer Mittel, Medien und Stile, die sonst so nur selten miteinander kombiniert werden, zum Beispiel: Lasershow und Synchronschwimmen, Rapgesang und klassische Arie, Bach-Fugen und Breakdance, Malerei und Tanztheater, Hörspiel und Schwarzweißfotografie, klassische Musik auf futuristischen Klangskulpturen, Schwarzes Theater und die Ästhetik von Computeranimation oder eine technische Produktpräsentation, die in Hexametern vorgetragen wird.

Die Reihe der Beispiele von Kombinationen künstlerischer und medialer Mittel und Stile lässt sich zu unserem Glück noch lange fortführen. Es gibt viele freie Künstlergruppen, die sich schon auf solche Crossovers kapriziert haben und die sich mit ihren bereits erarbeiteten Programmen auf unserer Veranstaltung einsetzen lassen, sei es als rein unterhaltendes Element oder als anmoderierte Analogie für unsere Botschaften.

> **Fazit**
>
> Noch subtiler ist es, eine solche Kombination mehrerer Künste und Medien aussagekräftig um die eigenen Produkte und Markenfeatures herum zu arrangieren oder eine thematische Analogie in die kombinierten Medien einzubringen. Beim Crossover geht es immer darum, unser Publikum mit unserer Kreativität zu überraschen. Also lassen Sie uns den Mix der Mittel und Stile als Chance betrachten, alle Stärken der Live-Kommunikation zur vollen Wirkung zu bringen.

6.14   Der Mensch hinter der Maschine

▶ Alle Medientechnik, die uns zur Inszenierung einer Veranstaltung zur Verfügung steht, kommt leider nicht von alleine angeflogen, baut sich selbst auf und lädt sich mit den richtigen Steuerprogrammen, spielt eine Show, baut sich wieder ab und entschwirrt aus unserem Blickfeld. Damit das Wunder dieser voll funktionablen, künstlichen Umwelt für unsere Aufführung stattfinden kann, werden viele Menschen benötigt: vom staatlich geprüften Bühnenmeister über studierte Techniker oder autodidaktisch gebildete Spezialisten bis zum ungelernten Helfer. Die Menschen, die auf einer Veranstaltungsbaustelle versammelt sind, repräsentieren vom Tänzer bis zum Kellner eine Vielzahl von Berufen, einige durchaus mit künstlerisch gestalterischer Tendenz, andere, die eher unter Hilfsarbeiten subsummiert werden, aber deswegen nicht weniger wichtig sind.

6.14.1   Die unsichtbare Hand

Wenn man eine Veranstaltung inszeniert, kann man sich grundsätzlich für zwei Wege entscheiden, wie man mit dem Personal im Rahmen des Events umgeht. Im Theater regiert die unsichtbare Hand, also sollen alle Techniker und Bühnenhelfer möglichst nicht zu sehen sein. Sie wuseln und wirken hinter den Kulissen, bewegen das Bühnenbild und leuchten die Szenerie ein, sind aber selbst kein sichtbarer Teil der Aufführung. Das funktioniert in einem dafür gebauten Theaterhaus auch recht gut. Die Magie, die darin liegt, dass alles wie von selbst geht, war hilfreich, um aus dem Theater einen wunderbaren Raum zu machen.

Bei LK-Veranstaltungen befinden wir uns aber selten in Theatern, eher in eigens aufgerüsteten Hallen, und all die vielen kleinen Nischen, Seitenbühnen und Schnürböden, in denen das Theaterpersonal verschwunden ist, müssen entweder eigens gebaut werden

6.14 Der Mensch hinter der Maschine 257

oder man entscheidet sich, Techniker und Helfer nicht zu verbergen. Licht und Tontechniker sollten sowieso im Saal platziert sein, damit sie die optimale Kontrolle über ihre Arbeit haben und das Ergebnis im Raum überprüfen können. Videotechnik konnte man früher ohne direkte Bühneneinsicht platzieren, aber seitdem Licht und AV-Technik immer mehr verschmelzen, ist es besser, auch die Bildregie bei Ton und Licht zu belassen.

In den meisten Fällen sind die Techniker auf Grund der räumlichen Gegebenheiten nicht vom Event wegzuleugnen. Man bittet sie zwar, sich unauffällig zu kleiden, und man verkleidet ihre Regieplätze in schwarzem Mollton, aber sie werden trotzdem Teil der Inszenierung.

6.14.2 Zwischen SciFi und Steam Punk

Es geht aber auch andersherum. Man kann das Zustandekommen einer Aufführung mit allen anwesenden Technikern und Helfern auch als das inszenieren, was es ist: ein faszinierendes Zusammenspiel aller Kräfte. Im Beispiel zur Wiedervereinigung zweier Gewerkschaften nach dem Mauerfall hatte ich schon mal erwähnt, dass wir auch angesichts des Metathemas Arbeit alle für die Bühneninszenierung notwendigen Arbeiten offen auf der Bühne und den Seitenbühnen einsichtig gemacht haben. Auch Peter Gabriel hat bei seiner spektakulären UP-Tour alle Bühnenbauten und technischen Umbauten von einer in leuchtend orangen Overalls gekleideten Technikertruppe offen erledigen lassen.

Man kann die anfallende Arbeit auch im Stile eines Sciene-Fiction-Films inszenieren. Die Technikregie kann wie eine Raumschiffkanzel gestaltet sein, unsere Techniker bekommen stylische Headsets und ihre eigenen Uniformen, im Stil passend zu den Kellnern und Barkeepern. Und dem einen oder anderen verpassen wir noch ein paar Spock-Ohren. Ein anderer, sehr technikaffiner Stil wäre Steam Punk, der die Technikfaszination der Menschen des späten 19. Jahrhunderts aufgreift und so den Charme der viktorianischen Epoche verbreitet. Hier würde man dann aber mit Absicht einen hundert Jahre alten Filmprojektor als Deko über unseren hochmodernen Video-Beamer aufsetzen.

Auch schön: Bei einer Abendveranstaltung, die unter dem Motto Karibikparty stand, haben wir alle Technik unter Teekisten und grob zusammengenagelten Holzblenden versteckt, Techniker und Kellner in Shirts und Hawaiihemden gekleidet und ihnen Strohhüte aufgesetzt. Alles sollte möglichst improvisiert, aber entspannt aussehen, passend zum Palmenwald, dem Sandstrand und den bunt angemalten Sperrmüllmöbeln, mit denen wir mitten im Winter einen Kongressaal in Straßburg in eine Karibikinsel verwandelt haben.

6.14.3 Der Knigge gilt auch für unser Personal

Dass für Versammlungsstätten gesonderte Regularien in puncto Sicherheit gelten müssen, ist klar. Auch dass es zunehmend Arbeitssicherheitskontrollen gibt, ist aus Sicht der vielen Veranstaltungstechniker, die früher oft 20-Stunden-Schichten hatten, richtig. Dass niemand mehr ohne Klettergurt in einem Lichtgerüst herumklettern darf, gut so. Ob jetzt jeder Arbeitsschuhe und einen Helm tragen muss, bloß weil am anderen Ende der Halle eine Bühne errichtet wird, sei's drum. Das ist wohl eher eine Umstellungsfrage, wenn man die *Wildwestproduktionen* des letzten Jahrhunderts noch in den Stiefeln hat, aber grundsätzlich in Ordnung.

Genauso wichtig wie die Einhaltung der entsprechenden Gesetze sind aber auch unsere Einstellung zur Arbeit der vielen Helfer und ihre Behandlung vom ersten Moment des Aufbaus an. Es schadet nicht, auch hier schon mal mit einer kurzen Ansprache freundlich zu begrüßen und alle in den speziellen Zweck der Veranstaltung und die Idee der Inszenierung einzuweihen. Jede Arbeit fällt leichter, wenn man ihr Ziel kennt und einordnen kann, wie sich am Ende alles zusammenfügen soll.

Unser Erfüllungsteam ist für das Gelingen der Veranstaltung sehr wichtig, und es steht uns gut zu Gesicht, wenn wir allen vom Roadie über das Catering-Personal bis hin zu den Ensembledarstellern und Musikern mit dem gebotenen Respekt begegnen, zum Beispiel beim Crew-Catering. Wer hart arbeitet, soll auch gut und gesund essen dürfen. Unser Team zahlt uns diesen Respekt mit besserer Leistung und guter Laune zurück, und geht dann auch den Extraschritt, der unsere Inszenierung am Ende perfekt macht.

Fazit

Zuletzt zahlt sich das auch in der Gesamtstimmung der Veranstaltung aus. Auch unsere Gäste fühlen sich wohler, wenn alle Beteiligten um sie herum mit Freude an die Arbeit gehen. Also sparen wir nicht mit freundlichen Worten und aufmunterndem Lächeln.

6.15 Mit Spatzen auf Kanonen: die schönsten Fehler

▶ So umfassend das Arsenal und so spielerisch die Einsatzmöglichkeiten all dieser Medien auch sein mögen, es bleibt eine Tatsache, dass nicht jedes Medium für jede Veranstaltung taugt. Eine vertrauensbasierte Beratungsdienstleistung braucht keine Lasershow. Ein Fotokopierer muss nicht mit einer weltbekannten Science-Fiction-Vision inszeniert werden, in der es zwar wunderbare Technik, aber eben keine Kopierer mehr gibt. Ein Dialogforum muss nicht mit einem zweistündigen, multimediagestützten Monolog über die Vorteile des Dialogs begonnen werden. Eine Pressekonferenz für knapp zehn Journalisten braucht keine ein Meter hohe Bühne und eine 15 m breite Projektionswand. Und braucht man wirklich eine kombinierte Pyro- und Tanzshow, um einen neuen Computerchip vorzustellen?

6.15.1 Revolver ohne Munition

Moderne Medientechnik fasziniert zuweilen mit ihrer eigenen Ästhetik so sehr, dass man darüber schnell vergisst, dass ein Medium nur dann Sinn macht, wenn es mit adäquaten Inhalten bespielt werden kann.

Flat Screens

So fand ich einmal kurz nach der Jahrtausendwende auf einem Messestand 20 fertig verkabelte Flat Screens der allerneuesten Generation vor, die auf keinem der seit Monaten zuvor kursierenden Standpläne eingezeichnet waren.

Wohl um mich von meinem leicht irritierten Gesichtsausdruck zu erlösen, erklärte man mir, dass der Vorstand die Flat Screens zwei Tage zuvor auf einer anderen Messe gesehen und sie in spontaner Begeisterung über Nacht bestellt hatte. Auf meine Nachfrage, welche tollen Filme man denn wohl auf den hippen Bildschirmen zu zeigen gedenke, wechselte der leicht irritierte Gesichtsausdruck spontan die Seiten.

Es stellte sich heraus, dass das Unternehmen zu keinem der messerelevanten Themen ein vorzeigbares Video besaß, und auch ein kurzes Imagefilmchen zeigte eindeutige Spuren der späten achtziger Jahre. Kurz, es gab nichts, was man hätte zeigen können. In einer weiteren Nacht- und Nebelaktion brachten wir dann noch schnell ein paar Kameras auf dem Messestand an und übertrugen dann live-Bilder von der einen Standecke auf die nächste.

Eine Rettungsaktion, die zwar alle Flat Screens mit Bildern versorgte, aber weder ästhetisch noch kommunikativ wirklich viel zum Messestand beitrug. Die Kosten für den spontanen Einfall unseres Kunden übertrafen allerdings die Streichungen anderer wichtiger Elemente des kommunikativen Konzepts leicht um das Fünffache.

6.15.2 Die Bilder gibt es!

Wie wichtig es ist, Entscheidungen für eine gewisse Präsentationstechnik im Vorfeld mit allen Beteiligten abzustimmen, zeigt auch der folgende Fall:

Power Point-Präsentation

Eine PR-Agentur geht mit hübschen Scribbles von einer 60 m breiten Hintergrundprojektion in einen Pitch für eine Tagung und schlägt in ihrer PowerPoint-Präsentation auch gleich ein paar beispielhafte Panoramen vor. Dem Kunden gefällt es, und die hauseigenen Eventmanager beauftragen einen Technikverleiher mit der baulichen und technischen Umsetzung der gigantischen Projektion.

Als wir kurzfristig wegen der Produktion eines Vorstandsfilms mit an Bord geholt wurden, haben wir uns selbstverständlich sofort für die Präsentationsbedingungen und die Abspieltechnik interessiert. Wow, 60 m breite Panoramen, das sind ja mindestens 12000 Pixel in der Breite, rechnen wir in unserer technischen Begeisterung vor und wollen natürlich sofort wissen, wer wohl diese tollen Bilder produziert. Unser Kunde argwöhnt, dass wir ihm noch einen Auftrag entlocken wollen, und verweist triumphierend, aber voreilig auf die PowerPoint-Präsentation seiner PR-Leute: „Hier, das sind die Panoramen, genau die nehmen wir!" Nun gerät der anwesende PR-Berater ins Grübeln. Woher hatte er doch gleich die Bilder gezogen? Es war wohl aus dem Internet, aber was war mit den Bildrechten? Und was faseln die Eventleute ständig von Pixeln?

Als nächster meldet sich der Projektleiter der Technikfirma zu Wort, er sei natürlich davon ausgegangen, dass man ihm die Bilder in der nötigen Auflösung übergeben werde. Mit den Democlippings aus der PowerPoint-Präsentation könne er wenig anfangen. Der Kunde beginnt das Ausmaß seiner Unwissenheit zu ahnen. Dummerweise haben seine Vorstände die Panoramen ja schon abgenickt und ihre Vorträge darauf abgestimmt.

Wir geben einen kurzen Abriss darüber, mit welchen Kameratechniken man solche realistischen Szenenbilder in der notwendigen Größe produzieren kann, wie die jeweiligen Produktionsschritte aussehen und welches die günstigste Methode ist, das Ziel in der verbliebenen Zeit noch zu erreichen. Klar, dass wir unserem Kunden aus der Bredouille geholfen haben; aber auch klar, dass die aufwändige Produktion von mehreren, sich entwickelnden Panoramen für die sechsstündige Tagung in keinem Budget erfasst war.

6.15.3 Das Straflager

Zum Abschluss noch eine kleine Geschichte aus dem Bereich der Übertreibung. Auf einer Messe hat ein Weltkonzern eine große Show auf die Beine gestellt. Multimedia-Technik vom feinsten, bestens im wunderschönen Bühnenbild verbaut, eigentlich alles richtig gemacht. Und trotzdem ging es gründlich schief.

Eisige Stimmung

Auf dem Set herrschten ein schlecht gelaunter Regisseur und ein zur Cholerik neigender Projektleiter des Ausstellers. Seit einer Woche wurde die Show geprobt, und sie wurde immer schlechter. Tänzer, Musiker und Schauspieler wurden 16 Stunden durch die Proben geschliffen, die immer wieder spontan verlängert oder für spät nachts neu angesetzt wurden. Es gab kaum Ruhepausen, keine angemessene Verpflegung, keine geheizte Garderobe oder einen Aufwärmraum für die Akrobaten. Der Ton muss sich über Tage so drastisch verschlimmert haben, dass der Stress und die allgemeine Verunsicherung nun auch noch auf die ebenfalls genervten Techniker übergriffen. Darsteller und Techniker wurden willkürlich ausgetauscht, aber es wurde nicht besser. Wie auch, es herrschte eine eisige Stimmung.

6.15 Mit Spatzen auf Kanonen: die schönsten Fehler 261

Bei der Generalprobe schließlich zeigten dann alle Darsteller nur noch ein eingefrorenes Lächeln. Alle Freude oder Begeisterung für die eigentlich gut ausgedachte und teuer ausstaffierte Show waren verflogen. Was von der Show blieb, war eiskalt und bestenfalls noch unfreiwillig komisch.

Veranstaltungen sind ein komplexes Zusammenspiel aller hier vorgestellten Medien, aber eben auch eine Gemeinschaftsleistung all jener, die die Technik bewegen, bedienen oder mit ihr auf der Bühne spielen. Auch sie sind Helden unserer Veranstaltung. Am Ende zahlt alles auf die Stimmung der Veranstaltung ein, und ein gut informiertes und gut gelauntes Team ist für das Erreichen unserer Kommunikationsziele oft wichtiger als noch ein spektakulärer Zusatzeffekt. Denn es sind immer die Menschen, die die Stimmung produzieren, nie die Technik.

Resümee

Die in den letzten beiden Abschnitten vorgestellten Medien und Inszenierungselemente haben wir zunächst unter dem Aspekt ihrer Einsetzbarkeit und Nützlichkeit für eine durchgängige Inszenierung betrachtet, wobei wir trotz aller inhaltlichen, psychologischen und emotionalen Interaktion unsere Veranstaltungsgäste in der Rolle des Rezipienten belassen haben. Zum Abschluss wollen wir nun untersuchen, welche Medien und Maßnahmen sich eignen, um unsere Veranstaltungsteilnehmer im Rahmen der dramaturgischen Vorgabe inhaltlich, technisch oder spielerisch gestalterisch aktiv in die Veranstaltung mit einzubinden.

Interaktive Inszenierungsformen

7

Inhaltsverzeichnis

7.1	Gruppenarbeit und Schwarmarbeit	264
	7.1.1 Teilnahme und Teilhabe	264
	7.1.2 Interaktion verändert	265
	7.1.3 Großgruppenarbeit live	266
	7.1.4 Laufende Abstimmung	266
	7.1.5 Workshop der tausend Ideen	266
7.2	TeamArtWork – Workshops mit Kunst	267
	7.2.1 Der ideale Workshop	267
	7.2.2 Tiefe Bindung	268
	7.2.3 Ein Werk von bleibender Schönheit	269
7.3	Klick! Foto-Workshops	269
	7.3.1 Fotosafari	269
	7.3.2 Lautes Stillleben	270
7.4	Im Konzert: Workshops mit Musik	271
	7.4.1 Pure Energie	271
	7.4.2 Vielklang	272
	7.4.3 Der Klangkörper	272
7.5	Auf Sendung: Corporate Radio Workshops	273
	7.5.1 Aktion und Redaktion	273
	7.5.2 Viele unterschiedliche Aufgaben	274
	7.5.3 Die Radio-Produktion	274
	7.5.4 Strategisches Element	274
7.6	Und Action! Film- & Video-Workshops	275
7.7	Alles nur Theater! Workshops mit Schauspiel	276
	7.7.1 Körper, Stimme, Bewegung	276
	7.7.2 Texte schreiben	276
	7.7.3 Szenen proben	277
	7.7.4 Auf die Bretter, die die Welt bedeuten	277
	7.7.5 Schnipsel und Anker	278
7.8	Planspiel und Innovationsworkshop	278
	7.8.1 Planspiele sind keine Kinderspiele	278

A. Gundlach, *Wirkungsvolle Live-Kommunikation,*
DOI 10.1007/978-3-658-02549-6_7, © Springer Fachmedien Wiesbaden 2013

7.8.2	Vorbereitung	279
7.8.3	Modell für die Realität?	279
7.9	Kreatives Chaos in der Küche	280
7.9.1	Team-Building im Gedränge	280
7.9.2	Starker Ritus	280
7.10	Seilgarten und Legoland	281
7.10.1	Geist braucht Körper	281
7.10.2	Sinnbilder bauen	282
7.10.3	Gemeinschaft und Gemeinnützigkeit	282
7.11	Die Welle im Papier: die schönsten Fehler	283
7.11.1	Rudern ohne Steuermann?	283
7.11.2	Materialversagen	283
7.11.3	Startschuss verpasst	284
7.11.4	Team-Building im Zirkeltraining	285

▶ Demokratie, Mitbestimmung, Internet, Teamarbeit – unsere Zielgruppen, interne wie externe, sind mündige Menschen, die sich im Rahmen einer Veranstaltung nicht mehr nur frontal bespielen lassen wollen. Es entspricht dem Selbstbild der meisten Menschen, sich selbst einzubringen, teilzunehmen und teilzuhaben, den Verlauf eines Ereignisses mit zu bestimmen. Diese gesellschaftliche Tendenz hat letztlich auch ganz praktische Auswirkungen auf Dramaturgie, Konzeption und Inszenierung unserer LK-Maßnahmen. Wir benötigen vor allem für Veranstaltungen, die sich über ein oder mehrere Tage erstrecken, verschiedene funktionale und emotionalisierende Interaktionsmodule.

7.1 Gruppenarbeit und Schwarmarbeit

▶ **Begreifen** „Sag es mir und ich werde es vergessen. Zeig es mir und ich werde mich erinnern. Lass es mich tun und ich werde es begreifen!" Der Sinnspruch, der oft einem amerikanischen Präsidenten zugeordnet wird, geht auf ein sehr altes chinesisches Sprichwort zurück.

7.1.1 Teilnahme und Teilhabe

Ein seit Jahrzehnten bewährtes Mittel der inhaltlichen Beteiligung von Tagungsteilnehmern sind die sogenannten Workshops, bei denen die Teilnehmer in kleinere Gruppen aufgeteilt werden und sich mit einzelnen Aspekten des Tagungsthemas beschäftigen. Innerhalb dieser Workshops gibt es frontale Vortragsformate, bei denen sich die Interaktion auf eine abschließende Frage- und Antwortrunde beschränkt, wie auch die verschiedensten Arten der Teamarbeit. Neben Klassikern wie Metaplan oder computergestützten Systemen

7.1 Gruppenarbeit und Schwarmarbeit

wie MindMap gibt es unzählige von Teamentwicklern ins Feld geführte Formate. Allen gemein ist: einer in der Gruppe muss wissen, wie es geht, und den Modus bestimmen, damit der Workshop ein verwertbares Ergebnis hervorbringt. Denn das ist das Hauptziel eines Workshops: voneinander lernen, gemeinsam Probleme lösen und Strategien entwickeln.

7.1.2 Interaktion verändert

Von der Veranstaltungsdramaturgie her haben diese klassischen Workshops drei Effekte: zum ersten involvieren sie die Tagungsteilnehmer auf thematischer und inhaltlicher Ebene. Sie erweitern den Tagungsinhalt um die Ansichten, Meinungen und Ideen der Teilnehmer und entwickeln ihn so sinnvoll weiter. Allerdings erfordert das immer das Geschick einer Interaktionsdramaturgie, die im Zweifel auch mit Arbeitsergebnissen umgehen kann, die vom Veranstalter so erst mal nicht gewünscht waren. Natürlich hält geschickte Führung und Fragestellung die meisten Teilnehmer im Rahmen der inhaltlichen Dramaturgie, aber man sollte trotzdem immer bereit sein, die Veränderung, die die Teilnehmer einbringen, auch aufzunehmen. Was man auf keinen Fall machen darf, wäre diejenigen Beiträge und Arbeitsergebnisse einfach zu übergehen, die einem gerade *nicht in den Kram passen*. Damit diskreditiert man die Interaktion als solche und erreicht dann emotional das Gegenteil von dem, das man eigentlich mit jeder LK-Maßnahme erreichen versucht: die emotionale Integration der Teilnehmer.

Zum zweiten lockert das Aufbrechen der großen Gruppe in viele kleine die Plenumssituation auf. Große Gruppen und große Räume haben ihre eigene massenpsychologische Faszination, aber sie erfordern von uns eine Art der Konzentration, die irgendwann überreizt ist. Dann brauchen wir Pausen oder Phasen, in denen wir uns wieder nur auf uns selbst oder ein sehr überschaubares Umfeld konzentrieren dürfen. Mittags- und Kaffeepausen bieten diese Möglichkeit sowieso, oft schadet es aber auch nicht, solche Phasen des Rückzugs in die kleine Gruppe bewusst in die Kommunikationsdramaturgie einzubauen. Der Wechsel der Situation hilft uns, den Eindruck zu variieren und so die Aufmerksamkeit zu halten. Selbstbeteiligung und Aktivität sind für den einzelnen Teilnehmer in einer kleinen Gruppe zunächst einmal leichter zu realisieren, d. h. er kann seine Ideen und Einfluss auf das Ergebnis in der kleinen Gruppe besser identifizieren. Die Überschaubarkeit eines Workshops unterstützt also die Selbstwahrnehmung der Teilnehmer.

Zum dritten erfüllen Workshops und Interaktionen einen wesentlichen Aspekt der Ökonomie der Aufmerksamkeit. Nach Dr. Georg Franck ist Aufmerksamkeit selbst etwas, das wir erst mal den Anderen entgegenbringen müssen, wenn wir ihre Aufmerksamkeit haben wollen. Wenn wir unsere Veranstaltungsteilnehmer spüren lassen, dass ihre Rolle in unserem Bewusstsein so groß ist, dass wir sie aktiv an der Entwicklung von Inhalten und Lösungen beteiligen, erhöht das sofort auch die Aufmerksamkeit, die uns die Teilnehmer entgegenbringen – und es öffnet sie für unsere Lösungsvorschläge.

7.1.3 Großgruppenarbeit live

Interaktion und das gemeinsame Arbeiten an Inhalten muss sich aber nicht auf Workshops mit Kleingruppen beschränken. Es gibt eine ganze Reihe von Großgruppeninteraktionen, die unter der Anleitung trainierter Moderatoren auch 1500 Teilnehmer oder mehr in eine effektive Teamarbeit bringen kann, darunter Methoden wie die *Zukunftskonferenz*, die *RTSC-Konferenz* (Real Time Strategic Change), das *World Café* oder *Open Space*-Variationen. Hierfür bedarf es nicht nur erfahrener Spezialisten, sondern auch den expliziten Willen der Unternehmensführung, solche hierarchieübergreifenden Arbeitsmethoden zu nutzen und die sich daraus ergebenden Erkenntnisse auch umzusetzen. Wenn man solche Formate fröhlich anfängt, dann jedoch nicht ernst zuende führt, geht man das Risiko eines Vertrauensverlusts ein.

7.1.4 Laufende Abstimmung

Dank moderner Computertechnik, Motion-Capturing-Systemen und intelligenten Endgeräten wie Multimedia-Handys oder Tablets haben sich in letzter Zeit Großgruppeninteraktionen entwickeln lassen, die wir als Schwarmarbeit bezeichnen möchten. Bei diesen Methoden arbeitet man mit der Schwarmintelligenz der Veranstaltungsteilnehmer, d. h. in der Abfolge vorher festgelegter Arbeitsschritte gibt es permanente Abstimmungs- und Feedbackschleifen, bei denen alle Teilnehmer schnelle Einschätzungen abgeben und gemeinsame Entscheidungen fällen. Der Schwarm aller Teilnehmer bestimmt so über die Richtung, in der sich die Ergebnisentwicklung bewegt.

Um den Teilnehmern die Unmittelbarkeit dieser Schwarmarbeit zu verdeutlichen, steigt man am besten mit einer spielerischen Version ein, bei der man zum Beispiel durch gemeinsame Bewegung eine Simulation steuert, mit der ein Flugzeug auf einem Flughafen gelandet wird. Der Eindruck von Authentizität der eingesetzten Technik ist wichtig, damit die Teilnehmer später die Beeinflussung der Ergebnisse durch den Schwarm annehmen. Bei allen technischen Systemen ist die Möglichkeit zur Manipulation gegeben, und wir tun gut daran, jeden Zweifel daran vorher zu zerstreuen.

Das Gute an solchen Systemen ist, dass sie grundsätzlich auch online funktionieren oder mit einer online-Version gekoppelt werden können. Wenn man also sowieso einen Online-Event aus einer Arbeitstagung macht, dann kann man auch die an anderen Orten stationierten Mitarbeiter interaktiv miteinbinden.

7.1.5 Workshop der tausend Ideen

Aus dramaturgischer und prozesspsychologischer Sicht sind solche inhaltsorientierten Interaktionen und Workshop-Formate wünschenswert, weil sie die Teilnehmer mit ihren eigenen Gedanken, Ideen und Meinungen zum Thema der Veranstaltung in hohem Maße wertschätzen. Sie stellen Referenz zwischen Veranstalter und Teilnehmern her, und das ist etwas sehr Nützliches im Rahmen unserer strategischen Dramaturgie. Gut durchgeführte Großgruppen-Workshops kreieren eine produktive Gruppendynamik, in der sich der einzelne als Teil des Unternehmens spüren und einbringen kann. Bei der Gelegenheit sammeln wir auch jede Menge guter Ideen, nützlicher Einwände und praktischer Lösungsvorschläge ein.

Wenn wir uns an den Vergleich mit dem Schachspiel der Zielgruppe erinnern: genau hier greift diese Vorstellung der Interaktionsdramaturgie – wir müssen uns vorher überlegen, wie wir mit den möglichen Ergebnissen der offenen Arbeitsmethoden umgehen und welches Ergebnis welche Reaktionen erfordert. Die Spezialisten und Moderatoren für die verschiedenen Formate und Methoden können uns im Vorfeld aufzeigen, ob und welche Steuerungsmöglichkeiten wir in diesen inhaltlichen Interaktionen haben und wie wir ihre Großgruppenarbeit in unsere Gesamtdramaturgie einarbeiten.

Im Sinne der Sache und des Erfolgs möchte ich davon abraten, viele dieser vermeintlich einfachen Methoden wie das World Café oder Mindmap selbst durchzuführen. Selbst wenn wir glauben, uns die Funktion eines Motors erklären zu können, geht doch nichts über einen versierten Schrauber.

Soviel zu den inhaltslastigen Interaktionsformaten, nun möchte ich mich gerne wieder in das Feld meiner Domänen zurückbegeben und aufzeigen, welche Interaktionsformate uns auf dem Weg zu emotionalen Kommunikationszielen behilflich sein können.

7.2 TeamArtWork – Workshops mit Kunst

▶ Im Kapitel über Kunst als Medium der Inszenierung haben wir bereits einige Möglichkeiten aufgezeigt, wie man ihre kommunikativen Qualitäten für unsere Inszenierung einsetzen kann. Noch intensiver wird das Ganze, wenn wir die Gäste unserer Veranstaltung im Rahmen einer intelligenten Vorgabe spielerisch-gestalterisch in einen künstlerischen Schaffensakt mit einbinden und sie selbst unter Anleitung der anwesenden Künstler an der Entstehung der Kunstwerke mitwirken lassen. Die Zeitspanne dieser *künstlerischen* Beteiligung kann vom spontanen Akt bis hin zum kompletten Workshop reichen.

7.2.1 Der ideale Workshop

Interaktive Art Happenings erfüllen geradezu in exemplarischer Art und Weise alle wichtigen Prinzipien zur Inszenierung von Events mit kommunikativen Zielen. Sie lassen die Teilnehmer Inhalte in einen dramatischen Ablauf von Ereignissen erleben und involvieren sie über eine direkte Interaktion in den Prozess. Durch die Notwendigkeit eigener *angepasster Bewegungen* bei der gemeinsamen Arbeit am Kunstwerk wird wiederum über das motorische Zentrum die Emotionalität der Gäste wesentlich erhöht. Meist lassen wir die

Teilnehmer in kleinen Gruppen an Einzelteilen eines großen Gesamtkunstwerks arbeiten, und zwar ohne dass sie den Zusammenhang der Einzelteile erahnen. Das Kunstwerk wird dann wie ein Puzzle aus den Arbeiten aller Teilnehmer von uns heimlich zusammengesetzt. Die wenig später folgende Enthüllung lässt eine tiefe, unvergessliche Emotion entstehen.

Aus dramatischer Sicht entsteht diese herausragende Emotion aufgrund mehrerer gleichzeitiger Effekte: zum einen durch Interaktion und Involvement der Gäste in den Schaffensprozess, dann durch den dramatischen Effekt der Überraschung beim Anblick des wahrhaft einmaligen Gesamtkunstwerkes, das nachträgliche Erkennen der Dramaturgie und zu einem großen Teil auch die eigene, mit allen anderen emotional verbindende Urheberschaft am gemeinsamen Kunstwerk. All dies produziert im Augenblick der Enthüllung eine erstaunliche Gruppendynamik.

Mit dem Moment der überraschenden Präsentation wird ein emotionaler Anker im Gedächtnis geschaffen, mit dem nun die Themen und Symbole des Kunstwerks verknüpft werden. Das gesprochene Wort, das den konkreten Inhalt des Kunstwerks mit der kommunikativen Aussage verbindet, wird so zum unvergesslichen Wort, da es im Gedächtnis gleichzeitig an visuelles Erkennen, eigene Beteiligung und die unvergleichliche Emotion des Augenblicks gebunden ist. Gleichzeitig ist der gesamte Vorgang eine Analogie für den Arbeitsalltag in Organisationen: arbeiten in kleinen Teams für ein großes Ergebnis.

Aufgrund der ungewöhnlichen Dramatisierung, der theatralischen Zerlegung des künstlerischen Prozesses in aufeinander folgende Erlebnisse, die zu einem überraschenden und faszinierenden Höhepunkt hinführen, eignet sich eine solche Interaktion zwar auch als unterhaltendes Element auf Abendveranstaltungen, meistens nutzen wir solche Aktionen aber bei Tagungen, Betriebsfesten und Gebäudeeinweihungen.

> ▶ Am Schaffensakt selbst und am entstandenen Kunstwerk lassen sich dann viele Dinge erläutern, ob nun Team-Building, Kommunikation in Arbeitsprozessen oder Arbeitsteilung. Je nach Tagungsinhalten und -zielen lässt sich die Dramaturgie des Happenings an das gewünschte Ergebnis angleichen.

7.2.2 Tiefe Bindung

Die emotionale Bedeutung eines solchen, gemeinsam geschaffenen Kunstwerks wird umso größer, je konkreter sich das Werk mit dem Unternehmen und seinen Menschen beschäftigt. Dabei gilt es, die richtige Mischung aus verständlicher Darstellung und künstlerischem Ausdruck zu finden. Der Betrachter muss aus eigener Kraft erkennen können, worum es sich handelt, darf aber auch in seiner Media-Literacy nicht unterfordert werden.

Für den künstlerischen Prozess gilt natürlich dasselbe wie für alle Arten von Interaktionen: Die Teilnehmer dürfen durch die gestellte Aufgabe weder unterfordert noch überfordert werden. Die Aufgabe muss also so gestaltet sein, dass die Teilnehmer den handwerklichen Teil mit einigem Geschick und Konzentration bewerkstelligen können, das spätere

Kunstwerk aber über das Handwerkliche hinaus den Anspruch an ein Kunstwerk erfüllt. Sonst entwertet sich das Kunstwerk in den Augen der Zielgruppe und kann dann seine außergewöhnliche Symbolfunktion nicht mehr erfüllen.

Es ist unverzichtbar, hier mit Künstlern zusammenzuarbeiten, die alle Dimensionen und Ansprüche an eine solche dramatisierte und interaktive Kunstaktion verstehen und beherrschen.

7.2.3 Ein Werk von bleibender Schönheit

Ein weiterer großer Vorteil solcher interaktiven Art Happenings ist der Effekt, den wir unter dem Begriff Event-Continuity eingeführt haben, d. h. die Ereignisse und Erlebnisse des Tages ankern sich an das entstandene Kunstwerk und werden bei jeder weiteren Ansicht des Kunstwerks wieder aktiviert. Die entstandenen Exponate können später als Kulisse für weitere Veranstaltungen benutzt werden, gehen auf Wanderausstellung durch die Filialen und Händlerhäuser oder finden im besten Fall einen festen Platz an einer zentralen Stelle im Unternehmensgebäude.

Die Kunstwerke leben aber nicht nur als ausgestellte Originale fort, sondern dienen auch als Vorlage für Poster, Screensaver, Postkarten und Sonderdrucke. Im Nachgang der Veranstaltung kommen die Teilnehmer also immer wieder mit „ihrem" Kunstwerk in Kontakt und kehren so immer wieder in das prägende Erlebnis zurück. So entsteht echte Nachhaltigkeit in der Kommunikation.

7.3 Klick! Foto-Workshops

▶ Was sich im Zeitalter der Digitalfotografie und Fotohandys erst mal nicht so spektakulär anhört, kann sich mit der richtigen Idee und Vorbereitung zu einem sehr eindrucksvollen Symbol mausern.

7.3.1 Fotosafari

Bei so mancher mehrtägigen Veranstaltung werden oft auch kleine Freizeiten zur individuellen Erholung eingeplant. Das sei den Teilnehmern herzlich gegönnt, noch lieber verbinden wir aber auch diese Zeitfenster mit einer kleinen, kreativen Aufgabe, die sich nachher wieder in der Veranstaltungsgestaltung wiederfindet.

Bei einer Fotosafari bekommt jeder Teilnehmer eine kleine Digitalkamera mit einem begrenzten Speicher, denn er soll nicht hunderte Fotos machen, sondern jeweils nur drei oder bei Gruppen jenseits der 200 Teilnehmer gar nur ein einziges. Dazu geben wir den Teilnehmern verschiedene Themen und Begriffe vor, für die sie nun während ihres Ausflugs ein Symbol finden und abbilden sollen. Diese Begriffe haben mit den Vortragsthemen des darauffolgenden Tages zu tun. Am Abend sammeln wir die Kameras ein, sichten die Bilder und ordnen sie gemeinsam mit den Rednern als Sinnbilder den Präsentationen zu.

Wenn die Bilder am nächsten Tag während der Vorträge auf der Leinwand erscheinen, hält der Redner kurz inne und lässt das Bild wirken. Dann wird kurz nachgefragt, wer das Foto gemacht hat, und man lässt denjenigen in zwei Sätzen erklären, warum er in diesem Bild den angesprochenen Begriff (wie Verkauf, Partnerschaft, Vertrauen, Arbeitsteilung, Team oder was eben thematisiert wird) symbolisiert sieht.

Das hört sich erst einmal nicht so spektakulär an, aber es hat einen sehr schönen Effekt auf einen Tag voller Vorträge, da hier der Monolog immer wieder aufgebrochen wird und die Teilnehmer mit eigenen Ideen zu Wort kommen, Ideen, die den Vortragsfluss des Redners nicht stören, sondern symbolhaft bebildern und unterstützen. Durch die kurzen Dialoge entsteht selbst bei trockener Materie eine Interaktion zwischen Redner und Gruppe, was die Aufmerksamkeit deutlich erhöht. Denn niemand weiß, wann sein Bild drankommt.

Schön ist auch, wenn man die so in die Vorträge und den Dialog eingebundenen Bilder dann nachher im Follow-Up der Tagungsunterlagen wiederfinden kann.

7.3.2 Lautes Stillleben

Was von den Teilnehmern weniger eigene Kreativität, aber dafür sehr viel mehr Koordination verlangt, sind Grußgruppenfotos. Wir reden aber hier nicht von 500 Menschen, die auf der Freitreppe vorm Hotel aufgereiht fröhlich in die Kamera winken, sondern von einem künstlerisch konzipierten Bild mit starker Symbolwirkung.

Beispiel

Auf einer Tagung soll nach Firmenübernahme ein Veränderungsprozess eingeläutet werden. Die alte Identität, die sich aus der früheren Konzernzugehörigkeit erklärt, soll abgestreift und nun eine neue Identität entwickelt werden. Das Foto inszeniert nun ein starkes Symbol für den Wechsel, an dessen Beginn der Abschied vom Alten steckt. 2000 Mitarbeiter sammeln sich auf einem großen Feld, jeder mit einem Filzzylinder bewaffnet, der als Symbol für das Alte steht. Das Fotografenteam steht mit besonders hochauflösenden Kameras an mehreren Positionen verteilt, einer kurz über Kopfhöhe, einer auf einem Kran, ein dritter schießt gegen das tiefstehende Abendlicht. Auf Kommando werfen nun alle gleichzeitig ihren Zylinder von sich, um so ihren Abschied vom Alten zu versinnbildlichen. Das kann man ohne Probleme vier bis fünf Mal wiederholen. Richtig moderiert entwickelt sich die Aktion selbst schnell zu einem großen Spaß.

Die Bilder, die hier entstehen, sind kraftvoll, verrückt, verblüffend, faszinierend und in jedem Fall einmalig. Etwas, das man nach der Veranstaltung in Unterlagen oder im Intranet verbreiten kann oder auch als Großdruck ins Foyer hängen kann. Ein Bild, das den Mitarbeitern während des Veränderungsprozesses jedes Mal aufs Neue klar macht, dass man sich in einem gemeinsamen Akt und mit großer Geste vom Alten verabschiedet hat.

Bei solchen als Team-Workshop inszenierten Bildern soll man keine Angst vor verrückten Ideen haben. 200 Mitarbeiter eines Reisebüros treiben auf ihren Luftmatratzen auf einem Baggersee. 500 Eisenbahner ziehen eine alte Dampflok hinter sich her. 1200 Mitarbeiter einer Airline stehen in einem Hangar und werfen Papierflieger in die Luft. 300 Mitarbeiter eines Bettwäscheherstellers liefern sich eine Kissenschlacht im Watt. 400 Mitarbeiter eines Sportartikelherstellers stehen dicht an dicht in weiß gekleidet auf einem Tennisplatz und werfen sich wild durcheinander Tennisbälle zu.

Je ungewöhnlicher, witziger, absurder und überraschender das Gesamtmotiv wird, desto mehr Freude werden unsere Mitarbeiter daran haben. Ein Branding ist hier übrigens nicht angesagt. Die Teilnehmer wissen, zu wem sie gehören. Es geht vor allem um das Symbol. Lassen wir den Fotografen künstlerische Bildkonzepte vorschlagen. Im Idealfall kommt dabei etwas heraus, das auch in einem Museum hängen könnte.

Dabei ist zu beachten, dass nicht jeder Fotograf in der Lage ist, ein Bild von von 1000, 2000 oder mehr Leuten zu machen, auf dem nachher auch jeder einzelne scharf zu erkennen ist. Das bedarf des richtigen Equipments und eines sehr gut überlegten Lichtkonzepts, vor allem, wenn man so ein Symbolfoto indoor oder nach Sonnenuntergang macht.

7.4 Im Konzert: Workshops mit Musik

▶ Wie sehr sich Musik als inszenatorisches und emotional verbindendes Element eignet und wie zahlreich die positiven Assoziationen zur Zusammenarbeit im Unternehmen sind, haben wir bereits beleuchtet. Man kann diese Effekte aber nicht nur aufführen, sondern die Teilnehmer auch selbst erleben lassen.

7.4.1 Pure Energie

Eine ebenso einfache wie effektive Methode ist das gemeinsame Trommeln. Rhythmus-Instrumente wie Trommeln, Schlagwerk, Rasseln, Zimbeln oder Triangel sind im Vergleich zu Klavieren oder Geigen relativ einfach zu spielende Instrumente, die sich gerade in der Menge gegenseitig zu einem beeindruckenden Klangspektakel verstärken. Trommeln mit 2000 oder 3000 Teilnehmern ist weniger eine musikalische als eine logistische Herausforderung.

Die Trommelinstruktoren geben einzelne Rhythmuspattern vor, proben sie mit den Instrumentengruppen ein und fügen sie dann mit allen Teilnehmern zu einem mitreißenden Percussionsstück zusammen. Der treibende Rhythmus, der Gleichklang aller Trommeln hat eine hypnotische Wirkung auf die Teilnehmer, die Aktivität (angepasste Bewegungsmuster) befeuert die Emotionsbereitschaft. Am Ende steht ein gemeinsames Ergebnis: das arrangierte Stück wird nach Dirigat des Vortrommlers gespielt.

7.4.2 Vielklang

Deutlich anspruchsvoller ist eine Interaktion mit Musik, wenn man in den Bereich der Melodie und Harmonik vorstößt. Jede Musik besteht aus Harmonie, Melodien, Rhythmen und Atmosphären; für den Zuhörer ein Gesamtklang von Instrumenten und Stimmen, für den Musiker ein Puzzle aus einzelnen Noten, Tonfolgen und Harmonien aus mehreren Noten. Ein eigens für uns komponiertes Stück lässt sich so takt- und stimmweise in seine Einzelteile zerlegen, die dann unter Anleitung von Gesangstrainern in der Interaktion mit kleinen Gruppen unserer Teilnehmer in Bild und Ton aufgenommen und nachher zu einem großen akustischen und visuellen Puzzle zusammengefügt werden.

Die aufwändige und zeitnahe Montage aller Aufnahmen zu einem Musikvideo erfolgt in den Stunden bis zur Präsentation auf der Abendveranstaltung. Wie ein Chor aus hunderten oder tausenden Stimmen lassen unsere Teilnehmer dort dann das Gesamtwerk erklingen – und sind dabei ihr eigenes, begeistertes Publikum. Prozessanalogien und Gemeinschaftserlebnis ähneln den der Teamkunst-Happenings, und auch eine inhaltliche Symbolik lässt sich durch den Text des interpretierten Company Songs einbauen.

Wem der Wohlklang eines Chores aus Laien als Ziel etwas zu hochgegriffen erscheint, dem sei hier zugerufen, dass die Gestaltbarkeit eines Musikstücks auch jede Menge rhythmische Elemente enthalten kann und dass man mit moderner Audiotechnik auch das eine oder andere im Sinne des besseren Ergebnisses bearbeiten kann. Außerdem muss das Ziel nicht unbedingt ein musikalisches Meisterwerk sein, es kann auch die Neuvertonung eines Werbespots oder für den Event vorbereiteten Videoclips sein, wobei hauptsächlich atmosphärische Geräusche eine Rolle spielen.

Wichtig ist nur, dass die Teilnehmer klare, bewältigbare Aufgaben bekommen, die in einzelnen Schritten aufgezeichnet und montiert werden können. Die Repräsentation der Teilnehmer im Bild und Ton erfüllt dann den eigentlichen Zweck des emotionalen Gemeinschaftserlebnisses, die Interpretation und Symbolik des Liedtexts ankert unseren Inhalt an diese Emotion.

7.4.3 Der Klangkörper

Trommeln aktiviert schon sehr stark durch die Bewegung, Singen gehört aber zu den intensivsten körperlichen Erfahrungen, da hier der eigene Körper zum Instrument wird. Natürlich lassen wir unsere Teilnehmer nicht einfach drauflossingen, sondern nehmen uns die Zeit, sie professionell einzuweisen, mit ihnen an Stimmsitz, Atmung, Klang und Ton zu arbeiten und mit Gemeinschaftsübungen ihre Singhemmung auszutricksen. Das hilft nicht nur, das Endergebnis positiver zu gestalten, es löst auch in jedem Teilnehmer individuell etwas Positives aus. Man lernt etwas über sich selbst, empfindet sich anders als gewohnt. Singen ist übrigens etwas, dass jeder Mensch bis ins hohe Alter erlernen kann, da es sich zunächst einmal nur um eine Koordination von Kehlkopfmuskeln und Atmung

7.5 Auf Sendung: Corporate Radio Workshops

handelt. Das einzige tatsächliche Hindernis ist eine fehlende Prägung des Gehörs, die im Kleinkindalter erfolgt. Wer da nicht gelernt hat, Töne von einander zu differenzieren, hat es später schwerer beim Singen. In unserem Gesangsworkshop muss das aber nicht das Ende der Teilnehmerkarriere bedeuten, schließlich können wir auch mit Rhythmus-, Beatbox- und Rap-Elementen arbeiten, bei denen die Tonhöhe nicht entscheidend ist. So wird jeder Teilnehmer in das Gesamtergebnis integriert.

▶ Interaktionen mit Musik produzieren ein Ergebnis, das nicht nur auf der Veranstaltung gezeigt wird, sondern wenn möglich auch für die Nachwelt festgehalten werden sollte. Der flüchtige Moment des gemeinsamen Musizierens und der Welturaufführung des Werkes wird in Ton und Bild professionell dokumentiert und später als Follow-Up an alle Mitmusiker verteilt.

7.5 Auf Sendung: Corporate Radio Workshops

▶ In den Beispielen zum gemeinsamen Musizieren kamen Ton- und Aufnahmetechnik zur Dokumentation schon zur Sprache. Man kann dies statt mit Gesang auch mit hauptsächlich sprachgebunden Formaten machen, womit automatisch auch die inhaltliche Auseinandersetzung stärker in den Vordergrund rückt.

7.5.1 Aktion und Redaktion

Zu Beginn des Corporate Radio Workshops, der sich vor allem für zwei- oder mehrtägige Tagungen eignet, wird den Teilnehmern ein Einblick in die Redaktion von *C-Radio* gegeben werden. Wie wird ein Thema „gemacht"? Welche Stilmittel, eine Idee umzusetzen, stehen den Redakteuren zur Verfügung? Welche Voraussetzungen muss man als Moderator erfüllen? Wie bereitet man sich auf ein Interview vor? Wie entstehen Jingles/Layout und Comicals?

Diese und viele andere Fragen werden den Mitarbeiterinnen und Mitarbeitern von Radioprofis beantwortet. Sie sollen interessante Details, die ihnen sonst nicht zugänglich sind, aus den Bereichen Journalismus und Radio erfahren. Und die Teilnehmer sollen natürlich viel Spaß und Freude beim „Radiomachen" haben.

Im weiteren Verlauf der Veranstaltung bekommen sie nun die Aufgabe, sich als Radiomacher auszuprobieren. Das Thema, um das sich die Radioshow dreht, ist natürlich das Tagungsthema. Die frisch eingewiesenen Radiomacher sollen das „Newsfieber" einer Redaktion erleben. Es werden die Bereiche Moderation, Nachrichten, Reportage, Interview, Comical und Produktion (Jingle/Musik/Layout) angeboten, in denen die Mitarbeiter, nach Anleitung der Profis, an den Veranstaltungstagen tätig werden können.

7.5.2 Viele unterschiedliche Aufgaben

Die Workshop-Leiter schulen die Mitarbeiter in Moderationstechnik und Rhetorik, erklären unterschiedliche Moderationsstile und zeigen die unterschiedlichen Wirkungsfelder von Moderatoren auf (Game Shows, Magazin- und Nachrichtensendungen usw.).

Sie üben mit den Teilnehmern Atem- und Sprechtechnik und bereiten sie auf die Aufnahme der kurzen Moderationen vor. Die Radioprofis zeigen anhand von Beispielen auf, was eine gute Reportage ist. Sie erklären die Bedeutung von O-Ton, Feature und Cut und erarbeiten mit den Mitarbeitern Treatments für eine eigene Kurzreportage zum Thema der Sendung.

7.5.3 Die Radio-Produktion

Die Teilnehmer werden dann mit Interviewgeräten ausgestattet, um auf der Veranstaltung O-Töne einzusammeln. Diese O-Töne werden geschnitten und zu einem Beitrag montiert, der natürlich vorher noch gemeinsam getextet wird. Inhalt der Beiträge können zum Beispiel die Aktionen der anderen Teilnehmer sein (z. B. Ergebnisse anderer Workshops, Ereignisse und Vorträge zusammenfassen) oder Beiträge über das, was bei der Tagung hinter den Kulissen los ist (Aufwand an Technik, Besuch beim Küchenchef). Die Journalisten zeigen auf, welche unterschiedlichen Interviewtechniken es gibt, und verraten den ein oder anderen „Trick", wie man Leute dazu bringt, Antworten zu geben.

Nach verschiedenen Übungen kann das Gelernte dann in der Praxis angewendet werden. Vorstände, Direktoren und Entwickler stehen den Mitarbeitern für Interviews zur Verfügung. Den Radiomachern werden Jingles und Layout-Musiken vorgestellt. Funktion und Machart werden erklärt. Die Teilnehmer haben dann die Chance, selbst Melodien einzuspielen und Jingles zu produzieren. Chöre und Gesangsstimmen für die Senderkennung werden aufgenommen.

In diesem Fall funktioniert der Workshop nicht mit allen Tagungsteilnehmern auf einmal, sondern zeitversetzt in Gruppen und verschiedenen Redaktionen, die die gesamte Tagung in Abschnitten begleiten und aufarbeiten, während die anleitenden Radioprofis darauf achten, dass möglichst jeder Teilnehmer im Verlauf der Tage in irgendeiner Funktion beteiligt ist und sich mit einem Aspekt des Themas aktiv auseinandersetzt. Am Ende entsteht eine etwa 60–120 minütige Radioshow, die das Meeting mit all seinen Ergebnissen und Erlebnissen nochmal inhaltlich und stimmungsvoll zusammenfasst. Ein großartiges Follow-Up.

7.5.4 Strategisches Element

Das Corporate Radio ist aber nicht nur ein gutes Workshop-Konzept für eine Mitarbeitertagung, man kann es auch über einen längeren Zeitraum im Unternehmen etablieren. Die

7.6 Und Action! Film- & Video- Workshops   275

Radioprofis rücken dann in festen Turnus an und lassen immer wieder andere Mitarbeiter über Neuigkeiten aus dem Unternehmen berichten. Es lässt sich also auch als strategisches Element der Mitarbeiterkommunikation einsetzen. Es bietet sich zum Beispiel bei Unternehmen an, die eine große Vertriebsorganisation mit Vertretern haben, die ständig unterwegs sind. Die können sich dann die gleichsam unterhaltsamen und informativen Corporate-Radioshows auf ihren langen Fahrten zum Kunden anhören und so auch unterwegs mit der Zentrale verbunden bleiben.

7.6 Und Action! Film- & Video-Workshops

▶ Was als Corporate Radio funktioniert, geht selbstverständlich auch als Video. Unter der Anleitung von Profis arbeiten die Workshop-Teilnehmer die Inhalte und Ereignisse unserer Tagung auf, um eine ebenso informative wie unterhaltsame Dokumentation zu erstellen. Das Verfahren ist zwar vergleichbar, aber aufgrund der eingesetzten Bildtechnik deutlich aufwändiger.

Man könnte meinen, bei einem Videodreh lassen sich mehr Teilnehmer gleichzeitig mit Aufgaben beschäftigen, wenn man mit Licht, Aufhellern, Schienen, Dollys und dergleichen arbeitet. Das sind aber entweder eher langweilige Aufgaben oder Dinge, die sehr viel Geduld verlangen – nicht unbedingt Arbeiten, die sich für einen Workshop eignen.

Außer in Massenszenen können wir auch nicht alle vor die Kamera holen. Ein Film mit mehreren hundert Darstellern produziert viele Wartezeiten. Erfolgreiche Video-Workshops nehmen sich also eher etwas anderes zum Ziel als einen Spielfilm. Im Vergleich zum Versuch, ein Video mit Spielszenen (Sketch, Kurzspielfilm) von den Teilnehmern inszenieren zu lassen, hat ein dokumentarisches Format den Vorteil, dass es nah am Inhalt der Tagung selbst bleibt und von den Teilnehmern keine schauspielerischen Fähigkeiten erfordert. Die Vorgehensweise ist dann analog zum Corporate-Radio-Workshop.

Soll die Interaktion eher emotionale als inhaltliche Ergebnisse hervorbringen, empfiehlt es sich, zuvor ein klares Gerüst an inszenierten Bildern und grafischen Effekten (wie zum Beispiel bei einem Musikvideo oder Spot) zu konzipieren und in Teilen vorzuproduzieren, um diese dann gezielt um Aufnahmen zu ergänzen, die nicht einzelne Personen, sondern möglichst alle Teilnehmer der Veranstaltung ins Bild nehmen. Choreografierte Bewegungen der Masse machen allen gleichzeitig Spaß und bringen in relativ kurzer Zeit spektakuläre Bilder aller Teilnehmer in das Video. Man kann durch ein solches Vorgehen auch das Endergebnis in seiner bildlichen Qualität viel besser steuern, sodass etwas dabei entsteht, das dann nachher auch wirklich gerne und immer wieder angeschaut wird.

7.7 Alles nur Theater! Workshops mit Schauspiel

▶ Gut gemachte Theater-Workshops sind ein Paradebeispiel für effektvolle Interaktionen, da sie immer mehrere Ebenen und Dimensionen miteinander in Verbindung bringen: aktive Körperlichkeit, die Emotionalität des persönlichen wie gemeinschaftlichen Erlebens, die bewusste Auseinandersetzung mit einzelnen Aspekten der Tagungsinhalte in Sprache, Dramaturgie und Aktion.

In den erarbeiteten Szenen werden nachher alle für das klassische, soziologische Interaktionsmodell relevanten Systeme (Persönliches, Soziales, Kulturelles und Verhaltenssystem) in Bezug zum Thema konkret sichtbar gemacht und gemeinsam reflektiert. Hier gibt es bis hin zum Theatersport (Improvisationstheater) eine ganze Reihe von Spielmöglichkeiten, wir werden uns aber auf einen idealen Ablauf begrenzen, um die wichtigen Elemente und dramaturgischen Effekte aufzuzeigen.

7.7.1 Körper, Stimme, Bewegung

Zu Beginn steht eine allgemeine Einweisung an alle über Ziel und Verlauf des Workshops, bevor die Teilnehmer in Gruppen à 12–15 Personen aufgeteilt werden. Jede dieser Gruppen bekommt einen eigenen Trainer, der sie durch den Theater-Workshop leiten und ihnen bei der Umsetzung helfen wird. Für jede dieser Gruppen wird ein eigener Raum benötigt, ausgestattet mit Tischen, Stühlen und Schreibmaterial, die aber zunächst an die Seiten gerückt sind. Zu Beginn stehen einige Übungen an, die erst mit der Selbstwahrnehmung und schließlich mit der Gruppendynamik auf einer Bühne zu tun haben: bewusst atmen, den eigenen Stimmsitz finden, Lautübungen und Stimmtraining, Gesichtsmuskulatur – und Körpergymnastik sowie ein paar spielerische Bewegungs- und Vertrauensübungen.

Ein schöner Nebeneffekt dieses Theatertrainings ist oft, dass sich die Teilnehmer nicht nur untereinander, sondern auch sich selbst besser kennenlernen.

7.7.2 Texte schreiben

Nach knapp einer Stunde dieser Übungen wird der Raum nun für die Autorenkonferenz umgebaut. Der Schauspieltrainer gibt den Teilnehmern einen kurzen Überblick über mögliche Inszenierungsformate und stellt dann den Teilnehmern eine bestimmte, am Inhalt der Tagung orientierte Aufgabe. Neben der klaren thematischen gibt es auch eine zeitliche Vorgabe für die zu erarbeitende Szene, damit die spätere Aufführung aller Szenen nicht aus dem Ruder läuft. Außerdem hilft eine zeitliche Begrenzung bei der Bewältigung der ungeübten Aspekte der Schauspiels: Text auswendig lernen und auf Stichwort sprechen und choreografierte Bewegungen immer gleich ausführen.

7.7 Alles nur Theater! Workshops mit Schauspiel

Die Teilnehmer splitten sich nun nach eigener Absprache in nochmal kleinere Gruppen von drei bis fünf Personen, auf um sich ein Dreh- und Textbuch für ihre Szene zu erarbeiten, und können sich dabei mit den anderen Teams in ihrem Raum über Aspekte des gemeinsamen Themas abstimmen. Am Ende soll ja nicht innerhalb dieser Gruppe mehrfach dasselbe zum Thema aufgeführt werden. In den anderen Räumen sind die Gruppen selbstverständlich auf andere Aspekte des Gesamtthemas zur Bearbeitung gebrieft worden.

7.7.3 Szenen proben

Haben die Teams ihre Szene geschrieben und mit dem Trainer besprochen, geht es an die schauspielerische Umsetzung. Wo nötig hilft der Trainer auch bei der Regie, besser ist es aber, wenn die Teams auch die Inszenierung möglichst selbstständig erarbeiten. Man kann hier ein Sortiment an Requisiten und Verkleidungen zur Verfügung stellen, das ist aber nicht zwingend erforderlich. Im nächsten Schritt erfolgt die klassische Probenarbeit, also das möglichst gleiche Abspielen der Szene in Text, Mimik und Bewegung, wobei auch hier der Trainer kleine Tricks und Kniffe aus der Schauspielpraxis gibt. Bis hierhin hat der Workshop in den Gruppenräumen etwa drei bis vier Stunden gedauert, nun gönnt man den Teams eine kleine Erholungspause.

7.7.4 Auf die Bretter, die die Welt bedeuten

Die Fortsetzung des Workshops mit der Präsentation aller Ergebnisse erfolgt schließlich in einem kleinen Theater. Hier gehen nach und nach alle Gruppen auf die Bühne, um ihren Sketch aufzuführen, wobei alle mikrophoniert und übertragen werden, damit jedes Wort zu verstehen ist. Gleichzeitig werden die Aufführungen auf Video mitgeschnitten, am besten mit mindestens drei Kameras, damit nicht nur die totale, sondern auch nahe Einstellungen möglich sind, die nachher für den Schnitt gebraucht werden.

Die gesamte Aufführungsdauer der Szenen sollte am Abend zwei Stunden inklusive einer oder zweier kleiner Pausen nicht überschreiten, sonst wird die Aufnahmefähigkeit zu sehr strapaziert und die später auftretenden Teams benachteiligt. Im Normalfall ist ein so vorbereiteter Theaterabend ein großer Erfolg, gegenseitige Anerkennung für die meist intelligenten Szenen und auch das gemeinsame Lachen setzen hier viele positive Gefühle frei. Sehr interessant ist, was die Gruppen aus ihrem Thema gemacht haben, denn meist wird hier nicht nur die Realität sehr genau skizziert, sondern auch Streitpunkte und nervige Aspekte des Arbeitsalltags gut pointiert. Neben der inhaltlichen Aufarbeitung der gemeinsamen Themen findet oft auch eine Sozialhygiene statt, weil der Rahmen der kurzen theatralischen Szenen den Freiraum gibt, Kritisches auf demonstrative oder sogar komische Art in den Diskurs miteinzubringen. Das reinigende Gelächter tut der Gemeinschaft gut und wird an diesem Abend von einer theatertypischen Premierenparty abgerundet.

7.7.5 Schnipsel und Anker

Die inhaltliche Auseinandersetzung mit den sowohl konstruktiven wie kritischen Aspekten der Szenen setzt sich am nächsten Tag fort. Über Nacht wurden die aufgenommenen Sketche geschnitten und den Vortragsthemen des zweiten Tages wie von vorneherein geplant zugeordnet. Die Einspielungen sorgen nun bei allen Teilnehmern für ein stärkeres Involvement in die Inhalte, da sie vom Vortag mit starken Emotionen verbunden sind, die aus der Intensität des Workshops und seiner launigen Auflösung in der abendlichen Aufführung herrührt.

7.8 Planspiel und Innovationsworkshop

▶ Ein interessantes Medium für einen interaktiven Workshop finden wir im Bereich der Gesellschaftsspiele, und ähnlich wie bei den Beispielen mit Puppentheater oder Kunst gilt es hier, als erstes Vorurteile über Bord zu werfen, um einen freien Blick auf die dramaturgischen Qualitäten des Mediums zu haben.

Die Entwicklung oder Ausarbeitung eines vorstrukturierten Spiels verlangt von den Workshop-Teilnehmern, dass sie ihre Realität in eine modellhafte Welt übertragen. In der Reduktion auf das Brett und die Regeln bringen die Teilnehmer ihre Themen auf den Punkt. Und wenn das Workshop-Verfahren gut vorgelegt ist, dann entsteht im Freiraum des Spiels auch eine gewisse Selbstreinigung von den aufgestauten Frustrationen, weil nicht nur Fälle, sondern auch Unfälle in der Modellwelt erlaubt sind.

7.8.1 Planspiele sind keine Kinderspiele

Spielen ist per se nicht etwa kindlich oder kindisch, es ist eine der wesentlichsten evolutionären Strategien zum Ausprobieren und Erlernen von Bewältigungsstrategien für den Alltag. In der Analogiewelt eines Spiels lernt der Mensch schadfrei, was er später in der Realität nutzen kann, um erfolgreicher zu handeln. Dass dies auch auf unternehmerisches Handeln so zutrifft, erkennen Sie an dem oft gesagten Satz: *„Lassen Sie uns mal alle Möglichkeiten durchspielen!"*

Ein zweiter Aspekt, der uns verleitet hat, Inhalte mit eigens entwickelten Spielen zu dramatisieren, ist die gute Media-Literacy der Teilnehmer: grundsätzliche Spielformate, -funktionen und -regeln werden so schnell erkannt, dass sie nicht weiter von der inhaltlichen Arbeit ablenken. Das eigens um Ihre Inhalte herum erfundenes Spiel wird dann im Rahmen eines betreuten Workshops mit den Mitarbeitern interaktiv weiter entwickelt. Die Spielleiter sorgen dafür, dass die Schritte der Entwicklung so aufeinander aufbauen, dass die Teilnehmer während des Workshops auch unterschiedliche emotionale Stadien durchlaufen.

7.8.2 Vorbereitung

Nach dem Briefing entwickeln die Workshop-Leiter zunächst die grundsätzliche Struktur und eine Auswahl von Spielmechaniken, die das weitere Erarbeiten von Regeln und Spielereignissen in kleinen Gruppen ermöglichen. Dann gehen die Tagungsteilnehmer in nach Gruppen aufgeteilte Arbeitsrunden, in denen sie die Inhalte Ihres Unternehmens, die Produkte und Leistungen in formulierte Ereigniskärtchen und strategische Spielregeln fassen müssen.

In den Diskussionen um Sinn oder Unsinn von Vorschlägen für Spielregeln entwickelt sich, geleitet von Fragen, eine fruchtbare Auseinandersetzung um die strategische und praktische Ausrichtung des Unternehmens. Das Formulieren der Ereigniskärtchen ist dann nicht nur eine konzentrierte Sprachübung, sondern bringt auch Argumente für Verkauf und Kundenbindung nochmals aufs Tapet.

Diese Art der spielerischen Aufarbeitung bringt eine tiefe Auseinandersetzung mit den Themen der Tagung hervor. Die Teilnehmer durchlaufen – auch hier ist der Prozess Analogie – eine exemplarische Produktentwicklung. In Testspielrunden werden sie erfahren, dass nicht immer der erste Gedanke der beste ist, sondern dass jedes System geprüft und überdacht werden muss, wenn es dauerhaft funktionieren soll. Zum emotionalen Abschluss wird dann die Arbeit der verschiedenen Gruppen zusammengeführt und das Spiel im Plenum gemeinsam gespielt. Dieser Workshop kann für eine mehrtägige Veranstaltung auch noch um weitere Schritte zum Beispiel in Richtung Design ausgebaut werden.

Worst Case & Best Practise Mittlerweile setzen wir dieses jeweils individuell entwickelte Spiel als eine Mischung aus interaktiven Corporate-Memory-Archiv und Innovations-Workshop vor allem dort ein, wo im Rahmen von Veränderungsprozessen neue Regeln definiert und Ideen gefunden werden sollen. Und so ganz nebenbei dient es durch seinen humorigen Ansatz in der *Worst-Case*-Runde zum Frustabbau und zur Stimmungshygiene bei den beteiligten Mitarbeitern.

7.8.3 Modell für die Realität?

Als aufmerksamer Leser haben Sie hier nun wieder alle dramaturgischen Regeln einer guten interaktiven Live-Kommunikation entdeckt. Das eigens für die Situation konzipierte Spiel ist ein flexibles dramatisches Muster, das jeden beliebigen Inhalt in eine unterhaltsame Geschichte umsetzen kann. Es involviert die Tagungsteilnehmer in seine intelligente Workshop-Mechanik und somit in einen spannenden Entstehungsprozess, der in die konkrete Gestaltung und Ausformulierung des Spieles mündet. Womit der Workshop aber noch nicht enden muss: In einem abschließenden Meinungsaustausch kann nochmal die Frage thematisiert werden, inwiefern die Spielanalogie die Realität der Teilnehmer tatsächlich trifft – und wenn nicht, warum nicht. Der Workshop-Leiter bringt hier noch mal alle Teilnehmer zum Reden über ihr Modell der Realität.

7.9 Kreatives Chaos in der Küche

▶ In Kap. 6.12 haben wir bereits angesprochen, wie man gemeinsames Kochen als dramaturgischen Effekt einsetzen kann. Darüber hinaus eignet es sich als Workshop aber auch zur Versinnbildlichung einer Reihe von Kommunikations-, Team-Bildung- und Führungsmethoden, weil es den Effekt der verschiedenen Verfahren anhand von Prozess und Ergebnis direkt erfahrbar macht. Gehen wir das einmal kurz am Beispiel einer Tagung durch.

7.9.1 Team-Building im Gedränge

300 Entwickler eines Konzerns treffen sich zu einer zweitägigen Konferenz. Zum Kern der internationalen Tagung gehören Teamübungen, Kreativtechniken und Systematiken zur Projektentwicklung. Eine der modernsten Methoden nennt sich Scrum (vom Rugbysport: Gedränge), eine sehr schnelle Form der Selbstorganisation eines Teams mit wechselnden Verantwortlichkeiten und direkten Feedbackschleifen im Prozess.

Um ein eindringliches Fallbeispiel für die Effizienz der Scrum-Methode zu geben, setzen wir sie beim frühabendlichen Get-Together ein, um mit allen 300 Teilnehmern gemeinsam ein sehr abwechslungsreiches und leckeres Buffet zu kochen. Nach einem etwa zehn-minütigem Briefing durch den Trainer zur Anwendung der Methode beim Kochen in Teams, zu den an den aufgebauten Marktständen zur Verfügung stehenden Lebensmitteln und Gewürzen und eine kurze Einweisung in die Bedienung der Küchengeräte, wählen die Teams ihre Rezepte, verteilen die Aufgaben, bestimmen Teamleiter und Feedbacker und legen los. Am Ende haben die Teilnehmer nicht nur ihr eigenes Essen zubereitet, sie haben durch dieses Organisationstraining am Kochlöffel mit der Anwendung der Scrum-Methode auch viel für ihren Arbeitsalltag gelernt.

7.9.2 Starker Ritus

Dramaturgisch hat das Ganze viele positive Effekte. Zunächst ist die Interaktion der Teilnehmer ein starkes Element, die Menschen sind in Bewegung und bewältigen gemeinsam eine große Aufgabe in kurzer Zeit. Auch das archaische Motiv des gemeinsamen Zubereitens der Speisen greift hier und bringt die Teilnehmer im Gedränge näher zueinander. Wenn das dreißig Meter breite Buffet fertig angerichtet und dekoriert ist, wird ein Grup-

7.10 Seilgarten und Legoland

penfoto mit allen Köchen geschossen, es wird also ein Beweis ihrer gemeinsamen Leistung erstellt. Dann wird nach Herzenslust gegessen und probiert, was man füreinander gekocht hat.

Wie bei der echten Projektentwicklung gehört auch die Wertung der Leistung dazu. Am Schluss vergeben alle Köche farbige Punkte an die jeweils anderen Teams für die besten Speisen. Auch dieser Teil, die *Competition*, gehört zum realen Ablauf einer Projektentwicklung und ist ein zusätzlicher Funfaktor des Abends.

▶ Ein schöner Nebeneffekt: Das stille Budget *Dinner für 300 Gäste* verwandelt sich hier in einen aktiven Part der Tagung mit zusätzlichen Trainings- und Lerneffekten, die so auf den Gesamtzweck der Tagung einzahlen. Natürlich ist der Lerneffekt stärker, wenn Scrum auch ein Tagungsthema ist, aber wir haben schon festgestellt, dass die Methode auch dann funktioniert, wenn das im Verlauf der Tagung nicht der Fall ist. Dann funktioniert das Kochen so wie etwa auch die Kunstwerke oder andere Gruppeninteraktionen.

7.10 Seilgarten und Legoland

▶ Es gibt über die oben erwähnten Beispiele hinaus eine Reihe von Geschicklichkeits- und Sportspielen, Selbsterfahrungen und Gruppentrainings und die verschiedensten Formen von kreativer, erschaffender Zusammenarbeit. Auf die meisten möchte ich nicht näher eingehen, da sich ihre dramaturgischen Möglichkeiten darin beschränken, in einer sich über anderthalb bis zwei Tage ziehenden Veranstaltung für die nötige körperliche Bewegung und die damit verbundene geistige Erfrischung zu sorgen.

Will sagen, die nachfolgenden Gruppenerlebnisse können durchaus Sinn machen, um Gemeinschaftsgefühle zu stärken, eignen sich aber nur sehr eingeschränkt zur Vermittlung von konkreten Inhalten im Sinne einer Gesamtdramaturgie.

7.10.1 Geist braucht Körper

Outdoor-Trainings wie die berühmten Klettergärten, River-Rafting, Drachenbootrennen oder einfach nur Opas Tauziehen können unter professioneller Anleitung helfen, die Regeln und positiven Effekte einer Zusammenarbeit in der Gruppe zu verdeutlichen, wie etwa die gegenseitige Verlässlichkeit (Sicherung beim Klettern) oder die Koordination der Gruppe (Rafting, Rudern). Manchmal sind solche Trainings bewusst auch mit der Überwindung von Ängsten (z. B. Höhenangst im Seilgarten) verbunden, um den positiven Gruppeneffekt *Verlässlichkeit* zu verdeutlichen und jedem Einzelnen ein Beispiel für die Überwindung eigener Grenzen zu geben. Hierbei können motivatorische Effekte eintreten, die man dann oft per Sprache in die berufliche Zusammenarbeit zu übersetzen versucht.

▶ Zu beachten ist bei solchen Outdoor-Erlebnissen der oft große Zeitbedarf durch An- und Abreise wie durch die Aktion selbst. Bei anstrengenden Trainings tritt gerade wegen der stundenlangen körperlichen Ertüchtigung und des vom Fachpersonal gesicherten Erfolgserlebnisses eine gewisse Euphorie ein. Diese ist aber eher individueller Natur und senkt tendenziell die Aufnahmebereitschaft für konkrete Inhalte, kurz: man ist dann je nach Trainingszustand doch eher mit sich selbst beschäftigt.

Nichtsdestotrotz kann die körperliche Betätigung im Gesamtablauf einer Tagung Sinn machen, da auch hier wieder *angepasste Bewegungsmuster* den Geist aktivieren und die Aufmerksamkeit stärken können.

7.10.2 Sinnbilder bauen

Freie Kreativ- und Konstruktionsspiele wie das Aufbauen von Kettenreaktionen (Domino) oder der Zusammenbau (Lego, Holzklötzchen) haben den Vorteil, dass sie sich auf Symbolebene auch mit einem Inhalt verbinden lassen, indem sich am Ende der Aktion ein konkretes Bildmotiv ergibt, das wiederum über Erkennen und Erläuterung an das Thema der Gesamtveranstaltung angebunden ist. Die sinnhafte Verbindung ist etwa vergleichbar mit der der Teamkunstwerke, die aber unserer Erfahrung nach aufgrund ihrer künstlerischen Anmutung einen deutlich höheren emotionalen Effekt haben.

7.10.3 Gemeinschaft und Gemeinnützigkeit

Eine besondere Kategorie gemeinsamer Tätigkeiten bilden die gemeinnützigen Projekte. In bestimmten Situationen kann es für die Gemeinschaftsbildung sehr sinnvoll sein, als Gruppe etwas Gutes zu tun! Hier wird im Rahmen der Veranstaltung die Uneigennützigkeit des gemeinsamen Tuns hervorgehoben, zum Beispiel ein Kindergarten renoviert oder ein Spielplatz gebaut, ein Garten in einem tristen Viertel angelegt oder Weihnachtsgeschenke für Waisenkinder gebastelt. Das macht vor allem Sinn, wenn die Tätigkeit unseres Unternehmens und das persönliche Arbeitsumfeld der Mitarbeiter die positiven Auswirkungen auf das Gemeinwohl nur schwer ersichtlich machen. Nach innen wirkt eine solche Aktion im Sinne der Unternehmensidentität sinnstiftend, nach außen ist sie, begleitet von der passenden Pressearbeit, imagefördernd. Man kann solche Aktionen als Element einer auf eine einzelne Veranstaltung angelegte Dramaturgie einsetzen, für gewöhnlich macht es aber mehr Sinn, dergleichen als permanenten Baustein einer strategischen Kommunikationsdramaturgie im Umgang mit unseren Mitarbeitern zu etablieren.

7.11 Die Welle im Papier: die schönsten Fehler

▶ Nicht jeder *Arbeitsladen* kann sich der ungetrübten Freude aller Teilnehmer sicher sein, vor allem dann, wenn mal wieder entweder am Material oder am Trainer gespart wurde. Gerade der Workshop-Leiter muss sowohl das ausgewählte Verfahren blind beherrschen als auch das virtuose Spiel mit den Teilnehmern. Da kommt es nicht allein auf Kenntnisse der Gruppenpsychologie an, manchmal sind auch die Fähigkeiten eines Straßenkünstlers gefragt, der mit Charme und Überzeugungskraft die Teilnehmer zum Mitmachen verführt.

7.11.1 Rudern ohne Steuermann?

Fast alle katastrophalen Workshops, die ich im letzten Vierteljahrhundert beobachten konnte, gingen auf denselben Fehler zurück. Die mit der Findung eines Teamevents oder eines Formats für eine Großgruppen-Workshops beauftragte Eventagentur lässt sich von verschiedenen Spezialisten Vorschläge unterbreiten. Da das oft Menschen sind, die entweder diese Interaktionsformate in einem Franchise-System erlernt und trainiert oder sogar selbst entwickelt haben, gibt es oft unterschiedliche Meinungen darüber, mit welchem Aufwand das jeweilige Format umgesetzt und entlohnt werden muss.

Irgendwann kommt dann der Punkt, wo der Kunde das Format zwar haben möchte, die Agentur es aber nicht mehr im Budget unterbringt. Und nun passiert das Wunder: Man beschließt, dass man die fragliche Aktion ja auch selbst durchführen kann. Schließlich hat einem ja der freundliche Spezialist im Vorfeld genau erklärt, wie der Workshop funktioniert und welche Effekte er produziert.

Nun, bei fehlenden Skrupeln kann eine Idee man stehlen, aber die Moderationsroutine und Umsetzungssicherheit die der Spezialist hat, lässt sich nur sehr selten durch spontane Cleverness ersetzen, weder in der Ansprache der Teilnehmer oder im Ablauf der Aktion, noch in der Auswahl der nötigen Materialien oder in der Bestimmung der Bedingungen.

Natürlich kann immer mal etwas nicht ganz so passen, vor allem bei Outdoor-Aktivitäten wie Klettergärten, Drachenbootrennen und Sportspielen wird das Team-Building auch schon mal Opfer der Wetterkapriolen. Aber gerade weil es nichts Schwierigeres gibt, als mit einer großen Gruppe von Menschen ein interaktives Erlebnis mit echten Gemeinschaftsgefühlen und einem intelligenten Ergebnis zu inszenieren, sollte man es nie ohne Profi versuchen. Ohne den richtigen Steuermann geraten wir ins Rudern, aber nicht so, wie es gedacht war.

7.11.2 Materialversagen

So geschehen bei einem Kunst-Workshop, bei dem der Agenturchef beschloss, dass man das alles selbst und viel billiger hinbekäme. So wurden nach und nach erst die erfahrenen

Kunst-Workshop

Planlos, betreuungslos und ohne Inspiration gingen die 800 Teilnehmer nun ans Werk und bemalten mit Wasserfarben am Boden ausgerollte Packpapierbögen. Dumm nur, dass Wasserfarbe auf braunem Packpapier nicht deckt. Noch dümmer, dass sich Packpapier, wenn man es nicht spannt, unter Wasserfarben wellt, woraufhin die Farben in die entstehenden Dellen fließen und so nach spätestens zehn Minuten alle Teilnehmer frustriert sind.

Um der spontan einsetzenden Fluktuation in der Malhalle Herr zu werden, beschloss man, die Öffnung der für später vorgesehenen Bars vorzuziehen, was dann auch für die letzten unentwegten Kunst-Workshopper das Signal war, den Pinsel fallen zu lassen. Wer kriecht schon gerne wie ein Kindergartenkind auf dem Boden rum, wenn er zivilisiert an einer Bar stehen kann? In der Nacht räumte dann ein Praktikant der Agentur die 800 Bögen zusammen und versenkte sie im Altpapiercontainer.

Die ausgelobte Ausstellung und Prämierung der Gewinnerbilder fand nie statt.

7.11.3 Startschuss verpasst

Mit einem inneren Schmunzeln denke ich an einen etwas steifen Ablaufmoderator mit englischer Gentleman-Attitüde zurück, dem man kurzerhand die Aufgabe übertrug, einen sehr komplexen Medien-Workshop anzukündigen und 1000 Tagungsteilnehmer zum Mitmachen zu bewegen.

Nicht jeder Moderator kann alles

In seiner sehr distinguierten Art und mit wohlfeilen Formulierungen gelang es ihm, die Teilnehmer so zu verwirren und von der eigentlichen Aufgabe abzulenken, dass niemand mehr wusste, was verlangt war, geschweige denn motiviert war. Das wurde offensichtlich, als sich die Teilnehmer auf die Arbeitsräume verteilt hatten und dort mehr oder weniger wie an einer Bushaltestelle der kommenden Ereignisse harrten.

Da Kunde und Agentur vom eigentlichen Workshop-Leiter und seinem Team darauf aufmerksam gemacht wurden, das wohl niemand das wichtige Briefing auf die Aktion verstanden hätte, entschloss man sich, den armen Moderator nun in die Teamräume zu schicken, um dort die Ansprache nochmal nachzuholen. Da es aber dort keine Tonanlagen gab und dem Mann auch die nun plötzlich erforderlichen Fähigkeiten eines Marktschreiers abgingen, versank der Aktionsstart im Chaos. Es wurde dann abgebrochen und nach einigen Reparaturarbeiten am Ablauf auf den nächsten Tag verschoben, verbunden mit der kühnen Idee, die ausgefallene Moderation könne der Moderator ja

7.11 Die Welle im Papier: die schönsten Fehler

in jedem einzelnen Bus vor je 60 Leuten nachreichen. Wenn ich mich recht erinnere, hat er nach dem dritten Bus aufgegeben, weil die Teilnehmer nach dem langen Tag endlich in ihr Hotel wollten.

▶ Auch hier nochmal der Hinweis, den ich schon mal im Kapitel Moderation gegeben habe: Nicht jeder Moderator kann alles. Gerade solche Workshop-Durchführungen sollte man von jenen Leuten machen lassen, die sich mit dieser Art der Ansprache auskennen. Hier reicht es nicht, freundlich zu sein, sondern der Spielleiter muss durch sein sicheres Auftreten und klare Handlungsanweisungen den Teilnehmern schnell eine Idee davon vermitteln, was von ihnen verlangt wird, damit es funktioniert und sogar Spaß macht.

7.11.4 Team-Building im Zirkeltraining

Nicht schlimm, aber eben doch aus der Sicht des Dramaturgen eine leichtfertig verschenkte Gelegenheit, sind jene Team-Building-Programme, bei denen eine große Gruppe von Tagungsteilnehmern aus logistischen oder sonst welchen Gründen auf verschiedene Aktivitäten oder in ein Zirkeltraining mit mehreren Aktivitäten verteilt wird. Da geht dann ein Gruppe segeln, eine andere fährt mit Segways ums Hotel rum, die nächste geht einer künstlerischen Gestaltung nach, wieder andere befinden sich auf Schnitzeljagd oder trommeln. Und nach einer Stunde wird getauscht.

Das mag ja unter dem Aspekt der Beschäftigungstherapie und des gestreuten Angebots angemessen und manchmal sogar sinnvoll erscheinen, in den meisten Fällen würde ich aber davon abraten. Veranstaltungen sind ein teurer Kontakt. Wenn man schon mal alle Menschen aus einem Bereich zusammen hat, sollte man sie zum Team-Building nicht wieder künstlich in kleine Gruppen mit unterschiedlichen Erlebnissen aufteilen. Eine Zusammenführung der Gruppe durch eine abendliche Preisverleihung an die besten Segler und Minigolfer produziert nur ein sehr oberflächliches Gemeinschaftsgefühl.

▶ Aus dramaturgischer Sicht erreicht man den größten Effekt, wenn man nicht viele kleine, sondern eine einzige große Teamaktivität aufsetzt, an der aber dann auch alle Anwesenden von Anfang bis Ende gemeinsam teilnehmen können. Nutzen wir die Chance, dass alle da sind, am besten mit einer Aktivität, die ein konkretes Ergebnis und klare Spuren hinterlässt.

Resümee

Es gibt kaum eine Veranstaltungsform, die unsere Zielgruppe so unvermittelt zum Helden unserer Geschichte werden lässt. Die direkte Einbindung der Zielgruppe in Workshop-Verfahren ist aber unter dem Aspekt, ein zuvor genau definiertes Kommunikationziel zu erreichen, stets eine dramaturgische Herausforderung. Schließlich geht man das Risiko ein, Akteure in einen Prozess einzubinden, deren Rolle in der Geschichte nicht mit direkter Regieanweisung bestimmt werden kann.

Vor allem bei ergebnisoffenen Verfahren, aber auch bei den scheinbar spielerischen Methoden bedarf es des Geschicks eines gut trainierten Workshop-Leiters und Trainerteams, um die Teilnehmer während der Interaktion so anzuleiten, dass Spielregeln und Führung des Workshops nicht als Entmündigung empfunden werden. Gelingt dies, belohnen Teilnehmer, die sich als Mitspieler empfinden und aktiv zum Kommunikartionsergebnis beitragen dürfen, den Veranstalter mit einer höheren Aufmerksamkeit und einer tieferen, emotionalen Bindung an die Inhalte.

Resümee und Nachwort

8

Inhaltsverzeichnis

8.1	Der notwendige Luxus	288
	8.1.1 Brauchen wir Veranstaltungen?	288
	8.1.2 Live-Kommunikation ist unersetzbar	289
8.2	Live-Kommunikation ist Mannschaftssport	289
	8.2.1 Die praktische Anwendung	289
	8.2.2 Von hinten aufgezäumt	290
	8.2.3 Budgeteffizienz	291
	8.2.4 Fehlervermeidung	292
8.3	Gedanken zur Ethik	293
	8.3.1 Was Live-Kommunikation leisten kann – und sich leisten darf!	293
	8.3.2 Die Grenzen der Manipulation	294
	8.3.3 Die weißen Bändchen	295
	8.3.4 Andere Länder, andere Sitten	297
	8.3.5 Die Unschuld des Mediums	298
	8.3.6 Vertrauen und Vertraulichkeit	298
	8.3.7 Zhen Shan Ren	299

> ▶ Nach dieser hoffentlich kurzweiligen Reise – von den Voraussetzungen und Abgrenzungen der Live-Kommunikation über die praktische Bedeutung der Verbindung von Inhalten und Gefühlswelten sowie der Methodik der Dramatischen Denkweise zum Erzählen der richtigen Geschichte bis hin zu Funktion und Zusammenspiel der verschiedenen Medien und Inszenierungsformen und zu den Interaktionsformaten – nähert sich unser kleiner Zug durch die komplexe Welt der Live-Kommunikation nun dem Bahnhof der Schlussbemerkungen. Zeit also für ein paar zusammenfassende Worte.

A. Gundlach, *Wirkungsvolle Live-Kommunikation*,
DOI 10.1007/978-3-658-02549-6_8, © Springer Fachmedien Wiesbaden 2013

8.1 Der notwendige Luxus

▶ Es gibt sicher Veranstaltungen, auf die man leicht verzichten kann, zum Beispiel auf schlecht gemachte oder schlecht gemeinte. Aber im Kommunikationsmix moderner Unternehmen sind Veranstaltungen unersetzlich.

▶ Veranstaltungen sind teuer: Menschen müssen an Orte bewegt, untergebracht und verpflegt werden, Räume gemietet, geheizt und mit Technik ausgestattet werden. Das macht bei vielen Veranstaltungen schon einen Gutteil der Kosten aus. Geld, das wir aber nicht ausgeben sollten, wenn wir nicht wissen, welche Geschichte wir unseren Teilnehmern erzählen sollen, notwendige Ausgaben, die wir uns lieber ersparen sollten, wenn uns das Budget fehlt, um unsere Geschichte mit angemessenen Mitteln so in Szene zu setzen, dass sie ihren kommunikativen Zweck erfüllt. Das muss nicht immer das Image-Musical oder die große Multimediashow sein. Wir haben uns ja eine ganze Reihe von Möglichkeiten erarbeitet, um unsere Geschichte auch mit einfachen Mitteln zu erzählen. Aber es gibt auch Situationen, in denen man mit dem großen Besteck arbeiten sollte, um große Ziele zu erreichen.

8.1.1 Brauchen wir Veranstaltungen?

Es gibt Regularien über den steuerlich erlaubten Einsatz von Mitteln, die in manchen Fällen leider verhindern, dass eine Veranstaltung richtig inszeniert werden kann. In einzelnen Branchen wie der Pharmazie gibt es eine durch die öffentliche Meinung erzwungene freiwillige Selbstkontrolle, die jede Art von Entertainment unter den Generalverdacht stellt, eine sinnlose Lustbarkeit zu sein.

Warum muss ein Ärztekongress in Las Vegas stattfinden? Brauchen die Führungskräfte eines Unternehmens tatsächlich einen Kunst-Workshop, bei dem sie gemeinsam ein großes Bild malen? Muss man seinen Mitarbeitern eine Geschichte erzählen, damit sie begreifen, worum es im eigenen Unternehmen geht? Brauchen die Handelspartner eines Unternehmens ein Musical, um ihre eigene Rolle im Markt neu zu sehen?

Wenn es nach den außenstehenden Regulatoren geht, ist das alles nur selbstherrliches Gehabe und sinnlos verprasstes Geld. Wenn man sich was zu sagen hat, dann genügt doch ein kahles Klassenzimmer und eine Tafel an der Wand. Oder eine Verordnung. Dass der Ärztekongress in Las Vegas stattfindet, weil es dort einen internationalen Flughafen, Kongresscenter mit ausreichender Kapazität und genügend Hotelzimmer für 2000 Teilnehmer gibt, versteht vielleicht nur der, der einmal mit einer solchen Aufgabe konfrontiert war. Es ist am Ende viel günstiger, in eine Kongressstadt zu gehen, als irgendwo auf der grünen Wiese die gesamte Logistik aufzubauen, die für einen solchen mehrtägigen Kongress benötigt wird.

8.1.2 Live-Kommunikation ist unersetzbar

Aber können wir wirklich auf Veranstaltungen verzichten? Alle Beispiele, mit denen wir dieses Buch begonnen haben – waren sie sinnvoll und notwendig?

Ja, denn wir sind von Natur aus soziale, von Emotionen gesteuerte Wesen. Diese Events haben den Teilnehmern über den informativen Inhalt hinaus ermöglicht, die für sie relevante Gemeinschaft zu erleben, sich auszutauschen, einzubringen und sich des Wertekanons dieser Gemeinschaft zu versichern. Die Veranstaltung versetzte sie darüber hinaus in die Lage, den Anderen persönlich besser kennen und einschätzen zu lernen, Ideen, Gedanken und Erlebnisse zu teilen und so gegenseitiges Vertrauen aufzubauen. Live-Kommunikation schafft in kleinen wie großen Organisationen die emotionalen Voraussetzungen, gemeinsam an Zielen zu arbeiten. Jedes der positiven Beispiele gelungener LK-Maßnahmen hat diese lebensnotwendige Funktion für die jeweilige Gemeinschaft erfüllt.

Nun, in einer komplett rationalen Welt würden wahrscheinlich andere Kommunikationsformen diese Aufgaben erfüllen können. Aber solange wir alle fühlende Menschen statt kühl kalkulierende Roboter sind, werden unsere Beziehungen sehr stark von unseren Begegnungen beeinflusst. Weil wir eben nicht alle Zusammenhänge des Lebens, der Wirtschaftskreisläufe, der komplexen Organisation unseres Unternehmens rein rational erfassen können, brauchen wir Symbole und Geschichten, die uns helfen, Ordnung in unsere Beziehungen zu bringen. Und wir brauchen die Begegnung mit den Anderen, die uns helfen, Gemeinschaften zu bilden und Zugehörigkeit zu empfinden. Das gilt für den einzelnen Menschen wie für Unternehmen.

Gibt es also Veranstaltungen, auf die wir verzichten können? Ja, und zwar alle schlecht gemeinten und schlecht gemachten. Alle, die uns keine Geschichte erzählen und keine Gemeinschaft bilden.

8.2 Live-Kommunikation ist Mannschaftssport

▶ Veranstaltungen vorzudenken und in eine tragfähige Konzeption zu fassen, sie zu planen und zu organisieren, sie rechtlich und kaufmännisch abzusichern und sie schließlich in all ihren Details umzusetzen, ist immer eine Aufgabe für viele verschiedene Spezialisten. Damit die interdisziplinäre Zusammenarbeit auch fruchtet, benötigen wir neben einer guten Geschichte auch Teamkommunikatoren, die das Zusammenspiel der verschiedenen Bereiche dirigieren.

8.2.1 Die praktische Anwendung

So sehr sich formelle Anlässe (Aufsichtsratssitzungen, Werkseröffnungen, Verabschiedungen), informative Anlässe (Pressekonferenzen, Kongresse, Messen, Modellpräsentationen), integrative Anlässe (Tagungen, Mitarbeiterveranstaltungen zu Change- oder Fusionsprozessen) und feierliche Anlässe (Jubiläen, Bälle, Betriebsfeste, Tag der offenen Tür) in ihren Zielen und Formaten unterscheiden mögen, die Dramatische Denkweise mit ihrer Ideenmaschine, das Handwerk der Dramaturgie und die Mittel der Inszenierung bleiben im Kern gleich.

Alles, was Sie sich aus diesem Buch zu Ihrem Wissen und Ihrer Routine aneignen, wird Ihnen helfen, die anstehenden Aufgaben besser und effizienter zu analysieren, zu strukturieren und umzusetzen. Und sei es nur, dass Sie in Zukunft klarer umreißen können, welche Aufgaben von Ihrem Team und Ihnen selbst erledigt werden können, welche Schritte Sie mit externen Konzeptionisten, Dramaturgen und Regisseuren gemeinsam tun sollten und welche Erfüllungsaufgaben Sie danach an spezialisierte Lieferanten vergeben.

8.2.2 Von hinten aufgezäumt…

Natürlich kennen wir alle die äußeren und inneren Zwänge bei der Vorbereitung einer Veranstaltung. Oft genug steht die logistische Planung eines größeren Events an, lange bevor die tatsächlichen Inhalte und Kommunikationsziele bekannt sind. Da fängt man schon mal mit dem an, was man weiß: wie viele Teilnehmer, Hotelzimmer, Reisebusse und wann kann das in welcher Stadt stattfinden. Wir sollten uns aber trotz der frühzeitigen Festlegung der Rahmenbedingungen nicht davon abhalten lassen, den dramaturgischen Entwicklungsprozess als wichtigsten Kern der Veranstaltungsplanung zu betrachten.

Aus Sicht des Dramaturgen und Regisseurs kann ich Ihnen bestätigen, dass man logistische Gegebenheiten in den meisten Fällen problemlos in die Konzeption integrieren kann. Es ist aber empfehlenswert, wenn man sich als Auftraggeber so flexibel hält, dass man für den Fall, dass die ideale Konzeption eine Veränderung der logistischen Umstände erfordert, auch da zur Veränderung bereit ist.

Zielgruppe Null Mindestens genauso oft stehen die Wünsche der eigenen Vorstände oder internen Auftraggeber ausgesprochen oder gar unausgesprochen im Raum – und dort dann manchmal auch der idealen Konzeption im Weg. Die geschickten Verkäufer unter den Eventmanagern greifen diese Wünsche nur allzu gern auf, denn die Zufriedenheit der Zielgruppe Null, ihre Wünsche uneingeschränkt erfüllt zu sehen, ist meist eine effektive Kundenbindungsmaßnahme. Und auch in der internen Abstimmung ist das meist der leichtere Weg.

Im Rahmen der Dramatischen Denkweise betrachten wir solche Wünsche als Teil des Briefings oder als Hinweis auf Anspruch, Stil und Gestaltung. Das hält uns aber nicht davon ab, ihre Sinnfälligkeit im Rahmen der strategischen Dramaturgie und der idealen Konzeption zu überprüfen. Dabei hat sich oft genug herausgestellt, dass die Zielgruppe Null der Argumentation für die bessere Lösung durchaus zugänglich ist, vor allem, wenn die konsequente Ausrichtung der Konzeption auf die eigentliche Zielgruppe und das Kommunikationsziel zu noch größeren Erfolgen führt.

8.2 Live-Kommunikation ist Mannschaftssport

8.2.3 Budgeteffizienz

Ein durchaus relevanter Nutzen einer gut konzipierten und erzählten Geschichte ist, dass sie oft den Aufwand unnötigen Zierrats verkleinert oder den Einsatz spektakulärer, aber eben auch teurer Effekte zu vermeiden hilft. Es ist kein Zufall, dass die Ausgaben für grelle Showeffekte oft dort am größten ausfallen, wo jemand nur wenig zu sagen hat.

So schön Lasershow und Feuerwerk oder die artistischen Künste des chinesischen Nationalzirkus auch sein mögen, kommunikativ gesehen sind sie wie vieles andere Spektakuläre nahezu bedeutungslos ohne die richtige Geschichte, die uns mit unserer Zielgruppe verbindet. Der praktische Nutzen der Dramatischen Denkweise liegt also nicht nur im größeren Effekt auf die Zielgruppe, sondern oft auch in der Vermeidung unnötiger Ausgaben.

Die Budgetdiskussion zwischen Auftraggeber und Auftragnehmer ist wahrscheinlich so individuell, wie es die beiden Parteien in ihrem kaufmännischen Gebaren oft sind, aber sie sollte trotzdem immer offen geführt werden. Es ist ein wichtiger Teil des Briefings, den möglichen Dienstleistern ein konkretes Budget vorzugeben. Meist gibt es eine Vorgängerveranstaltung, aus der man schon mal die Aufteilung des Budgets ableiten kann, aber man sollte immer offen für eine Verschiebung innerhalb des Gesamtbudgets bleiben. Denn es kommt immer wieder vor, dass sich unter dem Eindruck des richtigen dramatischen Entwurfs der Blick aufs Budget verändert.

Wenn man im Sinne der Veranstaltungsdramaturgie zum Beispiel Team-Building und Catering durch einen intelligenten Workshop zusammenbringt oder den Deko-Etat in eine thematisierte Kunstausstellung umwandelt, kann es sein, dass man die Gelder in Bezug auf das kommunikative Ziel wesentlich effektiver einsetzt oder gar einen Zusatznutzen produziert, an den man selbst bei der ersten Idee zur Veranstaltung noch nicht gedacht hat.

Grundsätzlich macht Controlling Sinn – jeder muss seinen Laden in Ordnung halten –, aber man sollte es auch nicht überstrapazieren. Wenn es dann soweit kommt, dass Dramaturgie und Psychologie einer gut ausgearbeiteten LK-Maßnahme nicht mehr von Kommunikationsleuten, sondern nur noch von Buchhaltern bewertet werden, entfernt man sich schneller von der Maßnahmeneffizienz, als man sich wünscht.

Es gibt gerade im Bereich der Live-Kommunikation jede Menge Beispiele nicht vergleichbarer Leistungen. Natürlich kann man aus verschiedenen Technikangeboten baugleiche Lampen-, Mischpult- und Kabelpreise nebeneinander stellen, aber beim Lichtdesigner wird es schon schwieriger. Der eine hat einen günstigen Tagessatz, kann aber nur Spektakel, der andere kostet deutlich mehr, leitet aber aus der dramaturgischen Vorgabe ein Beleuchtungskonzept ab, das der Sache besser dient, aber nur mit einem Drittel der Technik umzusetzen ist. Der Buchhalter im Controller, das habe ich oft mit einem lachenden und einem weinenden Auge erlebt, denkt dann nicht über Urheberechte des Designers nach, sondern neigt aus seiner Interpretation der Zahlen dazu, die Idee des zweiten vom günstigeren ersten umsetzen zu lassen. Unnötig zu erwähnen, dass das im Großteil der Fälle schiefgeht, weil der eine etwas beherrscht, das der andere eben nicht kann.

Bei Menschen steckt im Tagessatz auch immer Kompetenz, Kreativität und Erfahrung, die sich nicht nur mit einem Blick auf die rechte Spalte der Speisekarte vergleichen lassen.

Als Dramaturg und Regisseur betrachtet man zum Beispiel auftretende Künstler sehr viel differenzierter. Beim Business-Theater brauchen wir nicht nur „fünf Stück" Schauspieler, sondern von den Geeigneten diejenigen, die eine gute Auffassungsgabe haben und sehr schnell Text lernen können. Außerdem müssen sie vom Spieltyp und Probentempo her zusammenpassen, weil wir schon aus budgetären Gründen nicht wie am öffentlichen Theater drei Monate proben können.

> **Beispiel**
>
> Isabelle Adjani hat mal einen Großteil ihres Vermögens versenkt, weil sie unbedingt einen Film mit Alain Delon und Dustin Hoffman machen wollte. Dumm nur, dass Alain Delon intuitiv und spontan ist, aber mit jeder Wiederholung der Szene vor der Kamera schlechter wird, wohingegen Dustin Hoffman erst mit der 25ten Wiederholung zu seiner Bestform aufläuft.
>
> Im Schnitt ihres Drei-Personen-Films durfte sie sich dann immer entscheiden, welche Takes sie nimmt: die, in denen der eine gut und der andere noch nicht oder nicht mehr gut war, oder die, bei denen sich die Leistungskurven beider Hauptdarsteller in der Mittelmäßigkeit trafen.

Es gibt also gerade bei Künstlern, kreativen Gestaltern, Moderatoren und Autoren eine ganze Reihe von Kriterien, die sich nicht aus dem Tagessatz herauslesen lassen. In der Beurteilung der Menschen und bei der Zusammenstellung des Teams sollten wir eher auf die Erfahrung unserer Dramaturgen und Regisseure hören, als auf ordentlich zusammengestellte Preisvergleiche zu achten.

8.2.4 Fehlervermeidung

Viele Fehler entstehen schon im Vorfeld durch eine technokratisierte Prozedur der Ausschreibung ohne stichhaltiges Briefing und setzen sich dann ungewollt bis zum Ende fort.

Aufgrund der meist emotionsfreien Briefings und in Unkenntnis der speziellen Inhalte und unserer tatsächlichen Beziehungen zur Zielgruppe bleibt den Agenturen im Pitch meist nur die Möglichkeit, durch hochgezüchtete Gestaltung, schmeichelndes Namedropping und spektakuläre Effekte zu glänzen. Das sind aber nicht immer die ersten Kriterien, nach denen wir unsere Lösung auswählen sollten.

Sinnvoller ist es, mit dem analytischen Blick der Dramatischen Denkweise zuerst durch den dramaturgischen Entwicklungsprozess zu gehen, um die passende Geschichte zu finden, und danach ihre mögliche oder gewollte Umsetzung vom Dramaturgen im Briefing oder in einer Art Projektstory beschreiben zu lassen. Nur wenn dieser Schritt vor der Ausschreibung zur logistischen, technischen, medialen und künstlerischen Umsetzung getan ist, werden die von verschiedenen Anbietern präsentierten, konkreten Umsetzungsvorschläge auch wirklich sinnvoll auf unser Kommunikationsziel einzahlen.

8.3 Gedanken zur Ethik 293

Und ganz nebenbei ersparen wir uns und allen anderen die Zeit, die nötig ist, um alle nicht wirklich passenden Vorschläge vorbereiten und präsentieren zu lassen, anzuhören, zu bewerten und dann sowieso auszuschließen, weil sie ohne eine richtig gestellte Frage auch keine vernünftige Antwort enthalten können.

Das Buch der schönsten Fehler zum Thema sinnfreier Effekte und unnötiger Ausgaben wäre übrigens ein fetter Wälzer geworden, den wir aber vor lauter Kopfschütteln nicht gut lesen könnten. Stattdessen haben wir jetzt dieses Buch gelesen und damit schon mal potentiell die häufigste Fehlerquelle eingedämmt: denn jetzt haben wir eine über alle Bereiche gehende Vorstellung von der Komplexität der Aufgabe, mit der Ideenmaschine eine Bewältigungsstrategie für die dramaturgische Konzeption und einen nahezu vollständigen Überblick über Funktion, Wirkweise und Einsatzmöglichkeiten fast aller zur Verfügung stehenden Medien. Das Lesen eines Buches macht uns selbstverständlich noch nicht zum Spezialisten, aber es versetzt uns in die Lage, mit den richtigen Leuten über die richtigen Dinge zu reden.

Am Ende ist die Durchführung einer großen Veranstaltung immer eine Mannschaftsleistung, bei der alle Rädchen ineinandergreifen müssen. Dramaturg, Regisseur und Produzent bilden hier das Dreigestirn der Feinmechaniker, die diese Maschine zusammensetzen und zum Laufen bringen. Ab einem bestimmten Punkt im Verlauf der Produktion, spätestens mit dem Beginn der Hauptproben, sollten wir sie mit ihren eingespielten Teams ihre hochkomplexe Arbeit machen lassen und möglichst wenig dazwischenfunken.

8.3 Gedanken zur Ethik

▶ Immer wenn ich mit Menschen rede, die sich nie wirklich über den vielfältigen Kommunikationsbedarf eines Unternehmens Gedanken gemacht und auch wenig Schimmer von den Aufgaben der Live-Kommunikation im Beziehungssystem eines Unternehmens haben, sind sie zuerst völlig fasziniert. Wenn ich dann von den Möglichkeiten und psychologischen Effekten der Live-Kommunikation berichte, schlägt die Faszination auch mal in Irritation um: professionell gemachte Kommunikation zieht leicht den Ruch der Manipulation an. Darum ein paar abschließende Gedanken zum Thema Ethik, Moral und der eigenen Haltung.

8.3.1 Was Live-Kommunikation leisten kann – und sich leisten darf!

Wie wir in langen Jahren der Praxis vieler Briefings und Produktionsbesprechungen gelernt haben, stellen die zahlreichen Möglichkeiten der Live-Kommunikation nicht nur eine faszinierende Herausforderung dar, diese totale Kommunikationsform flößt sogar manchem Entscheider aufgrund ihrer Komplexität Ehrfurcht ein, und das nicht ganz zu Unrecht. Bei falscher Bedienung ist die Live-Kommunikation eine Waffe, die ganz schön nach hinten losgehen kann.

8.3.2 Die Grenzen der Manipulation

Live-Kommunikation etabliert eine interaktive Beziehung zwischen dem Veranstalter und seiner Zielgruppe. Der Veranstalter ist aber derjenige, der diese interaktive Beziehung vorausschauend zu gestalten hat. Er wünscht ein bestimmtes Kommunikationsziel zu erreichen und schöpft im Idealfall alle Mittel aus, um auch tatsächlich an dieses Ziel zu gelangen. Eigentlich – und das möchten wir an dieser Stelle bewusst mit dieser negativen Vokabel belegen – will er oft nichts anderes, als sein Publikum in seinem Sinne positiv zu manipulieren. Dies verbirgt sich oft hinter der fordernden Formulierung: „die Veranstaltung muss ein Erfolg werden". Betrachten wir allerdings das volle Spektrum der Möglichkeiten, die Zielgruppe im Rahmen von Events durch die Steuerung von Erlebnissen, Einsichten und emotionalen Zuständen zu beeinflussen, zucken vor allem die innerlich zusammen, für die die kommunikative Pflege einer Gemeinschaft aus Drucksachen und Anzeigen besteht, was zugleich verständlich und unverständlich ist.

Verständlich deshalb, weil es nach unserem aufgeklärten Verständnis von Gesellschaft ethische Grenzen gibt und geben muss, wie weit man jemanden manipulieren darf. Vorstellungen über diese Grenzen gibt es auf beiden Seiten, beim Veranstalter wie auch bei seiner Zielgruppe, und sie stellen auf jeden Fall ein wichtiges Kriterium bei der Planung und Einstellung von Veranstaltungen dar. Andererseits unverständlich, weil der verantwortliche Manager seinem Unternehmen die Kosten einer LK-Maßnahme eigentlich auch sparen kann, wenn er sich schon im Vorfeld selbst verbietet, sein Kommunikationsziel zu erreichen, indem er vor den tatsächlich gegebenen Möglichkeiten der Verführung zurückschreckt. Er steckt in einem Dilemma: Er muss verführen wollen, um sein Ziel zu erreichen, und er darf nicht manipulieren, weil er sonst in den unschönen Verdacht der Propaganda gerät.

Es gibt Menschen, die versuchen ein solches Dilemma folgendermaßen für sich zu lösen: Sie sagen sich, alles ist erlaubt, solange es keiner merkt. Das stellt nicht wirklich eine Lösung dar. Dafür ist bei den meisten industriellen Veranstaltungen das Publikum nicht naiv genug, sprich; irgendwer kommt uns immer auf die Schliche, wenn wir versuchen, die Wahrheit zu verschleiern oder zu verdrehen.

Die Zielgruppe eines Events hat zumeist ein sehr gutes Gespür dafür, was angemessen und zulässig ist, was sich mit ihrer und unserer Identität vereinbaren lässt und was nicht. Dabei hängt der Erfolg unserer Kommunikation davon ab, wie sehr es uns gelingt, durch Lauterkeit in der Absicht und Identitätstreue im Auftreten Glaubwürdigkeit bei unserer

Zielgruppe zu erreichen. Kommt der Verdacht der unlauteren Manipulation auf, ist das für jede LK-Maßnahme der Todesstoß.

Da ist es der deutlich bessere Weg, wenn man sich über seine Intentionen im Klaren ist und diese auch jederzeit unter den allgemeinen Konsens von Ethik und Moral stellt. Dramaturgisch betrachtet würde man sagen, dass sich jede erzählte Geschichte in aller Klarheit so auflösen muss, dass am Ende alle Beteiligten wissen, woran sie sind.

8.3.3 Die weißen Bändchen

In einer Zeit, in der dreißig Jahre alte Doktorarbeiten im Internet auf falsche Zitation gescannt werden, sollte sich niemand mehr wundern, dass auch von Veranstaltungen bestimmte Ereignisse, die man hinter verschlossen Türen wähnte, ihren Weg in die Öffentlichkeit finden. Da ist es fast egal, ob man ein ehemaliger Minister oder eine deutsche Versicherungsgesellschaft ist, das ist dann mehr als nur peinlich. Oder wie die Öffentlichkeitsarbeiter sagen: eine kommunikative Katastrophe. Aber ist das dann einfach nur dumm gelaufen? Weil es öffentlich wurde?

Lassen Sie uns mal die öffentliche Entrüstung und verdiente Häme außer acht lassen. Auch die eigentlich notwendige strafrechtliche Wertung der Zuhälterei soll hier nicht uns, sondern besser die Staatsanwaltschaft beschäftigen. Verstehen Sie mich bitte nicht falsch, ich will da nichts beschönigen, aber ich möchte einmal anhand des bekannt gewordenen Falls aus einer ungarischen Badeanstalt beleuchten, was der Gastgeber mit solch einer „Veranstaltung" erst seinen Mitarbeitern, seinen Gästen und zuletzt auch sich selbst antut. Betrachten wir mal kurz den Vorgang aus der Sicht einer strategischen Kommunikationsdramaturgie, allein unter dem Aspekt, wie sich diese Anhäufung von Fehlern und Übergriffen auf die Zielgruppe und deren Beziehung zum Veranstalter auswirkt.

Sammeln wir mal kurz die Elemente der Inszenierung: ein schöner Ort, gutes Catering, nette musikalische Untermalung, auf der Bühne getanzte Unterhaltung, mit entsprechender Licht- und Tontechnik bespielt, vielleicht eine launige Ansprache – in all diesen Bestandteilen unterscheidet sich der *ungarische Badetag* erstmal nicht von vielen Veranstaltungen. Der Unterschied liegt also nicht in diesen Elementen, sondern in welchen kommunikativen Kontext sie eingebunden sind.

Es beginnt damit, dass der Veranstalter hier gleichzeitig mehrere Menschenbilder nebeneinander stellt. Wenn man Prostitution fördert, offenbart sich der Veranstalter im landläufigen Sinne als Zuhälter. Damit zeichnet er damit von sich ein Selbstbild, in dem er sich nicht nur über moralische Werte, sondern letztlich auch über das Gesetz gestellt sieht. Wenn die Mitarbeiter ihren Vorgesetzten von dieser moralisch fragwürdigen Seite kennenlernen, sollen sie ihn dann in geschäftlichen Dingen für einen philanthropischen Gutmenschen halten? Sie werden da berechtigte Zweifel haben, wie er sich ihnen gegenüber verhalten wird, wenn es mal zu einem internen Konfliktfall kommt.

Dass jemand überhaupt Sex als Bonus auslobt, zeigt, wie zerrüttet sein Wertekanon ist. Durch die Ausgabe unterschiedlich farbiger Bändchen verdeutlicht der Veranstalter zudem noch, dass er nicht nur die *Hostessen,* sondern auch die eigenen Mitarbeiter offen in unterschiedliche Klassen Mensch einteilt. Da mag jetzt jemand behaupten, dass das motivatorisch gemeint sei. Soll so in den schlechteren Performern der Wunsch verstärkt werden, zukünftig zu den besseren zu gehören? Das ist ein dummer Fehler. Nicht nur die Art der Belohnung ist fragwürdig, sondern jede Art von wertender Unterteilung während einer solch merkwürdigen Veranstaltung verhindert eben jenes Gemeinschaftsgefühl, das für jedes positiv wirkende Erlebnis unabdingbar wäre.

Wenn jemand zu der Einsicht gelangt ist, dass er seine Mitarbeiter in welchem Belohnungssystem auch immer motivieren will, dann sollte er Gewinner, aber keine Verlierer zur Schau stellen. Und die Belohnung sollte ethisch und moralisch über jeden Zweifel erhaben sein. Das ist eine wichtige Grundregel für alle Arten von Incentives.

Mit dem *ungarischen Badetag* versucht der Gastgeber, seine Gäste mit ihm gemein zu machen, vielleicht in der Hoffnung, das starke Motiv der Komplizenschaft möge die Mitarbeiter anbinden und motivieren. Stattdessen passiert Folgendes: Der Veranstalter zersplittert seine Mitarbeiter in Gruppen. Diejenigen, die sich auf eine solch plumpe Art und Weise korrumpieren lassen und danach korrupt sind. Diejenigen, die gegen eigene Bedenken mitmachen, vielleicht aus Angst, ihr Chef könnte ihr Ausscheren als Verrat an ihm empfinden. Diejenigen, die sich der unlauteren Manipulation durch Komplizenschaft und Gruppenzwang nicht entziehen können, korrumpiert, korrupt und rückgratslos. Und wenigen, die sich erst gar nicht in eine solche Zwickmühle bringen lassen und zu dieser Veranstaltung schlauerweise gar nicht erst erscheinen. Und jetzt fragen Sie sich selbst: Wie lange kann eine so besetzte Organisation funktionieren?

Statt die wahrscheinlich auch nicht ganz billige Veranstaltung zu nutzen, um seine Gemeinschaft zu formen und zu fördern, hat der Gastgeber seine gesamte Gruppe emotional gespalten. Viele wissen nun von ihrem Chef und anderen Gästen, dass sie korrupt und korrumpierbar sind. Und für die, die fortan zu den erpressbaren Komplizen gehören, sind diejenigen, die sich der Situation entzogen haben, nun Außenstehende, also Leute, denen man aus Sicht der Mitglieder im Komplizenklub nicht trauen kann.

Der Veranstalter greift hier unstatthaft in das Privatleben seiner Gäste ein, indem er eine Situation schafft, die für die meisten Lebenspartner seiner Mitarbeiter ein berechtigter Trennungsgrund ist. Es ist eine Respektlosigkeit sondergleichen, seine eigenen Mitarbeiter in eine Situation zu bringen, für die sie sich nachher privat rechtfertigen oder lügen müssen. So zerstört er mit einer dummen Orgie vorsätzlich jede Art von Vertrauen und Ehrlichkeit innerhalb seiner eigenen Organisation.

Komplizenschaft ist zwar ein starkes Motiv, aber beileibe nicht das stärkste. Andere existentielle Werte stehen über ihr und bedrohen sie, weswegen eine solche Art von Komplizenschaft durch den wiederholten Vollzug desselben Rituals immer wieder neu bestätigt werden muss und über kurz oder lang zu repressiven, mafiösen Seilschaften führt. Dies ist ein Zustand, den kein Wirtschaftsunternehmen der Welt dauerhaft ausgehalten hat, und ein sicherer Weg, die eigene Organisation erst moralisch bankrott machen und dann personell auszubluten.

Und all das passiert auch dann, wenn nichts davon ans Licht der Öffentlichkeit kommt. Denn eine ethische Haltung taugt nur, wenn sie auch im Dunkeln gilt.

8.3.4 Andere Länder, andere Sitten

Ich will nicht verhehlen, dass der oben beschriebene Badetag kein Einzelfall ist, und dass es auf diesem Planeten auch Länder und Kulturen gibt, die solche Veranstaltungen anders bewerten. Sowohl als Veranstalter für internationale Gäste wie auch als Gastgeber in fremden Ländern müssen wir uns über die kleinen Versätze in der Ethik aller Beteiligten Gedanken machen.

Damit meine ich nicht Dinge, die auf formalen Ebenen liegen. Wenn wir einen Scheich auf unsere Veranstaltung einladen, kann die Formulierung „mit Begleitung" etwas ganz anderes auslösen, als wir es aus Ländern mit gesetzlicher Einehe erwarten dürfen. Da kann es sein, dass zwei Plätze am Galatisch nicht ausreichen. Auch bestimmte Speisen und Getränke sind vielleicht tabu.

Aber diese Fragen lassen sich auf einer organisatorischen Ebene regeln. Und wer gar nicht weiß, wie man je nach Herkunftsland unserer Gäste mit solchen kulturellen Unterschieden auf formaler Ebene umgeht, dem hilft das Protokollamt der Bundesrepublik gerne mit ein paar Hinweisen; schließlich möchte Berlin nicht, dass wir unser Heimatland blamieren.

Wenn ich von Ethik in Bezug auf Veranstaltungen rede, geht es natürlich um unsere eigenen Prinzipien, aber auch um unsere innere Haltung dem anderen gegenüber. Hochrangige Besucher aus einigen asiatischen Inselstaaten sind es nicht gewohnt, nicht mit einem wertvollen Gastgeschenk begrüßt zu werden. Hält man da kein goldene Uhr bereit, fühlen sie sich einfach nicht willkommen, egal, was das deutsche Gesetz zum Thema Bestechung oder der Absetzbarkeit von Gastgeschenken sagt. Bei Gästen aus Indien sollte man nicht ungeprüft den eigenen Programmierer mit an den Tisch setzen, weil der ja auch aus Indien ist. Es gibt da immer noch ein starkes Kastenwesen, und unsere Gäste könnten sich in ihrer eigenen Gesellschaftsvorstellung missachtet fühlen.

Viele japanische Unterhändler agieren hier mit uns auf Augenhöhe, wenn aber ihr altehrwürdiger Vorstand und Enkel des Firmengründers anwesend ist, verhalten sie sich nicht mehr westlich entspannt, sondern als Untergebene in einer streng ritualisierten Hierarchie. Sie möchten dann nicht der Peinlichkeit ausgesetzt sein, genauso behandelt zu werden wie ihr Chef, egal, wie befremdlich das auf uns wirken mag. In ihrer Welt könnten sie dann von ihrem Vorstand als anmaßend angesehen werden und ihr Gesicht verlieren.

Auch wenn diese kurzen Beispiele überzeichnet erscheinen mögen, interkulturelle Begegnungen und Veranstaltungen unterliegen solchen gesellschaftlichen Vorprägungen, in manchen Fällen auch den religiösen Vorstellungen unserer Zielgruppe. Wir müssen überlegen, wie wir unsere eigenen ethischen Vorstellungen in den emotionalen Dialog miteinbringen, aber natürlich auch die Ethik der Anderen respektieren. Themen, Stil, Stilistik und dramatische Muster unserer Veranstaltung sollten im Ideal in der ethischen Schnittmenge aller Beteiligten stattfinden. Schließlich wollen wir ja mit unserer Veranstaltung eine Beziehung zur Zielgruppe etablieren und im Idealfall eine Gemeinschaft erreichen.

Sind wir jetzt Opportunisten, wenn wir doch eigentlich aus ethischen Überlegungen heraus gegen die Vielweiberei, das Kastenwesen, das Abhacken von Händen und feudalartige Strukturen sind, das aber bewusst nicht thematisieren, weil unsere Gäste andere Weltbilder haben?

Ich denke, es wird noch ein wenig dauern, bis die Menschheit soweit globalisiert ist, dass wir alle dieselben ethischen Vorstellungen mit in die Waagschale werfen können. Bis es soweit ist, muss jeder als Person für sich selbst entscheiden, wie er sich verhält und wie sein Verhalten zu bewerten ist. Als Veranstalter aber müssen wir uns mit unserem Team eine gemeinsame Antwort darauf finden, bevor wir ein Veranstaltung planen, damit wir nicht ungewollt oder unbewusst Grenzen überschreiten.

8.3.5 Die Unschuld des Mediums

Die Angst der Veranstalter wie auch ihres Publikums vor Manipulation ist verständlich, vor allem, wenn man sie vor dem geschichtlichen Hintergrund politischer Kundgebungen in totalitären Regimen betrachtet. Hier hat man zu unser aller Schrecken gesehen, wie furchtbar mit unlauterer Absicht angewandte Massenpsychologie in Verbindung mit manipulativen Inszenierungen auf Menschen einwirken kann, und man kann nur hoffen, dass nie wieder auf diesem Planeten irgendwo irgendwer so viel Medienmacht auf sich vereinigt.

Trotzdem muss man das Medium hier von Inhalt und Intention trennen, wenn man es fair betrachten will. Ein Blatt Papier kann nichts dafür, ob man ein Todesurteil oder einen Liebesbrief darauf schreibt. Das Medium Film ist nicht per se schlecht, bloß weil es von Propagandisten zur Verherrlichung einer bestimmten Idee benutzt wurde. Schließlich ist Spielbergs „Schindlers Liste" auch ein Film.

Das Medium macht also keinen Unterschied, es sind Inhalt und Intention der erzählten Geschichte, die über die ethische Korrektheit unserer Kommunikationsmaßnahmen entscheiden. Es ist darum sehr wichtig, dass wir uns im Rahmen jeder Veranstaltungsvorbereitung darüber im Klaren sind, wie sich unsere Inhalte und Intentionen dem Publikum darstellen und dass wir dies auch so präzise wie nur irgend möglich unseren Dramaturgen und Eventspezialisten übermitteln. Nur dann können die Macher unserem Unternehmen ein in Stil und Medien angemessenes Veranstaltungskonzept entwickeln, in dem verantwortlich und positiv mit den Manipulationsmöglichkeiten umgegangen wird.

8.3.6 Vertrauen und Vertraulichkeit

Die grundsätzliche Übereinstimmung ethischer Ideale zwischen Auftraggeber und seinen Dramaturgen, Konzeptionisten und Regisseuren stellt eine gute Basis für die Zusammenarbeit dar. Man sollte sich kennenlernen und prüfen, ob *die Chemie stimmt*, denn im Verlauf der Konzeption müssen wir im gemeinsamen Entwicklungsteam offen und ehrlich miteinander reden. Nur im Klartext kann die Dramatische Denkweise wirklich vernünftig und erfolgreich zur Konzeption unserer Veranstaltung angewandt werden.

Das erfordert gegenseitiges Vertrauen und selbstverständlich Vertraulichkeit, denn unser Dramaturg muss unweigerlich in die Tiefen und Untiefen unseres Unternehmens, unserer Beziehung zur Zielgruppe und des speziellen Sachverhalts eintauchen, um die richtige Geschichte zu entwickeln und sie auf die uns und unserer Zielgruppe angemessene Art zu erzählen. Dabei ist es Ehrensache, dass die Geschäftsgeheimnisse und Ideen zur Sache beider Parteien Dritten gegenüber unter Verschluss bleiben.

Beachten Sie bitte, dass hier von beiden Parteien die Rede ist. Vertrauen ist etwas, das nur beiderseits funktioniert. Als Auftraggeber kann man das mit Hinweis auf Üblichkeit im Unternehmen durch einseitige Stillschweigevereinbarungen absichern, man sollte dann aber auch fairerweise Ideenschutz gewähren. Ohne gegenseitigen Respekt werden wir nicht zu einer optimalen Lösung für unsere Kommunikationsaufgabe kommen.

8.3.7 Zhen Shan Ren

Sollten an dieser Stelle noch ein paar persönliche Worte zur Haltung gestattet sein, so hießen sie in meinem Fall „Zhen", „Shan" und „Ren". Oder aus dem Chinesischen übersetzt: *Wahrheit* im Sinne von Wahrhaftigkeit, *Leidenschaft* im Sinne von Hingabe und *Geduld* mit sich und den anderen im Sinne einer Muße, mit der man sich diesem komplexen, für das ungeübte Auge oft auch chaotische Medium Live-Kommunikation nähert.

Oder anders übersetzt: Konzentrieren wir uns darauf, Inhalte offen und ehrlich kommunizieren. Lassen Sie uns nur Inhalte inszenieren, die der Wahrheit entsprechen. Lassen wir stets unsere Gefühle und unser leidenschaftliches Involvement in diese Inhalte spüren. Und lassen Sie uns die Geduld haben, mit unserem Publikum und dessen Selbstbehauptungswillen umzugehen. Dann werden wir uns aus ethischer Sicht immer richtig verhalten.

Aber freuen wir uns auch auf die Wahrheit, die Leidenschaft und die Geduld unserer Mitarbeiter, Partner und Kunden. Lieben wir unsere Helden! Und wir werden mit unserer Live-Kommunikation über den Moment hinaus erfolgreich sein.

Sachverzeichnis

A

Ablaufmoderation, 145
Affinität, 113
Akkumulation, 116
Ambivalenz, 51, 58
Animation, 121, 130, 161, 162, 237
  intelligente, 130, 164
Animatronics, 232
Anker, 47, 77, 120, 123, 141, 156, 160, 162,
    210, 268
  emotionaler, 41
Ansprache, 51, 57, 129, 134
Archetypus, 91, 94
  internationaler, 95
Assoziation, kontexturale, 224
Audiosphäre, 216
Aufmerksamkeit, 99
Auftragskunst, 172, 234
Auftrittsform, 129, 133
Ausdruck, 32
Ausstattung, 172, 212

B

Befehl, 26, 27
Bewegtbildmedien, 207
Beziehungsmarketing, 13
Bild, 201
Bildmedien, 172, 201
Bildwelt, 202
Blickwinkel, 99, 103, 104, 117
Brain Script, 95
Briefing-Profil, 129, 143
Briefing, weiches, 39
Budgeteffizienz, 287, 291
Bühnenbild, 207

Bühnengestaltung, 173, 245
Bühneninszenierung, 173, 240
Bühnenkünste, 129, 147
Bühnenprofi, 129, 132
Business-Entertainment, 130, 154

C

Cast, 149
Catalysis, 100
Character sheet, 143
Charisma, 129, 136
Climax, 100
Cognitive map, 188
Commerce, 15
Communication\t Siehe Kommunikation, 14
Community, 14, 17
Community-Marketing, 35
Competition, 281
Conflict, 100
Content, 14
Continuity, 120, 121, 223
  psychologischer Sinn, 125
Controlling, 291
Corporate
  Artworks, 238
  Audio, 217
  Imaging, 172, 223
  Emotion, 34, 36, 38
  Identity, 165
  Radio, 172, 223
  Workshop, 263, 273
Corporate-Memory-Archiv, 279
Crisis, 100
Crossover, 173, 255, 256

A. Gundlach, *Wirkungsvolle Live-Kommunikation*,
DOI 10.1007/978-3-658-02549-6, © Springer Fachmedien Wiesbaden 2013

D

Datenaustausch, 31
Dekoration, 173, 245
Denkweise, dramatische, 84, 99
Dialog, 30
Diskussionsleitung, 145
Dissonanz, 113
Dokumentation, 122, 172, 210
Dramatische
    Horizontale, 85, 96
    Tiefe, 86
    Vertikale, 86
    Zeitachse, 87
Dramaturgie, 72, 81, 134
    architektonische, 82
    Aufgabe, 85
    einer Veranstaltung, 41
    interaktive, 83
    strategische, 84
    szenische, 82

E

e-commerce, 14
Effektivität, 54
Effizienz, 105
Ehrung, 130, 163
Einbahn-Kommunikation, 27
Eindruck, 32
Emorama, 37
Emotion, 33, 34, 37, 180
Emotionalisierung, 22
    der Information, 13
Entertaining, 21
Entertainment, 23, 154
Ereignis, 51, 52, 53, 70
    erlebbares, 56
Erinnerung, 119
Erlebnis, 52, 70
Ethik, 287, 293
Event, 1, 16, 51, 52
    als Medium, 67
    als Produkt, 67
    Stimmungen, 45
    Zielgruppe, 70
Event-Community, 49, 208
Event-Continuity, 119, 120, 123, 160, 269
Eventkampagne, 74
Eventkonzeptionist, 45, 135, 182
Eventmarketing, 51, 52, 55, 68

Eventmusik, 218
Evolutionspsychologie, 66

F

Faktoren, weiche, 13, 20
Fame surfing, 126
Fehlervermeidung, 287, 292
Feierkultur, 62
Film- und Video-Workshop, 263, 275
Foreshadowing, 100
Foto-Dokumentation, 210
Fusion, 2

G

Gastgeber (Host), 49, 130, 165
Gefühl, 31, 42, 43
    Übersetzung, 46
Gemeinnützigkeit, 264, 282
Gemeinschaft, 12, 264, 282
Gemeinschaftsgefühl, 45
Genius loci, 188
Gesellschaft, 172, 235
Gestaltungsmittel, 115
Glaubwürdigkeit, 99
Gobos, 197
Großgruppenmoderation, 145
Grundmuster, emotionales, 48
Gruppenarbeit, 145, 263, 264
Gruppenerlebnis, 80

H

Handel, 15
Handwerkszeug, multimediales, 173
Hard skills, 17
Heldenreise, mythische, 91
Hook, 100
Hören, 171, 176
Hörspiel, 172, 222

I

Ideenmaschine, 8
Identifikationsfigur, 89
Image-Musical, 221
Imitation, 127
Information, 26, 29, 30, 87
    Deutungen, 51, 59

Sachverzeichnis

Innovations-Workshop, 263, 278, 279
Installation
    interaktive, 172, 228
    mit Produkten, 173, 246
Inszenierung, 114
    der Rede, 129, 139
    interaktive, 263
    retundierende, 116
Intelligenz, interpersonelle, 40
Interaktion, 8
    der Gefühle, 45
Interaktionsdramaturgie, 83, 265, 267
Internet, 1, 16, 211
Interpretation, 33
Interview, 145

K
Kampagne, 74
Katharsis, 91
Klangkörper, 263, 272
Kochen, 173, 251
Kommunikation, 7, 14, 20
    authentische, 10
    interaktive, 43
    komplexe, 51, 57
    mit Auftragskunst, 173, 238
    persönliche, 32
    werbliche, 11
Kommunikationsdramaturgie, 76
Kommunikationsfähigkeit, 26
Kommunikationsmedium, 172, 235
Kommunikationsproblem, 35
Kompatibilität, 184
Kontaktdauer, 56
Kontaktqualität, 56
Kontext, 77, 159, 160, 163, 175, 224
Konzept, 72
Körpersprache, 129, 134
Kraft, emotionale, 43
Küchenbau, 173, 248
Kulturgeschichte, 93
Kulturveränderung, 4
Kulturwerkzeug, 172, 236
Kulturzeug, 172, 236
Kunde, 19
Kunst, 234
    der Rede, 129, 135
    freie, 172, 234

Kunstvideo, 173, 247
Kunstwettbewerb, 173, 237

L
Lasershow, 172, 229
LED-Technik, 198
Leitmotiv, 97, 98
Licht, 194
Lichtdesign, 172, 195, 200
Lichtleistung, 202
Lichtplanung, 171, 196
Lightshow, 197
Live-Bild, 172, 208
Live-Kommunikation, 7, 9, 30, 35, 40, 51, 55,
    287, 289
    gesteuerte Rezeption, 51, 55
    Merkmale, 51, 56
Liveübertragung, 209

M
Macht des Wortes, 129, 135
Manipulation, 27, 287, 294
Manipulationszauberei, 156
Markenbotschafter, 130, 165
Marketing, 14, 53
Marketingkommunikation, 88
Markierung, 121
Martyrium, 91
Maschine, 173, 256
Massenmedien, 55
Mechanik, dramatische, 101
Media-Literacy, 47, 53, 68, 70, 91, 102, 106, 127,
    133, 206, 209, 268
Mediengruppe, 110
Medienmix, 114
Medientechnik, 106
Medium, 52, 68, 106, 287, 298
    als Gestaltungsmittel, 105
    Angemessenheit, 112
    Auswahl, 110
    Qualität, 113
Mehrwert, 21
Mensch
    als Medium, 129, 132
    im Mittelpunkt, 130
Message, 31
Messeshow, 173, 243

Metathema, 3, 84, 86, 96, 97
MindMap, 265
Modenschau, 173, 247
Moderation, 129, 144
    Positionierung, 129, 146
Moderator, 141, 144
    Auswahl, 129, 147
Moment, 73, 119
Motiv, 39, 43
    emotionales, 101
Musik, 219
Musikclip, 173, 247
Muster
    des ersten Mals, 78
    dramatisches, 105, 115, 149, 151, 156, 160,
        189, 241, 254, 297
Mustervergleich, 79, 99

N
Nachricht, 47
Nutzen, 125

O
Online-Event, 172, 209
Outdoor-Training, 281
Overbranding, 121

P
Payoff, 101
Perspektivwechsel, 9
Planspiel, 263, 278
Plot, 53
    erster, 90, 100
    zweiter, 91, 117
Präsentationstechnik, 259
Product Audio, 217
Produkt, 52, 68, 173, 244
Produkt Event, 127
Produktivität der Gefühle, 36
Profiling, 36
Projektstory, 84, 85, 86, 87, 89, 93, 117
Propaganda, 70
Propagandaveranstaltung, 51, 63
Protention, 77
Prozess, 52, 73
Psyche, 78
Psychorama, 37

Puzzle, 117
Pyrotechnik, 230

Q
Qualität, 20, 46, 110
Quantität, 20, 46
Quellenforschung, 114

R
Radio-Produktion, 263, 274
Raumgestaltung, 192
Rauminszenierung, 171, 187
    Grundregeln, 191
Raumklang, 216
Rede
    begleitete, 129, 141
    Inszenierung, 129, 139
    moderierte, 129, 141
Reduktion, 116, 173, 255
Referenz, 43, 46, 47
Reihung, lineare, 116
Repräsentant, 129, 131
Restriktion, 88
Retention, 77
Rides, 172, 232
Riechen, 171, 177
Ritual, 51, 60, 66

S
Schmecken, 171, 173, 178, 251
Schwarmarbeit, 263, 264
Sehen, 171, 174
Selbstinszenierung, 133
Seriosität, zeremonielle, 66
SFX, 172, 225
Showdown, 100
Sinnestäuschung, 181
Skepsis, 48
Slideshow, 205
Soft skills, 17
Sound effect, 217
Souveränität, 173, 244
Spezialeffekt, 172, 225
Spiel, 173, 242
Spielmoderation, 145
Spielrichtung, 171, 192
Sprache, 129, 134, 136

Sachverzeichnis

Sprachklang, 217
Sprechkünstler, 142
Spüren, 171, 179
Status quo, 100
Stilistik, 297
Stilmittel, 6, 45, 69, 102
  Auswahl, 100
Stimmung, 35, 36, 73, 80, 154, 162, 188
  natürliche, 197
story telling
  Ideenmaschine, 8
Story telling, 7, 81, 182
Symposion, 63

T
Target Group Emotion, 38
Tasten, 171, 179
TeamArtWork, 263, 267
Team-Building, 264, 280, 285
Technik, 171, 182, 185
Teilhabe, emotionale, 44
Theatersport, 276
Timecode, 183, 184, 231
Tonspur, 172, 177, 203, 204, 215
Twists and Turns, 100

U
Uhr, innere, 79
Unterhaltsamkeit, 23
Unternehmenskommunikation, 11, 22, 56
Unternehmenskultur, 35

V
Veranstaltung, 30
  archetypische, 51, 65
Veranstaltungsdramaturgie, 54
Veranstaltungsgeschichte, 51, 59
Veranstaltungskultur, 64

Veranstaltungslocation, 196
Veranstaltungsmarketing, 62
Veranstaltungstour, 74
Vergemeinsamung, 49
Vergleichbarkeit, 13, 51, 67
Vergnügen, charakteristisches, 11, 218
Verkaufsförderung, 21
Verkaufswelt, virtuelle, 14
Vertrauen, 49, 287, 298
Vertraulichkeit, 287, 298
Video, 207
Videodokumentation, 211
Videoeffekt, 172, 227
Vielklang, 263, 272
Virtual Ride, 180
Vision, 1
Vorfreude, 48

W
Wahrnehmung, 51, 57, 171, 181
Wasserspiele, 172, 232
Wechsel, rhythmische r, 117
Werbemedien, 19
Werbemittel, 52
Werbung, 11, 28, 51, 53
  Deutungsrisiko, 19
Werte, weiche, 13
Wertschöpfung, 67
Wertung, 51, 57
Wissensgesellschaft, 66

Z
Zauberei, 133, 148, 155
Zeitlupeneffekt, 80
Zielgruppe, 39, 46, 53, 73, 290
Zivilisationsgeschichte, 66
Zugehörigkeitsgefühl, 15
Zugzwang, 83
Zustimmungsinteraktion, 64